주식회사의
집행임원제도

정 찬 형 저

박영사

Executive Officer System of
Stock Corporation

By

Dr. Chan-Hyung Chung
Professor Emeritus of School of Law,
Korea University

Seoul

Parkyoung Publishing & Company

서 문

저자는 그동안 집행임원제도에 관하여 저서에서도 많은 지면을 할애하여 기술하였고, 또한 이에 관한 논문도 그동안 많이 발표하였다. 저자는 이러한 저서의 내용, 최근의 논문(특히, "미국 회사법상 집행임원제도," 금융법연구 제19권 제3호, 2022. 12; "집행임원," 주식회사법대계 제4판, 2022. 3; "금융회사 지배구조법에 관한 一考," 기업법연구 제31권 제4호, 2017. 12) 및 2022년 10월부터 12월까지(3개월간) 미국 시애틀에 있는 University of Washington, School of Law에 Visiting Scholar로 있으면서 조사한 주식회사의 지배구조에 관한 최근 단행본·논문 등에 의한 자료에 의하여, 이와 같이 소책자이지만 단행본으로 『주식회사의 집행임원제도』를 출간하게 된 것을 매우 기쁘고 보람되게 생각한다.

우리 상법이 2011년 개정상법에 의하여 주식회사의 지배구조로서 집행임원제도를 처음으로 도입하였으나, 기존에 도입한 사외이사제도 및 감사위원회제도와 연계되지 못하고 또한 회사가 선택할 수 있도록 규정하여, 현재 거의 사문화된 규정이라고 볼 수 있으나, 언젠가는 집행임원이 감독형 이사회와 분리된 업무집행기관으로서 경영능력을 최대한 발휘하고 감독형 이사회는 이러한 집행임원에 대하여 실효적인 감독을 함으로써 투명경영을 하게 되어 우리 주식회사의 지배구조가 글로벌 스탠더드에 맞는 모범적인 지배구조로 성장하는 데 크게 기여할 것으로 본다. 저자는 이러한 기대 하에 사명감을 갖고 이 책을 출간하게 된 것이다. 아무쪼록 이 책을 통하여 많은 분들이 집행임원제도에 관하여 올바르게 이해하여, 집행임원제도와 감독형 이사회제도를 통하여 우리 주식회사의 지배구조가 선진화되는 시간이 단축될 수 있기를 진심으로 바란다.

이 책의 출간을 위하여 도와주신 박영사 안종만·안상준 대표이사님, 조성호 이사 및 이승현 팀장에게 깊은 감사를 드린다.

2023년 12월

정 찬 형 씀

주요목차

세부목차

제1편 미국·일본 회사법상 집행임원제도

제2편 우리 상법상 주식회사의 집행임원제도

참고서적 및 인용약어표

I. 주요 참고서적

〔한 국 서〕 (가나다순)

저 자	서 명	발행년도	인용약어
강 희 갑	회사지배구조론	2004	강희갑
법 무 부(편)	상법 회사편 해설(2011년 개정내용)	2012	상법 회사편 해설
손 주 찬	(1984년)개정상법 축조해설	1984	축조해설
송 옥 렬	상법강의(제11판)	2021	송(옥)
이 철 송	회사법강의(제29판)	2021	이(철), (회)
임 재 연	회사법 II (개정7판)	2020	임(재), (회 II)
정 동 윤	회사법(제7판)	2001	정(동), (회)
정 찬 형	상법강의(상)(제26판)	2023	정(찬), (상)
정 찬 형	회사법강의(제4판)	2022	정(찬), (회)
정 찬 형	사외이사제도 개선방안에 관한 연구(상장협 연구보고서 2010-2)	2010	연구보고서
정 찬 형 김 택 주 이 성 남	금융법강의(제2판)	2022	금융법강의 제2판

〔일 본 서〕

商事法務(編)	取締役・執行役	2004	商事法務(編)
江頭憲治郎	株式會社・有限會社(第2版)	2002	江頭
前田 庸	入門會社法(第9版)	2003	前田
神田秀樹	會社法(第4版)	2004	神田

〔영미서 및 논문〕

Baumgaertel, Friedrich, "Role and Function of Independent and Outside Directors in Japan: After the 2015 Amendment of the Companies Act and the Implementation of Japan's Corporate Governance Code," 20:1 *Asian—Pacific Law & Policy Journal* 108~110(2018).

Berle, Adolf A. / Gardiner C. Means, *The Modern Corporation and Private Property* (1933).

Cox, James D. / Thomas L. Hazen, *Business Organizations Law*(Hornbook Series)(3rd ed.), St. Paul, MN: West, Thomson Reuters, 2011.

Eisenberg, Melvin A. , *The Structure of the Corporation: A Legal Analysis*(1976).

Freer, Richard D., *The Law of Corporations*(Nutshell Series)(7th ed.), St. Paul, MN: West Academic, 2016.

Freer, Richard D., *The Law of Corporations in a Nutshell*(8th ed.), St. Paul, MN: West Academic Publishing, 2020.

Gower, L. C. B., *The Principles of Modern Company Law*, 1992.

Gevurtz, Franklin A., *Corporation Law*(2nd ed.), St. Paul, MN: Thomson Reuters, 2010.

Gevurtz, Franklin A., *Corporation Law*(Hornbook Series)(3rd ed.), St. Paul, MN: West Academic Publishing, 2021.

Hamilton, Robert W., *The Law of Corporations in a Nutshell*, 4th ed.(1996).

Hamilton, Robert W., *The Law of Corporations in a Nutshell*, 5th ed.(2000).

Hamilton, Robert W. / Richard D. Freer, *The Law of Corporations*(West Nutshell Series)(6th ed.), St. Paul, MN: West, Thomson Reuters, 2011.

Henn & Alexander, *Laws of Corporations and Other Business Enterprises*, 3rd ed.(1983).

Jensen, Michael C. / William H. Meckling, "Theory of the Firm: Managerial Behavior, Agency Costs and Ownership Structure," 3 *J. Fin. Econ.* 305, 306~307(1976).

Lorsch, Jay W., "America's Changing Corporate Boardrooms: The Last Twenty—Five Years," 3 *Harv. Bus. L. Rev.* 119~120(2013).

Nili, Yaron, "Successor CEOs," 99 *Boston University Law Review* 789~793, 821(2019).

O'Hare, Jennifer, "Corporate Governance Guidelines: How to Improve Disclosure and Promote Better Corporate Governance in Public Companies," 49 *Florida State University Law Review* 262(2022).

Senechal, Matthew, "Reforming the Japanese Commercial Code: A Step towards an American—Style Executive Officer System in Japan?," 12 *PAC. RIM L. & POL'y J* 536.

[독 일 서]

Hueck, G., *Gesellschaftsrecht*, 18. Aufl.(1983).

II. 주요 참고논문

〔학술논문〕(가나다순)

김태진, "개정 상법하의 집행임원제 운용을 위한 법적 검토," 「상사법연구」(한국상사법학회), 제30권 제2호(2011).

도제문, "금융회사지배구조법상 업무집행자에 관한 일고(一考) — 은행의 경우를 중심으로," 「금융법연구」(한국금융법학회), 제13권 제3호(2016. 12).

신동찬·황윤영·최용환, "개정상법상 집행임원제도," 「BFL」(서울대학교 금융법센터), 제51호(2012).

양동석, "임원제도 도입에 따른 법적 문제," 「상사법연구」(한국상사법학회), 제20권 제2호(2001).

양만식, "집행임원제도의 도입에 따른 지배구조의 전개," 「상사법연구」(한국상사법학회), 제24권 제1호(2005).

원동욱, "금융지배구조법의 주요 내용 및 향후과제(금융회사지배구조에 대한 내용을 중심으로)," 「금융법연구」(한국금융법학회), 제9권 제1호(2012).

유진희, "우리나라 기업지배구조 개혁의 성과와 과제," 「상사법연구」(한국상사법학회), 제20권 제2호(2001).

전우현, "주식회사 감사위원회제도의 개선에 관한 일고찰 — 집행임원제 필요성에 관한 검토의 부가," 「상사법연구」(한국상사법학회), 제23권 제3호(2004. 11).

정경영, "회사법의 관점에서 본 금융회사 지배구조에 관한 법률의 의의와 쟁점," 「금융법연구」(한국금융법학회), 제13권 제3호(2016. 12).

정준우, "2011년 개정상법상 집행임원의 법적 지위에 관한 비판적 검토," 「한양법학」(한양대 법학연구소), 제35집(2011. 8).

정찬형, "주식회사의 경영기관(비교법을 중심으로)," 「법률학의 제문제」(유기천박사고희기념 논문집), 1988.

_____, "기업경영의 투명성 제고를 위한 주식회사의 지배구조의 개선," 「상사법연구」(한국상사법학회), 제17권 제1호(1998. 6).

_____, "사외이사제도의 개선방안," 「고려법학」(고려대 법학연구원), 제40호(2003).

_____, "한국 주식회사에서의 집행임원에 관한 연구," 「고려법학」(고려대 법학연구원), 제43호(2004. 11).

_____, "주식회사 지배구조 관련 개정의견," 「상사법연구」(한국상사법학회), 제24권 제2호(2005).

_____, "2007년 확정한 정부의 상법(회사법) 개정안에 대한 의견," 「고려법학」(고려대 법학연구원), 제50호(2008).

_____, "서독 물적 회사의 기관과 근로자의 공동결정제도," 「백산상사법논집(백산정찬형교수 화갑기념)」, 박영사, 2008.

_____, "2009년 개정상법 중 상장회사에 대한 특례규정에 관한 의견," 「상사법연구」(한국상 사법학회), 제28권 제1호(2009. 5).

_____, "주식회사의 지배구조," 「상사법연구」(한국상사법학회), 제28권 제3호(2009. 11).

_____, "상법회사편(특히 주식회사의 지배구조) 개정안에 대한 의견," 국회 법사위 상법일부 개정법률안에 관한 공청회 자료, 2009. 11. 20.

_____, "주식회사법 개정제안," 「선진상사법률연구」(법무부), 통권 제49호(2010. 1).

_____, "2011년 개정상법에 따른 준법경영제도 발전방향 — 집행임원 및 준법지원인을 중심 으로," 「선진상사법률연구」(법무부), 통권 제55호(2011. 7).

_____, "금융기관 지배구조 개선을 통한 금융안정 강화 방안," 「금융법연구」(한국금융법학 회), 제10권 제1호(2013).

_____, "나의 상법학 이해 30년 – 입법 및 판례와 관련한 연구를 중심으로 –," 「고려법학」(고 려대 법학연구원), 제70호(2013. 9).

_____, "금융기관 지배구조의 개선방안," 「금융법연구」(한국금융법학회), 제12권 제1호 (2015. 4).

_____, "우리 주식회사 지배구조의 문제점과 개선방안," 「상사법연구」(한국상사법학회), 제 34권 제2호(2015. 8).

_____, "금융회사 지배구조법에 관한 일고(一考)," 「기업법연구」(한국기업법학회), 제31권 제4호(2017. 12).

_____, "집행임원," 「주식회사법대계 Ⅱ(제4판)」(한국상사법학회 편), 법문사, 2022.

_____, "미국 회사법상 집행임원제도," 「금융법연구」(한국금융법학회), 제19권 제3호(2022. 12).

정쾌영, "집행임원제도에 관한 상법개정안의 문제점 검토," 「기업법연구」(한국기업법학회), 제 21권 제4호(2007. 12).

천경훈, "개정상법상 회사기회유용 금지규정의 해석론 연구," 「상사법연구」(한국상사법학회), 제30권 제2호(2011. 8.).

〔학위논문〕(가나다순)

서규영, "주식회사의 집행임원제도에 관한 연구," 법학박사학위논문, 고려대, 2009. 8.

원동욱, "주식회사 이사회의 기능변화에 따른 집행임원제도의 도입에 관한 연구," 법학박사학 위논문, 고려대, 2006. 2.

이수진, "사외이사에 관한 연구 — 사외이사의 선임을 중심으로 — ," 법학박사학위논문, 고려 대, 2023. 2.

홍복기, "사외이사제도에 관한 입법론적 연구," 법학박사학위논문, 연세대, 1988.

Ⅲ. 법령약어(가나다순)

〔금 산〕 ············· 금융산업의 구조개선에 관한 법률(개정: 2021. 12. 30, 법 17799호)

〔기 준〕 ············· 일반기업회계기준(제정: 2009. 11. 27)(2010년까지는 기업회계기준이 적용되었으나, 2011년 1월 1일부터는 일반기업회계기준이 비상장회사에 대하여 적용되고 있다. 일반기업회계기준은 종래의 기업회계기준을 수정·보완하여 제정된 것이다)

〔獨商(HGB)〕 ········· 독일 상법(Handelsgesetzbuch)(제정: 1897. 5. 10, 개정: 2000. 12. 19; 2000. 12. 21; 2001. 1. 18; 2013. 7. 23)

〔獨株(AktG)〕 ········· 독일 주식법(Aktiengesetz)(제정: 1965. 9. 6, 개정: 2000. 2. 24; 2001. 1. 18; 2001. 2. 16)

〔민〕 ······················· 민법(개정: 2022. 12. 27, 법 19098호)

〔민 소〕 ············· 민사소송법(개정: 2023. 4. 18, 법 19354호)

〔민 집〕 ············· 민사집행법(개정: 2022. 1. 4, 법 18671호)

〔부 정 경〕 ············· 부정경쟁방지 및 영업비밀보호에 관한 법률(개정: 2023. 3. 28, 법 19289호)

〔佛 商〕 ··········· 프랑스 상법(개정: 2001. 5. 15; 2013년 시행 상법)

〔佛 會〕 ············· 프랑스 상사회사법(이 법은 1966년 7월 24일에 제정되어 시행되었는데, 2001년 프랑스 개정상법에 의하여 폐지되고 상법에 흡수됨)

〔상〕 ······················· 상법(개정: 2020. 12. 29, 법 17764호)

〔상 등〕 ············· 상업등기법(제정: 2007. 8. 3, 법 8582호, 개정: 2020. 6. 9, 법 17362호)

〔상 등 규〕 ············· 상업등기규칙(제정: 2007. 12. 24, 대법원규칙 2129호, 개정: 2021. 11. 29, 대법원규칙 3007호)

〔상 부〕 ············· 상법부칙

〔상 시〕 ············· 상법 시행령(「상법의 일부규정의 시행에 관한 규정」은 2009년 2월 4일부터 상법시행령으로 그 명칭이 변경되고, 2009년 개정 상법상 시행령 등이 추가 규정됨)(개정: 2022. 8. 23, 대통령령 32881호)

〔상 시 법〕 ············· 상법시행법(제정: 1962. 12. 12, 법 1213호, 개정: 2010. 7. 23, 법 10372호)

〔여 금〕 ············· 여신전문금융업법(개정: 2023. 3. 21, 법 19260호)

〔여 금 시〕 ············· 여신전문금융업법 시행령(개정: 2022. 8. 23, 대통령령 32881호)

〔英會(CA)〕 ············· 영국 회사법(Companies Act, 2006)

〔외 감〕 ············· 주식회사 등의 외부감사에 관한 법률(개정: 2023. 3. 21, 법 19264호)

〔유 상〕 ············· 유가증권시장 상장규정(개정: 2022. 12. 7, 규정 2087호)

〔은 행〕 ············· 은행법(개정: 2023. 3. 21, 법 19261호)

〔은 행 시〕 ············· 은행법 시행령(개정: 2023. 8. 22, 대통령령 33679호)

〔日　　商〕············ 일본 상법(개정: 2002, 법 44호)

〔日　　會〕············ 일본 회사법(제정: 2005, 법 86호; 개정: 2016, 법 62호)

〔자　　금〕············ 자본시장과 금융투자업에 관한 법률(제정: 2007. 8. 3, 법 8635호, 개
　　　　　　　　　　 정: 2023. 3. 21, 법 19263호)

〔자 금 시〕············ 자본시장과 금융투자업에 관한 법률 시행령(제정: 2008. 7. 29, 대통령
　　　　　　　　　　 령 20947호, 개정 2023. 9. 19, 대통령령 33732호)

〔中　　會〕············ 중국회사법(개정: 2005. 10. 27)

〔증　　거〕············ 증권거래법(개정: 2008. 3. 21, 법 8985호)[이 법은 「자본시장과 금융투
　　　　　　　　　　 자업에 관한 법률」(2007. 8. 3, 법 8635호, 시행일자: 2009. 2. 4) 부칙
　　　　　　　　　　 제 2 조에 의하여 시행일자에 폐지됨]

〔형〕··················· 형법(개정: 2023. 8. 8, 법 19582호)

〔ALI원칙〕············· American Law Institute(ALI)가 1992. 3. 31에 Proposed Final Draft로
　　　　　　　　　　 발표하고 1992년 5월의 정기회의에서 승인되었으며, 1992년 정기회의에
　　　　　　　　　　 서 논의되었던 사항이 반영되어 1993년 4월에 위원회에 의하여 최종 의
　　　　　　　　　　 결되어 승인된 Principles of Corporate Governance: Analysis and
　　　　　　　　　　 Recommendations(회사지배구조의 원칙)

〔K－IFRS(기업········ 한국채택국제회계기준(제정: 2007. 11. 23, 개정: 2021. 10. 15〈의결〉)
회계기준서))

〔RMBCA(2016)〕····· 미국의 개정모범사업회사법(Revised Model Business Corporation Act,
　　　　　　　　　　 2016)

〔Cal. Corp. Code〕················ California General Corporation Law(2022)

〔N.Y. Bus Corp. Law〕·········· New York Business Corporation Law(2022)

〔Del. Gen. Corp. Law〕········· Delaware General Corporation Law(2022)

Ⅳ. 판결·결정약어

〔대　　판〕································· 대법원판결

〔대판(전)〕································ 대법원 전원합의체 판결

〔대　　결〕································· 대법원결정

〔○○고판〕································ ○○고등법원판결

〔○○민지판〕······························ ○○민사지방법원판결

〔헌　　결〕································· 헌법재판소결정

〔朝 高 判〕································· 조선고등법원판결

〔日最高判〕································ 일본최고재판소판결

〔日 大 判〕································· 일본대심원판결

〔日○○高判〕······························ 일본○○고등재판소판결

〔日 ○ ○ 地判〕 ······························ 일본○ ○ 지방재판소판결
〔대판(헌결) 1978. 11. 6, 78 다 216〕 ····· 선고연월일, 사건번호
〔BGH〕 ·· 독일의 Bundesgerichtschof 판결
〔RG〕 ·· 독일의 Reichsgerichtshof 판결

V. 판결전거약어

〔집 16 ① 민 20〕 ························ 대법원판결집 제16권 1호 민사편, 20면
〔고집 1967 민 156〕 ···················· 고등법원판결집 1967년 민사편, 156면
〔카드 2775〕 ···························· 판례 카드 No. 2775
〔공보 315, 6783〕 ························ 법원공보 315호, 6783면
〔공보 1989, 233〕 ······················· 법원공보 1989년도, 233면(이는 1996년도부터 '판례공보'
                                            로 명칭이 바뀌었다. 1996년 이후의 앞의 숫자표시는 연도
                                            를 의미함)
〔판공 2016, 333〕 ······················· 각급법원(제1, 2심) 판결공보 2016년, 333면
〔신문 1785, 4〕 ·························· 법률신문 1785호, 4면
〔회고 6, 56〕 ····························· 판례회고 6호, 56면
〔월보 87, 67〕 ··························· 판례월보 87호, 67면
〔대전 635〕 ······························ 이영준편 판례대전, 635면
〔교재 [25]〕 ······························ 이태로, 판례교재 회사법, 판결례 25
〔주판집 민 Ⅲ, 574〕 ·················· 주석 한국판례집 민사편 제 3 권, 574면
〔요지 민·상 Ⅱ, 336〕 ·············· 대법원판결요지집 민·상사편 Ⅱ집, 336면
〔민판집 82, 299〕 ······················· 대법원민사판결원본 82집, 299면
〔판총 11-1, 730-11〕 ·············· 청림각편 판례총람, 제11권 1호, 730-11면

미국·일본 회사법상 집행임원제도

제1편 미국·일본 회사법상 집행임원제도

I. 서 언

주식회사의 기관(지배구조)에서 가장 중요한 기관이 업무집행기관인데, 1962년 제정상법 이후 2011년 개정상법 이전의 우리 상법(이하 '종래의 우리 상법'으로 약칭함)은 회사의 업무집행에 관한 의사결정기관으로 이사회(참여형 이사회)(상 393조 1항)와 회사의 대표기관으로 대표이사에 대하여만 규정하고 있고(상 389조), 이사회의 결의사항 등을 집행하는 회사의 업무집행기관(상 408조의 4 1호 참조)에 대하여는 규정하고 있지 않다. 주식회사의 업무집행기관은 대표이사라고 해석하고 있는데(즉, 대표이사는 원칙적으로 회사의 모든 업무에 관한 집행권을 가진다는 것을 전제로 그 업무집행이 대외관계를 수반하는 경우의 회사대표권에 관하여 상법이 규정한 것으로 해석함), 대표이사의 이러한 업무집행권은 상법에 의하여 부여된 것이 아니라 해석에 의하여 인정되고 있다고 볼 수 있다. 또한 이 경우 업무집행기관이라고 볼 수 있는 업무담당이사(사내이사, 상근이사)의 업무집행권은 상법에 의하여 부여되는 것이 아니라 정관 등에 의하여 부여되는 것으로 해석하고 있다. 합명회사 등의 경우에는 업무집행기관(상 200조, 201조)과 대표기관(상 207조)을 구별하여 규정하고 있다. 입법론으로는 대표이사와 대표이사 이외의 업무담당이사의 업무집행권에 대하여 상법에서 명확히 규정하여야 할 것으로 본다(日會 363조 1항 참조). 이와 같이 종래의 우리 상법은 업무집행기관에 대하여 명확하게 규정하고 있지 않음으로 인하여 업무집행기관은 대표이사라고 해석하고 있는데, 이러한 대표이사가 사실상 이사회를 장악하고 있으므로, 회사의 업무집행에 관한 의사결정과 이를 집행하는 업무집행기관은 사실상 대표이사라고 볼 수 있다. 또한 종래의 상법은 이사회가 대표이사를 포함한 이사의 직무집행을 감독할 수 있도록 규정하고 있지만(상 393조 2항: 이 규정은 제정상법에는 없었고, 1984년 개정상법이 신설한 것인데, 이는 이사회의 해석상의 감독권을 명문화한 것이라고 함), 이는 자기감독이 될 뿐만 아니라 대표이사의 업무집행을 이사들이 실제로 감독하거나 이의를 제기하는 것은 사실상 불가능하므로 이는 사문화된 규정이라고 볼 수 있다. 또한 종래의 상법은 대표이사를 포함한 이사의 직무집행에 대한 감사기관으로 감사(監事)를 두고 있는데, 이러한 감사(監事)가 대표이사의 직무집행을 실효성 있게 감사하는 것도 사실상 어려웠다. 따라서 종래의 상법상 대표이사는 업무집행권을 전횡하면서 실제로 아무런 내부적 견제와 감독을 받지 않았다. 종래의 상법상 이러한 문제가 있는 주식회사의 지배구조에 대하여 문제점을 제기하거나 이의를 제기하는 일은 거의 없었다. 그러던 중 우리나라에 1997년 말 IMF 사태가 발생하여 IMF 경제체제에 돌입하게 되니 외국기관에서 한국에 돈을 빌려주면서 채권자로서 한국 주식회사의 지배구조에 문제가 있음을 지적하고, 투명경영을 위하여 주식회사의 지배구조를 국제기준에 맞게 개선하라고(이사회의 업무집행기관에 대한 감독의 실효를 위하여 이사회에 사외이사를 두어라, 업무집행기관에 대한 감사의 실효를 위하여 감사 대신에 사외이사 중심의 감사위원회를 두라고 하는 등) 요구하였다.

1998년 IMF 직후 우리 정부는 (전격적으로) 유가증권상장규정을 개정하여 그 후 증권거래법의 개정과 2009년 개정상법에 의하여 상장회사는 이사회(업무집행기관인 참여형 이사회)에 의무적으로 사외이사를 두도록 하고(1인 이상 및 이사총수의 4분의 1 이상) 대규모 상장회사는 의무적으로 사외이사를 3인 이상 및 이사총수의 과반수를 두도록 하였다(상 542조의 8 1항). 또한 대규모 상장회사는 이사회(업무집행기관인 참여형 이사회)내 위원회의 하나로서 감사위원회를 의무적으로 설치하도록 하였다(상 542조의 11 1항). 그런데 이사회가 업무집행기관에 대한 감독의 실효를 거두기 위하여 이사회를 사외이사 중심으로 구성하도록 하고 또한 업무집행기관에 대한 감사의 실효를 거두기 위하여 이사회내에 감사위원회를 두도록 하기 위하여는, 먼저 그 전제로서 업무집행기관인 참여형 이사회에서 업무집행기관(모든 업무집행에 관한 의사를 결정하는 이사회의 기능과 이를 집행하는 대표이사의 기능)을 별도로 분리하여 규정하고 (집행임원) (참여형) 이사회를 감독형 이사회로 개편한 후(즉, 집행임원 설치회사로 개편한 후) 이러한 감독형 이사회가 업무집행기관(집행임원)에 대한 감독의 효율성을 증대하기 위하여 감독형 이사회에 사외이사를 두도록 하고 또한 업무집행기관(집행임원)에 대한 감사의 효율성을 증대하기 위하여 감독형 이사회내 위원회의 하나로 사외이사 중심의 감사위원회를 두도록 하였어야 하였다(그 당시 IMF도 이러한 취지에서 사외이사와 감사위원회를 요구함). 그런데 1998년 당시 우리 상법상 주식회사의 지배구조를 위와 같이 개편하지 않고, 상장회사의 업무집행기관인 참여형 이사회에 사외이사를 의무적으로 두도록 하였기 때문에 이사회의 업무집행기능 및 업무감독기능은 현저히 저하하고 상법에 규정이 없는 사실상 집행임원(비등기임원)이 발생하여 대표이사(회장)는 주로 비등기임원과 업무집행을 하게 되었다(이는 법의 미비에서 발생한 부득이한 현상의 하나라고 볼 수 있다). 이 비등기임원에 대하여는 2011년 개정상법(집행임원제 도입) 전에는 법의 규제가 전혀 없었고, 2011년 도입된 개정상법상 집행임원제도는 (이를 사외이사 및 감사위원회와 연계하여 규정하지 않고) 회사의 선택으로 규정하고 있어 회사는 사실상 집행임원(비등기임원)을 두고 있으면서 상법상 집행행임원제도를 선택하지 않았다고 하여 회사가 운영하는 비등기임원제도에는 법의 규제(공시·의무·책임 등)에서 방치되어 있는 실정이다. 사외이사제도는 위에서 본 바와 같이 업무집행기관에 대한 감독과 감사의 효율성 증대와 ESG 경영 등 회사의 정책 결정 등에 참여하여 효율성을 증대하도록 하는 제도이지, 회사의 업무에 대한 전문성이 없고 시간적 제약이 있는 사외이사가 업무집행기관에 참여하여 업무집행의 효율성을 떨어뜨리도록 하는 것은 결코 아니다. 이러한 의미에서 대규모 상장회사에 대하여만 집행임원 − (사외이사 중심의) 감독형 이사회 − (사외이사 중심의) 감사위원회를 두도록 하고, 그 이외의 상장회사(상장회사이지만 중소기업인 경우가 많음)에 대하여는 (참여형) 이사회에 의무적으로 사외이사를 두도록 하는 규정(상 542조의 8 1항 본문으로 이사총수의 4분의 1 이상 사외이사를 두도록 한 규정인데, 이는 감독의 효율성을 증대시키지도 못하면서 이사회의 효율성을 저해함)을 폐지하여 이러한 상장회사에 대한 불필요한 부담을 줄이면서 기업활동을 활성화시킬 필요가 있다.

　　한편 사외이사 중심의 감사위원회제도는 위에서 본 집행임원 설치회사에서 감독형 이사회내 위원회로서 의미가 있는데, 1999년 개정상법 등에서는 집행임원이 없는 참여형 이사회를 둔 회사가 감사(監事)에 갈음하여 감사위원회를 둘 수 있도록 하거나(상 415조의 2 1항) 대규모 상장회사의 경우 의무적으로 감사위원회를 두도록 하여(상 542조의 11 1항), 감사(監事)보다 감사기관의 독립성을 떨어뜨리고 자기감사의 모순을 발생시켰다. 또한 집행임원이 없는 참여형 이사회를 둔 대규모 상장회사가 감사위원회를 둔 경우 감사위원회 위원의 선임 및 해임은 이사회가(상 393조의 2 2항 3호 참조) 아니라 주주총회에서 하도록 규정하고 있는데(상 542조의 12 1항), 이 경우 감사(監事)의 선임에서 소수주주의 이익을 보호하고자 하는 상법의 규정(상 409조 2항)을 반영하기 위한 특칙을(상 542조의 12 2항~4항) 두고 있으나 감사(監事)의 선임의 경우와는 달리 소수주주의 이익을 거의 반영하지 못하고 있다. 따라서 집행임원을 두지 않은 참여형 이사회를 가진 회사에서는 종래와 같이 감사(監事)를 두도록 하고, 집행임원을 둔 감독형 이사회를 가진 회사에서만 감사위원회를 둘 수 있도록(또는 두도록) 하여야 할 것이다.

위에서 본 바와 같이 우리 종래의 상법상 주식회사의 지배구조에서 갖고 있는 문제점, IMF 경제체제(1998년) 이후 우리 주식회사의 지배구조에서 사외이사제도와 감사위원회제도를 도입하였으나 참여형 이사회에서 업무집행기관을 분리하여 집행임원에 관한 규정을 두고 참여형 이사회를 감독형 이사회로 개편하면서(즉, 집행임원 설치회사로 개편하면서) 감독형 이사회에 사외이사제도와 감사위원회제도를 도입하였어야 했는데 종래의 참여형 이사회에 사외이사제도와 감사위원회제도를 도입하여 많은 비능률과 문제점이 발생한 점, 사외이사제도와 감사위원회제도가 이미 도입된 후인 2011 개정상법은 집행임원제도와 감독형 이사회제도(집행임원 설치회사)를 도입하였으나(상 408조의 2~408조의 9) 이는 기존 사외이사 및 감사위원회에 관한 규정과 연결하여 규정되지 않은 점(즉, 집행임원 설치회사에서의 감독형 이사회는 사외이사 및 감사위원회와 필수불가결의 관계를 갖는 것인데, 상법상 집행임원 설치회사의 감독형 이사회에 관한 규정은 기존 상법상 사외이사 및 감사위원회에 관한 규정과 연결하여 규정되지 않은 점)에서 문제가 있을 뿐만 아니라 더욱이 회사는 집행임원 설치회사를 선택할 수 있도록 규정하여(상 408조의 2 1항) 회사가 집행임원 설치회사를 선택하지 않는 경우 집행임원 설치회사에 관한 상법의 규정은 사문화가 되어 상법상 사외이사 및 감사위원회에 관한 규정의 문제점은 그대로 남게 되는 점이 있다. 이 글은 우리 상법상 주식회사의 지배구조에서 이러한 문제점을 지적하고, 이에 대한 해결방안을 제시하기 위한 것이다.

이 글은 크게 제1편(미국·일본 회사법상 집행임원제도)과 제2편(우리 상법상 주식회사의 집행임원제도)으로 나누어 서술하였다. 제1편에서는 주로 비교법적인 내용을 다루었는데, 서언에 이어 먼저 미국 (주식)회사법상 최근 논문에 의하여 주식회사의 지배구조에 관한 내용을 간단히 소개한 후, 비교법적으로 본 주식회사의 업무집행기관과 감독(감사)기관에 관한 규정을 살펴보고, 다음으로 집행임원제도의 핵심국가

라고 볼 수 있는 미국의 회사법상 집행임원제도에 관하여 통일법안과 50개 주법의
내용을 소개한 후, 이사회의 감독기능 강화를 위한 논의의 내용을 소개하였으며, 다
음으로 (객관적인 평가를 염두에 두고) 미국 논문에 나타난 내용에 의하여 일본 회사법
상 집행임원제도에 관하여 소개하였다. 제2편에서는 우리 법상 집행임원제도를 다
루었는데, 먼저 우리 상법상 집행임원제도에 관한 내용을 설명한 후, 우리 상법상
집행임원제도의 도입과정과 문제점 및 개선방안을 제시하였고, 우리 주식회사 지배
구조와 밀접한 관련이 있는 우리 금융회사 지배구조법의 내용과 문제점을 제시하였
다. 결어로서 우리 상법상 주식회사의 지배구조가 견제와 균형을 전제로 한 지배구
조, 글로벌 스탠더드에 맞는 지배구조, 모범적인 지배구조가 되기 위한 방안을 간단
히 정리하였다.

　　아무쪼록 이 글이 우리나라의 주식회사 지배구조를 발전시키고, 이를 위한 상
법과 금융회사 지배구조법의 개정에 조금이라도 도움을 줄 수 있다면 큰 보람으로
생각한다.

Ⅱ. 주식회사의 지배구조

1. 회사지배구조의 모델

　　회사에 참여하는 자는 부(wealth)와 권한(power)에 관심이 있는데, 회사의 지
배구조는 권한에 관한 것이고 이를 어떻게 분배하느냐의 문제이다. 회사 지배구조
의 기본적인 모델을 이해하기 위하여는 시민사회의 민주정부의 개념을 그리는 것이
도움이 된다. 합명회사는 직접민주주의의 형태로서 모든 사원이 회사의 업무에 관한
결정에 참여하나, 주식회사는 대의민주주의 지배구조의 지배구조를 따른다. 이러한
회사의 기본적인 지배구조의 모델은 회사의 소유자(주주)가 개인의 집단(a body of
individuals)을 선임하여 (이사회) 회사를 맡긴다. 이사회는 (주요 업무집행에 관한 사항에
대하여) 결정을 하지만, 보통 이러한 결정을 집행하지(carry out) 않는다. 이러한 의
미에서 이사회는 국회(입법부)에 유사한 역할을 담당한다. 회사의 사장(president)과
같은 회사의 집행임원이 이사회의 정책(policies)을 실행하는 집행업무를 수행한다.
그런데 이러한 회사의 지배구조의 기본모델은 실제로 활동하는 모든 회사의 현실을
반영하지는 않는다.[1]

---

1) Franklin A. Gevurtz, *Corporation Law (Hornbook Series)*(3rd ed.)(St. Paul, MN: West

미국의 회사지배구조에 관한 통일법안(보고서)으로는 미국법조협회(American Law Institute: ALI)가 출간한 회사지배구조의 원칙(분석과 추천)(Principles of Corporate Governance: Analysis and Recommendations)이 있다. 이러한 미국의 회사지배구조의 원칙에 관한 보고서는 사유 소유의 기업이 활동하는 경제제도의 기본법에 주요 기여를 한다. 미국의 정치·경제를 보면 회사의 지배구조에 관한 법은 헌법의 일부로서, 미국의 근본 사회질서의 법적 구조이다. 회사법이 미국의 헌법 조문에 규정되지는 않아도, 회사(특히 공개회사)(publicly-held-corporation)에서의 핵심 법률관계(주주·이사 및 경영진간의 법률관계)에 대한 일반적인 사항은 이를 반영한다. 이러한 법률관계는 미국 자본주의 제도에 있어서 기본적인 것이다. 항상 공통적으로 기본적인 것은, (업무집행기관인) 경영진(management)이 일상의 활동(장기적인 전략활동을 포함)으로 회사를 운영하고, 이사회는 단체(group)로서 회사의 경영진을 감독하고(항상 주의깊게 감독하여야 하나 즉시 실행하여야 하는 것은 아님), 주주는 법적 절차를 통하여 (예컨대, 주주의 대표소송) 경영진과 이사의 책임을 묻는 것이다.[2]

이러한 점에서 미국의 회사 지배구조는 자율성을 보장하면서 견제와 균형의 정신을 철저히 반영하여 권한을 분산시키고 있다. 따라서 업무집행기관으로서 집행임원을 규정하면서 이의 감독기관으로 이사회를 규정하고 있다. 이러한 점을 집행임원을 행정부에 비유하고, 이사회를 국회에 비유하여 설명하는 견해도 있다.[3]

2. 회사지배구조의 목적

"회사지배구조"(corporate governance)의 일반적인 정의는 "회사가 운영(경영)되고 감독되는 제도이다"(the system by which companies are directed and controlled)고 한다. 전통적으로 회사는, 회사 경영진(management)이 주주를 대리하여 활동하도록 하고 또한 이사회(board)가 그의 감독업무를 수행할 수 있도록 하는, "좋은" 회사지배구조 관행을 채택하였다. 더욱 최근의 좋은 회사지배구조 관행은 이사회가 근본적으로 회사의 업무에 영향을 줄 수 있는 환경적 및 사회적 요소를 언급하도록 하였다. 이것은 "회사의 사회적 책임(corporate social responsibility)," "지속가능성(sustainability)," 또는 "환경·사회 및 지배구조(environment, social, and governance: ESG)"로 인용된다.[4]

Academic Publishing, 2021), p.181.

2) 동 보고서의 법조협회 이사(Geoffrey C. Hazard, Jr.) 서문(1993. 7. 9).

3) Gevurtz(Fn 1), p.181.

4) Jennifer O'Hare, "Corporate Governance Guidelines: How to Improve Disclosure and Promote Better Corporate Governance in Public Companies," 49 *Florida State University*

이하에서는 회사지배구조의 목적을 전통적인 목적과 최근의 목적으로 나누어 살펴
본다.

  (1) 회사지배구조의 전통적인 목적

  1) 대리 문제의 감소   역사적으로 회사지배구조의 목적은 공개회사에 존재
하는 대리 문제를 감소시키는 것이었다. 이러한 대리 문제는 대리인이 본인의 비용
으로 대리인의 이익을 취하는 이해상충의 문제이다. 회사에서 경영자는 대리인이
고, 주주는 본인이다. 이사회와 집행임원인 경영자는 반드시 회사의 소유자가 아니
므로, 경영진이 주주의 최대의 이익을 위하여 일하지 않을 위험이 있다. 경영진은
그들의 의무를 위반하여 주가의 하락을 초래할 수 있다. 또는 경영진이 과도한 보
수를 받거나 회사와 불공정한 거래를 할 수도 있다. 감독은 대리 문제를 감소시키
는 하나의 방법이다. 따라서 좋은 회사지배구조 관행은 주주가 이사회를 감독할 능
력을 강화시키고 또한 이사회가 그의 행위에 대하여 책임을 지도록 하는 것이다.
감독은 다음과 같은 회사지배구조의 문제점을 제기한다. 이사는 어떻게 선임되어야
하나? 모든 이사가 매년 재선을 위하여 입후보를 해야 하는가? 이사의 선임을 위하
여 어떠한 투표를 하여야 하는가? 주주는 이사의 선임에 있어서 의결권 대리행사를
할 수 있는가? 주주는 집행임원의 보수를 함께 승인하여야 하는가? 이러한 회사지
배구조의 문제들은 자주 "주주권"으로 통일하여 언급된다.

  이와 유사하게 좋은 지배구조 관행은 회사의 집행임원, 특히 대표집행임원에
대한 이사회의 감독능력을 강화하는데 초점이 맞추어져 있다. 이와 관련된 회사지
배구조의 문제점은 다음과 같다. 이사회는 "독립이사"로 구성되어야 하는가? 이사
의 "독립성"은 어떻게 정의되어야 하는가? 대표집행임원과 이사회 의장의 지위는
분리되어야 하는가 또는 동일인에 의하여 보유되어야 하는가? 이사들은 대표집행임
원의 참여 없이 회동하여야 하는가?

  대리인 문제를 감소시키는 또 다른 일반적인 방법은 대리인의 이익을 본인의
그것과 동일하게 하는 방법이다. 즉, 회사의 경우 집행임원의 보수(경영자의 이익)를
주주의 그것과 동일하게 하는 것이 제1차적인 방법이다. 따라서 좋은 회사지배구조
에서 집행임원은 최소한 부분적으로 주식으로 보수를 받아야 하고, 그의 보수는 회
사의 성과(performance)와 연결되어야 한다는 것이다(즉, 성과급). 이와 관련된 회사
지배구조 관행은 주식소유 가이드라인 및 경영이 회사의 주식을 헤지하지(hedging)

못하도록 하는 정책의 채택을 포함하고 있다.[5]

　　2) 이사회 감독기능의 증진　　　좋은 회사지배구조 관행은 공개회사의 이사회가 그의 감독권한을 효율적으로 행사할 수 있도록 하는 것이다. 공개회사의 이사회는 광범위한 권한(책임)을 갖고 있다. 이사회가 그의 책임을 다하기 위하여는, 이사회는 반드시 그의 의무를 충분한 시간을 갖고 수행할 수 있는 지식(knowledge)과 기능(skills)의 혼합된 권한을 가진 자격이 있는 이사로 구성되어야 한다. 이사들은 이사회의 감독기능과 이 기능을 수행하는 것을 명백히 이해하고 있어야 하며, 또한 이사회는 정보를 제공받고 업무를 수행하여야 한다. 이는 다음과 같은 문제를 야기한다. 이사회의 적절한 규모는 무엇인가? 이사회내 위원회는 어떻게 하면 가장 효율적으로 운용될 수 있는가? 이사회는 그가 업무를 감독하는데 필요한 정보를 갖고 있음을 어떻게 확인할 수 있는가? 이사회는 얼마나 자주 회의를 하여야 하는가? 이사의 임기가 있어야 하는가? 업무능력이 떨어지는 이사는 어떻게 하여야 하는가?[6]

　　⑵ 회사지배구조의 최근 목적(ESG 증진)

　　오늘날 회사지배구조의 가장 중요한 영역의 하나는 ESG인데, 이는 회사의 업무수행에 근본적으로 영향을 미칠 수 있는 환경적·사회적 및 지배구조 요소들이다. 어느 유명한 회사법 법률회사(corporate law firm)가 최근에 조언한 내용은 다음과 같다. "이사회는 ESG와 지속가능성(sustainability)이 주요 핵심의 지배구조의 문제가 되었음을 인식하고 있어야 한다. 이는 기후변화 및 기타 환경위험, 제도적 재무안정, 다양성, 인적 자본 경영(예컨대, 피용자의 근로조건, 임금, 연수, 건강관리 및 은퇴), 공급망, 소비자 및 생산품의 안전과 같은 광범위한 문제를 포함한다."

　　ESG는 투자를 결정하는 투자자들이 전통적인 재무 이상으로 요구하는 점이다. 이러한 투자자들은 ESG 요소가 전반적인 기업의 건전성에 대하여 단기 및 장기의 위험성을 나타내는 것을 알고 있다. 이사회가 이러한 환경 및 사회적 위험을 다루지 못한다면 기업은 손해를 입게 될 것이다. 예컨대, 자동차 제조사의 이사회가 휘발유차에서 전기차로 변경하는 회사의 제품에 의한 환경변화의 위험에 대응하지 못한다면, 회사의 자동타 판매는 소비자의 취향 및 (가스)방출기준이 전기차의 수요를 증가시키므로 급격히 부정적인 영향을 받을 것이다. ESG는 대규모 기관투자자들과 영향력이 있는 시장참여자들이 이를 (우선적인 위치로) 만들었기 때문에, 중요한 회사지배구조의 문제가 되었다. 예를 들면, 2020년 1월에 세계에서 가장 큰 자산 경

---

5) Id., pp.262~264.

6) Id., p.264.

영자인 BlackRock은 "지속가능성(sustainability)이 투자에 대한 우리의 새로운 기준이 되어야 한다"라고 과감하게 말하는 현재의 유명한 투자지침서를 발표하였다. BlackRock에 추가하여 골드만 삭스 및 Fidelity 투자회사와 같은 기타 기관투자자들도 또한 ESG에 대하여 강력한 지지를 하는 의결권 대리투표 가이드라인을 발표하였다. 이러한 기관투자자들 및 시장전문가들(공개회사의 많은 주식을 소유하거나 지배하는 자들)의 요구로 인하여, 좋은 지배구조는 현재 이사회에게 ESG를 우선하도록 요구하고 있다. 때때로 좋은 회사지배구조 관행은 이사회에게 ESG와 관련하여 그들의 행위를 변경하도록 요구하고 있다. 예를 들면, 이사회는 그의 회사를 위하여 다양성을 채택하도록 요구받는 비율이 증가하고 있다. 그러나 보통 좋은 회사지배구조 관행은 ESG의 공시 및 투명성의 증대에 초점을 맞추고 있다. 많은 투자자들이 이사회가 ESG에 관하여 어떻게 말하는지에 관하여 알고 싶어 하지만, 법은 회사가 그것을 공시하도록 요구하지 않는다. 따라서 많은 영향력이 큰 기관투자자들과 시장전문가들은 회사가 ESG에 대하여 공시를 하여, 그들이 이사회가 ESG를 충분히 언급하고 있는지를 결정할 수 있도록 하여야 한다고 한다. 예를 들면 의결권 대리 가이드라인에서 BlackRock은 회사가 일정한 ESG를 공시할 것을 "기대한다"고 언급하고 있는데(이것은 종종 "지속가능성 보고서"로 불린다), 이러한 보고서는 BlackRock이 이사회를 평가하는데 사용된다고 한다. 만일 이사회가 ESG 문제를 실효성 있게 언급하지 않으면 BlackRock은 이사들이 그 책임을 부담하여야 할 것으로 알고 있다. 종교기관 · 노동조합 및 사회적으로 책임있는 투자펀드와 같은 주주들은 또한 주주제안절차를 이용하여 공개적으로 회사가 ESG에 관한 더 많은 정보를 제공하도록 요구하였다. 이러한 주주들은 전형적으로 회사에 요구하여 성(gender)에 따른 보수의 평등 · 로비(lobbying) 및 지속가능성(sustainability)과 같은 문제에 관한 보고서를 제출하도록 하고 있다. 최근까지 환경 및 사회적 문제를 언급하는 주주제안은 주주들에 의하여 승인되지 않았다. 그러나 지난 몇 년 사이에 이러한 문제들에 대한 주주들의 지지가 증가하여, 현재는 다수의 지지를 받기 시작하였다. ESG 공시는 제3자인 의결권 대리 자문기관에 의하여 평가를 받는다. 예컨대, 2018년에 주주 서비스 회사 협회와 세계적 선도 의결권 대리 자문회사가 공개회사가 한 ESG 공시의 질을 평가한 "환경 및 사회의 질에 관한 점수"를 공개하였다. 또한 그밖의 ESG 전문회사들이 ESG 공시에 관하여 회사들을 등급화하고 있다. 이러한 모든 압력이 대부분의 공개회사가 투자자에게 어떠한 ESG 정보를 "임의적으로" 공시하도록 하고 있다. 또한 종종 "지속가능성 보고서"를 회사 웹사이트에게재하도록 한다. ESG는 회사의 목적이 "주주 우선"의 이론에서 "이해관계인 우선"의 이론으로 최근 옮겨가고 있는 것과 관련된다. 주주 우선의 이론에 따르면 회사의 목적은 회사 주주의 부(富)를 창조하는 것이 명백하다. 이사회와 경영진은 회사의 피용자와 같은 회사의 어떠한 기타의 이해관계인에 대하여 책임이 없고, 또한 회사의 활동에 의하여 발생한 사회에 대한 어떠한 부정적 효과에 관해서도 관심을 가질 필요가 없다. 이에 반하여 이해관계인 우선 이론의 지지자들은 회사의 책임은 주주를 넘어 피용자·고객·공급자 및 신용제공자를 포함하여 회사의 성공에 기여하는 기타의 중요한 자에게까지 확장된다고 한다. 이해관계인 우선을 지향하는 경향은 2019년에 획기적인 사건(landmark)이 발생하였는데, 이때 비즈니스 라운드테이블(미국의 180개 이상의 대규모 회사의 대표집행임원이 회원인 영향력 있는 비영리 사단)이 "회사의 목적에 관한 성명"을 발표하였다. 이는 주주 우선에 기초한 과거의 정책에 관한 성명을 변경한 것으로, 이에 서명하는 대표집행임원들은 "우리의 이해관계인 모두에게 근본적인 책임(commitment)을 분담한다"고 언급하였다. 따라서 그들의 주주를 위한 장기적 가치를 달성하는 책임에 추가하여, 대표집행임원들은 특별히 그들의 피용자(종업원)들에게 공정하게 보상하고 그들의 공급자와 공정하게 거래하며 그들의 지역사회를 돕고 환경을 보호할 것을 약속하였다.[7]

3. 회사지배구조법의 법원(Sources of Corporate Governance Law)

회사지배구조는 단일의 법에 존재하지 않는다. 대신에 회사지배구조에 관한 "법"(law)은 다양한 성문법, 규칙, 원칙 및 관행으로 존재한다. 미국에서 이러한 법원은 주 회사법, 연방 증권법, 주권상장규정, 학술 및 비학술 기관에서 나온 최상의 관행 및 기관투자자 및 의결권 대리 자문사의 의결권 대리 가이드라인이다.

(1) 주 회사법

회사지배구조는 "회사가 운영(경영)되고 감독되는(directed and controlled)제도"이고, 주 회사법은 그러한 제도를 만든다. 주 회사법은 이사회·집행임원 및 주주라는 세 개의 회사 주연들(actors)을 설정하고 그들의 역할과 그들이 상호 어떻게 관련되고 있는지를 규정한다. 이에 더하여 주 법원은 회사의 이사 및 집행임원에 대하여 신인의무(fiduciary duties)를 부과하고 있다. 미국에서 대형회사의 과반수가 설립된 주인 델라웨어 주는 회사법에 관한 한 가장 중요한 주이다. 그러나 주 회사법은

---

7) *Id.*, pp.264~268.

가장 중요한 회사지배구조법의 법원은 아니다.

(2) 연방 증권법

미국의 역사에서 상원은 연방증권법에 의한 회사지배구조를 규율하는 권한을 갖고 있지 않다. 주법과 연방법간에는 전통적인 책임분담이 있어, 주 회사법은 회사의 행위(conduct)를 규율하고, 연방 증권법은 공시(disclosure)를 규율한다. 따라서 예컨대, 주 회사법은 주주가 투표권을 갖고 있는지 여부를 규율하고, 연방 증권법은 주주가 정보를 받은 것에 기초하여 투표를 할 수 있도록 하기 위하여 공개회사는 그러한 주주에게 의결권대리 위임장(proxy statements)에 공시할 것을 요구한다. 그러나 증권거래위원회(SEC)는 회사지배구조에 중대한 영향을 미치기 위하여 그의 공시의 권한을 사용하였다. 증권거래위원회 규칙은 공개회사가 그의 의결권대리 위임장에 광범위한 회사지배구조 관행에 관하여 공시할 것을 요구하고 있다. 특히 동 규칙 S-K의 Item 407은 회사가 다음 사항을 공시하도록 요구하고 있다. 즉, 회사 이사회의 "독립성"의 기준 및 독립이사에 관한 정보, 이사회에 이사의 출석에 관한 사항은 물론, 연간 개최되는 이사회에 관한 정보, 정기주주총회에 이사의 출석에 관한 정책, 회사의 감사위원회 · 보수위원회 및 지명위원회에 관한 정보, 회사가 이사회와 주주간의 소통을 촉진하기 위한 일정한 절차를 갖고 있는지 여부, 이사회 의장의 선임을 포함한 이사회 리더쉽에 관한 정책, 이사회의 역할 및 리스크 감독에 관한 정책 및 회사의 경영진 및 이사회가 회사 주식의 헤지를(hedging) 못하도록 하는 규칙을 회사가 채택하였는지 여부이다. 증권거래위원회는 이에 추가하여 공개회사는 상급집행임원에 대한 윤리규정을 채택하였는지 여부도 공시하도록 요구하고 있다. 법적으로는 이러한 규칙은 공시규칙이다. 따라서 공개회사는 의결권대리 위임장에 공시하는 한, 그가 원하는 어떠한 회사지배구조 관행을 채택할 수 있다. 그러나 공시규칙은 또한 회사가 그들의 행위를 변경하도록 유도할 수 있다. 따라서 증권거래위원회는 공시규칙을 공포함으로써 회사의 행위를 규율하는 효과를 거둘 수 있다는 것을 바로 알고 있다.

증권거래위원회는 때로는 회사지배구조 공시규칙의 수준을 높인다. 예컨대, 증권거래위원회는 감사위원회 공시요건의 일부로서 의결권대리 위임장(proxy statements)에 주주가 이사회와 소통하기 위한 절차를 갖고 있는지 여부와 없으면 그 이유를 공시하도록 회사에게 요구하고 있다. 회사는 감사위원회에 재무전문가를 두지 않는 것이 자유이고 또한 주주가 이사회와 소통할 절차를 두지 않는 것도 자유이지만, 회사가 이러한 결정을 하지 않을 수 없는 이유를 제시하는 것은 어렵다. 그러므로 공개회사는 일반적으로 감사위원회에 재무전문가를 두고 또한 주주와의 소통절차를 두고 있다. 이러한 형식의 공시규칙은 회사의 행위를 규율하지 않거나 또는 회사가 특별한 회사지배구조 관행을 채택하도록 요구하지 않지만, 증권거래위원회는 회사가 어떤 회사지배구조 관행을 채택하도록 하기 위하여 증권거래위원 규칙을 이용한다.

그런데 증권거래위원회는 회사지배구조 관행을 규율하기 위하여 이제는 공시 규칙에 의존할 필요가 없게 되었다. 2002년 Sarbanes Oxley Act(SOX)을 시작으로, 증권거래위원회는 일정한 형태의 회사지배구조를 규율하도록 명시적으로 수권받았다. 이에 추가하여 2010년의 Dodd-Frank Act는 몇 가지 회사지배구조 규정을 포함하고 있는데, 공개회사에게 주주가 집행임원의 보수에 관하여 자문투표를 하도록 요구하는 것("say on pay" 규칙)과 같은 것이다.

(3) 증권거래소 상장기준

공개회사에 대하여 증권거래소 상장기준은 추가적인 중요한 회사지배구조에 관한 규정이다. 증권거래위원회가 회사의 행위를 규율할 권한을 갖는지가 확실하지 않으므로, 증권거래소가 이러한 역할을 맡고 있다. 따라서 증권거래위원회는 증권거래소의 (사적인) 상장기준으로써 공개회사의 지배구조를 규율하는데 관여한다. 뉴욕증권거래소 및 나스닥 증권거래소 양자는 상장회사에게 그들의 회사지배구조 기준에 맞추도록 요구한다. 상장기준의 대부분은 긍정적으로 회사의 행위를 규율한다. 예컨대, 뉴욕증권거래소의 상장회사 매뉴얼은 다음과 같다. 즉, 이사회를 과반수의 독립이사로 구성할 것을 요구하고, "독립"의 정의를 규정하고 있다. 사외이사가 경영진의 참여 없는 집행회의(executive session)에 정기적으로 모임을 갖도록 요구한다. 회사가 완전히 독립이사로 구성된 감사위원회·보수위원회 및 지명위원회(또는 회사지배구조위원회)를 가질 것을 요구한다. 감사위원회 위원에 대하여 더 엄격한 "독립성"을 포함한 추가적인 요건을 부과하고, 위원회의 모든 위원에 대하여 "재무(금융) 교육을 받은 자"(financially literate)의 요건을 부과한다. 집행임원의 보수(안)에 대하여 주주의 승인을 받도록 요구하고 있다. 뉴욕증권거래소 상장기준은 이에 추가하여 두 가지의 공시규칙을 규정하고 있다. 예컨대, 뉴욕증권거래소 상장회사 매뉴얼은 다음과 같다. 즉, 이사회에게 "회사지배구조 가이드라인"을 채택하고 이를 우송하도록(post) 요구하고 있다. 또한 이사회에게 "기업 행위 및 윤리 규정"을 채택하고 이를 우송하도록 요구하고 있다. 모든 상장회사의 대표집행임원은 매년 뉴욕증권거래소에 그 회사가 이러한 회사지배구조 기준을 위반하지 않았음을 확인하고, 또한 회사는 뉴욕증권거래소에 "서면 증명"을 제출할 것이 요구된다. 회사가 이러한 회사지배구조 기준을 충족하지 못하면, 그 회사 주식의 거래를 중단하거나 상장 탈락(de-list)을 시키지는 않지만, 공개 징계서를 받을 수 있다.

(4) 최상의 관행

공개회사가 채택한 회사지배구조는 소위 "최상의 관행"으로 강력한 영향력이 있다. 어느 회사지배구조 전문가가 지적한 바와 같이, "좋은 지배구조를 결정하는 일반적으로 합의된 기준은 없다." 그러나 회사지배구조 관행을 증진시키고자 하는 몇몇 기관은 매우 영향력이 있는 것으로 증명된 권고안을 발표하였다. 가장 영향력이 있는 권고안의 하나는 Cadbury Report이고, 그의 최상의 관행규정(Code of Best Practice)은 1992년에 발표되었다. 그 권고안의 일부는 이사회 의장의 역할을 대표집행임원의 지위와 분리하자는 것과, 독립이사로만 구성된 감사위원회를 두라는 것이다. 몇몇 기업단체에서도 그들 자체의 최상의 관행을 발표하였다. 예컨대, Business Roundtable은 2016년에 회사지배구조 원칙(Principles of Corporate Governance)을 발표하였다. 2018년에는 Warren Buffett을 포함한 20명의 고수익을 내는 대표집행임원들이 회사지배구조 2.0의 상식적 원칙(Commonsense Principles of Corporate Governance 2.0)을 발표하였다.

(5) 의결권대리 투표(Proxy Voting) 가이드라인

마지막으로 기관투자자 및 의결권대리 자문사가 제정한 의결권대리 투표 가이드라인은 공개회사가 그 가이드라인에 있는 회사지배구조 관행을 채택하도록 압력을 가한다. 세계에서 가장 큰 기관투자자의 하나인 블랙록(BlackRock)이 말하는 바와 같이, 그의 의결권대리 투표 가이드라인은 "회사지배구조 문제에 관한 우리의 견해를 일반적으로 나타내고, 이사회에 대한 우리의 기대는 물론이고, 회사의 투표에서 보통 발생하는 문제점에 대하여 전형적으로 어떻게 접근할 것인가에 대한 관점을 제공하고 있다." 기관투자자들은 대부분 공개회사의 주식에서 상당히 많은 양을 소유하고 있으므로, 그들의 투표 가이드라인은 대단히 영향력이 크다. 의결권대리 투표 가이드라인은 또한 Institutional Sharehoder Services 및 Glass Lewis와 같은 의결권대리 자문사에 의해서도 발표된다. 이러한 의결권대리 자문사의 힘(power)으로 인하여, 그들의 가이드라인도 또한 공개회사의 회사지배구조에서 큰 영향력이 있는 법원이 된다.[8]

---

8) *Id.*, pp.268~275.

4. 회사지배구조 규정에 대한 접근

위에서 본 바와 같이 공개회사의 지배구조는 주법·규칙·원칙·주 회사법에서 오는 관행·연방 증권법·증권거래소 상장규칙·최상의 관행 및 의결권대리 가이드라인의 결합에서 나온다. 이 중의 일부는 강제적이고, 다른 일부는 임의적이다. 일부 규칙은 행위를 규율하고, 다른 일부 규칙은 공시를 요구한다. 이를 모두 통합하여 말하면, ① 강행규정, ② 준수 아니면 설명(comply or explain), ③ 요구되는 공시, ④ 공시 아니면 설명, 및 ⑤ 요구되지 않는 임의적 공시가 있다. 각 접근에는 일정한 이익과 불이익이 있는데, 이사회의 유연성·주주 보호 및 비용을 고려하여 정한다.

(1) 강행규정

강행규정은 회사가 법적으로 특정한 지배구조 형태를 채택하거나(채택하지 않도록) 요구하는 것이다. 강행규정의 예는 상장회사의 이사회는 최소한 과반수를 독립이사로 구성하도록 요구하는 뉴욕증권거래소 규칙이다. 강행규정은 규제자가 주주의 이익을 보호하기 위하여 결정한 일정한 최소한도의 회사지배구조 기준을 회사가 틀림없이 따르도록 하기 때문에 매력적이다. 강행규정의 단점은 이사회가 그 자신의 회사지배구조의 일부를 선택할 수 있는 유연성이 없다는 점이다. 예컨대, 회사는 강행규정에서 벗어나고자 하는 이유를 제시 하는 것이 허용되지 않는다. 모든 회사의 수요에 맞는 지배구조의 모델은 없고, 회사지배구조에서 "모두에 맞는 하나의 형태"(one-size-fits-all)의 접근은 경영자에게서 개별 회사에 적합한 결정을 할 수 있는 능력을 박탈한다. 더욱이 회사지배구조의 강행규정의 모델은 회사가 시간이 지나면 발전할 수 있는 더욱 효율적인 지배구조 기준을 개발할 수 없도록 한다. 이것은 회사가 최적의 지배구조 관행을 실행하고 성취하는 것을 제한할 수 있다. 이에 더하여 회사지배구조에 대한 강행규정은 특히 소규모 회사에 대하여는 큰 비용을 부담시킬 수 있다. 마지막으로 강행규정의 성격은 "일정한 영역에 한정되어"(box-ticking), 회사지배구조를 발전시키는 데에 있어서 실질적 영향력을 발휘하지 못할 수 있다.

(2) 준수 아니면 설명(comply or explain)

준수 아니면 설명의 접근은 많은 관심을 받고 있다. 이러한 접근으로 입법자(규제자)는 통일된 회사지배구조 기준을 발표하고, 회사가 이러한 기준을 따르든지 또는 따르지 않을 것을 선택할 수 있도록 한다. 그러나 회사가 따르지 않으면 회사는 따르지 않은 결정에 대하여 반드시 설명하여야 한다. 준수 아니면 설명의 접근은 런던 증권거래소와 EU 국가들이 채택하였다. 따라서 예컨대, 영국 회사지배구조 규정(Code)에 의하면 이사회 의장과 대표집행임원의 지위는 동일인이 가질 수 없다. 런던 증권거래소에 상장된 회사는 이러한 규정에 반드시 따르든지, 아니면 연차(정기)보고서에서 왜 그 규정을 따르지 않았는지를 반드시 설명하여야 한다. 영국 회사지배구조 규정은 그 설명을 어떻게 하는지에 대하여 안내의 내용(guidance)을 규정하고 있다. "그 규정에 따르는 것에 대한 대체는 회사의 규모·복잡성·연혁 및 소유구조를 포함한 일정한 요인에 기초한 특별한 환경에서 정당화될 수 있어야 한다. 설명은 그 배경을 제시하고, 회사가 취하는 행위에 대한 명확한 이유를 제시하며, 그 행위가 갖는 영향을 설명하여야 한다. 그 규정을 따르지 못한 것이 시간적 제약으로 인한 것인 경우에는 설명에서 그 회사가 언제 그 규정에 따를 것인가를 제시하여야 한다."

준수 아니면 설명의 접근에는 몇 가지 장점이 있다. 첫째로 강행규정과는 달리 이는 회사에게 그의 회사지배구조 결정에 있어 탄력성(flexibility)을 제공한다. 더 나아가 어느 평석가가 지적한 바와 같이, 이는 회사가 지배구조 규정의 정신을 채택하도록 용기를 부여한다. 이에 추가하여 회사는 통일된 지배구조 기준을 따르던가 아니면 그의 수요에 아주 적합한 규정(지배구조)을 만들어야 하기 때문에, 회사지배구조의 이러한 형식은 현재 및 변화하는 기업관행의 모두에 적합하다. 준수 아니면 설명의 접근은 회사가 준수하지 않음에 대한 충분한 이유가 있는 한 회사가 권고안을 따르지 않는 것이 허용되기 때문에 소규모 회사에 대하여 아주 적합하다. 이에 추가하여 준수 아니면 설명의 접근은 투자자를 보호한다. "준수 아니면 설명" 접근의 성격(opt out의 성격)은 회사가 통일된 회사지배구조 기준을 이행하지 않을 수 있도록 용기를 부여하다. 연구결과에 의하면 전반적인 준법은 준수 아니면 설명의 제도를 사용하는데 있어서 "아주 높게" 나타났다. 이것은 대부분의 회사는 투자자를 보호하기 위하여 제정된 통일된 회사지배구조 기준을 따를 것을 선택한다는 것을 의미한다. 이러한 통일된 회사지배구조 관행을 따르지 않는 회사에 대하여는, "설명" 요건이 투자자가 이론적으로 회사의 불준수를 선의로 볼 것인지 여부를 결정하도록 할 것이다. 그것은 또한 경영진을 보다 효율적으로 감독할 수 있는 주주에게 투명성을 제공한다.

그러나 준수 아니면 설명의 접근은 몇 가지 단점이 있다. 가장 심각한 문제는 회사가 회사지배구조 요건을 따르지 않는 것을 선택한 때에 발생한다. 준수 아니면 설명의 접근은 불준수 회사가 통일된 기준을 따르지 않는다는 그들의 결정을 설득력있게 설명하다는 전제에 기초한다. 불행하게도 평석자들의 관찰에 의하면, 일부 불준수 회사는 그들의 불준수에 대하여 설득력이 있는 설명을 하지 못한다는 것이다. 불준수에 대한 설명에는 전문성이 부족할 수 있다. 이에 더하여 일부 불준수 회사는 어떠한 설명도 전혀 하지 않는데, 이는 그들이 회사지배구조를 증진하기 위하여 '준수 아니면 설명'의 접근방식을 사용하지 않은 것을 의미한다. 마지막으로 설명 요건과 관련한 비용이 있다. 불준수를 설명하는 비용은, 어떤 회사에게는 불준수가 회사에게 더 좋은 경우에도, 통일된 기준을 따르도록 하는 원인이 될 수 있다. 어느 평석자가 말한 바와 같이, "회사는 비용 때문에 그들의 불준수에 대하여 의미 있는 설명을 하지 않고, 또한 그러한 지배구조 규정이 대부분의 회사에 맞지 않는 경우 설명의 비용은 필요한 설명의 수에 따라 상승한다."

(3) 공시요구

회사지배구조 규정에 대한 세 번째의 접근은 회사에게 그의 회사지배구조 관행을 공시하도록 요구하는 것이다. 이러한 접근에서는 회사의 지배구조가 강행규정이나 통일된 회사지배구조 가이드라인에 의하여 규제되지 않는다. 그 대신 회사는 그가 선택하는 어떠한 회사지배구조 관행을 자유롭게 선택할 수 있다. 그러나 회사는 그의 선택을 공시할 것이 요구된다. 위에서 본 바와 같이 이것은 주로 연방증권법의 접근이다. 그리고 아래에서 더 상세히 보는 바와 같이, 이것은 뉴욕증권거래소가 회사지배구조 가이드라인에 대하여 채택한 접근이다. 상장회사는 그들이 원하는 어떠한 회사지배구조 관행을 선택할 수 있으나, 그들은 이를 그들의 회사지배구조 가이드라인에 공시할 것이 요구된다.

공시요구의 접근은 몇 가지 장점이 있다. 첫째이고 가장 분명한 것은, 임의적 접근으로 완전한 융통성을 허용하여, 각 회사는 그에 가장 적합한 회사지배구조를 선택할 수 있다. 둘째로, 공시요건은 회사 이사회가 채택한 회사지배구조 관행에 관하여 적절한 정보를 확실하게 제공받는 점이다. 회사의 지배구조 관행에 관하여는 중요한 정보 비대칭이 존재하는데, 이사회는 회사의 지배구조에 관한 접근에 대하여 충분한 지식을 갖고 있음에 반하여, 주주는 이사회보다 제한된 지식을 갖고 있는 점이다. 회사의 지배구조 관행에 관한 공시요건은 이러한 정보 비대칭을 감소시켜, 주주가 더 좋은 정보를 제공받도록 한다. 이것은 주주가 보다 효과적인 경영감독을 하도록 한다. 이에 추가하여 회사지배구조 선택은 공개되기 때문에, 공시요건은 이사회 및 집행임원에게 그들의 지배구조 결정을 보다 신중하게 하도록 한다.

마지막으로, 공시요건은 자주 더 좋은 회사지배구조 관행을 채택하도록 한다. Brandeis 대법관이 유명하게 지적한 바와 같이, "전기불이 가장 유용한 경찰이지만, 태양광이 가장 좋은 살균제이다." 추측컨대 대부분의 회사는 열악한 지배구조 관행을 공시하기를 원하지 않을 것이다. 그 결과로 공시요건은 부끄럽게 하는 기구(mechanism)로 작용한다. 또한 공시요건은 기관투자자에게는 그들이 더욱 효과적으로 회사 경영을 감독하는데 필요한 정보를 제공하도록 한다. 그러므로 공시는 이사회가 좋은 지배구조 관행을 채택하도록 한다. 불행하게도 공시요건은 좋은 지배구조를 채택하도록 용기를 주지만, 그것을 보증하지는 않는다. 지배구조 관행 그 자체를 규율하는 규정(rules)은 없기 때문에, 임의적 회사지배구조는 공시요건이 있더라도 회사가 열악한 회사지배구조 관행을 채택하는 것을 막지 못한다. 이에 추가하여 이러한 접근은 회사간의 회사지배구조 관행을 비교하는 것을 더욱 어렵게 한다.

(4) 공시 아니면 설명(disclose or explain)

　　회사지배구조 규정에 대한 네 번째 접근은 '공시요건'의 접근과 '준수 아니면 설명'의 접근을 결합한 것이다. 이러한 '공시 아니면 설명'의 접근에서는 회사는 그가 특별한 회사지배구조 관행을 따르는 것을 공시할 것이 요구되지만, 공시하지 않으면 왜 공시하지 않는지를 설명하여야 한다. 위에서 본 바와 같이 증권거래위원회는 회사의 의결권대리 위임장에 기재할 것이 요구되는 몇몇 회사지배구조 공시에 관하여 이러한 접근을 사용하였다. '공시 아니면 설명'의 접근은 공시가 요구되는 회사지배구조에 대한 증권거래위원회의 전통적인 접근과 구별된다. 이러한 접근간의 차이는 간단한 예에서 알 수 있다. Enron 사태 이후 상원은 증권거래위원회에게 감사위원회 구성 및 특히 감사위원회가 최소한 1인의 '재무전문가'를 두어야 하는지 여부에 관한 규칙을 발표하도록 하였다. ① 만일 증권거래위원회가 강행규정을 채택하였다면, 그 규칙은 "각 공개회사는 감사위원회에서 근무하는 최소 1인의 재무전문가를 둘 것이 요구된다."고 규정할 것이다. ② 이에 반하여 증권거래위원회가 '준수 아니면 설명'의 접근을 채택하였다면, 그 규칙은 "각 공개회사는 그의 감사위원회에 근무하는 최소 1인의 재무전문가를 반드시 둘 것을 요구하는 증권거래위원회 규칙을 따를 것인지 여부를 반드시 진술하여야(state) 한다. 만일 그렇지 않으면 그 회사는 그 이유를 반드시 설명하여야 한다."고 규정할 것이다. ③ 만일 증권거래위원회가 공시요건인 전통적인 접근을 따랐다면, 그 규칙은 "각 공개회사는 그의 감사위원회에 근무하는 1인의 재무전문가를 두고 있는지 여부를 반드시 공시하여야 한다."고 규정할 것이다. ④ 그런데 증권거래위원회는 위 ①②③ 대신에

'공시 아니면 설명'의 접근을 채택하여, "각 공개회사는 그의 감사위원회에 근무하는 1인의 재무전문가를 두고 있는지 여부를 반드시 공시하여야 한다. 만일 그렇지 않으면 회사는 그 이유를 반드시 설명하여야 한다."고 규정하고 있다. 달리 말하면, 증권거래위원회는 전통적으로 요구되는 '공시'의 접근에 '준수 아니면 설명'의 접근의 정신을 추가하였다.

이러한 '공시 아니면 설명'의 접근은 공시요건의 접근에 비하여 몇몇 장점이 있다. 첫째는 특별한 회사지배구조 관행을 채택하지 않는 결정에 대하여 회사가 설명하도록 요구하는 것은 투자자에게 더 많은 정보를 제공한다. 더 중요한 것은, 이러한 접근은 회사가 어떤 회사지배구조 관행을 채택하도록 하는데 훨씬 더 효과적일 수 있다는 점이다. 준수하지 않는다는 결정을 설명해야 하는 의무는 공개회사와 투자자에게 규제자(입법자)는 특정한 지배구조 관행의 선택을 선호한다는 점에 대한 명백한 메시지를 보낸다. 회사가 이러한 메시지를 무시하는 것은 자유이지만, 회사는 이에 대하여 만족할만한 설명을 하는 것이 어렵다는 점을 알 것이다. 예컨대, 공개회사는 그가 감사위원회에 재무전문가를 두지 않기로 결정한 것을 어떻게 합법적으로 설명할 수 있을까? 따라서 위에서 본 바와 같이, '공시 아니면 설명'의 접근은 공개회사를 보다 더 좋은 회사지배구조 관행으로 인도할 수도 있다.

(5) 공시요건도 없는 임의 접근

회사지배구조에 관한 마지막 접근은 전혀 규제하지 않는 것이다. 이러한 접근하에서는, 회사는 그가 선호하는 회사지배구조 관행을 채택하는 것이 자유이고, 이를 공시하도록 요구받지도 않는다. 회사지배구조에 대한 완전한 임의적 접근은, 위에서 논의한 어떠한 접근보다 이사회가 그 회사에 맞는 결정을 하는 데에 있어서 보다 더 많은 자유를 허용한다. 이는 "모두에 맞는 하나의 규격"(one-size-fits-all)의 모델을 완전히 거절하고 이사회에 최상의 유연성을 제공한다. 이에 더하여, 이는 다른 모델보다도 자유시장에 맞는 더 많은 이상(ideals)을 부여하여, 투자자가 그의 투자결정을 통하여 회사의 지배구조 관행을 받아들이든가 또는 거절할 권한을 갖게 한다. 더욱이 임의 접근을 주장하는 자는, 기관투자자 및 의결권 대리 자문사를 포함한 시장이 최상의 지배구조 관행을 채택하고 이를 공시하여 주주에게 좋은 재배구조를 선택하였다고 알리는 이사회에 대하여 인센티브를 줄 것이기 때문에, 이는 투자자에게 해롭지 않다고 주장한다.

그러나 이는 강행성이 없는 회사지배구조 규칙이기 때문에, 회사가 투자자를 해할 수 있는 열악한 지배구조 관행을 채택할 위험이 있다. 회사는 그의 지배구조 관행을 공시할 것을 요구받지 않으므로, 순수한 임의 접근에서는 이러한 위해 (harm)가 더 발생할 가능성이 있다. 임의 접근을 주장하는 자는 회사는 그의 좋은 회사지배구조 관행을 알리기 위하여 또한 시장이 그것을 요구하기 때문에 그의 지배구조 관행을 임의로 보고(공시)할 것이라고 한다. 그러나 이러한 공시는 발생하지 않는다. 비록 발생한다고 하더라도 이러한 임의의 공시는 결점(drawbacks)이 많다. 통일된 공시규칙이 없으면 이는 회사간의 정보 비교를 어렵게 한다. 이에 추가하여 이러한 임의 보고(공시)는 시간과 질에서 일관성이 없을 수 있다.[9]

5. 공개회사의 핵심 회사지배구조에 관한 문서(기본정관, 부속정관, 및 회사 지배구조 가이드라인)

위에서 본 바와 같이, 회사지배구조의 규칙(rules)은 한 곳에 있지 않다. 회사 지배구조 제도는 미국에서 주 회사법·연방증권법·증권상장규칙·최상의 관행 및 의결권대리 투표 가이드라인에서 오는 다양한 법률·규칙·원칙 및 관행에 의하여 만들어진다. 이러한 규칙은 모든 공개회사에 적용되고, 이에 대한 이해는 회사지배 구조에 대한 회사의 접근에 확실히 필요하다. 그러나 특정한 공개회사의 지배구조 관행을 이해하기 위하여는 더 많은 정보가 필요하다. 특히 세 개의 회사의 핵심 문서를 검토할 필요가 있는데, 이는 회사의 기본정관과 부속정관 및 회사지배구조 가이드라인이다. 회사의 기본정관은 회사의 지배구조에 영향을 미치는 수많은 규정을 포함한다. 예컨대, 회사의 기본정관은 종류주식의 발행을 규정할 수 있고, 시차 또는 종류 이사회를 규정할 수 있으며, 서면 동의에 의한 주주권의 박탈을 규정할 수 있고, 효율적인 주주의 행위를 위하여 과반수를 초과하는 결의요건을 규정할 수 있다. 이와 유사하게 부속정관은 회사의 지배구조에 영향을 주는 사항을 규정할 수 있다. 예컨대, 부속정관은 주주총회가 이사를 선임할 수 있음을 규정할 수 있고, 주주가 의결권 대리에 관한 자료를 취득할 수 있도록 하며, 특별주주총회를 허용하고, 이사의 선임에 관한 투표에서 과반수가 아닌 다수결에 대하여 규정할 수 있다. 기본정관과 부속정관이 회사지배구조 관행에 대한 중요한 내용을 규정하지만, 이것들은 모든 것을 완전하게 규정하지 못한다. 이것은 이러한 정관의 목적이 회사가 선택한 지배구조를 투자자에게 공시하는 것이 아니기 때문이다. 그러나 이러한 회사 지배구조 규정의 대부분은 기본정관이나 부속정관에 포함되어 있어서, 회사가 관련

---

9) *Id.*, pp.275~283.

회사법상 법령상 흠결된 부분을 보완할 수 있도록 한다. 예컨대, 델라웨어 주 회사법 제216조는 이사는 회사의 기본정관이나 부속정관상 다른 규정이 없으면, (주주총회에서) 과반수의 투표(plurality vote)로 선임된다고 규정하고 있다. 이러한 회사법의 규정을 배제하기 위하여는, 회사의 정관은 적절한 보완규정을 반드시 두어야 한다. 그런데 주주들은 어떻게 이사회가 선택한 회사지배구조를 알 수 있을까? 주주는 회사의 지배구조 가이드라인을 검토함으로서 알 수 있다.[10]

Ⅲ. 비교법적으로 본 주식회사의 업무집행기관과 감독(감사)기관

위에서 본 바와 같이 회사지배구조(corporate governance)의 일반적인 정의는 "회사가 운영(경영)되고 감독되는 제도"(the system by which companies are directed and controlled)라고 보기 때문에, 이하에서는 주식회사의 운영(경영)기관인 업무집행기관과 이에 대한 감독(감사)기관에 대하여 살펴보겠다. 이에 대하여는 먼저 우리나라의 제도를 간단히 살펴보고, 일본·독일·프랑스·영국 및 미국의 제도를 비교법적으로 간단히 살펴보겠다.

1. 한   국

⑴ 업무집행기관

㈎ 우리 상법상 자본금 총액이 10억원 미만인 소규모 주식회사로서 이사를 1명 또는 2명 둔 경우에는(상 383조 1항 단서, 4항~6항), 이사회가 없고 (이사가 2명인 경우) 대표이사도 임의기관이다(상 383조 6항 참조). 따라서 이러한 소규모 주식회사의 업무집행기관은 각 이사이다.

위와 같은 소규모 주식회사의 대표기관은 원칙적으로 각 이사인데, 예외적으로 정관에 대표이사를 정한 경우에는 대표이사이다(상 383조 6항).

㈏ 우리 상법상 주식회사의 업무집행기관은 집행임원 비설치회사의 경우 원칙적으로 이사회와 대표이사이다(통설). 집행임원 비설치회사의 업무집행기관으로서 이사회와 대표이사가 있는 경우, 이사회는 상법 및 정관에 의하여 주주총회의 권한으로 규정되어 있는 사항을 제외하고는 회사의 업무집행에 관한 모든 사항에 대하여 의사결정을 할 권한이 있고(이를 '참여형 이사회'라고 하는데, 이러한 참여형 이사회제

---

10) *Id.*, pp.283~284.

도는 우리 상법 제정 이후부터 주식회사의 규모에 관계 없이 이용되어 왔음)(상 393조 1항),
대표이사는 대내적으로 주주총회 및 이사회에서 결정한 사항에 관하여 업무를 집행
할 권한이 있다(이 때 대표이사에게 구체적으로 위임된 사항과 일상업무에 대하여는 의사를
결정하여 집행할 권한이 있음)(통설). 또한 회사는 보통 (정관 등의 규정에 의하여) 대표이
사 이외의 이사에게도 대내적으로 업무집행권을 부여한다(업무담당이사, 사내이사 또
는 상근이사). 주식회사의 기관에서 가장 중요한 것이 업무집행기관인데, 우리 상법
은 대표이사와 업무담당이사의 업무집행권에 대하여 규정하지 않아서, 대표이사의
업무집행권은 대표권(상 389조 3항, 209조)의 대내적인 면으로 해석하여 인정하고,
업무담당이사의 업무집행권은 정관 등의 규정에 의하여 인정하고 있다. 입법론상
대표이사 및 업무담당이사의 업무집행권을 (해석이나 정관 등의 규정에 의해서가 아니
라) 상법에서 명문으로 인정하여야 할 것으로 본다(日會 363조 1항 참조).

　　위의 주식회사의 대외적인 대표기관은 대표이사이다. 이러한 대표이사는 원칙
적으로 이사회의 결의로 선임되는데, 예외적으로 정관의 규정에 의하여 주주총회에
서 선임된다(상 389조 1항). 대표이사가 수 인이 있는 경우에도 원칙적으로 각자가
회사를 대표하는데(각자대표), 예외적으로 (이사회 또는 주주총회의 결의로) 수 인의 대
표이사가 공동으로 회사를 대표하도록 정할 수 있다(상 389조 2항·3항, 208조 2항).
대표이사는 회사의 영업에 관한 재판상·재판 외의 모든 행위에 대하여 회사를 대
표할 권한이 있다(상 389조 3항, 209조 1항).

　　㈐ 위 ㈏의 (집행임원 비설치회사의 경우로서) 참여형 이사회는 (원칙적으로) 회사
의 업무집행에 관한 모든 사항에 대하여 의사결정을 할 권한을 갖고 또한 이사의
직무집행을 감독할 권한을 갖는다(상 393조 1항 및 2항). 이러한 참여형 이사회제도
에서 이사회는 주로 업무집행기능에만 전념하고, 이사회의 이사의 직무집행에 대한
감독기능은 (자기감독이 되어) 유명무실하게 되었다. 이는 회사경영의 투명성과 관련
하여 (특히 대규모 주식회사에서) 많은 문제점이 제기되어, 이사회의 감독기능의 활성
화 방안이 그동안 많이 논의되었다. 따라서 2011년 4월 개정상법은 이사회의 실효
성 있는 감독기능을 위하여 업무집행기관(집행임원)과 업무감독기관(이사회)을 분리
하는(이를 '감독형 이사회'라 함) 집행임원 설치회사를 둘 수 있도록 하였다(상 408조의
2 1항). 또한 IMF 경제체제 이후에는 이사회의 업무감독기능을 활성화하기 위하여
상장회사는 의무적으로 이사회에 사외이사를 두도록 하였다(상 542조의 8 1항). 따
라서 이러한 집행임원 설치회사에서는 대표이사에 갈음하여 집행임원을 두도록 하
고 있다(상 408조의 2 1항). 따라서 집행임원 설치회사의 업무집행기관은 집행임원

이다. 이러한 집행임원은 집행임원 설치회사의 업무를 집행하고(상 408조의 4 1호), 정관이나 이사회의 결의에 의하여 위임받은 업무집행에 관한 의사결정권도 있다(상 408조의 4 2호). 이러한 집행임원은 집행임원 설치회사에서의 이사회에 의하여 선임(해임)된다(상 408조의 2 3항 1호).

집행임원 설치회사의 대표기관은 대표집행임원이다. 집행임원 설치회사에서 2명 이상의 집행임원이 선임된 경우에는 이사회가 동 회사를 대표할 대표집행임원을 선임하여야 하는데, 집행임원이 1명인 경우에는 그 집행임원이 대표집행임원이 된다(상 408조의 5 1항). 대표집행임원에 관하여는 상법에 다른 규정이 없으면 주식회사의 대표이사에 관한 규정을 준용한다(상 408조의 5 2항).

(2) 업무감독(감사)기관

㈎ 우리 상법상 자본금 총액이 10억원 미만인 소규모 주식회사로서 이사가 1명 또는 2명인 경우에는(상 383조 1항 단서), 업무집행기관인 각 이사에 대한 감독기관은 (이사회가 없으므로) 이사회가 될 수 없고(상 383조 5항) 주주총회이다(상 383조 4항 참조).

이러한 소규모 주식회사의 경우에는 감사(監事)가 임의기관이므로(상 409조 4항), 이러한 소규모 주식회사가 감사(監事)를 두지 않은 경우에는 이러한 이사의 업무집행에 대한 감사기관은 주주총회라고 볼 수 있다.

㈏ 우리 상법상 주식회사의 업무집행기관에 대한 감독기관은 집행임원 비설치회사의 경우 이사회이다. 즉, 이사회는 이사(대표이사 및 업무담당이사)의 직무의 집행을 감독한다(상 393조 2항). 이러한 상법 제393조 제2항은 제정상법에는 규정이 없었고, 1984년 개정상법에서 신설된 것인데 그 신설이유에 대하여 다음과 같이 설명하고 있다. "상법 제393조 제2항에서 개정법이 이사의 직무집행에 대하여 이사회가 감독권을 가짐을 규정하고 있는 것은 이러한 명문이 없는 구 상법상으로도 그와 같이 해석되고 있는 이사회의 이사의 업무집행 감독권을 명문화한 것이다. 그 근거로는 회사의 업무집행권은 이사회에 있고(393조), 이사회는 구체적인 업무집행을 결의하는 의결기관이며(393조), 그 실행은 대표이사 또는 기타의 업무담당이사가 하게 되는데, 이사회는 대표이사의 선임·해임권이 있고(389조 1항) 이사의 직무담당을 결정할 수 있으므로 따라서 대표이사 내지 업무담당이사의 업무집행을 이사회가 감독하는 지위에 있다는 것이다. 개정법은 이러한 해석상의 감독권을 명문화한 것이 된다."11) 그런데 이는 업무집행기관과 업무감독기관이 분리되지 않고 동일기관이므로 자기감독이 되어 감독의 실효를 거둘 수 없는 구조이다. 따라서 1984년의 개정

상법이 이사의 직무집행에 대한 이사회의 감독권을 신설하였음에도 불구하고, 업무집행기관에 대한 감독은 사실상 없거나 유명무실하게 되었다. 또한 대표이사의 권한이 워낙 막강하여 보통 대표이사에 의하여 주주총회에 추천되는 이사가 이사회에서 대표이사가 집행한 업무를 실효성 있게 감독하는 것은 사실상 불가능하였다. 이와 유사하게 감사(監事)도 대표이사가 집행한 업무를 실효성있게 감사하는 것이 사실상 불가능하였다. 또한 지배주주가 대표이사를 맡는 경우(이에 더하여 대표이사가 주주총회에서 선임되는 경우) 주주총회(이사회)에 의한 업무집행기관(대표이사)에 대한 감독은 거의 불가능하였다. 따라서 주식회사의 대표이사(지배주주)는 어떠한 제재나 감독을 받음이 없이 경영권을 전횡하였고 주식회사의 경영은 제도가 아니라 특정인에 의하여 독단되었다. 이러한 점 등으로 인하여 1997년 말 우리나라는 IMF 경제체제를 맞게 되었고, IMF 경제체제시 IMF 등은 한국 회사(특히 대규모 주식회사)는 업무집행기관에 대한 감독(감사)기관이 사실상 없거나 또는 제 기능을 발휘하지 못한다는(즉, 기업경영이 투명하지 못하다는) 제도상 문제점을 제기하면서, 회사지배구조에 관한 법률의 개정을 강력히 요구하였다. 이때 우리 상법상 업무집행기관인 (대표이사를 포함한) 이사회제도(참여형 이사회제도)를 개편하여 업무집행기관(집행임원)을 이사회에서 분리하여 별도로 두고 이사회는 업무집행기관에 대한 감독기관으로 개편하면서(감독형 이사회) 이러한 감독형 이사회의 감독기능을 강화하기 위하여 감독형 이사회에 사외이사를 두도록 하고 이러한 감독형 이사회를 전제로 하여 이사회 내 위원회의 하나인 감사위원회가 업무집행기관(집행임원)에 대한 감사를 하여 감독형 이사회에 보고하도록 하였어야 했는데, 업무집행기관과 업무감독기관을 분리하지 않으면서(즉, 집행임원에 관하여 별도로 규정하지 않으면서) 현행 업무집행기관인 참여형 이사회에 상장회사는 사외이사를 의무적으로 두도록 하고(이사총수의 '4분의 1' 이상 사외이사를 두어야 하는데, 자산총액 2조원 이상인 대규모 상장회사는 '3인 이상 및 이사총수의 과반수'의 사외이사를 두어야 함)(상 542조의 8 1항) 또한 감사기관에 대하여 모든 주식회사는 정관이 정한 바에 따라 기존의 제도인 감사(監事)에 갈음하여 감사위원회를 둘 수 있도록 하거나(상 415조의 2 1항) 대규모 상장회사는 의무적으로 감사위원회를 두도록 하였다(상 542조의 11 1항). 이의 결과 참여형 이사회는 종래보다도 (사외이사의 참여로) 업무집행기능이 떨어지면서 사실상 집행임원(비등기임원)만이 양산되어 대표이사(회장)는 이러한 사실상 집행임원(비등기임원)을 중심으로 업무

---

11) 손주찬, 「(1984년)개정상법 축조해설」(서울: 한국사법행정학회, 1984), 114면.

집행을 하게 되었는데(이는 필연적인 결과로 볼 수 있음) 이러한 사실상 집행임원에 대하여는 그의 지위·권한·의무·책임·공시 등에 관하여 법의 규정이 없어 제3자의 보호 등 많은 문제가 발생하였다. (상장회사의 경우) 참여형 이사회에 사외이사를 의무적으로 두도록 하였으나 사외이사도 업무집행에 관한 의사결정에 참여하므로 (이사회의 업무집행기능의 효율성이 떨어지는 것과 함께) 이사회의 감독기능은 여전히 자기감독이 되어 사외이사가 참여하기 전의 이사회의 감독기능과 같이 실효성이 없게 되었을 뿐만 아니라 사실상 집행임원(비등기임원)을 감독할 수 없게 되어(상 393조 2항 참조) 오히려 사외이사가 참여하기 전보다 이사회의 업무집행기관에 대한 감독기능이 떨어졌다고 볼 수 있다. 또한 감사위원회의 감사기능은 업무집행기관(집행임원)이 별도로 있고 이에 대한 감독기관으로 이사회(감독형 이사회)가 별도로 있는 경우에 의미가 있는 제도인데, 업무집행기관(집행임원)이 별도로 없는 참여형 이사회에서는 감사기관의 독립성이나 감사(監査)의 실효성(자기감사의 방지) 등에서 감사(監事)에 갈음하여 감사위원회를 둘 수 없는 제도이다. 그럼에도 불구하고 참여형 이사회에 감사(監事)에 갈음하여 감사위원회를 둘 수 있도록 하거나 의무적으로 두도록 하여 감사기관의 독립성이나 감사(監査)의 실효성(자기감사의 방지)을 더 떨어뜨리고, 무엇보다 감사의 선임에서 소수주주의 의견을 반영하고자 하는 규정(상 409조 2항)을 사실상 사문화시키고 있다. 결국 참여형 이사회에 사외이사와 감사위원회를 도입함으로써 이사회의 업무집행기관에 대한 감독의 효율성을 가져오지 못하고 또 감사기관의 독립성과 효율성이 종래의 감사(監事)보다 더 떨어지게 되었다. 한마디로 '사외이사' 및 '감사위원회'의 용어만 도입하였지, 그의 본래의 기능은 작용할 수 없도록 하고 오히려 많은 문제점만 야기하였다.[12]

　㈐ 우리 상법상 집행임원 설치회사의 경우 업무집행기관인 집행임원에 대한 감독기관은 이사회이다(408조의 2 3항 2호).

　집행임원의 직무집행에 대한 감사기관(업무 및 회계감사)으로는 현행 상법상「감사(監事)」(상 412조 1항, 542조의 10) 또는 「감사위원회」(상 415조의 2, 542조의 11·542조의 12)인데, 위에서 본 바와 같이 집행임원 비설치회사(참여형 이사회제도)에서는 감사(監事)가 바람직하고 집행임원 설치회사(감독형 이사회제도)에서는 감사위원회가 바람직하다고 본다.

---

　12) 이에 관한 상세는 정찬형, "나의 상법학 이해 30년－입법 및 판례와 관련한 연구를 중심으로－,"「고려법학」(고려대 법학연구원), 제70호(2013. 9), 13~22면; 동, "미국 회사법상 집행임원제도,"「금융법연구」(한국금융법학회), 제19권 제3호(2022. 12), 183~190면.

(라) 집행임원 비설치회사이든 집행임원 설치회사이든 일정 규모 이상(주권상장법인, 직전사업연도 말의 자산총액이 500억원 이상 등)의 주식회사에서는 (위의 감사 또는 감사위원회에 의한 내부감사 외에) 특별법에 의하여 인정된 회계감사기관으로 회계법인 등인 「(외부)감사인」의 감사를 받아야 한다(주식회사 등의 외부감사에 관한 법률, 제정: 1980. 12. 31, 법 3297호, 개정: 2023. 3. 21, 법 19264호).

(마) 이 외에 주식회사의 설립절차 또는 회사의 업무나 재산상태 등을 조사하기 위하여 상법상 법원 또는 주주총회에 의하여 선임되는 임시의 감사기관으로 「검사인」이 있다(상 298조, 310조, 417조 3항, 467조 1항).

2. 일 본

(1) 업무집행기관

(가) 일본 회사법상 이사회설치회사가 아닌 주식회사(우리 상법상 이사가 1명 또는 2명인 소규모 주식회사에 해당함 – 상 383조 1항 단서)의 업무집행기관은 정관에 다른 정함이 있는 경우를 제외하고는 이사이다(日會 348조 1항). 이사가 2인 이상인 경우에는 주식회사의 업무는 정관에 다른 정함이 있는 경우를 제외하고 이사의 과반수로써 의사를 결정하는데(日會 348조 2항), 지배인의 선임 및 해임, 지점의 설치·이전 및 폐지 등 일정한 사항에 관한 의사결정은 각 이사에게 위임하지 못한다(日會 348조 3항).

이사는 원칙적으로 주식회사를 대표하는데, 이 경우 이사가 2인 이상인 경우에는 이사는 각자 주식회사를 대표한다(日會 349조 1항 본문, 2항). 그러나 주식회사가 대표이사나 그 밖에 주식회사를 대표하는 자를 정한 경우에는 그러하지 아니하다(日會 349조 1항 단서). 이사회설치회사를 제외한 주식회사는 정관, 정관의 정함에 의한 이사의 호선 또는 주주총회의 결의에 의하여 이사 중에서 대표이사를 정할 수 있다(日會 349조 3항).

(나) 공개회사·감사회설치회사·감사등위원회 설치회사·지명위원회등 설치회사는 이사회를 두어야 한다(日會 327조 1항). 이러한 이사회설치회사의 업무집행기관은 이사회(日會 362조 2항 1호), 대표이사 및 대표이사 이외의 이사로서 이사회 결의에 의하여 동 회사의 업무를 집행하는 이사로 선정된 자이다(日會 363조 1항). 이사회설치회사의 경우 회사의 업무집행에 관한 의사의 결정은 원칙적으로 이사회가 하는데(日會 362조 2항 1호), 이사회는 예외적으로 일정한 중요한 사항을 제외하고는 업무집행에 관한 의사의 결정을 이사에 위임할 수 있다(日會 362조 4항의 반대해석).

즉, 이사회는 중요한 재산의 처분 및 양수, 대규모의 차입, 지배인 그 밖의 중요한 사용인의 선임 및 해임, 지점 그 밖의 중요한 조직의 설치·변경 및 폐지 등 중요한 업무집행에 관한 의사결정은 이사에게 위임할 수 없다(日會 362조 4항).

이사회설치회사의 대표기관은 이사회가 이사 중에서 선임한 대표이사이다(日會 362조 2항 3호, 3항).

㈐ 감사등위원회 설치회사의 업무집행기관은 이사회(日會 399조의 13 1항 1호, 2항, 4항), (감사등 위원이 아닌) 대표이사 및 (이사의 과반수가 사외이사인 경우) (사내)이사(日會 399조의 13 3항, 5항 본문)이다.

이사회설치회사의 대표기관은 이사회가 이사 중에서 선임한 대표이사이다(日會 362조 2항 3호, 3항).

㈑ 지명위원회등 설치회사의 업무집행기관은 집행임원인데, 이때 집행임원은 이사회의 결의에 의하여 위임받은 회사의 업무집행에 사항에 대하여 의사를 결정하고 집행한다(日會 416조 4항, 418조). 지명위원회등 설치회사의 이사는 회사법 또는 동법에 기한 명령에 정함이 있는 경우를 제외하고 동 회사의 업무를 집행할 수 없다(日會 415조). 또한 지명위원회등 설치회사의 이사회는 경영의 기본방침 등 일정한 사항에 대하여 결정을 하여야 하는데(日會 416조 2항), 동 회사의 이사회는 이러한 사항의 직무집행을 이사에게 위임할 수 없다(日會 416조 3항). 집행임원은 1인 또는 2인 이상이어야 하는데(日會 402조 1항), 이사회의 결의에 의하여 선임된다(日會 402조 2항). 집행임원은 언제든지 이사회의 결의에 의하여 해임될 수 있다(日會 403조 1항). 집행임원은 이사를 겸할 수 있고(日會 402조 6항), 임기는 선임 후 1년 이내에 종료하는 사업연도 중 최종의 것에 관한 정기주주총회의 종결 후 처음 소집되는 이사회의 종결시까지(다만, 정관에 의하여 그 임기를 단축할 수 있음)이다(日會 402조 7항).

지명위원회등 설치회사의 대표기관은 이사회가 집행임원 중에서 선임한 대표집행임원이다(日會 420조 1항 1문). 이 경우 집행임원이 1인인 때에는 그가 대표집행임원에 선임된 것으로 한다(日會 420조 1항 2문).

(2) **업무감독(감사)기관**

㈎ 이사회설치회사에서는 이사회가 동 회사의 이사의 직무집행을 감독하고, 대표이사를 선임(해임)한다(日會 362조 2항).

이사회설치회사(감사등위원회 설치회사 및 지명위원회등 설치회사는 제외함)는 감사를 두어야 한다(다만 공개회사가 아닌 회계참여설치회사는 그러하지 아니하다)(日會 327조

2항). 또한 회계감사인설치회사(감사등위원회 설치회사 및 지명위원회등 설치회사는 제외함)는 감사를 두어야 한다(日會 327조 3항). 감사설치회사의 경우 감사는 이사(회계참여회사의 경우에는 이사 및 회계참여)의 직무집행을 감사한다(日會 381조 1항 1문). 공개회사가 아닌 주식회사(감사회 설치회사 및 회계감사인 설치회사는 제외함)는 감사의 감사의 범위를 회계에 관한 것에 한정한다는 뜻을 정관으로 정할 수 있다(日會 389조 1항).

대회사(공개회사가 아닌 것, 감사등위원회 설치회사 및 지명위원회등 설치회사는 제외함)는 감사회를 두어야 하는데(日會 328조 1항), 이러한 감사회는 3인 이상의 감사로 구성되며 그 중 반수 이상은 사외감사이어야 한다(日會 335조 3항). 감사회설치회사의 경우 감사회는 감사보고서의 작성, 상근감사의 선임 및 해임, 감사의 방침 · 감사회설치회사의 업무 및 재산상태 조사의 방법 그 밖에 감사의 직무집행에 관한 사항을 결정한다(日會 390조 2항). 감사회는 감사 중에서 상근감사를 선임하여야 하고(日會 390조 3항), 감사는 감사회의 요구가 있는 때에는 언제든지 그 직무집행의 상황을 감사회에 보고하여야 한다(日會 390조 4항).

감사회설치회사인 대회사 및 공개회사가 아닌 대회사는 회계감사인을 두어야 한다(日會 328조 1항~2항). 이러한 회계감사인 설치회사의 경우 회계감사인은 주식회사의 계산서류, 그 부속명세서, 임시계산서류 및 연결계산서류를 감사한다(日會 398조 1항 1문). 감사는 직무를 수행하기 위하여 필요한 때에는 회계감사인에게 감사에 관한 보고를 요구할 수 있다(日會 397조 2항).

일본에서 위와 같은 감사 또는 감사회를 가진 회사에 대하여 다음과 같은 논의가 있다.

일본의 종래의 회사지배구조는 대표이사가 있는 이사회와 이와 분리된 개별감사(이는 그 후 감사회로 변경됨)로 구성되는 중층구조(a two-tire structure)이었다. 감사의 기관과 그에게 부여된 권한은 회사지배구조 개선의 출발점으로, 1981년 · 1993년 및 2001년의 회사법 개정에서 나타나게 되었는데, 이는 감사의 수의 증가 · 감사회의 설치 · 감사의 상근 · 감사의 임기 연장 및 사외감사이었다. 감사회는 최소 3인의 감사로 구성되는데, 그 중 과반수는 사외감사임을 요한다. 감사의 자격은, 사외감사인지 여부를 불문하고, 회사 또는 그의 종속회사와 감사의 임기동안 (업무집행에 관한) 고용관계가 없어야 한다. 회사의 영업구조를 잘 알고 회사 내에서 활동하는 의무적 상근감사는 효율적인 감사업무를 수행하는 완전한 기구로 생각하였다. 이사들과 감사는 동등하게 주주총회에 의하여 선임되고 해임된다.

감사 및 감사회는 준법경영을 하는지 여부를 감사하고 보고할 권한 및 이사들의 경영활동에 대한 감사를 수행할 권한을 갖는다. 감사는 대표이사를 포함한 모든 이사의 의무이행을 감사한다. 감사가 이러한 업무를 효율적으로 수행하기 위하여, 감사는 이사회에 참석하고, 관련 문서에 접근하는 것이 허용되며, 그의 의견을 진술할 수 있고, 회사의 업무에 관하여 이사들에게 보고를 요구할 수 있다. 이러한 것은 동시에 감사가 사전에 행동할 수 있는 권리이기도 하다. 감사의 이러한 조사하고 감사할 권리는 개별적으로 감사에게 부여되므로, 감사는 감사회로부터 권한을 위임 받을 필요가 없다. 이러한 감사 또는 감사회는 집행임원 설치회사에서 (집행임원에 대하여) 감사할 권한이 있는 감사위원회와 비교할 때, 구조적인 차이가 있다. (집행임원 설치회사에서) 감사위원회는 그 구성원의 다수가 사외이사이므로 경영진의 영향을 받지 않고 충분히 안전한 의사결정을 한다는 사실에서 그 차이점이 있다. 그러나 감사는 이사의 지위 및 이사회에서의 의결권이 없다. 또한 감사는 이사를 선임하고 해임할 권한이 없다. 회사의 의사결정권은 여전히 이사회에 있으므로, 감사회의 역할은 오히려 "방어기능"을 담당하는 특징이 있다. 개념적으로 이사회와 감사회는 합동으로 집행이사 및 대표이사의 경영을 감독하는 임무를 수행한다.

감사제도는 집행능력의 결여, 특히 이사회에서의 의결권 결여로 인하여 비효율적이라고 비판을 받아왔다. 감사는 이사의 업무수행에 대한 감독과 이를 평가하는 권한의 결여로 인하여 그의 능력이 제한되었다. 이러한 능력의 결여가 (이사회가 감독하고) 이사회에서 그들의 동료에 의하여 선임되고 해임되는 집행이사 및 대표이사에 대한 감사의 직접적 및 잠재적 영향을 효율적으로 배제하고 있다. 더 나아가서 이사회에서의 감사 대상인 이사들은 감사의 선임에 권한이 주어져서, 주주총회에 감사의 선임안을 제출한다. 이러한 것이 감사의 역할을 준법감시인의 그것으로 축소시키고, 이사들의 신관의무 및 충실의무 위반을 제대로 감독하지 못하여 감사의 본래의 의미가 매우 축소되었다. 더욱이 이사회와 원래 분리되는 감사회의 모델이 경영진과 관련되지 않은 효율적인 감사기관으로 작용할 것이라는 기대에도 불구하고, 내부승진제도 등과 같은 관행으로 인하여 반대의 결과가 나타나고 있다. 이러한 단점에도 불구하고, 감사(회)제도의 모델은 동경 증권거래소 상장회사 중 가장 많은 회사지배구조로서 2018년 7월 31일 현재 73.3%를 차지하고 있다.[13]

---

13) Friedrich Baumgaertel, "Role and Function of Independent and Outside Directors in Japan: After the 2015 Amendment of the Companies Act and the Implementation of Japan's Corporate Governance Code," 20:1 *Asian−Pacific Law & Policy Journal* 108~110(2018).

⒩ 감사등위원회 설치회사의 이사회는 이사의 직무집행을 감독한다(日會 399조의 13 1항 2호).

감사등위원회는 이사(회계참여설치회사의 경우에는 이사 및 회계참여)의 직무집행에 대한 감사를 한다(日會 399조의 2 3항 1호). 감사등위원은 이사이어야 한다(日會 399조의 2 2항). 감사등위원회 설치회사는 감사를 둘 수 없고(日會 327조 4항), 회계감사인을 두어야 한다(日會 327조 5항).

일본에서 위와 같은 감사등위원회 설치회사에 대하여 다음과 같은 논의가 있다.

일본에서 2014년 6월 27일 개정되고(법률 90호) 2015년 5월 1일부터 시행되는 회사법의 개정에서(이하 '2015년 개정법'으로 약칭함) 이사회 외의 제3의 기관 형태인 감사기관으로 감사등위원회가 채택되었다. 감사등위원회는 결과적으로 감사회를 대체한다. 감사등위원회의 구성원은 이사회의 구성원(이사)과 같이 주주총회에 의하여 선임되고 해임된다. 감사등위원회는 최소 3인의 구성원으로서 그의 과반수는 사외이사이어야 한다. 감사등위원회 구성원의 독립성을 보장하고 과거의 감사 모델의 단점을 치유하는 안전판으로서, 이사회가 주주총회에 제출하는 (감사등위원회 위원의) 선임안은 감사등위원회의 동의를 받도록 하고 있다. 더 나아가 감사등위원회 위원의 선임은 주주의 3분의 2의 특별결의에 의해서만 취소될 수 있다. 따라서 이사회 및 경영진에 대한 감사등위원회 위원의 지위는 충분히 활기를 가졌다. 이사회를 구성하는 이사와 감사등위원회의 구성원인 비집행이사는 구별하여 선임된다. 이러한 구별은 보수에서도 유지된다. 주주총회는 감사등위원회 위원의 보수와 기타 이사의 보수를 구별하여 투표함으로써 잠재적인 경제적 연결로 인하여 발생하는 의심을 제거한다. 이사회는 (업무집행에 관한) 의사결정 및 일상업무에 관한 권한 및 책임의 위임을 수반하는 집행임원 및 대표이사의 선임권을 갖는다. 동시에 2015년 개정법은 비이사에게 집행임원으로 활동하도록 허용한 3개 위원회 제도(지명위원회등 설치회사)에서의 새로운 제도(의무적인 집행임원제도, 지명위원회제도 및 보수위원회제도 - 필자 주)를 취소하였다. 감사제도에서와 같이 모든 집행임원은 동시에 이사이다. 3개의 위원회제도를 선택하는 회사에서는 법률상 집행임원의 선임이 강제되는 것과 대조적으로, 비공식적이고 법령상 규제받지 않는 집행임원 또는 회사의 집행임원(미국형 회사의 집행임원에 의하여 영향을 받은 소니회사의 시장수준 개혁으로 거슬러 올라가는 집행임원)의 채택이 감사회 또는 감사등 위원회를 가진 회사에 대하여는 의사결정과정과 업무집행을 능률적으로 하기 위하여 선택적이다. (3개 위원회제도에서의) 집행임원은 경영의 탄력성을 제1차적으로 증진시킴에도 불구하고, 효율적인 감독을 위하여 집행기구를 이사회와 분리하는 것이 집행임원제도의 부작용으로 나타나기도 한다.

감사등위원회는 권한의 면에서 감사회에 유사하다. 따라서 감사등위원회를 채택하기로 선택하는 것은 전통적인 감사모델을 위원회 형식의 지배구조와 조화시키는 시도로 생각될 수 있어, 국제적으로 요구되는 감사모델로 변화를 시도하였다고 볼 수 있다. 감사등위원회 위원들은 이사회에서의 자리와 목소리를 갖고 있어(이사이므로), 그들은 집단적인 이사회를 통하여 집행이사의 감독에 참여할 지위를 갖게 된다. 이사회 구성원이라는 것은 감사등위원회 구성원이 이사회에 참여하고, 결정에 의결권을 가지며, 경영정책의 결정에 의견을 제시할 수 있다는 것을 의미한다. 감사등위원회의 권한은 주주총회까지 확대되어, 감사등위원회는 이사의 선임·해임·사임 및 보수에 관한 안을 의결하도록 제안하고 제출할 수 있다. 인사에 관한 결정사항에 대하여 대표이사의 전횡을 효율적으로 방지하기 위하여, 감사등위원회 위원들의 거부권의 도입이 제안되기도 하였다. 이사의 다수가 사외이사의 기준을 충족하거나, 또는 사외이사가 전 이사의 절반을 초과하지 않는 경우로서 정관이 이를 허용하면, 이사회는 (업무집행에 관한) 중요한 결정을 일정한 집행이사(보통 대표이사)에게 3인의 위원회 제도하에서 (집행임원에게) 위임할 수 있는 범위까지 위임하는 것이 허용된다. 감사등위원회 위원은 대표이사 또는 집행임원으로서 활동하는 것이 금지된다. 업무집행에 관한 의사결정권을 이사회에서 업무에 정통한 자에게 부여하고 집행이사와 비집행이사를 보다 더 엄격하게 분리하는 것은, 경영기능(집행기능)과 이사회의 감독기능을 보다 더 분명하게 구별하도록 하는데, 이것은 모두에게 동일하게 유익하다. 그러나 2015년 개정법은 사업전략 및 계획의 발전에서 (이사회의 더 깊은 관여로써) 감독기능의 향상에는 여전히 부족하다.

감사등위원회의 수용은 분명히 3개 위원회의 제도상의 그것보다는 더 순조롭게 발전된 면이 있다. 2018년 7월 31일 현재로 동경증권거래소 상장회사의 24.7%가 이 새로운 모델을 채택하였는데, 이는 잠재적으로 두 이전의 모델(감사 또는 감사회 모델과 3개 위원회의 모델)간의 타협으로서 인식된 사실에서 이 제도에 호의적인 면이 있다. 사외이사 중심의 위원회의 수가 감소하고 있다는 사실 및 지명위원회와 보수위원회가 사외이사의 영향력에서 벗어날 가능성은 외형적으로 일본 회사에 더 맞는 해결책을 제시한다. 사외이사 중심의 이사회에서의 의사결정에 감사의 영향은 매우 부족한데, 이에 비하여 감사등위원회제도에서는 이사회 회의동안 감사등위원회 위원들의 관심에 보다 더 무게와 중요성이 부여된다.[14]

㈐ 지명위원회등 설치회사의 이사회는 집행임원등의 직무집행을 감독한다(日

會 416조 1항 2호).

　　지명위원회등 설치회사는 감사 및 감사등위원회를 둘 수 없고(日會 327조 4항, 6항), 회계감사인을 두어야 한다(日會 327조 5항). 지명위원회등 설치회사의 감사위원회는 집행임원등(집행임원 및 이사를 말하고, 회계참여 설치회사에서는 집행임원·이사 및 회계참여를 말함)의 직무집행을 감사한다(日會 404조 2항 1호). 감사위원회(지명위원회 및 보수위원회도 동일함)의 위원은 이사 중에서 이사회의 결의에 의하여 선임되는데(日會 400조 2항), 3인 이상이어야 하고(日會 400조 1항), 위원의 과반수는 사외이사이어야 한다(日會 400조 3항). 감사위원회의 위원(감사위원)은 지명위원회등 설치회사 또는 그 자회사의 집행임원·업무집행이사, 또는 동 회사의 자회사의 회계참여(회계참여가 법인인 때에는 그 직무를 수행하는 사원)이나 지배인 기타 사용인을 겸할 수 없다(日會 400조 4항).

　　일본에서 위와 같은 지명위원회등 설치회사에 대하여 다음과 같은 논의가 있다.

　　3개의 위원회 제도는 2003년 회사법 개정에 의하여 채택된 대체적인 지배구조이다. 이 지배구조 형태에서는 회사는 정관에 의하여 감사회 대신에 이사회 내에 3개의 위원회(감사위원회, 지명위원회 및 보수위원회)를 둘 수 있다. 각 위원회는 최소한 3인의 위원을 두어야 하는데, 그 위원의 과반수는 반드시 사외이사이어야 한다. 이러한 개정은 일본의 회사지배구조를 미국식 감독모델로 변경하거나 또는 그러한 면을 추가한 것이다. 3개의 위원회 제도는 이사회 및 그의 위원회와 업무집행 사이의 분리를 가져와, 이사회와 위원회는 사업전략과 업무집행의 감독을 담당하고 업무집행은 1인 이상의 집행임원이 담당한다. 이사회는 일상의 영업활동을 하는 집행임원을 선임하고 해임한다. 따라서 집행임원은 미국형 집행임원과 동등한 역할을 수행한다. 주의할 점은 집행임원은 이사의 지위를 겸할 수 있고, 이사와 같이 회사에 대하여 신인의무를 부담한다. 이사회가 집행임원에게 업무집행의 권한을 위임하면(그러나 경영의 기본원칙에 관한 결정은 위임할 수 없음) 이사회는 실제상 감독기관이 된다.

　　지명위원회는 이사의 선임과 해임에 관한 안을 주주총회에 제출한다. 감사와는 대조적으로 모든 위원회의 위원은 이사회에 의하여 선임되고 해임된다. 보수위원회는 집행임원은 물론 각 이사에 대한 보수를 결정한다. 감사위원회는 이사 및 집행임원의 적법성과 논의가 있지만 이사 및 집행임원의 신인의무 위반에 대한 책임을 묻는 제소권을 포함한 행위의 타당성에 관하여 감사할 권한을 갖는데, 이는

---

14) *Id.*, pp.113~116.

감사의 그것과 매우 유사하다. 과반수가 사외이사임을 전제로 한 3개의 위원회의 존재는 또한 이사회에 높은 비율의 사외이사가 있는 것을 전제로 한다. 그러나 그 수는 사외이사가 몇 개의 위원회에서 자리를 갖게 되는 것이 허용되느냐에 달려 있기 때문에 쉽지 않다. 감사제도와 비교하여 중요한 발전은 사외이사가 위원회 위원으로 활동하면서 동시에 이사회 구성원으로서 활동하여 해당하는 사안에 대하여 다른 이사와 동등한 의결권을 갖는다는 점이다.

일본의 회사는 위의 위원회제도를 언제나 비자발적으로 수용하였다. 2018년 7월 31일 현재 동경증권거래소 상장회사의 2%만이 3개 위원회 설치회사의 지배구조를 채택하였다. 감사위원회는 전술한 감사회와 유사한 반면, 지명위원회와 보수위원회는 모두 새로운 제도이다. "사외이사"의 범위를 정하는 문제 외에, 사외이사에 본질적인 권한을 위임하는 문제로 인하여 이러한 위원회들은 회의론에 직면하였다. 사외이사제도의 채택으로, 과거에 장기 고용구조에서 결정되고 또한 대표이사 및 회사의 사장의 영역에 속하는 것으로 생각되었던 이사 및 집행임원의 선임 및 보수와 같은 예민한 문제를, 사외이사가 결정하게 되었다. 그러한 상황에서는 회사의 업적에 관계없이 이사를 (재)선임하는 것이 일반적인 관행이었다. 회사와 분리를 암시하는 사외이사의 개념은 사외이사가 회사의 최선의 이익을 위하여 활동할 수 있을 것인지 여부에 대하여 기업계에서 의문이 제기되었다. 우려의 목소리는 내부 이사의 단결과 충실이 손상되는 것과 집행이사가 이사회에서 멀어지는 점이다. 실무상 사외이사들은 그들의 규정된 역할과는 반대로, 회사와의 현존 관계를 강화하기에는 분산되어 있다. 3개의 위원회 제도에서도 감사제도에서 발생하는 단점이 그대로 존속하고 있다. 즉, 이사들을 (이사회에서) 감독하여야 하는 사람들이 동시에 지명위원회에 속해 있을 뿐만 아니라, 그들(이사들)에 의하여 선임되기까지 한다.[15]

3. 독 일

(1) 업무집행기관

(가) 독일의 주식법상 업무집행기관은 「이사회」이고, 이러한 이사회는 업무집행에 관한 모든 책임을 진다(AktG § 76 ①). 이러한 업무집행권은 모든 이사에게 공동으로(즉, 이사회에) 귀속되므로, 모든 업무는 원래 이사회의 다수결이 아니라 이사 전원의 승인을 받아야 한다(AktG § 77 ① S. 1). 그러나 정관 또는 이사회규칙에 의

---

15) *Id.*, pp.110~112.

하여 이와 달리 규정할 수 있다(AktG §77 ① S. 2). 따라서 대부분의 경우에는 정관 또는 이사회규칙에 의하여 일정한 다수결에 의하여 이사회는 업무에 관한 의사를 결정한다. 또한 그러한 규정에 의하여 실제로 업무영역에 따라 각 이사가 업무분담을 하게 되나, 이사회의 결의를 요하고 전 이사의 책임으로 집행되어야 할 업무는 분담되지 못한다.[16] 독일의 주식법상 이사회 의장이 선임될 수는 있으나(AktG §84 ②), 그러한 이사회 의장에게는 우리 상법상 대표이사와 같은 고유한 권한이 없고 단지 회의의 의장에게 일반적으로 부여되는 권한만이 있을 뿐이다. 즉, 이사회 의장은 이사회의 회의를 소집하고, 의사일정을 결정하며, 동 회의를 주재하고, 또 투표의 결과를 확정하는 등의 권한밖에 없다.[17]

독일의 주식법상 주식회사의 제3자에 대한 대표권도 「이사회」에게 있다(AktG §78 ① ②). 따라서 원칙적으로 모든 이사가 공동으로 회사를 대표하는데(AktG §78 ② S. 1), 이러한 이사회는 재판상 및 재판 외의 모든 업무에 있어서(일상업무이건 비일상업무이건 불문하고) 회사를 대표한다(AktG §78 ①). 이사회가 수 인의 이사로 구성되는 경우에는 원칙적으로 전원이 공동으로만 회사를 대표할 수 있는데(AktG §78 ②), 예외적으로 정관 또는 정관으로부터 수권받은 감사회의 규정에 의하여 단독대표 또는 지배인과의 공동대표에 대하여 규정할 수 있다(AktG §78 ③). 이에 따라 독일에서는 수 인의 이사가 있는 경우에 2인의 이사(또는 1인의 이사)와 1인(또는 2인)의 지배인이 공동대표하는 것이 일반적이고, 이 외에 이사회 의장이 있는 경우에는 그가 단독대표하는 경우도 있다.[18]

(나) 독일의 주식회사에서 기관의 구성에 관하여는 주식법만이 적용되는 것이 아니고, 일정한 주식회사의 경우에는 공동결정에 관한 특별법이 적용된다. 독일의 공동결정에 관한 특별법은 4개가 있는데, 그 제정순서에 따라 보면 몬탄공동결정법(Montan-MitbestG vom 21. Mai 1951)·종업원조직법(Betriebsverfassungsgesetz, BetrVG vom 11. Oktober 1952 und vom 15. Januar 1972)·공동결정보충법(MitbestErgG vom 7. August 1956) 및 공동결정법(MitbestG vom 4. Mai 1976)이 있다. 몬탄공동결정법은 기업의 주영업 목적이 광업 또는 철강생산업으로서 동 기업에 근무하는 근로자의 수가 1,000명을 초과하는 주식회사 등에 적용된다(동법 1조). 공동결정보충법은 몬탄공동결정법이 적용되는 기업을 지배하는 기업으로서 주식회사 등에 적용된다(동

16) G. Hueck, *Gesellschaftsrecht*, 18. Aufl.(1983), S. 201.
17) *Id.*, S. 202.
18) *Id.*, S. 198.

법 1조). 공동결정법은 주식회사 등으로서 동 기업에 근무하는 근로자가 2,000명을 초과하는 경우에 적용된다(동법 1조). 종업원조직법은 주식회사 등으로서 동 기업에 선거권이 있는 5인 이상의 근로자가 있는 경우에 적용되는데, 다만 가족회사로서 동 회사의 근로자가 500명 미만인 경우에는 적용되지 않는다(동법 76조, 77조). 이하에서는 공동결정법이 적용되는 주식회사에 대하여만 살펴본다.

공동결정법이 적용되는 주식회사의 경우에는, 감사회가 주주대표의 감사와 근로자대표의 감사로 동등하게 구성되는 외에, 이사회에는 반드시 다른 이사와 동등한 권한이 있는 1명의 노무이사를 두어야 한다(동법 31조 1항). 공동결정법에서는 노무이사를 포함한 모든 이사의 선임·해임의 방법에 관하여 감사회를 구성하는 감사의 3분의 2의 다수결을 요하는 등 특별규정을 두고 있다(동법 31조 2항~5항). 독일 주식법상 이사회는 1인 이상의 이사로 구성되는데(동법 76조 2항 1문) 노무이사의 선임에 관한 규정은 영향을 받지 않으므로(동법 76조 3문), 노무이사가 선임되는 경우에는 반드시 이사가 2명 이상이 되고 정관의 규정으로 이사를 1명만 두는 것으로 규정할 수 없다. 공동결정법은 노무이사의 업무에 특별히 규정하고 있지 않으나, 노무이사의 핵심업무는 근로자의 인사 및 사회복지업무이고 이 외에 다른 추가업무가 부여될 수 있다고 보고 있다.[19]

(2) 업무감독(감사)기관

(가) 독일의 주식회사에서는 이사회의 업무집행에 대한 감독 및 공동경영기구로서 「감사회」(Aufsichtsrat)가 있다. 이러한 감사회의 가장 중요한 두 가지의 권한은 이사회의 업무집행에 대한 계속적인 감독권(AktG § 111 ①)과 이사의 임면(任免)권(AktG § 84)이다. 감사회는 이러한 중요한 업무 외에도, 이사와의 재판상 및 재판 외의 회사의 행위에 대한 회사의 대표권(AktG § 112), 설립검사권(AktG § 33 ①), 회사의 이익을 위하여 필요한 경우 임시주주총회소집권(AktG § 111 ③), 정관에 규정이 있는 경우 이사회의 업무집행에 대한 동의권(AktG § 111 ④ S. 2), 이사·감사 등에 대한 신용부여의 동의권(AktG §§ 89, 115), 주주총회의 의사일정상의 결의안에 대한 제안권(AktG § 124 ③), 재고보고서 및 이익처분안에 대한 검사권(AktG § 171), 재무제표의 확정권(AktG § 172), 이익준비금의 결정권(AktG § 58 ②), 이사의 보수의 결정권(AktG § 87), 이사의 경업거래에 대한 승인권 및 개입권의 행사의 권한(AktG §§ 88 ① ②, 112) 등이 있다. 이렇게 보면 독일 주식회사의 감사회의 권한은 우리 주

---

19) 이에 관한 상세는 정찬형, "서독 물적 회사의 기관과 근로자의 공동결정제도," 「백산상사법논집(백산정찬형교수화갑기념)」(서울: 박영사, 2008), 370~404면(특히 398~399면) 참조.

식회사의 감사(監事)의 권한(감사〈監査〉권한)을 훨씬 초월하여 이사회에 대한 감독권한 및 주주총회의 권한의 일부까지도 갖는 것을 알 수 있다.

(나) 독일 주식회사의 감사회는 반드시 3인 이상의 복수의 감사로 구성되는 회의체기관이고(AktG §95), 또 일정한 규모 이상의 회사는 특별법(몬탄공동결정법·공동결정보충법·공동결정법 및 종업원조직법)에 의하여 주주대표의 감사와 근로자대표의 감사로 공동구성되는 점은[20] 우리 주식회사의 감사제도와는 현저하게 다르다.

(다) 독일 주식회사에서 검사인(Prüfer)에는 설립검사인(AktG §33)·특별검사인(AktG §142) 및 결산검사인(HGB §§318 ff.) 등이 있는데, 이 중에서 설립검사인과 특별검사인은 우리 주식회사의 검사인과 유사하고, 결산검사인은 우리 주식회사에서 「주식회사 등의 외부감사에 관한 법률」에 의한 (외부)감사인과 유사하다. 그런데 독일에서는 모든 주식회사가 재무제표에 대하여 반드시 전문적인 결산검사인의 검사를 받아야 한다는 점(HGB §316 ①)은 우리의 (외부)감사제도와 다르다(우리는 주권상장법인 또는 일정규모 이상의 주식회사 등이 〈외부〉감사인의 감사를 받음). 또 우리 주식회사의 경우와 다른 점은 결산검사인의 검사를 받은 재무제표는 다시 감사회에 의하여 감사를 받아야 한다는 점이다(AktG §171① S. 2). 독일의 이러한 결산검사인은 주주총회에서 선임되는데(AktG §119 ① Nr.4, HGB §318 ①), 경제검사인 및 경제검사회사만이 결산검사인이 될 수 있다(HGB §319 ①).

우리나라에서의 (외부)감사인은 주권상장법인 등의 경우 감사위원회에 의하여 선임되거나 또는 감사인선임위원회의 승인을 받아 감사(監事)에 의하여 선임되고 그 밖의 회사는 감사(監事) 또는 감사위원회에 의하여 선임되는데(외감 10조 4항), 다만 주권상장법인 등이 아닌 회사가 직전사업연도의 (외부)감사인을 다시 (외부)감사인으로 선임하고자 할 때에는 그러하지 아니하다(외감 10조 4항 2호 단서 및 가.). 또한 일정한 경우에는 증권선물위원회는 그가 지정하는 자를 (외부)감사인으로 선임하거나 변경선임할 것을 요구할 수 있다(외감 11조).

4. 프 랑 스

(1) 업무집행기관

(가) 프랑스에서의 전통적인 주식회사의 업무집행기관은 영국에서 온 것인데, 이에 의하면 주식회사의 업무집행권은 「이사회」에 있다. 즉, 이사회는 법률(또는 정

---

20) 이에 관한 상세는 정찬형, 상게논문, 383~395면 참조.

관)에 명시적으로 규정되어 있는 사항을 제외하고는 회사의 모든 업무를 집행한다(佛商 §225-35 ①). 그러나 회사의 제3자에 대한 법률관계에 있어서는「대표이사」가 회사를 대표하고(佛商 §225-51-1), 대표이사를 보좌하기 위하여 전무를 둔 경우에는 이러한 전무도 제3자에 대하여 회사를 대표한다(佛商 §§225-51-1, 225-56). 이러한 대표이사는 회사의 업무집행에 관하여는 법률(및 정관)에 의하여 주주총회와 이사회에 부여된 업무를 제외한 회사의 업무를 집행한다(佛商 §§225-51-1, 225-56). 따라서 이사회와 대표이사간에 업무집행에 관한 권한의 한계를 정하는 것이 종종 문제가 된다. 즉, 이사회는 대표이사의 능력과 인격에 따라 그의 권한을 달리 정하는데, 종종 강력한 대표이사에게는 많은 권한을 부여하므로 이에 따라 그의 권한의 남용이 문제된다.[21]

　㈏ 프랑스에서는 위와 같이 이사회와 대표이사간의 불분명한 권한분배가 자주 비판되어 1966년에는 독일의 제도인「이사회」와「감사회」의 중층제도를 선택적으로 도입하게 되었는데, 이러한 이사회를 신형이사회라고 한다. 이러한 신형이사회는 법률(및 정관)에 의하여 주주총회 및 감사회에 명시적으로 유보된 업무를 제외하고는 회사의 모든 업무를 집행할 권한을 갖는다(佛商 §225-64 ①). 따라서 이러한 신형이사회는 위에서 본 바와 같이 감사회에 유보된 업무가 제외되는 점, 또 그의 모든 업무집행은 감사회에 의하여 계속적으로 감사와 감독을 받아야 하는 점(佛商 §§225-58 ③, 225-68 ①) 등에서 전통적인 이사회의 권한보다 훨씬 축소되었다고 볼 수 있다. 신형이사회제도를 선택한 경우에도 대표이사제도는 존속하는데, 전통적인 이사회제도의 경우보다 훨씬 완화되었다. 즉, 전통적인 이사회제도에서는 주주총회(창립총회 또는 정관)에서 3인 이상 18인 이하의 이사를 선임하고(佛商 §§225-17 ①, 225-18 ①) 이러한 이사들이 이사회를 구성하여 그 구성원 중에서 대표이사를 선임하는데(佛商 §§225-47 ①), 신형이사회제도에서는 감사회가 5인 이내의 이사를 선임하고 이렇게 선임된 이사 중의 1인에게 대표이사의 자격을 준다(佛商 §§225-58 ①, 225-59 ①). 이 때에 감사회는 이사를 1인만 선임할 수도 있는데, 이를 단독이사라고 한다(佛商 §§225-58 ②, 225-59 ②). 따라서 신형이사회제도에서는 대표이사 또는 단독이사가 제3자와의 관계에서 회사를 대표하는데(佛商 § 225-66 ①), 이에 불구하고 감사회는 정관의 규정에 의하여 이사 중의 1인 또는 수 인에게 대표권을 부여할 수도 있다(전무제도)(佛商 § 225-66 ②).

---

　21) 정찬형, "주식회사의 경영기관(비교법을 중심으로)," 「법률학의 제문제」(유기천박사고희기념논문집), 1988, 478면.

(대) 2001년에 프랑스 개정상법은 대표이사제도를 다시 개정하였다. 즉, 이사회의 운영권(이사회 소집·이사회의 회의 주재·이사회 회의결과 주주총회 보고 등)은 언제나 대표이사가 행사하지만, 회사의 전반적인 업무집행권과 대표권은 회사의 선택에 따라 대표이사 또는 대표이사와는 다른 자인 집행임원이 행사할 수 있도록 하였다(佛商 225-51-1). 이 때 회사가 집행임원을 선택하는 경우에는 이사회의 업무감독권과 집행임원의 업무집행권이 분리되는데, 이는 미국 회사법의 영향을 받은 입법으로 볼 수 있다.

(2) 감독(감사)기관

(가) 프랑스의 주식회사에서 전통적인 이사회제도를 채택한 경우에는 (대표)이사의 업무집행에 대한 감독(감사)기관은 「이사회」이다(佛商 §225-35 ③ 참조). 다만 회계감사를 위하여는 별도의 감사기관인 「회계감사인」이 있다(佛商 §§225-218). 이러한 회계감사인은 주주총회에 의하여 선임되는데(佛商 §225-228), 1인 이상이어야 한다(佛商 §225-218).

(나) 프랑스의 주식회사에서 신형이사회제도를 채택한 경우에는 독일의 경우와 같이 이사회(및 대표이사)의 업무집행에 대한 감독(감사)기관은 「감사회」이다(佛商 §§ 225-58 ③, 225-68). 그러나 이때에도 회계감사기관은 「회계감사인」이다(佛商 § 225-218). 독일의 경우와는 달리 프랑스의 경우 재무제표 및 이익은 주주총회에 의하여 확정되므로(佛商 §225-100 ⑨), 회계감사인의 보고도 감사회에 함으로써 끝나는 것이 아니라 주주총회에까지 하여야 한다.

5. 영   국

(1) 업무집행기관

(가) 영국에서의 주식회사의 업무집행권은 보통 개별적인 이사가 아닌 「이사회」에 있는데,[22] 공개회사(public company)는 2인 이상의 이사를 두어야 한다(CA 2006 §154 (2)).

그러나 폐쇄회사(private company)는 1인 이상의 이사를 두어야 한다(CA 2006 §154 (1)). 또한 제3자에 대하여 회사를 대표하는 자도 제1차적으로 「이사회」이다. 따라서 회사의 대표권은 모든 이사에게 집단적으로(즉, 이사회에게) 부여되는 것이고, 개별적인 이사나 일부의 이사에게 부여되는 것이 아니다.[23]

---

22) L. C. B. Gower, *The Principles of Modern Company Law*, 5th ed.(1992), p.140.
23) 정찬형, 전게논문(법률학의 제문제), 512~514면.

그런데 위의 이사회는 사외이사(non-executive director)와 사내이사(executive director)로 구성되어 있는데, 사내이사가 회사의 일상의 업무를 처리한다. 또한 이러한 사내이사 중 최상위 사내이사를 관리이사(managing director)라고 하는데, 이는 공개회사에서 대표집행임원(chief executive)으로 불린다.[24]

(나) 공개회사는 반드시 총무(secretary)를 두어야 하는데(CA 2006 § 271), 이러한 총무는 회사의 업무를 집행하는 것은 아니고, 회사의 서류를 관리하는 것이 제1차적인 책임이다.[25] 그러나 폐쇄회사는 총무를 두지 않을 수 있다(CA 2006 § 270 (1)).

(2) 감독(감사)기관

(가) 영국에서 사내이사의 업무집행에 대한 감독기관은 「이사회」이고, 독일에서와 같이 내부의 독립기관으로서 업무집행을 계속적으로 감독하는 감사회는 없다. 따라서 이러한 영국의 경영기구가 「이사회」만으로 구성되었다 하여 이를 단층제도(one-tier or single-board system)라고 부르고, 이에 반하여 독일의 경영기구는 「이사회」 및 「감사회」로 구성되었다 하여 이를 중층제도(two-tier or dual-board system)라고 부른다.

(나) 영국에서는 회계감사를 위하여 회계전문가인 「감사」(auditor)를 모든 회사가 반드시 선임하여야 한다(CA 2006, § 485 ①, § 489 ①, § 1212). 이러한 감사는 임원의 개념에 포함되지 않는다(CA 2006, § 1121 ②).

6. 미 국

(1) 업무집행기관

(가) 미국의 과거의 전통적인 입법에서는 영국에서와 같이 주식회사의 업무집행권은 정관 등에 의하여 제한되는 경우를 제외하고는 전부 「이사회」에 있었다(the business and affairs shall be managed by the board of directors)(MBCA § 8. 01 ⓑ). 그런데 오늘날 미국의 회사법은 이를 변경하여 "모든 회사의 권한은 이사회에 의하여 또는 이사회의 권한 하에서 행사되어야 한다"(all corporate powers shall be exercised by or under the authority of the board of directors)고 규정하면서, "회사의 영업과 업무는 회사의 이사회에 의하거나 또는 이사회의 지시하에서 또한 이사회의 감독에 따라 집행되어야 한다"(the business and affairs shall be managed by or under the direction, and subject to the oversight, of the board of directors)로 규정하고 있다

---

24) Gower(Fn 22), p.158.
25) Gower(Fn 22), p.162.

(RMBCA 2016 § 8. 01 ⓑ; Del. Gen. Corp. Law § 141 ⓐ). 이때 "회사의 영업과 업무는 회사의 이사회에 의하거나 또는 이사회의 지시하에서 또한 이사회의 감독에 따라 집행되어야 한다"는 문언은 서로 다른 회사의 이사회의 다양한 기능을 포함하고 있다. 어떤 회사(특히 폐쇄회사)에서는 이사회가 일상의 영업과 업무에 관여할 수 있어 이사회에 "의하여"(by the board of directors) 집행된다고 표현한 것은 합리적일 수 있다. 그런데 대부분의 공개회사를 포함한 많은 다른 회사에서는 회사의 영업과 업무가 이사회의 "지시하에서 또한 이사회의 감독에 따라"(under the direction, and subject to the oversight, of the board of directors) 집행되므로, 회사의 업무집행(operational management)은 집행임원과 기타 전문적인 경영자에게 위임된다. 이러한 모범사업회사법 제8.01조 (b)항은 동법의 지배구조에 관한 규정의 핵심을 이루고 있다. 이사회에게 회사의 영업(업무집행)을 감독하고 지시할 권한과 책임을 부여하는 것은 회사의 소유를 이사회의 감독과 지시에서 분리하는 것을 허용하는 것이다. 모범사업회사법이 이사회에게 광범위한 권한과 책임을 허용하는 것은 주주에 의하여 선임된 이사들은 단지 주주의 뜻을 실현하는 대리인이 아니라는 것을 의미한다. 회사의 권한은 이사회의 지시하에서(under the direction of the board of directors) 행사된다는 모범사업회사법 제8.01조 (b)항은 법에 의하여 이사회가 직접 행사하도록 한 것이 아닌 한 이사회의 권한을 회사의 집행임원·피용자 또는 대리인에게 위임하는 것을 허용한다는 의미이다. 그러한 위임이 이사회의 회사의 영업 및 업무에 대한 감독책임을 면하도록 하는 것은 아니지만, 이사들은 집행임원 등에 대하여 합리적이고 선의로 신뢰하는 한 집행임원 등의 행위에 대하여 개인적인 책임을 지지 않는다. 이사회의 감독책임의 범위는 회사와 사업의 성질에 따라 다른데, 공개회사의 경우 최소한 이사회의 책임은 보통 다음과 같은 감독을 포함한다. 즉, 사업(영업)의 집행·계획 및 전략, 회사에 노출되어 있거나 노출될 수 있는 주요 위험에 대한 경영평가, 집행임원의 업무집행과 보수, 회사의 준법과 윤리행동을 향상시키는 정책 및 실행, 회사의 재무보고서에 대한 경영의 준비, 회사의 내부감독에 대한 경영계획 및 효율성의 평가, 대표집행임원 및 기타 집행임원의 성공을 위한 준비, 이사회의 구성 및 이사회내 위원회의 구성, 회사가 정보를 갖고 있고 또한 이사들에게 필요한 정보를 적시에 제공할 수 있는 보고시스템을 갖고 있는지 여부 등이다. 이사회의 구성에 있어서 공개회사의 이사들은 주주의 의견을 취득하고 평가하는 회사의 절차를 고려하여야 하는데, 또한 독립이사의 중요한 역할을 고려하여야 한다. 공개회사의 경우 (회사의) 소유권이 감독 및 지시에 대한 책임과 분리되는 경우, 비경

영 독립이사가 있어 이사회의 감독기능에 적극 참여하면 이사회의 감독기능을 증대시키고, 문제가 된 경우 법원에 의한 인정도 받는다. 대부분의 공개유가증권시장의 상장기준은 이사회에 독립이사를 둘 것을 요구한다. 많은 경우에 상장기준은 이사회의 구성원의 과반수가 독립이사일 것을 요구하고, 또한 어떤 이사회내 위원회는 전원이 독립이사일 것을 요구한다. 독립이사가 무엇인가에 관하여 상장규정은 다른 규정을 두고 있다. 회사법은 독립이사에 대하여 정의규정을 두고 있지 않은데, 보통 독립이사는 현재 또는 최근 상급 경영진이 아니고 회사와 중요한 전문적·재정적 또는 유사한 관계를 갖지 않아야 하며 이사 및 이사의 직계가족은 회사의 상급 경영진과 유사한 관계를 갖지 않아야 한다. 특별한 경우에는 상장기준의 특별한 요건에 따라서 독립성을 판단할 것이 요구된다. 회사법상 특별한 목적을 위하여 이사에게 요구되는 이해관계가 없어야 한다는 요건은 이와 유사하지만 독립성이 전제요건인 자에게는 반드시 동일한 것이 아니다. 독립이사인 개인은 회사법상 다른 규정에 의한 특별한 경우에 활동할 자격이 없는데, 이와 반대로 비독립적인 이사(예컨대, 집행임원)가 이해관계가 없어 특별한 경우에 활동할 자격이 있는 경우가 있다.[26]

이는 미국의 회사(특히 공개회사나 대규모 회사)의 운영 현실을 반영하기 위하여 1974년 개정 모범회사법이 이와 같이 개정한 것인데, 오늘날 거의 모든 주의 회사법은 이와 같이 규정하고 있다. 이와 같이 이사회의 역할에 대하여 표현을 변경함으로써 발생하는 부수적인 효과는, 법원도 이사회는 그 자체가 회사의 일상의 업무집행을 한다는 견해(view)를 갖지 못하도록 하고 또한 이사회는 회사의 업무집행기관에 대한 감독을 철저히 하지 못한 점에 대하여 책임을 진다는 견해를 갖도록 한 점과, 회사가 경영(업무집행) 중심의 회사법적 규정에서 벗어날 수 있도록 한 점이다.[27]

따라서 오늘날 대부분의 주식회사에서 「이사회」는 회사의 주요업무와 일반정책만을 결정하고, 이의 집행 및 일상업무의 집행은 보통 이사회에 의하여 선임된 「(집행)임원」이 한다(RMBCA §8.40 ⓑ, §8. 41). 미국에서는 2016년 개정모범회사법 (RMBCA §8. 40)을 비롯하여 캘리포니아주 회사법(Cal. Corp. Code §312)·델라웨어주 회사법(Del. Gen. Corp. Law §142) 등에서는 회사는 (집행)임원을 두어야 하는 것

---

26) Official Comment to RMBCA 2016 §8. 01 ⓑ.

27) Richard D. Freer, *The Law of Corporations in a Nutshell* (8th ed.)(St. Paul, MN: West Academic Publishing, 2020), pp.109~110(§5.4); James D. Cox/Thomas L. Hazen, *Business Organizations Law*(Hornbook Series)(3rd ed)(St. Paul, MN: West, Thomson Reuters, 2011), pp.105~106(§9.3).

으로 규정하고, 뉴욕주 회사법(N.Y. Bus. Corp. Law § 715)에서는 회사는 (집행)임원을 두는 것을 전제로 이사회가 일정한 (집행)임원을 선임할 수 있는 것을 규정하고 있다.[28] (집행)임원으로는 전통적으로 보통 사장(president)이 있고, 그 밑에 부사장(vice-president) · 총무(secretary) 및 재무(cashier or treasurer)가 있었다.[29] 이러한 (집행)임원의 종류는 1969년 모범회사법에서 규정한 것인데, 1984년 모범회사법과 델라웨어주 회사법에서는 이를 변경하여 (집행)임원의 종류를 규정하지 않음으로써 (집행)임원의 종류는 회사의 정관이나 이사회가 자유롭게 정할 수 있도록 하였다.[30] 미국법조협회(American Law Institute: ALI)가 1992년 3월 31일에 최종안으로 제안한 「회사지배구조의 원칙」(Principles of Corporate Governance)에 의하면, 공개회사의 업무집행은 이사회에 의하여 선임된 주요상급집행임원 등에 의하여 수행되어야 하는데 (동 원칙 3. 01조), 이러한 집행임원은 주요 상급집행임원(principal senior executives)과 기타 임원(other officers)으로 나뉘는데, 주요 상급집행임원이란 대표집행임원(chief executive officer: CEO) · 대표총무집행임원(chief operating officer: COO) · 대표재무집행임원(chief financial officer: CFO) · 대표법률집행임원(chief legal officer: CLO) 및 대표회계집행임원(chief accounting officer: CAO)을 말한다(동 원칙 1. 30조, 1. 27조 ⒜항). 따라서 오늘날 보통 이 양자의 용어를 함께 사용하고 있다(예컨대, president and chief executive officer 등).[31] 이사와 (집행)임원은 이론상으로는 구별되는데, 이사회는 이 양자의 지위를 겸하는 사내이사와 겸하지 않는 사외이사(독립이사)로 혼합되어 구성되어 있다.[32]

　집행임원의 업무집행권은 법률 · 정관 · 회사의 내부규칙 또는 이사회의 결의에 의하여 부여되는데, 이 권한의 범위는 언제나 명백한 것이 아니다. 사장(대표집행임원)은 보통 그의 직과 관련하여 필요한 모든 업무를 수행할 수 있고 그의 직에 의하여 계약을 체결할 수 있으며, 또 회사의 일상업무로부터 발생하거나 이와 관련되는 업무에 있어서 회사를 대표할 권한을 갖는다.[33] 그러나 사장(대표집행임원)도 그 이

---

28) 미국의 50개 모든 주법(州法)상 (집행)임원에 대한 상세한 소개에 관하여는 정찬형, 전게논문 (금융법연구 제19권 제3호)(주 12), 133~205면 참조.

29) Henn & Alexander, *Laws of Corporations and Other Business Enterprises*, 3rd ed.(1983), pp.586 ff.

30) Robert W. Hamilton, *The Law of Corporations in a Nutshell*, 5th ed.(2000), p.322.

31) Robert W. Hamilton, *The Law of Corporations in a Nutshell*, 4th ed.(1996), p.320~321.

32) Henn & Alexander(Fn 29), p.553.

33) Joseph Greenpon's Sons Iron & Steel Co. v. Pecos Valley Gas Co., 156 A. 350, 352(Del. 1931).

상의 권한은 별도의 특별수권이 있어야 한다.

(2) 감독(감사)기관

(가) 앞에서 본 바와 같이 오늘날 미국의 대부분의 주식회사에서 이사회는 대표집행임원과 기타 집행임원을 선임(해임)하고, 회사의 정책을 결정하며, 집행임원의 업무를 감독한다.[34] 따라서 오늘날 미국 주식회사에서 업무집행기관(집행임원)에 대한 감독기관은 이사회이다. 이와 같이 오늘날 미국의 대부분의 주식회사에서는 업무집행기관(집행임원)과 감독기관(이사회)이 분리되어 있으므로, 단층제도라고 볼 수 없고 사실상 중층제도라고 볼 수 있다. 또한 이러한 중층제도가 사실상 글로벌 스탠더드의 지배구조가 되어가고 있다고 볼 수 있다.

(나) 미국에서는 업무집행기관에 대한 감사를 보통 이사회내 위원회의 하나인 감사위원회(audit committee)가 하는데, 이러한 감사위원회에 의한 감사의 실효성을 위하여 2002년 사베인스·옥스리법에 의하여 미국의 증권거래법이 개정되어 상장회사의 감사위원회 위원은 전원이 사외이사(independent director)이어야 한다.[35]

Ⅳ. 미국 회사법상 집행임원제도

미국 회사법은 각 주(州)의 주법으로 되어 있고, 현재 통일법안으로 대표적인 것으로는 미국 변호사회(American Bar Association: ABA)가 출간한 모범사업회사법(Model Business Corporation Act: MBCA)이다. 미국의 모범사업회사법은 미국 변호사회(American Bar Association)의 회사법위원회(과거에는 the Committee on Corporate Laws이었고, 현재는 the Corporate Laws Committee)에 의하여 1950년에 최초로 제정되었고, 1960년·1969년·1984년 및 2016년에 개정되었다. 따라서 2022년 현재는 2016년 개정내용이 최근 개정내용이다. 모범사업회사법의 주석서는 1960년에 최초로 발행되었는데, 2020년 3월 31일에 제5판이 발행되었다. 이 모범사업회사법은 1969년에 주요한(major) 개정이 있었는데, 1984년에는 완전한 개정이었으며, 2016에도 다른 주요한 개정이 있었다. 모범사업회사법은 미국 전 주에 회사법의 모델을 제공하여 30개주 이상의 회사법이 모범사업회사법을 전부 또는 중요내용을 채택하고 있다.[36]

---

34) Cox/Hazen(Fn 27), pp.152~153(§9.1).

35) Securities Exchange Act of 1934(approved Oct. 13, 2009) §10A(m)(3)(a)(b); Sarbanes—Oxley Act of 2002 §301.

36) 모범사업회사법 제5판(2020) 주석서 서문.

또한 집행임원에 관한 통일법안(보고서)으로는 미국법조협회(American Law Institute: ALI)가 출간한 회사지배구조의 원칙(분석과 추천)(Principles of Corporate Governance: Analysis and Recommendations)이 있다. 이 회사지배구조의 원칙에 관한 보고서의 본격적인 작업은 1980년에 시작하여 최초의 안이 1981년 12월에 법조협회 위원회 (Council)에 제시되었고, 동 안이 1992년 5월의 정기회의에서 승인되었으며, 1992년 정기회의에서 논의되었던 사항이 반영된 주석서(Comment)가 1993년 4월에 위원회에 의하여 최종 의결되어 승인되었다.[37) 따라서 2022년 현재에도 1994년에 발간된 동 보고서가 최종안이고, 동 보고서는 2008년에 재인쇄(reprint)되었다. 회사지배구조의 원칙에 관한 이 보고서는 회사법 전반을 다루지 않고 선택된 제한된 주제에 대하여만 다루고 있다. 즉, 회사의 목적·지배구조·선관의무·공정거래의무 등을 다루고 있는데, 이러한 것을 법조협회는 회사의 지배구조에서 가장 핵심적인 문제로 본 것이다.[38) 회사지배구조의 원칙에 관한 보고서는 사유 소유의 기업이 활동하는 경제제도의 기본법에 주요 기여를 한다. 미국의 정치·경제를 보면 회사의 지배구조에 관한 법은 헌법의 일부로서, 미국의 근본 사회질서의 법적 구조이다. 회사법이 미국의 헌법 조문에 규정되지는 않아도, 회사(특히 공개회사)(publicly-held-corporation)에서의 핵심 법률관계(주주·이사 및 경영진간의 법률관계)에 대한 일반적인 사항은 이를 반영한다. 이러한 법률관계는 미국 자본주의 제도에 있어서 기본적인 것이다. 항상 공통적으로 기본적인 것은, (업무집행기관인) 경영진(management)이 일상의 활동(장기적인 전략활동을 포함)으로 회사를 운영하고, 이사회는 단체(group)로서 회사의 경영진을 감독하고(항상 주의깊게 감독하여야 하나 즉시 실행하여야 하는 것은 아님), 주주는 법적 절차를 통하여(예컨대, 주주의 대표소송) 경영진과 이사의 책임을 묻는 것이다.[39)

이하에서는 2022년 현재 미국 회사법상 집행임원에 관한 규정을 먼저 소개하겠는데, 이에 대하여는 미국 법조협회에서 출간(발표)한 회사지배구조의 원칙상 집행임원에 관한 규정과 미국 모범사업회사법상의 집행임원(임원)[40)에 관한 규정을 먼저 소개한 후, 미국 각 주의 회사법상 집행임원에 관한 규정을 소개하겠다. 미국 각 주의 회사법상 집행임원에 관한 규정의 소개는 미국의 주요 주(4개주: 델라웨어

---

37) 동 보고서의 법조협회 회장(Roswell B. Perkins) 서문(1993. 5. 10) 각주.

38) 동 보고서의 대표 보고자(Melvin A. Eisenberg) 서문(1994. 1. 4).

39) 동 보고서의 법조협회 이사(Geoffrey C. Hazard, Jr.) 서문(1993. 7. 9).

40) 미국의 입법에 따라서는 "집행임원" 또는 "임원"으로 규정하고 있는데, 이 책에서는 "집행임원"으로 통일하여 쓰기로 한다.

주, 캘리포니아 주, 뉴욕 주, 일리노이 주)의 회사법상 집행임원에 관한 규정을 먼저 소개하고, 나머지 주(46개주)의 회사법상 집행임원에 관한 규정의 소개는 주 명칭의 알파벳상 순서로 소개한 후, 이러한 미국 회사법상 집행임원에 관한 규정의 특징을 정리하여 보겠다.[41] 또한 집행임원에 대한 감독과 관련한 이사회에 관한 논의 및 대표집행임원과 이사회 의장의 지위의 분리 여부에 관한 논의도 소개하겠다.

1. 미국 회사법상 집행임원에 관한 규정

(1) 회사지배구조의 원칙 및 모범사업회사법상 집행임원에 관한 규정

(가) 회사지배구조의 원칙상 집행임원에 관한 규정

위에서 본 바와 같이 미국법조협회가 1992년 5월 정기총회에서 승인하고 1993년 4월에 수정하여 1994년에 출간한 회사지배구조의 원칙(American Law Institute, Principles of Corporate Governance: Analysis and Recommendations, 이하 본문에서는 'ALI 원칙'으로 하고, 인용조문에서는 'ALI'로 약칭함)상 집행임원에 관한 규정을 소개하면 다음과 같다.

1) ALI 원칙에 의하면 공개회사(publicly held corporation)의 업무집행은 이사회에 의해서 선임된 주요 상급집행임원(principal senior executive)에 의하여 또는 이들의 감독하에 수행되어야 하고, 또한 이사회나 주요 상급집행임원의 위임을 받은 기타 집행임원(other officer) 및 피용자에 의하여 수행되어야 한다(ALI 3.01조). 이 때 공개회사란 "최근 정기주주총회의 소집을 위한 기준일 현재 (등록)주주 수가 500명 이상이고 총 자산이 500만 달러 이상인(연속 2회계년도에 500만 달러 미만이 아니면, 총 자산이 500만 달러 미만이어도 공개회사가 종료되지 않음) 회사"를 말하고(ALI 1.31조), 주요 상급집행임원이란 "대표집행임원(Chief Executive Officer: CEO)·대표총무집행임원(Chief Operating Officer: COO)·대표재무집행임원(Chief Financial Officer: CFO)·대표법률집행임원(Chief Legal Officer: CLO)·대표회계집행임원(Chief Accounting Officer: CAO)"을 말하며[ALI 1.30조, 1.27조 (a)항], 기타 집행임원이란 "주요 상급집행임원이 아닌 자로서 이사 업무 이외의 정책결정기능을 수행하거나 이사의 보수를 초과하여 상당한 보수를 수령하는 이사회 의장, 일정한 주요 사업단위(판매·관리·금융 등)에서 업무를 담당하거나 회사의 주요 정책결정기능을 수행하는 부장(president)·재무(treasurer)·총무(secretary)·부부장(vice-president) 또는 부의

---

41) 이에 관하여는 정찬형, 전게논문(금융법연구 제19권 제3호)(주 12), 133~181면 참조.

장(vice-chairman) 및 기타 회사에 의하여 집행임원으로 선임된 자(개인)"를 말한다 [ALI 1.27조 (b)항·(c)항].

2) 또한 ALI 원칙에 의하면 공개회사의 이사회는 주요 상급집행임원을 선임하고, 정기적으로 평가하며, 그 보수를 정하고, 필요한 경우에는 해임할 수 있는 권한을 갖는다[ALI 3.02조 (a)항 (1)호].

(내) 모범사업회사법상 집행임원에 관한 규정

미국 변호사회 회사법위원회가 1950년 최초로 제정하고 그 후 수차례에 걸쳐 개정하였는데, 2016년 개정된 모범사업회사법(Corporate Laws Committee of American Bar Association, Model Business Corporation Act, 이하 'MBCA'로 약칭함)상의 집행임원에 관한 규정은 다음과 같다.

1) MBCA에 의하면 회사는 부속정관(bylaws)에서 규정되거나 부속정관에 따라 이사회에 의하여 선임된 집행임원을 둔다(has the officers)[MBCA 8.40조 (a)항].

이사회는 1개 이상의 집행임원의 직에 개인(들)을 선임할 수 있는데, 이와 같이 선임된 집행임원은 부속정관이나 이사회의 수권에 의하여 1인 이상의 다른 집행임원을 선임할 수 있다[MBCA 8.40조 (b)항].

부속정관이나 이사회는 어느 한 집행임원에게 회사가 회사법상 보존하도록 한 장부를 보존하고 확인할 책임을 부여하여야 한다[MBCA 8.40조 (c)항].

동일인(개인)이 동시에 회사에서의 1개 이상의 집행임원의 직을 겸임할 수 있다[MBCA 8.40조 (d)항].

2) 각 집행임원은 부속정관에 규정된 직무(functions), 부속정관에 따라 이사회가 정한 직무, 또는 이사회에 의하여 수권된 집행임원이 다른 집행임원에게 부여한 직무를 집행할 권한(authority)을 갖고 또한 그 직무를 집행하여야 한다(MBCA 8.41조).

3) 집행임원은 그의 권한범위 내에서 직무를 집행할 때에는, 충실하게(in good faith), 동일한 직위에 있는 사람이 유사한 환경에서 합리적으로 행사할 주의로써, 집행임원이 회사에 최상의 이익이 되는 것으로 합리적으로 믿는 방법으로, 행위를 할 의무를 부담한다[MBCA 8.42조 (a)항].

집행임원의 의무에는 다음의 의무를 포함한다[MBCA 8.42조 (b)항]. (개) 집행임원은 그의 직무 범위내에서 그가 알고 있는 회사의 업무에 관한 정보를 그의 상급 집행임원·이사회 또는 그의 위원회에게 (정기적으로) 보고하여야 하고, 또한 그가 중요하다고 하는 정보도 이들에게 보고하여야 한다. (내) 회사의 집행임원·피용자 또는 대리인이 회사법을 포함하는 법규의 사실상 중대한 위반이나 위반가능성이 있거나 또는 회사에 대한 의무의 사실상 중대한 위반이나 위반가능성이 있다고 집행임원이 알고 있으면, 집행임원은 이를 상급집행임원·회사 내의 다른 적절한 자 또는 이사회나 그의 위원회에게 보고하여야 한다.

집행임원이 그의 의무를 면함에 있어서는, 그의 믿음이 담보되는 것으로 알고 있는 집행임원은 다음에 의존할 권한이 있다[MBCA 8.42조 (c)항]. ㈎ 집행임원이 회사의 1인 이상의 피용자가 위임된 책임을 수행하는 것이 신뢰할 수 있고 능력이 있음을 합리적으로 신뢰한 경우, 그러한 피용자가 정당하게 위임된 책임을 이행한 것. ㈏ 집행임원이 신뢰할 수 있고 주어진 일에 능력이 있는 것으로 합리적으로 믿고 있는 회사의 1인 이상의 피용자에 의하여 준비되거나 제시된 재무제표 및 기타 재무데이터를 포함한 정보, 의견, 보고 및 설명서. 집행임원이 특정인의 전문적 또는 전문가의 능력에 속하거나 특정인의 신뢰를 요하는 것으로 합리적으로 믿는 일에 관하여 법률자문, 공인회계사 또는 회사에 속한 기타의 자가 준비하거나 제출한 정보, 의견, 보고서 또는 설명서.

집행임원이 그의 의무를 본조에 따라 이행한 경우에는, 집행임원은 어느 결정을 이행하였거나 이행하지 않았다고 하여, 또는 집행임원으로서 어떠한 행위를 하지 않았다 하여, 회사나 주주들에 대하여 책임을 지지 않는다. 본조에 따르지 않은 집행임원이 책임을 지는지 여부는 관련되는 본법 제8.31조의 원칙을 포함하는 해당 사항에 대한 적용법규에 의한다[MBCA 8.42조 (d)항].

4) 집행임원은 언제든지 이사회, 이사회 의장, 그를 선임한 집행임원이나 그 비서에게 서면통지를 함으로써 사임할 수 있는데, 이러한 통지서에 장래의 사건에 의하여 사임일이 결정된다는 것을 포함하여 연기된 효력일을 규정하지 않는 한 제1.41조 (i)에 규정된 바에 따라(통지서가 도달하였을 때에) 사임의 효력이 발생한다. 사임의 통지서에 사임의 효력이 연기된 일자에 발생하는 것으로 기재되고 또 이사회나 집행임원을 선임한 집행임원이 이를 수락하면 이사회나 집행임원을 선임한 집행임원은 사임의 효력이 발생하기 전에 공석을 채울 수는 있으나(신임 집행임원을 선임할 수는 있으나) 신임 집행임원은 공석이 발생할 때까지(사임의 효력이 발생할 때까지) 취임할 수 없다[MBCA 8.43조 (a)항].

이사회, (부속정관 또는 이사회가 달리 규정하지 않는 한) 집행임원을 선임한 집행임원 또는 부속정관이나 이사회에 의하여 수권된 다른 집행임원은, 언제든지 사유(cause)가 있던 없던 집행임원을 해임할 수 있다[MBCA 8.43조 (b)항].

본조에서 집행임원을 선임한 집행임원이란 사임하거나 해임되는 집행임원을 선임한 집행임원(그 집행임원의 어떠한 후임자를 포함함)을 의미한다[MBCA 8.43조 (c)항].

5) 집행임원의 선임이나 임명이 그 자체로 계약상 권리를 발생시키지 않는다 [MBCA 제8.44조 제(a)항].

집행임원과 회사간에 계약이 체결되면, 집행임원의 해임은 집행임원의 계약상 권리에 영향이 없고, 집행임원의 사임은 회사의 계약상 권리에 영향이 없다[MBCA 8.44조 (b)항].

(2) 미국 각 주(州)의 회사법상 집행임원에 관한 규정

(가) 주요 주(델라웨어주, 캘리포니아주, 뉴욕주, 일리노이주)의 회사법상의 규정

1) 델라웨어 주 회사법(Delaware General Corporation Law: 8 Del.C.)

델라웨어주 회사법에 의하여 설립되는 모든 회사는 부속정관 또는 (부속정관에 저촉하지 않는) 이사회의 결의에 의하여 부여되는 권리(titles)와 의무를 갖고 필요한 경우 회사법상의 증권과 주권에 서명할 수 있는 집행임원을 두어야 한다(shall have such officers). 집행임원 중의 1인은 주주총회 및 이사회의 경과를 회의록(book)에 기록하여 그 목적으로 보존하여야 할 의무를 부담한다. 기본정관이나 부속정관에 달리 규정하지 않으면 동일인이 어떠한 수 개의 집행임원의 직을 겸할 수 있다[동법 142조 (a)항].

집행임원은 부속정관·이사회 또는 기타 지배기구(other governing body)에서 정하는 방법으로 선임되어야 하고, 또한 집행임원의 임기는 정관·이사회 또는 기타 지배기구가 정하는 바에 의한다. 각 집행임원은 후임 집행임원이 선임되고 그 자격을 갖출 때까지, 또는 조기 사임이나 해임시까지 집행임원으로서의 직을 갖는다. 어떠한 집행임원도 언제든지 회사에 대한 서면의 통지를 함으로써 사임할 수 있다[동법 142조 (b)항].

어떠한 또는 전부의 집행임원이나 대리인은 채권(bond) 또는 기타의 방법으로 회사에 대하여 충실(fidelity)을 담보할 수 있다[동법 142조 (c)항].

집행임원을 선임하지 않은 것이 회사의 해산사유가 되지 않고 또는 그 밖에 회사에 어떠한 영향을 미치지 않는다[동법 142조 (d)항].

집행임원이 사망·사임·해임 또는 그 밖의 사유로 결원이 되면, 회사는 부속정관에서 정한 바에 따라 이를 보충하여야 한다. 부속정관에 집행임원의 결원시 보충에 관한 규정이 없으면, 이사회 또는 기타 지배기구가 집행임원의 결원을 보충하여야 한다[동법 142조 (e)항].

2) 캘리포니아 주 회사법(California General Corporation Law: Cal. Corp. Code)

회사는 이사회 의장(chairperson of the board)이나 사장(president) 또는 양자, 총무(secretary), 대표재무집행임원(chief financial officer) 및 부속정관이나 이사회의 결의에 의하여 정하여지고 또한 필요시 회사의 증권 및 주권에 서명할 수 있는 권리와 의무를 가진 그 밖의 집행임원을 두어야 한다(shall have). 사장이나 사장이 없는 경우 이사회 의장은 기본정관이나 부속정관에 다른 규정이 없으면 회사의 총지배인(general manager) 겸 대표집행임원(chief executive officer)이다. 기본정관이나 부속정관에 다른 규정이 없으면 동일인이 수 개의 집행임원의 직을 겸할 수 있다[동법 312조 (a)항].

기본정관이나 부속정관에 다른 규정이 없으면 집행임원은 이사회에 의하여 선임되어야 하고(shall be chosen by the board) 이사회에 봉사하여야 하는데, 고용계약(contract of employment)이 체결된 집행임원의 경우 그의 권리는 이 계약에 따른다. 어느 집행임원도, 그가 당사자인 계약에서 회사의 권리를 침해함이 없이, 회사에 대한 서면통지에 의하여 언제든지 사임할 수 있다[동법 312조 (b)항].

3) 뉴욕 주 회사법(New York Business Corporation Law: N.Y. Bus. Corp. Law)

가) 이사회는 사장(president), 1인 또는 수인의 부사장(vice president), 총무(secretary) 및 재무(treasurer)와 부속정관이 규정하거나 이사회가 결정하는 기타 임원을 선임하거나 임명할 수 있다[동법 715조 (a)항](이는 사장 등 집행임원을 두는 것을 전제로 선임방법을 규정함-필자 주).

기본정관은 모든 집행임원 또는 특정한 집행임원은 이사회 대신에 주주총회에 의하여 선임되어야 한다고(shall be elected by the sharehoders) 규정할 수 있다[동법 715조 (b)항].

기본정관이나 부속정관에 달리 규정이 없으면 모든 집행임원은 정기주주총회에 이은 이사회의 회의시까지 그 직을 갖는 것으로 선임되거나 임명되어야 하는데, 집행임원이 주주총회에 의하여 선임되는 경우에는 다음 정기주주총회시까지 그 직을 갖는다[동법 715조 (c)항].

각 집행임원은 그가 선임되거나 임명될 때에 정하여진 임기동안 그 직을 갖는데, 다만 그의 후임자가 선임되거나 지명되고 그 자격을 갖출 때까지 그 직을 갖는다[동법 715조 (d)항].

동일인이 두 개 이상의 집행임원의 직을 겸할 수 있고, 1인 주주는 집행임원의 모든 직이나 일부의 직을 겸할 수 있다[동법 715조 ⒠항].

이사회는 어느 집행임원에게 그의 의무를 충실하게 이행하기 위한 담보(security)를 제공할 것을 요구할 수 있다[동법 715조 ⒡항].

모든 집행임원은, 그들과 회사와의 관계에서, 부속정관에서 규정하거나 또는 부속정관에 규정이 없으면 이사회가 정하는 바에 따라, 회사의 업무집행에 있어서의(in the management of the corporation) 권리(authority)를 갖고 의무(duties)를 이행하여야 한다[동법 715조 ⒢항].

집행임원은, 집행임원으로서 충실하고(in good faith) 또한 같은 지위에 있는 보통 신중한 사람이 유사한 환경에서 하였을 정도의 주의로써, 그의 의무를 이행하여야 한다. 그의 의무의 이행에서 집행임원은 다음의 자가 각 경우에 준비하거나 제시한 재무제표(financial statements) 및 기타 재무자료(other financial data)를 포함한 정보·의견·보고 또는 설명에 의존할 권리를 갖는다[동법 715조 ⒣항]: ⒜ 집행임원이 제시된 일에서 신뢰하고 능력이 있다고 믿고 있는 회사(이 회사는 당해 회사가 다른 회사의 이사 선임에 필요한 의결권이 있는 주식 50% 이상을 직접적 또는 간접적으로 소유하는 경우 그 다른 회사를 포함함)의 1인 이상의 다른 집행임원·피용자, 또는 ⒝ 위원회(counsel)·공인회계사 또는 집행임원이 그 일에서는 전문적 또는 전문가의 능력이 있다고 믿는 기타의 자(이러한 자는 충실하고 상당한 주의로써 활동하는 것이 전제되는데, 만일 그가 문제되는 일에 관하여 신뢰가 담보되지 않을 것을 알고 있었다면 충실하게 행동한 것으로 인정되지 않는다). 그의 의무를 이행하는 자는 회사의 집행임원이거나 집행임원이었다는 이유로 책임을 지지 않는다.

나) 이사회에서 선임되거나 지명된 어떠한 집행임원은 사유(cause)가 있던 또는 없던 이사회에 의하여 해임될 수 있다. 주주총회에서 선임된 집행임원은 사유가 있든 또는 없든 주주총회의 결의에 의해서만 해임될 수 있는데, 이 경우 이사회는 (정당한) 사유가 있으면 집행임원의 권한을 정지시킬 수 있다[동법 716조 ⒜항].

사유가 없이 집행임원을 해임한 것은, 집행임원과 회사와의 계약이 있는 경우, 집행임원의 (회사에 대한) 계약상 권리에 영향이 없다. 집행임원의 선임이나 임명이 그 자체로 계약상의 권리를 발생시키는 것이 아니다[동법 716조 ⒝항].

사유가 있는 경우 집행임원의 해임판결을 구하는 소(訴)는 법무부장관(attorney-general) 또는 의결권 유무를 불문하고 (회사의 자기주식을 제외한) 발행주식(outstanding shares)의 의결권의 10%를 가진 주주에 의하여 제기될 수 있다. 법원은 이와 같이 해임된 집행임원에 대하여는 법원이 정한 일정기간 재선임이나 재임명을 금지할 수 있다[동법 716조 (c)항].

4) 일리노이즈 주 회사법(Illinois Business Corporation Act of 1983: 805 ILCS 5)

가) 회사는 부속정관에 규정된 집행임원을 두어야 하는데(shall have such officers), 이러한 각 집행임원은 부속정관에 규정된 때와 방법에 따라 이사회에 의하여 선임되어야 한다. 집행임원, 부(副)집행임원(assistant officers) 및 필요한 경우 대리인(agents)은 이사회에 의하여 선임되거나 임명될 수 있는데, 부속정관이 정하는 바에 따라 그 선임방법을 달리 정할 수 있다. 부속정관이 규정하고 있으면 동일인이 두 개 이상의 집행임원의 직을 겸할 수 있다. 어느 한 집행임원(본 법에서는 일반적으로 '총무'를 말함)은 부속정관, 주주총회·이사회 및 이사회내 위원회의 결의, 기타 회사의 문서가 진실하고 그의 사본이 정확함을 확인하는 권한을 가져야 한다(동법 8.50조 전단).

회사의 모든 집행임원과 대리인은, 그들과 회사간에서, 부속정관이 규정한 바에 따라서 또는 부속정관에 반하지 않는 한 이사회의 결의에 따라서, 회사의 재산 및 업무의 집행(경영)에서 명시적인 권리를 갖고 의무를 이행하여야 하는데, 때때로 보통법(common law)에 의하여 인정된 묵시적 권리(implied authority)도 갖는다(동법 8.50조 후단).

나) 어떠한 집행임원이나 대리인은, 이사회가 회사에 최상의 이익이라고 판단할 때마다, 이사회에 의하여 해임될 수 있다. 그러나 그러한 해임이, 집행임원과 회사간에 계약이 체결된 경우, 해임된 집행임원의 계약상 권리를 침해하지 않는다. 집행임원이나 대리인의 선임이나 임명이 그 자체로 계약상의 권리를 발생시키지 않는다(동법 8.55조).

(나) 기타 주의 회사법상의 규정

1) 알라바마 주 회사법(Alabama Business Corporation Law: Ala.Code 1975)

회사는 기본정관이나 부속정관에 규정되거나 또는 그러한 정관에 따른 이사회에 의하여 선임된 집행임원을 둔다(has officers)[동법 10A-2A-8.40조 (a)항].

이사회는 회사의 1개 이상의 집행임원의 직에 개인(들)(individuals)을 선임할 수 있는데[동법 동조 (b)항 1문], 어느 집행임원은 기본정관이나 부속정관 또는 이사회의 수권이 있으면 1인 이상의 다른 집행임원을 선임할 수 있다[동법 동조 (b)항 2문].

기본정관이나 부속정관 또는 이사회는 회사법상 보존이 요구되는 회사의 장부를 보존하고 확인하는 책임을 어느 집행임원에게 부여하여야 한다[동법 동조 (c)항].

기본정관이나 부속정관이 달리 규정하지 않으면 동일인인 개인은 회사의 1개 이상의 집행임원의 직을 동시에 겸직할 수 있다[동법 동조 (d)항].[42]

2) 알래스카 주 회사법(Alaska Business and Industrial Development Corporation Act: AS)

회사의 업무(business and affairs)는 이사회, 사장(president), 부사장(vice president), 총무(secretary), 재무(treasurer), 및 회사가 부속정관에 의하여 수권하는 기타 집행임원 및 대리인(agents)에 의하여 집행되어야 한다(shall be conducted) [동법 10.10.120조 (a)항 1문]. 이사회는 법 및 회사의 부속정관에 의하여 주주총회 또는 주주에게 부여한 권한을 제외하고는 회사의 모든 권한을 행사할 수 있는데, 회사의 모든 대리인과 집행임원을 선임하고 임명하여야 하며(shall choose and appoint) 이사를 제외하고 집행임원 등의 모든 결원을 보충하여야 한다(동법 동조 동항 3문).

이사와 집행임원은 고의에 의한 위법행위(wilful misconduct)가 아니면 손실에 대한 책임이 없다[동법 동조 (b)항].[43]

3) 아리조나 주 회사법(Arizona Corporations and Associations: A.R.S.)

회사는 부속정관에서 규정되거나 부속정관에 따라 이사회에 의하여 선임된 집행임원을 두어야 한다(shall have the officers)(동법 10−840조 A항).

정당하게 선임된 집행임원은 부속정관 또는 이사회의 수권이 있으면 1인 이상의 다른 집행임원이나 부(副)집행임원을 선임할 수 있다(동법 동조 B항).

부속정관이나 이사회는 집행임원 중 1인에게 이사회 및 주주총회의 의사록(minutes)을 준비(작성)하고 회사의 장부를 확인하는 책임을 부여하여야 한다(동법 동조 C항).

동일인인 개인은 동시에 회사의 1개 이상의 집행임원의 직을 겸할 수 있다(동법 동조 D항).[44]

4) 아칸사스 주 회사법(Arkansas Business Corporations Generally: A.C.A.)

회사의 집행임원은 사장(president)·부속정관에 규정이 있는 경우 1인 이상의

---

42) 알라바마 주의 회사법상 본문의 집행임원에 관한 규정은 모범사업회사법(MBCA) 제8.40조를 따른 것이고, 모든 회사는 그가 가질 집행임원을 선임할 것을 허용하고 특별한 집행임원을 둘 것을 요구하지 않는다(동 조에 대한 주석).

43) 이 조항은 제32회 알래스카 의회 2022년 제2차 정기회의에서 개정된 것인데, 현재의 개정내용은 2022년 8월 27일에 수령한 것이다(동조에 대한 주석).

44) 본 조항은 2022년 제55회 아리조나 의회 제2차 정기회의에서 개정된 것인데, 2022년 9월 24일에 효력이 발생한다(동조에 대한 주석).

부사장(vice president)·총무(secretary) 및 재무(treasurer)로 구성되어야 하고(shall consist of), 각 집행임원은 부속정관이 규정하는 때와 방법에 따라 이사회에 의하여 선임되어야 한다[동법 4-26-812조 (a)항 (1)호]. 기타 집행임원과 부(副)집행임원 및 필요한 경우 대리인(agents)은 이사회에 의하여 선임되거나 지명될 수 있는데, 부속정관의 규정에 따라 다른 방법으로 선임될 수 있다[동법 동조 동항 (2)호]. 사장과 총무를 제외하고 동일인이 2개 이상의 집행임원의 직을 겸할 수 있다. 그러나 1인 주주이거나 회사의 의결권이 있는 모든 주식이 1인 주주에 귀속되는 경우에는 어떠한 2 이상의 집행임원의 직이라도 동일인이 겸할 수 있다[동법 동조 동항 (3)호].

회사의 모든 집행임원과 대리인은, 그들과 회사간에, 부속정관에 규정되거나 부속정관에 따른 이사회의 결의에 의한 회사의 경영(업무집행)에서의(in the management of the corporation) 권리를 갖고 의무를 이행하여야 한다[동법 동조 (b)항].

5) 콜로라도 주 회사법(Colorado Buniness Corporations: C.R.S.A.)

회사는 부속정관이나 이사회에서 정하는 집행임원을 두어야 하는데(shall have the officers), 집행임원은 18세 이상의 개인이어야 한다[동법 7-108-301조 (1)항].

집행임원은 이사회에 의하여 선임될 수 있는데, 이사회나 부속정관이 규정하는 기타의 방법으로 선임될 수 있다. 정당하게 선임된 집행임원은 부속정관이나 이사회의 수권에 의하여 1인 이상의 다른 집행임원 또는 부(副)집행임원을 선임할 수 있다[동법 동조 (2)항].

부속정관 또는 이사회는 1인 이상의 집행임원에게 이사회 및 주주총회의 의사록과 회사법상 회사가 보존하여야 하는 그밖의 장부와 정보의 준비와 보존에 관한 책임과 회사의 장부를 확인하는 책임을 부여하여야 한다[동법 동조 (3)항].

동일인인 개인은 동시에 회사의 1개 이상의 집행임원의 직을 겸할 수 있다[동법 동조 (4)항].[45]

6) 코넥티커트 주 회사법(Connecticut Business Corporations: C.G.S.A.)

가) 회사는 부속정관에 규정되거나 부속정관에 따라 이사회에 의하여 선임된 집행임원을 둔다(has the officers)[동법 33-763조 (a)항].

이사회는 1개 이상의 회사의 집행임원의 직에 개인(들)을 선임할 수 있는데,

---

45) 이 조항은 회사는 부속정관이나 이사회가 정하는 집행임원을 둔다고만 규정하고, 특별한 집행임원(예컨대, 사장 또는 총무)을 요구하고 있지 않다. 따라서 본조는 종래에 모든 회사는 사장·총무 및 재무를 둘 것을 요구하는 규정을 변경하였다. 본조 제3항은 총무의 업무를 그대로 유지하였으나 '총무'라는 용어는 사용하지 않았다. 이는 2022년 콜로라도 제73회 의회 제2차 정기회의에서 개정된 것이다(동조에 대한 주석).

집행임원은 부속정관이나 이사회의 수권에 의하여 1인 이상의 다른 집행임원을 선임할 수 있다[동법 동조 (b)항].

부속정관 또는 이사회는 집행임원 중 1인에게 이사회 및 주주총회 의사록의 준비, 회사법상 보존이 요구되는 회사의 장부의 보존 및 확인의 책임을 부여하여야 한다[동법 동조 (c)항].

동일인인 개인은 동시에 회사의 1개 이상의 집행임원의 직을 겸할 수 있다[동법 동조 (d)항].[46]

나) 각 집행임원은 부속정관에 규정되거나, 부속정관에 따라 이사회가 정하거나, 이사회의 수권을 받은 집행임원이 다른 집행임원에게 정하는, 권한(authority)을 갖고 업무(functions)를 집행하여야 한다(동법 33-764조).[47]

7) D. C. 주 회사법(District of Columbia Business Corporations: DC ST)

가) 회사는 부속정관에 규정되거나 부속정관에 따라 이사회에 의하여 선임된 집행임원을 두어야 한다(shall have the officers)[동법 29-306.40조 (a)항].

이사회는 회사의 1개 이상의 집행임원의 직에 개인(들)을 선임할 수 있는데, 부속정관이나 이사회의 수권을 받은 집행임원은 1인 이상의 다른 집행임원을 선임할 수 있다[동법 동조 (b)항].

부속정관 또는 이사회는 집행임원 중 1인에게 이사회 및 주주총회 의사록의 준비, 회사법상 보존이 요구되는 회사의 장부의 보존 및 확인의 책임을 부여하여야 한다[동법 동조 (c)항].

동일인인 개인은 동시에 회사의 1개 이상의 집행임원의 직을 겸할 수 있다[동법 동조 (d)항].

나) 각 집행임원은 부속정관에서 규정하는 업무(functions), 또는 부속정관에 따라 이사회가 정하는 업무, 또는 이사회의 수권을 받은 집행임원이 다른 집행임원에게 정하는 업무를 집행할 권한을 갖고, 또 이를 집행하여야 한다(동법 29-306.41조).

다) 집행임원은 그의 권한 범위 내에서 업무를 집행할 때, a) 충실하게(in good faith), b) 동일한 지위에 있는 자가 유사한 환경에서 합리적으로 행사하는 주의로써, c) 집행임원이 회사에 최상의 이익이 되는 것으로 합리적으로 믿는 방법으

---

46) 이 조항은 2022년 시행되는 법의 내용이다(동조에 대한 주석).
47) 이 조항은 주지사의 승인일인 2022년 10월 1일(또는 이전)부터 시행되고 있다(동조에 대한 주석).

로, 행위를 하여야 할 의무를 부담한다[동법 29-306.42조 (a)항].

집행임원의 의무에는 다음의 자에게 정보를 제공할 의무를 포함하여야 한다[동법 동조 (b)항]. a) 집행임원이 그가 알고 있는 회사의 업무에 관한 정보를 보고하는 상급집행임원, 이사회 또는 그의 위원회(이는 집행임원의 업무범위 내이고 집행임원이 그들에게 중요한 것으로 알고 있는 것임), b) 회사의 집행임원·피용자 또는 대리인에 의한 회사법을 포함한 법규의 사실상 또는 가능한 중대한 위반이나 회사에 대한 의무의 중대한 위반의 경우, 집행임원의 상급집행임원, 회사 내의 다른 적절한 자, 또는 이사회나 그의 위원회(이는 집행임원이 그러한 일이 발생하였거나 발생할 것으로 믿는 경우임).

집행임원이 그의 의무를 면함에 있어서, 그의 신뢰가 담보되는 것으로 알고 있는 집행임원은 다음의 사항을 신뢰할 수 있다[동법 동조 (c)항]. a) 그 집행임원이 신뢰할 수 있는 것으로 합리적으로 믿고 또한 수임된 책임을 이행할 능력이 있는 회사의 1인 이상의 피용자가 정당하게 수임된 책임을 이행한 경우. 또는 b) 그 집행임원이 신뢰할 수 있는 것으로 합리적으로 믿고 또한 주어진 일에 능력이 있는 회사의 1인 이상의 피용자가 전문가의 의견을 받아 준비하거나 제시한 재무제표(financial statement) 및 기타 재무자료를 포함하는 정보, 의견, 보고서나 설명서(reports or statements).

집행임원의 의무가 본조에 따라 이행되면, 집행임원은 집행임원으로서 어떤 결정을 따르거나 따르지 않았다고 하여 또는 어떠한 행위를 하지 않았다고 하여, 회사 또는 그의 주주들에게 책임을 지지 않는다. 본조에 따르지 않은 집행임원이 책임을 지는지 여부는 관련된 제29-306.31조의 원칙을 포함하여 적용되는 법에 따른다[동법 동조 (d)항].

라) 집행임원은 회사에 통지서를 제출함으로써 언제든지 사임할 수 있다. 사임은 사임통지서가 제출된 때에 효력이 발생하는데, 사임통지서에 그 후의 유효기일을 기재할 수 있다. 사임의 효력이 그 후의 일자에 효력이 발생하는 것으로 사임통지서에 기재되고 또 이사회나 집행임원을 선임한 집행임원이 그 후의 일자에 동의하면, 이사회나 집행임원을 선임한 집행임원은 연기된 효력발생일 전에 결원을 보충할 수 있으나, 후임 집행임원은 사임의 효력이 발생한 후에 취임할 수 있다[동법 29-306.43조 (a)항].

집행임원은 이사회, 부속정관이나 이사회가 달리 규정하지 않는 한 집행임원을 선임한 집행임원, 또는 부속정관이나 이사회가 수권한 기타 집행임원에 의하여 사유(cause)가 있든 없든 언제든지 해임될 수 있다[동법 동조 (b)항].

본조에서 '집행임원을 선임하는'의 용어는 사임하거나 해임되는 집행임원(그의 후임자를 포함함)을 선임한 집행임원을 의미한다[동법 동조 (c)항].

마) 집행임원의 선임은 그 자체로 계약상 권리를 발생시키지 않는다[동법 29 - 306.44조 (a)항].

집행임원의 해임은 그 집행임원과 회사와의 계약상 집행임원의 계약상 권리에 영향을 미치지 않는다. 집행임원의 사임은 그 집행임원과 회사와의 계약상 회사의 권리에 영향을 미치지 않는다[동법 동조 (b)항].[48]

8) 플로리다 주 회사법(Florida Business Corporation Act: West's F.S.A.)

회사는 부속정관이 규정하거나 부속정관에 따라 이사회가 선임한 집행임원을 두어야 한다(shall have the officers)[동법 607.08401조 (1)항].

이사회는 1명 이상의 개인(들)을 회사의 집행임원으로 선임할 수 있는데, 정당하게 선임된 집행임원은 부속정관이나 이사회의 수권이 있으면 1명 이상의 다른 집행임원이나 부(副)집행임원을 선임할 수 있다[동법 동조 (2)항].

부속정관이나 이사회는 집행임원 중 1인에게 이사회 및 주주총회 의사록의 준비에 대한 책임과 회사법상 보존이 요구되는 회사의 장부를 확인하는 책임을 부여하여야 한다[동법 동조 (3)항].

동일인인 개인은 회사의 1개 이상의 집행임원의 직을 동시에 겸할 수 있다[동법 동조 (4)항].[49]

9) 조지아 주 회사법(Georgia Business Corporations: Ga.Code Ann.)

회사는 부속정관에 규정되거나 부속정관에 따라 이사회가 선임한 집행임원을 둔다(has the officers)[동법 14-2-840조 (a)항].

이사회는 회사의 1개 이상의 집행임원의 직에 개인(들)을 선임할 수 있는데, 정당하게 선임된 집행임원은 부속정관이나 이사회의 수권이 있으면 1인 이상의 다른 집행임원을 선임할 수 있다[동법 동조 (b)항].

부속정관이나 이사회는 집행임원 중 1인에게 이사회 및 주주총회의 의사록을 준비하는 책임과 회사법상 보존이 요구되는 회사의 장부를 보존하고 확인할 책임을 부여하여야 한다[동법 동조 (c)항].

동일인인 개인은 동시에 1개 이상의 회사의 집행임원의 직을 겸할 수 있다[동

---

48) 집행임원에 관한 D.C.회사법은 2011년 7월 2일부터 시행되고 있다.

49) 이 조항은 2020년 1월 1일부터 시행되고 있다.

법 동조 (d)항].[50)

10) 하와이 주 회사법(Hawaii Business Corporation Act: HRS)

회사는 부속정관에 규정되거나 부속정관에 따라 이사회가 선임한 집행임원을 둔다(has the officers)[동법 414-231조 (a)항].

정당하게 선임된 집행임원은 부속정관이나 이사회의 수권이 있으면 1인 이상의 다른 집행임원이나 부(副)집행임원을 선임할 수 있다[동법 동조 (b)항].

부속정관이나 이사회는 집행임원 중 1인에게 이사회 및 주주총회 의사록의 준비와 관리(custody)에 대한 책임과 회사의 장부를 확인하는 책임을 부여하여야 한다[동법 동조 (c)항].

동일인인 개인은 동시에 회사의 1개 이상의 집행임원의 직을 겸할 수 있다[동법 동조 (d)항].

11) 아이다호 주 회사법(Idaho General Business Corporations: I.C.)

회사는 부속정관에 규정되거나 부속정관에 따라 이사회가 선임한 집행임원을 둔다(has the officers)[동법 30-29-840조 (a)항].

이사회는 회사의 1개 이상의 집행임원의 직에 개인(들)을 선임할 수 있는데, (이와 같이 선임된) 집행임원은 부속정관이나 이사회의 수권이 있으면 1인 이상의 다른 집행임원을 선임할 수 있다[동법 동조 (b)항].

부속정관이나 이사회는 어느 한 집행임원에게 회사법상 보존이 요구되는 회사의 장부를 보존하고 확인할 책임을 부여하여야 한다[동법 동조 (c)항].

동일인인 개인은 동시에 1개 이상의 회사의 집행임원의 직을 겸할 수 있다[동법 동조 (d)항].[51)

12) 인디아나 주 회사법(Indiana Business Corporation Law: IC)

가) (요구되는 집행임원, 선임, 총무) 회사는 부속정관에 규정되거나, 부속정관에 따라 이사회에 의하여 선임되거나, 정당하게 선임된 집행임원이 부속정관에 따라 선임한 집행임원을 둔다(has the officers). 그러나 회사는 최소한 1인의 집행임원을 반드시 두어야 한다(must have)[동법 23-1-36-1조 (a)항].

정당하게 선임된 집행임원은 부속정관이나 이사회의 수권이 있으면 1인 이상

---

50) 이 조항은 2016년 7월 1일부터 시행되고 있다. 본조는 모범사업회사법 제8.40조를 따른 것인데, 제(a)항은 모든 회사는 회사가 원하는 집행임원을 두도록 한 것이고 사장·총무 및 재무를 두도록 한 종래의 규정을 개정한 것이다(동조에 대한 주석).

51) 본 조는 2019년 7월 1일부터 시행되고 있다.

의 다른 집행임원 또는 부(副)집행임원을 선임할 수 있다[동법 동조 (b)항].

부속정관 또는 이사회는 집행임원 중의 1인에게 이사회 및 주주총회 의사록의 준비와 회사의 장부를 확인하는 책임을 부여하여야 하는데, 그러한 집행임원은 회사의 총무(secretary)로 인정된다(considered)[동법 동조 (c)항].

동일인인 개인은 동시에 회사의 1개 이상의 집행임원의 직을 겸할 수 있다[동법 동조 (d)항].

나) (집행임원의 권한과 의무) 각 집행임원은, 부속정관에 규정되거나, 부속정관에 따라서 이사회가 정하거나, 또는 이사회로부터 수권받은 집행임원이 다른 집행임원에게 정하는, 권한을 갖고 의무를 이행하여야 한다(동법 23-1-36-2조).

다) (집행임원의 사임과 해임) 집행임원은 a) 이사회, 이사회 의장 또는 회사의 총무에게, 또는 b) 기본정관이나 부속정관이 지정하는 다른 특정한 집행임원에게, 사임통지서를 제출함으로써(deliver) 언제든지 사임할 수 있다[동법 23-1-36-3조 (a)항].

사임은 사임통지서에 그 후의 효력발생일을 특별히 기재하지 않으면 사임통지서가 제출된 때에 그 효력이 발생한다. 사임이 (사임통지서에) 기재된 그 후의 일자에 효력이 발생하고 회사가 그 미래의 효력발생일을 승낙하면, 이사회는 그 유효기일 전에 (집행임원의) 결원을 보충할 수 있으나 그 후임자는 사임의 유효기일 후에 취임할 수 있다[동법 동조 (b)항].

이사회는 사유(cause)가 있던 없던 언제든지 어떠한 집행임원을 해임할 수 있다[동법 동조 (c)항].

다른 집행임원이나 부(副)집행임원을 선임하는 집행임원은 언제든지 사유가 있던 없던 그 선임한 집행임원이나 부집행임원을 해임할 수 있다[동법 동조 (d)항].

라) (계약상 권리) 집행임원의 선임은 그 자체로 계약상 권리를 발생시키지 않는다[동법 23-1-36-4조 (a)항].

집행임원의 해임은 집행임원의 회사와의 계약상 집행임원의 권리에 영향이 없다. 집행임원의 사임은 집행임원과 회사와의 계약상 회사의 권리에 영향이 없다[동법 동조 (b)항].

13) 아이오와 주 회사법(Iowa Business Corporations: I.C.A.)

회사는 부속정관에 규정되거나 부속정관에 따라 이사회가 선임한 집행임원을 둔다(has the officers)(동법 490.840조 1항).

이사회는 회사의 1개 이상의 집행임원의 직에 개인(들)을 선임할 수 있는데,

(이러한) 집행임원은 부속정관이나 이사회의 수권이 있으면 1인 이상의 다른 집행임원을 선임할 수 있다(동법 동조 2항).

부속정관이나 이사회는 어느 한 집행임원에게 회사법상 보존이 요구되는 회사의 장부를 보존하고 확인할 책임을 부여하여야 한다(동법 동조 3항).

동일인인 개인은 동시에 회사의 1개 이상의 집행임원의 직을 겸할 수 있다(동법 동조 4항).[52]

14) 켄터키 주 회사법(Kentucky Business Corporations: KRS)

회사는 부속정관에 규정되거나 부속정관에 따라 이사회가 선임한 집행임원을 두어야 한다(shall have the officers)[동법 271B.8-400조 (1)항].

정당하게 선임된 집행임원은 부속정관이나 이사회의 수권이 있으면 1인 이상의 다른 집행임원을 선임할 수 있다[동법 동조 (2)항].

부속정관이나 이사회는 집행임원 중 1인에게 이사회 및 주주총회의 의사록을 준비하고 회사의 장부를 확인하는 책임을 부여하여야 한다[동법 동조 (3)항].

동일인인 개인은 동시에 회사의 1개 이상의 집행임원의 직을 겸할 수 있다[동법 동조 (4)항].

회사의 모든 집행임원은, 근무를 포함하여 집행임원의 선임이나 임명을 수락함으로써, 회사명의의 소송에서 켄터키 주의 카먼웰스(Commonwealth)법원의 관할에 동의한 것으로 간주된다[동법 동조 (5)항].[53]

15) 루이지애나 주 회사법(Louisiana Business Corporation Act: LSA-R.S. 12)

회사는 부속정관에서 규정되거나 부속정관에 따라 이사회에 의하여 선임된 총무 및 기타 집행임원을 두어야 한다(shall have)(동법 1-840조 A항).

이사회는 회사의 1개 이상의 집행임원의 직에 개인(들)을 선임할 수 있는데, (이러한) 집행임원은 부속정관이나 이사회의 수권이 있으면 1인 이상의 다른 집행임원을 선임할 수 있다(동법 동조 B항).

총무는 이사회 및 주주총회의 의사록을 준비하고 회사법상 보존이 요구되는 회사의 장부를 보존하고 확인할 권한과 책임을 가져야 한다(동법 동조 C항).

동일인인 개인은 동시에 회사의 1개 이상의 집행임원의 직을 겸할 수 있다(동법 동조 D항).[54]

---

52) 본 조는 2022년 1월 1일부터 시행되고 있다.
53) 본조는 2012년 7월 12일부터 시행되고 있다.
54) 본조는 2015년 1월 1일부터 시행되고 있다.

16) 메인 주 회사법(Maine Business Corporation Act: 13−C M.R.S.A.)

가) 회사는 부속정관에 규정되거나 부속정관에 따라 회사의 이사회가 선임한 집행임원을 둔다(has the officers)(동법 841조 1항).

이사회는 회사의 1개 이상의 집행임원의 직에 개인(들)을 선임할 수 있는데, (이러한) 집행임원은 부속정관이나 이사회의 수권이 있으면 1인 이상의 다른 집행임원이나 부(副)집행임원을 선임할 수 있다(동법 동조 2항).

회사의 부속정관이나 이사회는 집행임원 중 1인에게 이사회 및 주주총회의 의사록을 준비하고 회사법상 보존이 요구되는 회사의 장부를 보존하고 확인하는 책임을 부여하여야 한다(동법 동조 3항).

동일인인 개인은 동시에 회사의 1개 이상의 집행임원의 직을 겸할 수 있다(동법 동조 4항).

나) 집행임원은, 부속정관에 규정되거나, 부속정관에 따라 이사회가 정하거나, 또는 회사의 이사회의 수권을 받은 집행임원이 다른 집행임원에게 정한, 권한(authority)을 갖고 업무(functions)를 집행하여야 한다(동법 842조 1항).

부속정관에 다른 규정이 없으면 사장(president)으로 선임된 집행임원은 이사회나 주주총회가 교착상태(deadlock)에 있을 때마다 법적 소송을 제기하거나(institute) 방어할(원고나 피고가 될) 권한이 있다. 회사와 거래를 하는 자는, 달리 믿을 수 있는 이유가 없으면, 사장으로 선임된 집행임원이 회사가 이미 관련되어 있는 일반적인 업무과정에서 회사를 대표하여 모든 계약을 체결할 권한이 있다고 추정할 수 있는 (assume) 권리가 있다(동법 동조 2항).[55]

17) 메릴랜드 주 회사법(Maryland Corporations in General: MD Code, Corporations and Associations)

가) 메릴랜드 주의 모든 회사는 사장(president), 총무(secretary) 및 재무(treasurer)의 집행임원을 두어야 한다(shall have)[동법 2−412조 (a)항].

이와 같이 요구되는 집행임원 외에도, 메릴랜드 주 회사는 부속정관에서 규정하는 그 밖의 집행임원을 둘 수 있다[동법 동조 (b)항].

나) 부속정관에 다른 규정이 없으면, 이사회는 집행임원을 선임하여야 한다[동법 2−413조 (a)항].

부속정관에 다른 규정이 없으면 집행임원의 임기는 1년인데, 후임자가 선임되

---

55) 본조는 2007년 9월 20일부터 시행되고 있다.

고 자격을 갖출 때까지이다[동법 동조 (b)항].

이사회는 회사의 어떠한 집행임원이나 대리인을 해임할 수 있는데, 집행임원이나 대리인의 해임이 그의 계약상 어떤 권리에도 영향을 미치지 않는다[동법 동조 (c)항].

부속정관에 다른 규정이 없으면 이사회는 어떠한 집행임원의 결원을 보충할 수 있다[동법 동조 (d)항].[56]

18) 매사추세츠 주 회사법(Massachusetts Business Corporations: M.G.L.A.156)

가) 회사의 모든 업무(business)는 사장(president), 3인 이상의 이사로 구성되는 이사회, 재무(treasurer) 및 회사의 부속정관에 의하여 수권받은 기타의 집행임원이나 대리인에 의하여 수행되어야 한다(shall be managed and conducted)(동법 21조 1문).

나) 모든 회사의 사장, 재무 및 이사는 회사의 모든 채무 및 계약에 대하여 (원칙적으로) 연대책임을 진다(동법 36조).

19) 미시건 주 회사법(Michigan Business Corporation Act: M.C.L.A.)

회사의 집행임원은 사장(president), 총무(secretary), 재무(treasurer), 필요한 경우 이사회 의장, 1인 이상의 부사장 및 부속정관에서 규정하거나 이사회에 의하여 선임된 기타 집행임원으로 구성되어야 한다(shall consist of). 기본정관이나 부속정관에 다른 규정이 없으면 집행임원은 이사회에 의하여 선임되거나 지명되어야 한다[동법 531조 (1)항].

동일인이 2개 이상의 집행임원의 직을 겸할 수 있는데, 법이나 기본정관 또는 부속정관에서 2인 이상의 집행임원이 증권을 발행하거나 인정하거나 또는 확인하도록 한 경우에는 겸직하는 집행임원이 단독으로 이를 할 수 없다[동법 동조 (2)항].

본조의 규정에 의하여 선임된 집행임원의 임기는 선임시 정하여지는 임기인데, 그의 후임자가 선임되어 자격을 갖출 때까지이고, 또는 사임이나 해임시까지이다[동법 동조 (3)항].

집행임원은, 그 자신 및 다른 집행임원과 회사간에서, 부속정관이 규정하거나 부속정관에 반하지 않는 한 이사회결의에 의하여 정하는 바에 따라, 회사의 경영(management)에서의 권한(authority)을 갖고 또한 의무를 이행하여야 한다[동법 동조 (4)항].

---

56) 본조는 2021년 10월 1일부터 시행되고 있다.

20) 미네소타 주 회사법(Minnesota Business Corporations: M.S.A.)

가) (요구되는 집행임원) 회사는 집행임원의 업무(functions)를 집행하는 1인 이상의 자연인을 두어야 하는데(shall have), (이러한 집행임원으로) 대표집행임원(chief executive officer)과 대표재무집행임원(chief financial officer)은 선임되어야 한다(동법 302A.301조).

나) (요구되는 집행임원의 의무) 정관(기본정관이나 부속정관인데, 이하 '정관'으로 약칭함)이 달리 규정하지 않고 정관에 따른 이사회가 달리 결의하지 않으면, 대표집행임원과 대표재무집행위원은 본조에서 규정하는 의무를 부담한다(동법 302A.305조 1항).

대표집행임원은 다음의 의무를 부담한다(동법 동조 2항).

(a) 회사의 업무(business)를 일반적이고 적극적으로 경영(집행)한다.

(b) 이사회와 주주총회에 참여하는 경우에는, 그의 모든 회의를 주재한다(preside).

(c) 이사회의 모든 결의와 지시가 집행되고 있는가를 살펴본다(see).

(d) 회사의 업무에 관한 어떠한 행위, 담보, 채권(bonds), 계약 또는 증서에 회사의 이름으로 서명하여 교부한다. 다만 그러한 서명과 교부의 권한이 법에 의하여 다른 자가 하도록 규정되어 있거나, 또는 정관이나 이사회에 의하여 회사의 다른 집행임원이나 대리인에게 명백히 위임된 경우에는 그러하지 아니하다.

(e) 회사의 장부를 보존하고, 필요한 때마다 이사회 및 주주총회의 모든 (회의) 과정을 확인한다.

(f) 이사회가 정하는 기타의 의무를 이행한다.

대표재무집행임원은 다음의 의무를 부담한다(동법 동조 3항).

(a) 회사를 위하여 정확한 재무기록을 유지한다.

(b) 모든 현금, (환)어음 및 수표를 회사의 명의와 대변으로(to the credit) 이사회가 정하는 은행 및 예치기관에 예치한다.

(c) 예치와 이에 대한 증빙으로 회사가 수령한 모든 약속어음, 수표 및 환어음상에 이사회가 지시한 대로 배서를 한다.

(d) 회사의 자금(fund)을 지출하고, 수표와 환어음을 이사회의 지시대로 회사의 명의로 발행한다.

(e) 대표재무집행임원이 한 모든 거래와 회사의 재무상태에 대한 회계는 대표집행임원 및 이사회에게 그들의 요구시마다 제시한다.

(f) 이사회 또는 대표집행임원이 지시하는 기타의 의무를 이행한다.

다) (기타 집행임원) 이사회는 정관에 규정되거나 출석이사(directors present)의 과반수의 찬성에 의한 이사회의 결의(이하 '이사회의 결의'로 약칭함)에 의한 방법으로, 이사회가 회사의 활동과 경영(operation and management)을 위하여 필요하다고 인정하는 기타의 집행임원을 선임하거나 임명할 수 있다. 이러한 각 집행임원은 정관이나 이사회가 정하는 권한(powers) 및 권리(rights), 의무, 책임과 임기를 갖는다. 정관의 규정 또는 이사회의 결의에 의하여 수권된 범위 내에서 대표집행임원은 대표재무집행임원을 제외한 1인 이상의 집행임원을 선임할 수 있다. 본조에서 규정하는 선임이나 임명은 주주지배합의(shareholder control agreement)의 규정에 따른다(동법 302A.311조).[57]

라) (복수의 집행임원) 동일인은 어떠한 복수의 집행임원의 직을 갖거나 그의 업무를 수행할 수 있다. 다른 집행임원의 직이나 업무를 가진 자가 서명하여야 하는 문서인 경우이고 또한 동일인이 1개 이상의 집행임원의 직을 갖거나 그의 업무를 수행하는 경우에는, 집행임원의 직을 겸직하는 자는 그 문서에 1개 이상의 집행임원의 자격(capacity)으로 서명할 수 있으나 이는 그 문서에 서명하는 자의 각 자격이 표시된 경우에만 그러하다(동법 302A. 315조).

마) (집행임원의 선임 간주) 이사회에 의한 집행임원의 선임이 없는 경우, 대표집행임원이나 대표재무집행임원의 주요 업무(functions)를 수행하는 자는 그러한 집행임원으로 선임된 것으로 간주된다. 그러나 이는 주요 업무집행의 사무소의 위치를 결정하는 목적을 위해서는 사용할 수 없는데, 이 경우에는 회사의 등록사무소가 사무소가 된다(동법 302A.321조).

바) (계약상 권리) 집행임원이나 대리인으로 선임된 자는 그 자체로 계약상의 권리(contract rights)가 발생하지 않는다. 회사는 이사회의 판단으로 그 계약이 회사에 최상의 이익이 되는 경우에는 집행임원이나 대리인과 일정기간 계약을 체결할 수 있다. 그 계약이 이사회가 수권하거나 승인한 기간보다 장기인 경우 그 계약이 무효이거나 무효가 될 수 있는 것은 아니다(동법 302A.331조).

사) (집행임원의 사임·해임 및 결원) (a) 집행임원은 회사에 서면통지를 함으로써 사임할 수 있다. 사임은 사임통지서에 그 후의 효력발생일을 기재하지 않는 한 사임통지서를 회사에 제출한 때에 그의 수령 여부를 불문하고 발생한다(동법 302A.341조 1항).

---

57) 본조는 2010년 8월 1일부터 시행되고 있다.

(b) 집행임원은 언제든지 사유(cause)가 있던 없던 불문하고 이사회의 결의로 해임될 수 있다. 대표집행임원에 의하여 선임된 집행임원은 대표집행임원에 의하여 언제든지 사유가 있던 없던 불문하고 해임될 수 있다. 정관이나 이사회 결의에 의한 수권이 있는 범위 내에서, 폐쇄회사(closely held corporation)가 아닌 회사의 대표집행임원은 대표재무집행임원 이외의 이사회에 의하여 선임된 집행임원을 해임할 수 있다. 본항에 의한 해임은 주주지배합의(shareholder control agreement)의 규정에 따르고, 집행임원의 계약상 권리에 영향을 미치지 않는다(동법 동조 2항).

(c) 사망·사임·해임·무자격 또는 기타 사유로 집행임원의 결원이 발생하거나 대표집행임원이나 대표재무집행임원의 결원이 발생하면, 정관의 규정이나 이사회의 결의에 의한 방법이나 또는 본법 제302A.321조(집행임원의 선임 간주)에 따라 해당 집행임원의 임기의 잔여기간동안 결원을 보충하여야 한다(동법 동조 3항).

아) (위임) 정관이나 이사회 결의로 금지하지 않은 한, 집행임원은 이사회의 승인 없이 그의 의무와 권한의 전부 또는 일부를 다른 사람에게 위임할 수 있다(delegate). 그의 의무와 권한을 위임한 집행임원은 위임행위와 수임받은 자에 대한 감독에 관하여 본법 제302A.361조에서 규정하는 집행임원의 행위기준에 따라야 한다(동법 302A.351조).

자) (행위기준) 집행임원은 충실하고(in good faith), 그가 회사의 최대의 이익을 위한 것으로 합리적으로 믿는 방법으로, 또한 보통의 신중한 사람이 동일한 지위와 유사한 환경에서 행위를 할 것인 주의로써, 그의 의무를 이행하여야 한다. 이러한 의무를 이행하는 자는 회사의 집행임원이거나 집행임원이었다는 이유로 책임을 지지 않는다. 집행임원의 주요업무를 집행하는 자 또는 본법 제302A.351조에 따라 집행임원의 의무와 권한의 전부 또는 일부를 위임받은 자는 본조 및 제302A.467조 및 제302A.521조의 목적을 위해서는 집행임원으로 본다(동법 302A.361조).

21) 미시시피 주 회사법(Mississippi Business Corporation Act: Miss.Code Ann.)

회사는 부속정관에 규정되거나 부속정관에 따라 이사회에서 선임한 집행임원을 둔다(has the officers)[동법 79-4-8.40조 (a)항].

이사회는 회사의 1개 이상의 집행임원의 직에 개인(들)을 선임할 수 있는데, 정당하게 수권받은 집행임원은 부속정관이나 이사회의 수권이 있으면 1인 이상의 다른 집행임원을 선임할 수 있다[동법 동조 (b)항].

부속정관이나 이사회는 집행임원 중 1인에게 이사회 및 주주총회의 의사록을 준비하는 책임과 회사의 장부를 보존하고 확인할 책임을 부여하여야 한다[동법 동조

(c)항].

동일인인 개인은 동시에 회사의 1개 이상의 집행임원의 직을 겸할 수 있다[동법 동조 (d)항].

22) 미조리 주 회사법(Missouri General and Business Corporations: V.A.M.S.)

본법에 의하여 설립되는 모든 회사는 이사들(이사회)에 의하여 선임되어야 하는 사장(president)과 총무(secretary) 및 부속정관에 규정되는 기타 집행임원과 대리인(agents)을 두어야 한다(shall have). 기본정관이나 부속정관에서 달리 규정하지 않으면 2 이상의 집행임원의 직을 동일인이 겸할 수 있는데, 사장·대표집행임원 및 이사회 의장은 각각 다른 사람이어야 한다(동법 351.360조 1항).

회사의 모든 집행임원과 대리인은, 그들과 회사 사이에서, 부속정관에 규정하고 있거나 부속정관에 규정이 없으면 이사회의 결의에 따라서 정하는 바에 따라, 회사의 재산과 업무의 경영(집행)(management)에서 권한을 갖고 의무를 이행하여야 한다(shall have such authority and perform such duties)(동법 동조 2항).

본법의 어떠한 규정에 의하여 회사의 사장이 처리하도록 요구되거나 승인된 어떠한 업무도 이사회 의장이 대신 처리할 수 있다. 그런데 이러한 것은 이사회 의장이 사전에 이사회 또는 부속정관에 의하여 회사의 대표집행임원으로 선임된 사실이 있거나, 또는 사장과 같이 공동으로 대표집행임원의 권한을 갖는 것으로 선임되고 그러한 사실이 서면으로 주 국무부에 등록되고 회사의 총무가 그에게 증명된 통지를 한 경우에 그러하다(동법 동조 3항).[58]

23) 몬타나 주 회사법(Montana Business Corporation Act: MCA)

회사는 부속정관에 규정되거나 부속정관에 따라 이사회에서 선임한 집행임원을 둔다(has the officers)[동법 35-14-840조 (1)항].

이사회는 회사의 1개 이상의 집행임원의 직에 개인(들)을 선임할 수 있는데, 집행임원은 부속정관이나 이사회의 수권이 있으면 1인 이상의 다른 집행임원을 선임할 수 있다[동법 동조 (2)항].

부속정관이나 이사회는 어느 한 집행임원에게 회사법상 보존이 요구되는 회사의 장부를 보존하고 확인하는 책임을 부여하여야 한다[동법 동조 (3)항].

동일인인 개인은 동시에 회사의 1개 이상의 집행임원의 직을 겸할 수 있다[동법 동조 (4)항].[59]

---

58) 본조는 2019년 8월 28일부터 시행되고 있다.
59) 본조는 2020년 6월 1일부터 시행되고 있다.

24) **네브라스카 주 회사법**(Nebraska Model Business Corporation Act: Neb. Rev.St.)

회사는 부속정관에 규정되거나 부속정관에 따라 이사회에서 선임한 집행임원을 둔다(has the officers)[동법 21-2.105조 (a)항].

이사회는 회사의 1개 이상의 집행임원의 직에 개인(들)을 선임할 수 있는데, 집행임원은 부속정관이나 이사회의 수권이 있으면 1인 이상의 다른 집행임원을 선임할 수 있다[동법 동조 (b)항].

부속정관이나 이사회는 어느 한 집행임원에게 이사회 및 주주총회 의사록의 준비와 회사법상 보존이 요구되는 회사의 장부를 보존하고 확인하는 책임을 부여하여야 한다[동법 동조 (c)항].

동일인인 개인은 동시에 회사의 1개 이상의 집행임원의 직을 겸할 수 있다[동법 동조 (d)항].

25) **네바다 주 회사법**(Nevada Private Corporations: N.R.S.)

모든 회사는 반드시 사장(president)·총무(secretary) 및 재무(treasurer), 또는 이에 해당하는 집행임원을 두어야 한다(must have)(동법 78.140조 1항).

모든 회사는 또한 필요한 경우 기타 집행임원 및 대리인을 둘 수 있다(동법 동조 2항).

모든 집행임원은 반드시 자연인이어야 하고, 반드시 부속정관이 규정하거나 이사회가 정하는 방법으로 선임되어야 하며, 그에 따른 임기·권한(powers) 및 의무를 갖는다(동법 동조 3항).

집행임원원은 그의 임기가 만료된 후에도 그의 후임자가 선임될 때까지, 또는 그의 임기만료 전 사임이나 해임시까지 그의 직을 갖는다. 집행임원을 선임하지 않은 것이 회사의 해산사유가 되는 것은 아니다. 사망·사임·해임 또는 기타의 사유로 회사의 집행임원에 결원이 발생하면 부속정관이 규정하는 바에 따라서 또는 부속정관에 규정이 없으면 이사회에 의하여 반드시 그 결원을 보충하여야 한다(동법 동조 4항).[60]

26) **뉴햄프셔 주 회사법**(New Hampshire Business Corporation Act: N.H.Rev.Stat.)

회사는 부속정관에 규정되거나 부속정관에 따라 이사회에서 선임한 집행임원을 둔다(has the officers)[동법 293-A:8.40조 (a)항].

이사회는 회사의 1개 이상의 집행임원의 직에 개인(들)을 선임할 수 있는데,

---

60) 본조는 2015년 10월 1일부터 시행되고 있다.

집행임원은 부속정관이나 이사회의 수권이 있으면 1인 이상의 다른 집행임원 또는 부(副)집행임원을 선임할 수 있다[동법 동조 (b)항].

부속정관이나 이사회는 집행임원 중 어느 한 집행임원에게 이사회 및 주주총회 의사록의 준비와 회사법상 보존이 요구되는 회사의 장부를 보존하고 확인하는 책임을 부여하여야 한다[동법 동조 (c)항].

동일인인 개인은 동시에 회사의 1개 이상의 집행임원의 직을 겸할 수 있다[동법 동조 (d)항].[61]

27) 뉴저지 주 회사법(New Jersey Corporations, General: N.J.S.A.)

회사의 집행임원은 사장(president), 총무(secretary), 재무(treasurer), 원하는 경우 이사회 의장과 1인 이상의 부사장 및 부속정관에서 규정하는 기타 집행임원으로 구성되어야 한다(shall consist of). 부속정관에 다른 규정이 없으면 집행임원은 이사회에 의하여 선임되어야 한다[동법 14A:6－15조 (1)항].

동일인이 2개 이상의 집행임원의 직을 겸할 수 있는데, 법이나 부속정관에서 2인 이상의 집행임원이 증권을 발행하거나 인정하거나 또는 확인하도록 한 경우에는 겸직하는 집행임원이 단독으로 이를 할 수 없다[동법 동조 (2)항].

본조의 규정에 의하여 선임된 집행임원의 임기는 선임시 정하여지는 임기인데 그의 후임자가 선임되어 자격을 갖출 때까지이고, 또한 해임이나 사임의 경우에는 임기 전에 종료한다[동법 동조 (3)항].

회사의 모든 집행임원은, 그들과 회사간에서, 부속정관이 규정하거나 부속정관에 따른 이사회의 결의에 의하여 정하는 바에 따라 회사의 경영(management)에서의 권한(authority)을 갖고 또한 의무를 이행하여야 한다[동법 동조 (4)항].

28) 뉴 멕시코 주 회사법(New Mexico Business Corporations: N.M.S.A.1978)

본법에 의하여 설립되는 모든 회사는, 부속정관에서 규정하거나 또는 부속정관에 따라 이사회의 결의에 의하여 부여하는 권한(titles)과 의무(duties)를 갖고 또한 회사법에서 요구하는 증권과 주권에 서명하는데 필요한, 집행임원을 두어야 한다(shall have officers). 집행임원 중의 1인은 이사회의 과정을 장부에 기록하여 보존할 의무를 부담하여야 한다. 회사의 모든 집행임원과 대리인은, 그들과 회사 사이에서, 부속정관에서 규정하거나 부속정관에 따라 이사회의 결의에 의하여 부여하는, 회사의 경영에서의(in the management) 권한(authority)을 갖고 의무를 이행하여야 한다

---

61) 본조는 2014년 1월 1일부터 시행되고 있다.

(동법 53-11-48조).

29) 노스캘로라이나 주 회사법(North Carolina Business Corporation Act: N.C.G.S.A.)

회사는 부속정관에 규정되거나 부속정관에 따라 이사회가 선임한 집행임원을 둔다(has the officers)[동법 55-8-40조 (a)항].

정당하게 선임된 집행임원은 부속정관이나 이사회의 수권이 있으면 1인 이상의 다른 집행임원이나 부(副)집행임원을 선임할 수 있다[동법 동조 (b)항].

부속정관이나 이사회에 의하여 선임된 총무(secretary)나 어떠한 부(副)총무, 또는 어떠한 1인 이상의 기타 집행임원은 회사의 장부를 보존하고 확인할 책임과 권한을 가져야 한다[동법 동조 (c)항].

동일인인 개인은 동시에 회사의 1개 이상의 집행임원의 직을 겸할 수 있는데, 2인 이상의 집행임원의 행위가 요구되는 경우에는 1개 이상의 집행임원의 직을 겸한 어느 개인(집행임원)도 그러한 행위를 할 수 없다[동법 동조 (d)항].

본법에서 어느 특별한 집행임원의 직을 언급하면, 이는 어느 개인이 혼자서 그 직을 가지고 있는 경우 또는 1인 이상의 다른 개인과 공동으로 그 직을 가지고 있는 개인을 포함한다고 본다[동법 동조 (e)항].

30) 노스다코타 주 회사법(North Dakota Business Corporation Act: NDCC)

회사의 집행임원은 18세 이상이고 집행임원의 업무를 수행하는 개인이어야 한다(must be). 또한 집행임원은 반드시 사장(president)·총무(secretary) 및 재무(treasurer)로 구성되어야 하는데(must consist of), 이러한 집행임원으로 선임되어야 한다. 그러나 부속정관의 규정에 의하여 1인 이상의 부사장 및 기타 집행임원이 선임될 수 있다(동법 10-19.1-52조 1항).

기본정관이나 부속정관이 의결권을 가진 주주들이 집행임원을 선임할 수 있는 것으로 규정하지 않으면, 각 집행임원은 부속정관이 규정하는 때와 방법으로 반드시 이사회에 의하여 선임되어야 한다. 기본정관이나 부속정관에 의한 수권이 있거나 출석이사의 과반수의 찬성 결의에 의한 이사회의 승인이 있으면, 사장은 재무 이외의 1인 이상의 집행임원을 선임할 수 있다(동법 동조 2항).

(정관에) 다른 규정이 없으면, 사장은 대표집행임원(chief executive officer)을 의미하고, 재무는 대표재무집행임원(chief financial officer)을 의미한다(동법 동조 3항).

31) 오하이오 주 회사법(Ohio General Corporation Law: R.C.)

회사의 집행임원은 사장(president), 총무(secretary), 재무(treasurer), 원하는 경우 1인 이상의 부사장과 필요한 경우 기타 집행임원과 부(副)집행임원으로 구성되

어야 한다(shall consist of). 집행임원은 이사회에 의하여 선임되어야 한다. 기본정관
이나 회사의 규칙(regulations)이 달리 정하거나 또는 이사회가 이사회 의장은 집행
임원이어야 한다고 결의하지 않으면, 어느 집행임원도 이사일 필요는 없다. 동일인
이 어떠한 둘 이상의 집행임원의 직을 겸직할 수 있지만, 법 또는 정관(기본정관 또
는 부속정관)이나 회사의 규칙으로 2인 이상의 집행임원이 증권을 발행하거나 인정
하거나 또는 확인하도록 요구하는 경우에는 집행임원의 직을 겸직하는 집행임원은
단독으로 증권을 발행하거나 인정하거나 또는 확인하지 못한다. 기본정관이나 회사
의 규칙이 달리 규정하지 않으면, 모든 집행임원은 매년 선임되어야 한다[동법
1701.64조 (a)항].

　　기본정관이나 회사의 규칙이 달리 규정하지 않고 회사법상 규정된 예외가 적
용되지 않는 한 다음의 규정이 적용된다[동법 동조 (b)항]. ㈎ 모든 집행임원은, 그들
과 회사 사이에서, 각자 이사회에서 결정한 권한을 갖고 의무를 이행하여야 한다.
㈏ 어떠한 집행임원도 사유가 있던 없던 (언제든지) 이사회에 의하여 해임될 수 있
는데, 이것은 그러한 집행임원의 (회사와의) 계약상 권리에 영향을 미치지 않는다.
집행임원의 선임에서 정하여진 임기, 또는 정관(기본정관 또는 부속정관)이나 회사의
규칙상 규정된 집행임원에 관한 임기는 계약상 권리로 간주되지 않는다. ㈐ 이사회
는 어떠한 이유에서 발생한 어떠한 집행임원의 결원을 보충할 수 있다.[62]

　　32) 오클라호마 주 회사법(Oklahoma General Corporation Act: 18 Okl.St.Ann.)

　　오클라호마 주 일반회사법의 규정에 의하여 설립된 모든 회사는 부속정관에
규정되거나 부속정관에 따른 이사회의 결의에 의한 권한(titles)과 의무를 갖고 필
요한 경우 회사법에 따른 증권과 주권에 서명할 수 있는 집행임원을 두어야 한다
(shall have such officers). 집행임원 중 1인은 주주총회와 이사회의 경과를 장부에
기록하여 보존하는 의무를 부담하여야 한다. 기본정관이나 부속정관에 다른 규정
이 없으면, 동일인이 집행임원의 직을 숫자에 제한 없이 겸직할 수 있다(동법 1028
조 A항).

　　집행임원은 부속정관에 규정되거나 이사회 또는 기타 지배단체(governing
body)의 결정에 의한 방법으로 선임되어야 하고, 그곳에서 정하는 임기동안 집행임
원의 직을 갖는다. 각 집행임원은 그의 후임자가 선임되고 자격을 갖출 때까지 또
는 임기 전 사임이나 해임시까지 그의 직을 갖는다. 어느 집행임원도 회사에 대하

---

62) 본조는 2016년 7월 6일부터 시행되고 있다.

여 서면통지를 함으로써 언제든지 사임할 수 있다(동법 동조 B항).

회사는 채권(bond)이나 기타의 방법에 의하여 그의 집행임원이나 대리인의 전부 또는 어느 일부에 대하여 그의 충실(fidelity)을 담보할 수 있다(동법 동조 C항).

집행임원을 선임하지 않는 것이 회사의 해산사유가 아니며 또는 회사에 다른 영향을 미치지 않는다(동법 동조 D항).

사망·사임·해임 또는 기타의 사유로 회사의 어느 집행임원에 결원이 발생하면, 부속정관이 정하는 바에 따라 그 결원을 보충하여야 한다. 부속정관상 그러한 규정이 없으면 그 결원은 이사회 또는 기타 지배단체에 의하여 보충되어야 한다(동법 동조 E항).

33) 오레건 주 회사법(Oregon Private Corporations: O.R.S.)

회사는 부속정관에 규정되거나 부속정관에 따라 이사회에서 선임한 집행임원을 두는데(has the officers), 이러한 집행임원에는 사장(president)과 총무(secretary)가 포함되어야 한다(shall include)[동법 60.371조 (1)항].

정당하게 선임된 집행임원은 부속정관이나 이사회의 수권이 있으면 1인 이상의 다른 집행임원이나 부(副)집행임원을 선임할 수 있다[동법 동조 (2)항].

총무는 이사회 및 주주총회 의사록의 준비와 회사의 장부를 확인하는 책임을 가져야 한다[동법 동조 (3)항].

동일인인 개인은 동시에 회사의 1개 이상의 집행임원의 직을 겸할 수 있다[동법 동조 (4)항].

34) 펜실베니아 주 회사법(Pennsylvania Business Corporations: 15 Pa.C.S.A.)

모든 회사는 사장(president)·총무(secretary) 및 재무(treasurer), 또는 그와 같이 활동하는 자들을 두어야 하는데(shall have), 이러한 자로 활동하는 한 선임되는 이름(name)이나 명칭(title)을 불문한다. 또한 회사는 때때로 수권이 있으면 기타 집행임원 및 부(副)집행임원을 둘 수 있다. 부속정관은 집행임원에 대하여 특별한 자격을 규정할 수 있다. 사장과 총무는 성년의 자연인이어야 한다. 재무는 법인이 될 수 있으나, 자연인은 성년이 되어야 한다. 부속정관에 다른 제한이 없으면 집행임원은 이사일 필요가 없다. 동일인이 어떠한 수 개의 집행임원의 직을 겸할 수 있다. 집행임원과 부(副)집행임원은 부속정관에서 정하는 때, 방법과 임기로 선임되거나 임명되어야 한다. 부속정관이 달리 규정하지 않으면, 각 집행임원의 임기는 1년인데, 그의 후임자가 선임되고 자격을 갖출 때까지 임기가 연장되고 사망·사임 또는 해임에 의하여 그 임기가 단축된다. 어느 집행임원도 회사에 서면통지를 함으로써 언제든지 사임할 수 있다. 사임은 회사가 이러한 사임통지를 수령한 때에 효력이 발생하는데, 사임통지서에 사임의 효력이 발생하는 때를 기재할 수 있다. 회사는 채권(bond)이나 그밖의 방법에 의하여 어느 집행임원이나 모든 집행임원의 충실(fidelity)을 담보할 수 있다[동법 1732조 (a)항].

부속 정관에 다른 규정이 없으면 회사의 모든 집행임원은, 그들과 회사 사이에서, 부속정관의 규정에 따라서, 부속정관에 지배규정이 없으면 이사회의 결의나 지시에 따른 정함에 따라서, 회사의 경영에서의(in the management) 권한(authority)을 갖고 또한 의무를 이행하여야 한다[동법 동조 (b)항].

35) 로드아일랜드 주 회사법(Rhode Island Business Corporation Act: Gen.Laws 1956)

회사의 집행임원은 사장(president)·총무(secretary)·재무(treasurer) 및 부속정관이나 이사회의 수권이 있는 경우 기타 집행임원으로 구성되는데(consist of), 각 집행임원은 부속정관이 규정하는 때와 방법으로 이사회 또는 주주총회에 의하여 선임된다. 필요한 경우 어떠한 기타의 집행임원·부(副)집행임원 및 대리인은 이사회나 주주총회에 의하여 선임되거나 임명될 수 있는데, 부속정관이 정하는 다른 방법으로 선임될 수도 있다. 동일인이 두 개 이상의 집행임원의 직을 겸할 수 있다. 집행임원을 선임하지 않은 것이 회사의 해산사유가 되지 않고, 또는 회사에 다른 영향을 미치지 않는다[동법 7-1.2-812조 (a)항].

회사의 모든 집행임원은, 그들과 회사 사이에서, 부속정관의 규정이나 부속정관상 권한의 제한에 따른 이사회의 결의에 의하여 정하는 바에 따라, 회사의 경영에서의(in the management) 권한(authority)을 갖고 또한 의무를 이행하여야 한다[동법 동조 (b)항].

36) 사우스캘로라이나 주 회사법(South Carolina Corporations, Partnerships and Associations: Code 1976)

회사는 부속정관에 규정되거나 부속정관에 따라 이사회에서 선임한 집행임원을 둔다(has the officers)[동법 33-8-400조 (a)항].

정당하게 선임된 집행임원은 부속정관이나 이사회의 수권이 있으면 1인 이상의 다른 집행임원 또는 부(副)집행임원을 선임할 수 있다[동법 동조 (b)항].

부속정관이나 이사회는 집행임원 중 한 집행임원에게 이사회 및 주주총회 의사록의 준비와 회사의 장부를 확인하는 책임을 부여하여야 한다[동법 동조 (c)항].

동일인인 개인은 동시에 회사의 1개 이상의 집행임원의 직을 겸할 수 있다[동법 동조 (d)항].

37) 사우스다코타 주 회사법(South Dakota Business Corporation Act: SDCL)

회사는 부속정관에 규정되거나 부속정관에 따라 이사회에서 선임한 집행임원을 둔다(has the officers). 이사회는 회사의 1개 이상의 집행임원의 직에 개인(들)을 선임할 수 있다. 집행임원은 부속정관이나 이사회의 수권이 있으면 1인 이상의 다른 집행임원을 선임할 수 있다. 부속정관이나 이사회는 집행임원 중 한 집행임원에게 이사회 및 주주총회 의사록의 준비와 회사법상 보존이 요구되는 회사의 장부를 보존하고 확인하는 책임을 부여하여야 한다. 동일인인 개인은 동시에 회사의 1개 이상의 집행임원의 직을 겸할 수 있다(동법 47-1A-840조).

38) 테네시 주 회사법(Tennessee for-Profit Business Corporations: T.C.A.)

회사는 부속정관에 규정되거나 부속정관에 따라 이사회에서 선임한 집행임원을 둔다(has the officers). 기본정관이나 부속정관이 달리 규정하지 않으면, 집행임원은 이사회에 의하여 선임되거나 지명되어야 한다[동법 48-18-401조 (a)항].

정당하게 선임된 집행임원은 부속정관이나 이사회의 수권이 있으면 1인 이상의 다른 집행임원 또는 부(副)집행임원을 선임할 수 있다[동법 동조 (b)항].

부속정관이나 이사회는 집행임원 중 한 집행임원에게 이사회 및 주주총회 의사록의 준비와 회사의 장부를 확인하는 책임을 부여하여야 한다[동법 동조 (c)항].

동일인인 개인은 동시에 회사의 1개 이상의 집행임원의 직을 겸할 수 있다[동법 동조 (d)항].[63]

39) 텍사스 주 회사법(Texas Business Organization Code: V.T.C.A.)

가) 회사의 이사회는 부속정관에서 규정하는 때와 방법으로 사장(president)과 총무(secretary)를 선임하여야 한다(shall elect). 필요한 경우 부(副)집행임원과 대리인을 포함한 기타 집행임원은 제3.103조에 따라 선임될 수 있다(동법 21.417조).

나) 회사(entity)의 집행임원은 정관(governing documents)에 따라 또는 정관이 금지하지 않는 한 이사회(governing authority)에 의하여 선임될 수 있다[동법 3.103조 (a)항].

회사의 집행임원은 회사의 경영에서 의무를 이행하여야 하고, 회사의 정관이 규정하거나 집행임원을 선임하는 이사회가 부여하는 권한(authority)을 갖는다[동법 동조 (b)항].

---

63) 본조는 2013년 1월 1일부터 시행되고 있다.

본법 또는 정관이 금지하지 않는 한 동일인이 동시에 회사의 2개 이상의 집행임원의 직을 겸할 수 있다[동법 동조 (c)항].[64]

40) 유타 주 회사법(Utah Revised Business Corporation Act: U.C.A.1953)

회사는 부속정관에 규정되거나 부속정관에 따른 방법으로 이사회에 의하여 선임된 집행임원을 두어야 한다(shall have the officers)[동법 16-10a-830조 (1)항].

집행임원은 이사회에 의하여 또는 이사회나 부속정관이 정하는 기타의 방법으로 선임될 수 있다. 정당하게 선임된 집행임원은 부속정관이나 이사회의 수권이 있으면 1인 이상의 다른 집행임원이나 부(副)집행임원을 선임할 수 있다[동법 동조 (2)항].

부속정관이나 이사회는 집행임원 중 한 집행임원에게 이사회 및 주주총회 의사록의 준비와 보존, 회사법상 보존이 요구되는 기타 장부 및 정보의 보존과 회사의 장부를 확인하는 책임을 부여하여야 한다[동법 동조 (3)항].

동일인인 개인은 동시에 회사의 1개 이상의 집행임원의 직을 겸할 수 있다[동법 동조 (4)항].

41) 버몬트 주 회사법(Vermont Business Corporations: 11A V.S.A.)

가) (집행임원) 회사는 부속정관에 규정되거나 부속정관에 따른 이사회에 의하여 선임된 집행임원을 둔다(has the officers)[동법 8.40조 (a)항].

이사회는 회사의 1개 이상의 집행임원의 직에 개인(들)을 선임할 수 있다. 집행임원은 부속정관이나 이사회의 수권이 있으면 1인 이상의 다른 집행임원 또는 부(副)집행임원을 선임할 수 있다[동법 동조 (b)항].

부속정관이나 이사회는 집행임원 중 1인에게 이사회 및 주주총회의 의사록의 준비와 회사법상 보존이 요구되는 회사의 장부를 확인하고 보존하는 책임을 부여하여야 한다[동법 동조 (c)항].

동일인인 개인은 동시에 회사의 1개 이상의 집행임원의 직을 겸할 수 있다[동법 동조 (d)항].

나) (집행임원의 의무) 각 집행임원은, 부속정관에 규정되거나 부속정관에 따라 이사회가 정하거나 이사회의 수권을 받은 집행임원이 다른 집행임원에 대하여 정하는, 권한(authority)을 갖고 의무를 이행하여야 한다(동법 8.41조).

다) (집행임원의 사임과 해임) 집행임원은 사장이나 회사의 주주총회 및 이사회

---

64) 본조 및 제21.417조는 2006년 1월 1일부터 시행되고 있다.

의 의사록을 기록할 책임이 있는 기타 집행임원(총무)에게 사임통지서를 제출함으로써 언제든지 사임할 수 있다. 사임은 사임통지서가 제출된 때에 효력이 발생하는데, 사임통지서에 그 후의 효력발생일을 특별히 기재할 수 있다. 사임이 사임통지서 제출일 이후의 일자에 그 효력이 발생하고 회사가 장래의 효력발생일을 승인하면, 회사의 이사회는 사임의 효력발생일 이전에 결원을 보충할 수 있으나, 이사회는 후임자가 사임의 효력발생일 이후에 취임하는 것으로 정할 수 있다[동법 8.43조 ⒜항].

이사회는 사유(cause)가 있든 없든 언제든지 어떠한 집행임원을 해임할 수 있다[동법 동조 ⒝항].

라) (집행임원의 계약상 권리) 집행임원의 선임은 그 자체로 계약상 권리를 발생시키지 않는다[동법 8.44조 ⒜항].

집행임원의 해임은 집행임원의 회사와의 계약상(이러한 계약이 있는 경우) 집행임원의 권리에 영향을 미치지 않는다. 집행임원의 사임은 집행임원과 회사와의 계약상(이러한 계약이 있는 경우) 회사의 권리에 영향을 미치지 않는다[동법 동조 ⒝항].

42) 버지니아 주 회사법(Virginia Stock Corporation Act: VA Code Ann.)

가) (요구되는 집행임원) 회사법 제13.1−671.1조상 수권된 합의에 정함이 있는 경우를 제외하고, 회사는 부속정관에 규정되거나 부속정관에 따라 이사회의 결의로 정하는 권리(titles)와 의무를 갖고 필요한 경우 회사법상 문서를 발행할 수 있는 집행임원을 두어야 한다(shall have officers)(동법 13.1−693조 A항).

집행임원은 이사회에 의하여 선임되어야 하는데, 집행임원은 부속정관이나 이사회의 수권이 있으면 1인 이상의 다른 집행임원이나 부(副)집행임원을 선임할 수 있다(동법 동조 B항).

회사의 총무는 이사회 및 주주총회의 의사록을 준비하고 회사법상 보존이 요구되는 회사의 장부를 보존하고 확인할 책임을 부담하여야 한다(동법 동조 C항).

동일인인 개인은 동시에 회사의 1개 이상의 집행임원의 직을 겸할 수 있다(동법 동조 D항).

집행임원의 선임은 그 자체로 집행임원이나 회사에 어떠한 계약상의 권리를 발생시키지 않는다(동법 동조 E항).

나) (집행임원의 의무) 각 집행임원은, 부속정관에 규정되거나 부속정관에 따라 이사회가 정하거나 이사회로부터 수권을 받은 집행임원이 다른 집행임원에게 정한, 권한(authority)을 갖고 의무를 이행하여야 한다(동법 13.1−694조 A항).

집행임원이 그의 의무를 면함에 있어서는, 그의 신뢰가 담보되는 것으로 알고 있는 집행임원은 다음의 사항을 신뢰할만한 정당한 권한을 갖는다(동법 동조 B항). (a) 그 집행임원이 신뢰할 수 있는 것으로 선의로(in good faith) 믿고 수임된 책임을 이행할 능력이 있는 회사의 1인 이상의 피용자가 정당하게 수임된 책임(업무)을 이행한 경우. 또는 (b) 그 집행임원이 신뢰할 수 있는 것으로 선의로 믿고 또한 주어진 일에 능력이 있는 회사의 1인 이상의 피용자 또는 (집행임원이 특별한 자의 전문적 능력범위의 일이거나 특별한 자가 그 일에 자신감을 가져야 하는 것으로 선의로 믿는 경우) 법률위원회·공인회계사나 기술 또는 전문지식을 포함하는 일에 관하여 회사에 있는 기타의 자가 준비하거나 제시한 재무제표(financial statement) 및 재무데이터를 포함하는 정보, 의견, 보고서나 설명서(reports or statements).

다) (집행임원의 사임 및 해임) 집행임원은 이사회, 이사회 의장, (집행임원을 선임한) 집행임원 또는 회사의 총무에게 서면통지를 함으로써 언제든지 사임할 수 있다. 사임은 본법 제13.1−610조 A9의 규정에 따라 효력이 발생하는데, 사임통지서에 그 후의 유효기일을 기재할 수 있다. 사임의 효력이 그 후의 일자에 효력이 발생하는 것으로 사임통지서에 기재되고 또 이사회나 집행임원을 선임한 집행임원이 그 후의 일자에 동의하면, 이사회나 집행임원을 선임한 집행임원은 연기된 효력발생일 전에 결원을 보충할 수 있으나, 신임 집행임원은 결원 발생시(사임의 효력발생시)까지 취임할 수 없다(동법 13.1−695조 A항).

이사회, 부속정관이나 이사회가 달리 규정하지 않는 한 집행임원을 선임한 집행임원, 또는 부속정관이나 이사회가 수권한 기타 집행임원은 사유(cause)가 있던 없던 언제든지 집행임원을 해임할 수 있다. 집행임원의 해임은 그 집행임원과 회사와의 계약상 집행임원의 권리에 영향을 미치지 않는다. 집행임원의 사임은 그 집행임원과 회사와의 계약상 회사의 권리에 영향을 미치지 않는다(동법 동조 B항).

회사의 집행임원을 사임한 자 또는 그의 이름이 회사의 집행임원으로 위원회(Commission)의 직원 사무실에 기록되어 있는 자는 (위원회에) 회사의 사무실 등에서 그의 이름의 말소를 요구할 수 있다(동법 동조 C항).

집행임원의 사임이나 해임의 경우, 회사는 이러한 내용과 후임자를 표시하는 수정된 연례보고서를 위원회에 제출한다(동법 동조 D항).

43) 워싱턴 주 회사법(Washington Business Corporation Act: West's RCWA)

회사는 부속정관에 규정되거나 부속정관에 따라 이사회에서 선임한 집행임원을 둔다(has the officers)[동법 23B.08.400조 (1)항].

정당하게 선임된 집행임원은 부속정관이나 이사회의 수권이 있으면 1인 이상의 다른 집행임원 또는 부(副)집행임원을 선임할 수 있다[동법 동조 (2)항].

부속정관이나 이사회는 집행임원 중 한 집행임원에게 이사회 및 주주총회 의사록의 준비와 회사의 장부를 확인하는 책임을 부여하여야 한다[동법 동조 (3)항].

동일인인 개인은 동시에 회사의 1개 이상의 집행임원의 직을 겸할 수 있다[동법 동조 (4)항].

44) 웨스트버지니아 주 회사법(West Virginia Business Development Corporations: W.Va.Code)

회사의 업무(business and affairs)는 이사회, 사장(president) 및 재무(treasurer), 회사가 부속정관에 의하여 수권하는 기타 집행임원 및 대리인에 의하여 집행되어야 한다(shall be managed and conducted). 이사회의 구성원은 처음에는 발기인이 선임하고 그 후에는 주주총회에서 선임되는데, 3인의 복수이어야 한다(동법 31-14-6조 제1문단).

이사회는 법이나 회사의 부속정관이 주주들에게 부여한 권한을 제외하고 회사의 모든 권한(powers)을 행사할 수 있는데, 회사의 모든 대리인과 집행임원을 선임하여야 하고 또한 결원이 발생한 경우 이를 모두 보충하여야 한다(이사의 결원의 경우는 본조에서 규정되므로 제외됨)(동법 동조 제2문단).

(동법 동조 제3문단 및 제4문단은 이사의 선임과 결원의 보충에 관한 것이므로 생략함)

이사와 집행임원은 고의의 위법행위(wilful misconduct)로 인하여 발생한 경우가 아닌 한, (회사의) 손실에 대하여 책임을 지지 않는다(동법 동조 제5문단).

45) 위스콘신 주 회사법(Wisconsin Business Corporations: W.S.A.)

회사는 부속정관에 규정되거나 부속정관에 따라 이사회의 결의에 의하여 선임한 집행임원을 두어야 한다(shall have the officers)[동법 180.0840조 (1)항].

정당하게 선임된 집행임원은 부속정관이나 이사회의 수권이 있으면 1인 이상의 다른 집행임원 또는 부(副)집행임원을 선임할 수 있다[동법 동조 (2)항].

동일인인 자연인은 동시에 회사의 1개 이상의 집행임원의 직을 겸할 수 있다[동법 동조 (3)항].

46) 와이오밍 주 회사법(Wyoming Business Corporation Act: W.S.1977)

회사는 부속정관에 규정되거나 부속정관에 따라 이사회에서 선임한 집행임원을 둔다(has the officers)[동법 17-16-840조 (a)항].

이사회는 회사의 1개 이상의 집행임원의 직에 개인(들)을 선임할 수 있다. 집행임원은 부속정관이나 이사회의 수권이 있으면 1인 이상의 다른 집행임원을 선임할 수 있다[동법 동조 (b)항].

부속정관이나 이사회는 집행임원 중 한 집행임원에게 이사회 및 주주총회 의
사록의 준비와 회사법상 보존이 요구되는 회사의 장부를 보존하고 확인하는 책임을
부여하여야 한다[동법 동조 (c)항].

동일인인 개인은 동시에 회사의 1개 이상의 집행임원의 직을 겸할 수 있다[동
법 동조 (d)항].

2. 미국 회사법상 집행임원에 관한 규정의 특징

미국 회사법상 집행임원에 관한 규정의 특징을 정리하면 다음과 같다.

(1) 업무집행기관과 업무감독기관의 분리

(가) 미국 회사의 지배구조는 앞에서 본 바와 같이 자본주의 시장경제와 권력분
립의 헌법정신을 반영하고 있다. 즉, 미국에서 회사의 지배구조에 관한 법은 헌법의
일부로서 미국의 근본 사회질서의 법적 구조로 보고 있다. 회사법이 헌법 조문에
규정되지는 않아도 특히 공개회사에서의 핵심 법률관계에 대한 일반적인 사항은 이
를 반영하고 있다는 것이다. 이러한 법률관계는 업무집행기관인 경영진이 일상의
활동으로 회사를 운영하고, 이사회는 단체로서 회사의 경영진을 감독하고, 주주는
법적 절차를 통하여 경영진과 이사의 책임을 묻는다는 것이다.[65] 이러한 점에서 미
국의 회사 지배구조는 자율성을 보장하면서 견제와 균형의 정신을 철저히 반영하여
권한을 분산시키고 있다. 따라서 업무집행기관으로서 집행임원을 규정하면서, 이의
감독기관으로 이사회를 규정하고 있다.[66] 이러한 점을 집행임원을 행정부에 비유하
고, 이사회를 국회에 비유하여 설명하는 견해도 있다.[67]

---

65) 주 2) 참조.

66) 전통적인 미국 회사지배구조는 기초에 주주가 있는 삼각형 형태인데, 주주는 이사회의 구성원
   을 선임하고, 이사회는 대표집행임원과 기타 집행임원을 선임하고 집행임원의 업무를 감독한다. 주
   요 회사의 집행임원은 회사의 삼각형의 맨 위에 있는데, 집행임원의 회사의 업무집행에 관한 권한
   과 합법성은 이사회로부터 온다[Cox/Hazen(Fn 27), pp.152~153]. 그런데 이사회는 집행임원과
   는 달리 그의 권한을 회사법에서 취득한다[Del. Gen. Corp. Law § 141(a); M.B.C.A.§ 8.01(b)].

67) Gevurtz(Fn 1), p.181[회사에 참여하는 자는 부(wealth)와 권한(power)에 관심이 있는데, 회
   사의 지배구조는 권한에 관한 것이고 이를 어떻게 분배하느냐의 문제이다. 회사 지배구조의 기본
   적인 모델을 이해하기 위하여는 시민사회의 민주정부의 개념을 그리는 것이 도움이 된다. 합명회
   사는 직접민주주의의 형태로서 모든 사원이 회사의 업무에 관한 결정에 참여하나, 주식회사는 대
   의민주주의 지배구조를 따른다. 이러한 회사의 기본적인 지배구조의 모델은 회사의 소유자(주주)
   가 개인의 집단(a body of individuals)을 선임하여(이사회) 회사를 맡긴다. 이사회는 (업무집행에
   관한) 결정을 하지만 보통 이러한 결정을 집행하지(carry out) 않는다. 이러한 의미에서 이사회는
   국회(입법부)에 유사한 역할을 담당한다. 회사의 사장(president)과 같은 회사의 집행임원이 이사

이러한 점에서 볼 때 미국의 각 주의 회사법 중 집행임원에 대하여 규정하지 않은 주는 한 주도 없다. 50개 주는 모두 집행임원에 대하여 규정하고 있는데, 그 규정하는 형식은 각 주에 따라 집행임원을 둔다(has or have)(22개 주), 집행임원을 두어야 한다(shall)(26개 주), 집행임원을 반드시 두어야 한다(must)(2개 주)로 각각 표현만 달리하고 있다. 뉴욕 주도 회사는 집행임원(사장, 부사장, 총무, 재무 등)을 두는 것을 전제로, 이의 선임을 이사회가 할 수 있는 것으로 규정하고 있다. 또한 ALI 원칙도 공개회사의 업무집행은 이사회에 의하여 선임된 주요집행임원 등에 의하여 수행되어야 한다고 규정하고, 모범사업회사법도 회사는 부속정관에 규정되거나 부속정관에 따라 이사회에 의하여 선임된 집행임원을 둔다고 규정하고 있다.

따라서 미국 회사법상 집행임원이 없는 회사는 거의 상상할 수 없고, 미국 회사법상 "집행임원을 두는지 여부는 회사의 선택이다"고 말할 수는 없다고 본다. 집행임원을 두는 것을 전제로 다만 어떠한 (종류의) 집행임원을 두는지는 (최근에) 회사의 자율에 맡기는 주가 많다. 그런데 미국의 회사법 중에는 집행임원을 선임하지 않은 것이 회사의 해산사유가 아니라고 규정한 주도 있고(네바다 주), 회사의 해산사유가 아니고 또는 회사에 다른 영향을 미치지 않는다고 규정한 주도 있다(델라웨어 주, 오클라호마 주, 로드아일랜드 주 등). 그런데 집행임원이 없는 경우 회사의 경영(업무집행)이 거의 불가능하다고 본다.

(나) 이사와 집행임원의 겸직 여부에 관하여 많은 주가 특별히 규정하고 있지 않으나, 정관이나 이사회 결의 등에 의하여 달리 규정하지 않는 한 집행임원은 이사일 필요가 없다고 규정하는 주가 있다(오하이오 주). 또 부속정관에 다른 규정이 없으면 집행임원은 이사일 필요가 없다고 규정한 주도 있다(펜실베니아 주). 사장, 대표집행임원 및 이사회 의장은 각각 분리되어 다른 사람이어야 한다고 규정하고 있는 주도 있다(미조리 주).

(2) 집행임원의 명칭

미국 회사법상 전통적인 집행임원의 명칭은 사장(president) · 부사장(vice-president) · 총무(secretary) 및 재무(treasurer)이었고,[68] 이러한 집행임원을 두도록

회의 정책(policies)을 실행하는 집행업무를 수행한다. 그런데 이러한 회사의 지배구조의 기본모델은 실제로 활동하는 모든 회사의 현실을 반영하지는 않는다].

68) Cox/Hazen(Fn 27), pp.139~140; Robert W. Hamilton/Richard D. Freer, *The Law of Corporations*(West Nutshell Series)(6th ed.)(St. Paul, MN: West, Thomson Reuters, 2011), p.137; Richard D. Freer, *The Law of Corporations*(Nutshell Series)(7th ed.)(St. Paul, MN: West Academic, 2016), p.173.

한 주 회사법도 있다(뉴욕 주 회사법 등). 그런데 1984년 개정 미국 모범사업회사법
이 이러한 제한을 두지 않고 회사의 자율에 맡긴 이후, 많은 주가 이에 따라 회사가
자유롭게 집행임원의 명칭을 정할 수 있도록 규정하고 있다.[69] 위에서 본 바와 같
이 ALI 원칙은 주요 상급집행임원으로 대표집행임원(Chief Executive Officer: CEO)·
대표총무집행임원(Chief Operating Officer: COO)·대표재무집행임원(Chief Financial
Officer: CFO)·대표법률집행임원(Chief Legal Officer: CLO) 및 대표회계집행임원
(Chief Accounting Officer: CAO)의 용어를 사용하고 있다. 따라서 오늘날 공개회사에
서는 이러한 명칭을 많이 사용하고 있다.[70] 미국 회사의 역사에서 대부분의 경우
회사의 대표집행임원은 단순히 사장(president)의 명칭을 가진 사장이었다.[71] (정관
에) 다른 규정이 없으면 사장은 대표집행임원을 의미한다고 규정한 주도 있다(노스
다코타 주). 그런데 세월이 흐르면서 특히 공개회사에서 집행임원의 명칭을 변경하
여 대표집행임원(CEO)이 공식명칭이 되었다. 많은 대표집행임원은 대표집행임원 및
사장의 두 명칭을 사용한다. 그런데 어떤 회사에서는 사장(president)을 총지배인이
나 대표총무집행임원(COO)과 유사한 지위로 강등하여 사용하는 회사도 있다. 그런
데 소규모 회사 또는 폐쇄회사에서는 종래와 같이 사장·총무 및 재무 등의 명칭을
사용하고 있다.[72]

---

69) 대표집행임원(chief executive officer), 사장(president), 부사장(vice president), 재무(treasurer)
  및 총무(secretary)는 전통적인 회사의 집행임원이고, 또한 회사법에서 가장 자주 언급되는 집행임
  원들이다. 그런데 오늘날은 이러한 법상 명칭에 구애되지 않는 경향이 있다[MBCA 제8.40조 제(a)
  항 참조]. 많은 회사, 특히 대규모 공개회사에서는 다른 명칭의(denominated) 집행임원인 기타의
  집행임원 및 대리인(agents)을 두고 있다. 예컨대, 대표집행임원(CEO)이라는 명칭은 50년 전에는
  거의 사용되지 않았고, 레지던트(resident)라는 명칭이 회사 최고의 집행임원을 의미하였다. 오늘
  날 사장(presidents)은 자주 대표집행임원에 종속된 자를 의미한다. 과거의 많은 판례에서 오늘날
  대표집행임원을 의미하는 뜻으로 레지던트(resident)를 사용하였으나, 그러한 판례에서 사장의 의
  미는 대표집행임원을 의미하였다. 그런데 동일한 회사 내에서 대표집행임원과 사장이 존재하는 경
  우에는 대표집행임원의 권한이 사장의 그것보다 더 크고 광범위하다. 그러한 상황에서 사장은 대
  표총무집행임원(chief operating officer: COO)보다 상위인 것 같다. 많은 면에서 대표총무집행임
  원은 소규모 기업이나 회사의 조직분과에 있는 총지배인(general manager)에 유사하다. 대규모
  회사는 많은 부사장, 부사장보, 부총무, 부재무 등을 둘 수 있다. 오늘날 많은 회사법은 집행임원의
  명칭과 의무(권한)를 부속정관에 규정하거나 이사회가 결정할 수 있도록 허용하여 유용성을 부여
  하고 있다. 대다수의 대규모 회사는 이사회 의장(chairman of the board)을 두고 있는데, 이는 사
  실상 많은 회사에서 대표집행임원에게 부여한 명칭이다. 그러나 몇몇 회사에서는 견제와 균형
  (checks and balances)을 위하여 대표집행임원과 이사회 의장을 각각 다른 개인이 맡도록 하고
  있다[Cox/Hazen(Fn 27), pp.139~140].
70) Hamilton/Freer(Fn 68), pp.138~139; Freer(Fn 68), pp.175.
71) 50년 전에는 대표집행임원(CEO)이라는 용어는 거의 사용하지 않았고, 회사의 최고 집행임원의
  용어로 레지던트(resident)라는 용어를 사용하였다[Cox/Hazen(Fn 27), pp.140].
72) Cox/Hazen(Fn 27), p.142; Hamilton/Freer(Fn 68), pp.138~139.

집행임원의 경우에는 주주총회나 이사회와는 달리 회의체가 아니고 개별적으로 업무를 집행한다. 전통적인 회사의 관점에서 집행임원은 이사회의 결정사항을 집행하고 회사의 일상의 업무를 집행하는데 이사회의 지시와 감독을 받는다.[73]

(3) 총무(secretary)에 관한 규정

미국 각 주의 회사법은 거의 예외 없이 총무에 관한 규정을 두고, 이에 이사회 및 주주총회 의사록의 준비 및 회사가 보존하여야 하는 장부의 보존 및 확인의 의무를 맡기고 있다.

1969년 모범사업회사법은 동일인이 두 개 이상의 집행임원의 직을 겸할 수 있지만 사장의 직과 총무의 직은 동일인이 겸할 수 없도록 하였는데(50조), 현재에도 주 회사법에 따라서는 사장과 총무의 직을 동일인이 겸할 수 없도록 한 주도 있다(아칸사스 주 회사법). 이와 같이 제한하는 취지는 집행임원 상호간에도 견제와 균형을 이루도록 하는 것이다. 그러나 오늘날은 많은 주의 회사법이 현재의 모범사업회사법[8.40조 (d)항]과 같이 이러한 제한을 두고 있지 않다.[74]

(4) 집행임원은 개인(자연인)이고 다른 집행임원 직의 겸직 가능

미국의 다수의 주 회사법은 집행임원은 개인(자연인)이어야 함을 규정하므로 법인(회사)은 집행임원이 될 수 없다.

또한 미국의 다수의 주 회사법은 집행임원은 동시에 다수의 다른 집행임원의 직을 겸할 수 있도록 하여, 소규모 회사는 다수의 집행임원을 둘 필요가 없도록 하는 편의를 제공하고 있다. 그런데 위에서 본 바와 같이 대표집행임원과 총무는 견제와 균형상 가능하면 분리를 요구한다. 또한 동일인이 사장·대표집행임원 또는 이사회 의장을 겸직할 수 없고, 이 3자는 각각 다른 사람이어야 한다고 규정한 주도 있다(미조리 주).

(5) 집행임원이 다른 집행임원의 선임·해임 가능

미국의 다수의 주 회사법은 부속정관이나 이사회의 수권이 있는 집행임원은 다른 집행임원을 선임·해임할 수 있는 것으로 규정하고 있다. 이사회가 모든 집행임원을 선임할 수 없고, 또한 그렇게 할 필요성도 없는 점을 반영한 것 같다.

(6) 집행임원이 주주총회에 의하여 선임·해임 가능

미국의 일부의 주 회사법은 집행임원을 (정관의 규정에 의하여) 주주총회에서 선임·해임할 수 있도록 하고 있다. 즉, 뉴욕 주 회사법은 "회사는 기본정관의 규정으

---

73) Hamilton/Freer(Fn 68), p.139; Freer(Fn 68), p.175.

74) Cox/Hazen(Fn 27), p.141.

로 모든 집행임원 또는 특정한 집행임원을 이사회 대신에 주주총회에서 선임하여야
한다"고 명문으로 규정하고 있다. 또한 집행임원은 부속정관이 정하는 때와 방법으
로 이사회 또는 주주총회에서 선임되는 것으로 규정한 주도 있고(로드아일랜드 주),
기본정관이나 부속정관에 의하여 주주총회에서 선임할 수 있는 것으로 규정한 주도
있다(노스다코타 주).

(7) 집행임원의 임기

미국의 대부분의 주 회사법은 집행임원의 임기를 규정하고 있지 않은데(선임기
관에서 선임시 임기를 정함), 임기를 규정하고 있는 주의 회사법은 보통 1년(1영업년도)
으로 규정하고 있다(오하이오 주 등).

(8) 집행임원의 권한

미국의 대부분의 주 회사법은 집행임원의 권한과 의무를 규정하고 있는데, 이
는 부속정관이나 이사회가 정한다고 규정하고 있다. 그런데 이사회의 수권이 있으
면 수권받은 집행임원이 정하는 경우도 있다.

따라서 회사법은 보통 집행임원의 권한을 구체적으로 규정하지 않는다고 볼
수 있다. 대표적으로 미국 모범사업회사법은 "각 집행임원은 부속정관이 규정하는
업무(functions), 부속정관이 인정하는 범위 내에서 이사회가 부여하는 업무, 또는
이사회의 수권을 받은 집행임원이 다른 집행임원에게 부여하는 업무를 집행할 권한
을 갖고 또한 그 업무를 집행하여야 하는 의무를 부담한다"고 규정하고 있다(MBCA
8.41조). 이러한 회사법은 집행임원의 권한의 문제를 부속정관에서 규정하거나 어느
집행임원이 다른 집행임원에게 그의 권한을 위임할 수 있도록 폭넓은 자유를 인정
하는 것이다. 오늘날 회사법은 기본정관이 집행임원에 관하여 규정할 것을 요구하
지 않는데, 이는 기본정관의 개정이 어렵기 때문이다. 기본정관의 개정은 회사의 근
본적인 사항을 변경하는 것이므로 이사회 및 주주총회의 결의를 요한다. 이에 반하
여 부속정관은 보통 한 그룹(이사회 등)에 의하여 변경될 수 있다. 그런데 기본정관
이 집행임원을 언급할 수는 있다. 공개회사에서는 보통 대표집행임원 및 기타 집행
임원의 업무가 기본정관이나 부속정관에서 규정되지 않고, 대신 회사의 지배구조를
규정하는 기구매뉴얼(organization manuals)에 있다. 이 매뉴얼은 전형적으로 경영진
(management)이 작성하여 이사회의 승인을 받는다. 폐쇄회사에서의 집행임원의 권
한에 대한 가장 중요한 근거는 부속정관과 (집행임원이 이사회가 승인한 특정한 거래를
할 수 있도록 수권하는) 이사회의 명시적 결의이다. 이사회(또는 부속정관)는 어느 집행
임원에게 추가적인 권한을 부여할 수 있고, 또한 부(副)재무와 같은 다른 집행임원

에 대하여 규정할 수 있다. 회사의 사장(president)은 회사의 최상의(principal) 집행임원인데, 이사회의 감독을 받고 보통 회사의 영업(business)과 업무(affairs)를 총괄한다(supervises and controls). 사장은 회사의 계약을 체결하고, 주권 및 기타 회사의 증권을 발행하는 집행임원이다. 부사장은 사장이 일시적으로 없거나(absent) 업무를 수행할 수 없을 때 사장의 의무를 이행한다. 부사장도 또한 주권 및 회사의 다른 증권을 발행할 수 있다. 회사의 총무(secretary)는 다음과 같은 몇 가지 업무(functions)를 수행할 권한을 갖는다. 이사회 및 주주총회의 과정에 관한 의사록을 보존하고, 그러한 회의에 대한 필요한 통지를 하였다는 것을 확인한다. 총무는 회사의 장부 및 인감(seal)의 관리인으로 활동하고, 모든 수권된 문서에 날인하여야 한다. 총무는 각 주주의 성명과 주소가 있는 주주명부를 보관하고, 주권에 사장 또는 부사장과 같이 서명한다. 또한 총무는 회사 주식의 양도에 대하여 명의개서의 책임이 있다. 마지막으로 재무(treasurer)는 일반적으로 회사의 자금(funds) 및 증권을 관리할 권한이 있다. 재무는 회사의 영수증을 주고받고, 회사가 수령하는 금전을 예치한다. 재무는 충실한 업무수행의 담보로 채권(bond)을 제출할 것을 요구받을 수 있다.[75]

이하에서 각 집행임원의 권한에 대하여 좀 더 살펴본다.

대표집행임원 및 사장의 권한: 미국 회사의 역사에서 대부분 회사의 대표집행임원은 단순히 사장의 명칭을 가진 사장이었다. 그 후 특히 공개회사는 그의 집행임원의 명칭을 변경하여, 대표집행임원이 공식명칭이 되었다. 많은 대표집행임원은 사장과 대표집행임원의 두 명칭을 사용하는데, 다른 회사에서는 총지배인(general manager) 또는 대표총무집행임원(chief operating officer: COO)의 의미로 사장의 명칭을 사용하였다. 소규모 회사는 전통적인 사장의 명칭을 더 많이 사용하고 있다. 전통적인 지배구조에 관한 규정에서 회사의 대표집행임원이나 사장은 회사의 기본정관이나 부속정관, 이사회의 결의나 묵인에 의하여 그의 권한을 부여받는다. 대표집행임원이나 사장은 회사의 (전반적인) 업무(business)나 그의 일부를 감독하고(supervise)하고 집행할(manage) 일반적인 권한을 명시적으로 부여받을 수 있다. 그러한 경우 사장의 권한은 묵시적으로 회사의 일반적인 업무에서 발생하는 어떠한 계약이나 기타의 행위나 그가 수권받는 행위에 그의 권한이 확대된다. 따라서 회사의 일반적인 행위 범위 내에서의 특별한 행위에 대하여는 특별히 수권을 받을 필요가 없다. 더욱이 명백한 수권이 없는 경우에도 사장의 명시적 권한범위(apparent

---

75) Hamilton/Freer(Fn 68), p.139~141(§ 8.3); Freer(Fn 68), p.175~177(§ 8.3).

authority) 내의 행위는 회사가 금반언칙상 부정할 수 없다. 사장의 묵시적(implied)·
명시적(apparent) 또는 고유의(inherent) 권한은 회사의 일반적인 업무수행에 제한되
고, 특별한 거래에 확대되지 않는다.[76]

　　이사회 의장의 권한: 많은 회사는 이사회 의장이라는 명칭을 가진 집행임원을
두고 있는데, 이러한 이사회 의장의 업무는 회사마다 매우 다르다. 어떤 회사에서는
이사회 의장은 이사회의 회의를 주재하는 업무 이외에는 다른 업무가 없어 성질상
당연히 집행임원이 아니다. 다른 회사에서는 이사회 의장은 사장이나 이사회에 조
언(advise) 및 자문(counsel)을 한다. 기타 모든 회사에서는 이사회 의장은 광범위한
권한을 가진 대표집행임원이나 총지배인이다. 회사의 대표집행임원이 이사회 의장
이라는 명칭을 가질 때마다 레지던트(resident)라는 명칭이 자주 회사의 대표집행임
원에게 부여된다. 동일인이 이사회 의장과 사장의 양자의 지위를 가질 수 있다. 이
와 같이 선임된 경우에는 회사가 그에게 명시적 권한을 부여하여, 그가 회사의 일
반적인 업무에서 한 거래에 대하여 회사는 구속을 받는다. 동일한 권한이 경영(집
행)이사(이사 겸 집행임원)로 선임된 자에게도 적용된다. 이사회 의장 겸 대표집행임
원이라는 명칭을 한 사람이 갖게 되면, 그는 회사 내의 사실상 권한의 중심이 된다.
최근에 대표집행임원에게 권한이 집중되는 것을 분산하기 위하여 두 권한을 분리하
여 이사회 의장의 지위를 사외이사에게 맡기는 것이 공개회사의 지배구조를 향상시
키는 것이라는 논의가 있다. 대부분의 회사법은 이사회 의장의 권한과 책임에 대하
여는 규정하지 않고, 이에 관한 판례도 거의 없다. 회사와 관련된 많은 사람들이 이
사회 의장이라는 명칭을 가진 사람이 중요한 거래를 할 수 있는 최상의(principal)
집행임원이라고 생각하기 쉽기 때문에, 법원은 이사회 의장은 레지던트(resident)나
총지배인과 같은 추가적인 명칭이 없더라도 그 직위와 명칭으로 인하여 회사를 위
하여 활동하는 매우 광범위한 권한(묵시적, 고유의 또는 명시적 권한)이 있는 것으로
판시하고 있다.[77] 그런데 법원은 이사회 의장에게 독립적(autonomous) 권한을 부여
하는 것은 주저하여, 회사의 부속정관이 사장은 이사회 의장과 이사회의 지시를 받
아 일반적인 업무집행권을 행사한다고 규정한 경우에도 이사회 의장은 사장으로부
터 그의 권한을 박탈할 권한이 없다고 판시하였다.[78] 이는 이사회는 개인이 아니라
단체로서만 그의 권한을 행사하는 것이라는 확립된 원칙과 일치한다.[79]

---

76) Cox/Hazen(Fn 27), p.142(§ 8.5).
77) City Nat'l Bank v. Basic Food Indus., 520 F. 2d 336(5th Cit. 1975).
78) Delaney v. Geogia-Pacific Corp., 564 P.2d 277, 288(Or. 1977).

부사장의 권한: 회사의 부사장은 일반적으로 그의 직에서 회사의 재산을 처분하거나 회사를 구속하는 약속어음을 발행하거나 기타 계약을 체결할 권한이 없다. 그러나 부사장은 때때로 회사의 업무나 그 일부를 집행할 권한을 수권을 받는데, 이러한 경우 그는 명시적 수권의 범위 내에서 회사를 구속하는 계약을 체결할 수 있다. 그러나 부사장은 매우 중요하고 비일상적인 거래에서는 부속정관이나 이사회 결의에 의한 특별한 수권이 없는 한 회사를 대리하여 그러한 행위를 할 권한이 없다는 판례도[80] 있다.[81]

총무의 권한: 회사의 총무의 가장 중요한 의무(권한)는 회사의 장부에 기록해야 하는 것은 물론이고 회사의 장부를 작성하고 보존하며, 주주총회 및 이사회의 표결·결의 및 과정을 정당하게 기록하는 것이다. 회사의 결정이나 회사의 장부의 내용을 총무가 확인하는 것은 이를 합리적으로 신뢰하는 자에 대하여는 결정적이다. 총무는 전통적으로 "회사의 장부와 주주총회 및 이사회의 의사록을 보존하고 회사의 인감에 대하여 책임을 지는 단순한 내부의(ministerial) 집행임원"으로 인식되었다. 따라서 총무는 단지 그의 직에서 회사를 대리하여 계약을 체결할 권한이나 회사를 구속하는 다른 행위를 할 권한이 없다. 그런데 오늘날 어떤 회사에서는 총무가 순수한 내부의 권한을 가진 업무 이상의 일반적인 권한을 갖는 경우도 있다. 총무는 종종 전문적인 변호사이고 또한 이사인 경우도 있다.[82]

재무의 권한: 회사의 재무는 회사의 금전을 수령하고 보관하는 업무를 담당하는 집행임원이다. 총무와 같이 재무도 회사의 내부적 직위이다. 일반 규칙상 회사의 재무는 단지 그의 직상 묵시적 권한이 없으므로, 그의 이름으로 회사를 구속하는 계약을 체결하거나 다른 행위를 할 수 없다. 그러나 이사회나 다른 경영 집행임원의 수권이 있는 경우에는 그러하지 아니하다. 회사의 다른 집행임원과 같이 재무도 회사의 업무나 그 일부분에 대하여 집행할 일반적인 권한을 위임받을 수 있는데, 이 경우 재무는 (그 범위에서) 제한 없이 다른 지배인(집행임원)과 같은 권한을 갖는다. 재무가 광범위한 일반적인 업무집행권을 갖지는 않으나, 재무의 행위에 대한 (회사의) 묵인에 의하여 또는 (회사가) 다른 자로 하여금 재무가 특별한 거래에서 회사를 위하여 행위할 권한이 있는 것으로 합리적으로 믿게 함으로써, 회사의 이사나

---

79) Cox/Hazen(Fn 27), p.143~144(§ 8.6).

80) Colish v. Brandywine Raceway Ass'n, 119 A. 2d 887(Del.Supr. 1955)(묵시적 권한을 인정하지 않음).

81) Cox/Hazen(Fn 27), p.144(§ 8.7).

82) Cox/Hazen(Fn 27), p.145(§ 8.8).

집행임원은 (재무가) 회사를 대신하여 그러한 거래를 할 표현적 권한을 만들 수 있다. 재무에 대한 감사관 또는 감독자는 대표회계집행임원인데, 이의 업무는 회사의 모든 회계장부와 회계기록을 보존하고, 이사회나 집행위원회·회사의 해당 집행임원 및 주주총회에 제출할 재무제표를 작성하는 것이다.[83]

회사의 집행임원이 일정한 거래에서 회사를 구속하는 권한을 갖고 있는지 여부는 종종 분쟁이 발생하는 부분이다. 이러한 분쟁에 대한 해결책은 회사에 대리의 법리를 적용하는 것이다. 대부분의 경우 대리인의 행위는 사실상 또는 표현상(either actual or apparent) 권한에 근거하여 본인이 책임을 진다. 회사인 경우 집행임원의 직위(position)와 명칭(title) 자체가 묵시적 사실상 권한(implied actual authority) 및 표현상 권한(apparent authority)의 근거가 될 수 있는 회사의 표현(communication)으로서 작용한다. 이는 회사의 사장(president)의 지위를 가진 개인의 경우에 특히 그러한데, 일반적인 거래에서 그러하고 특별한 계약에서는 그러하지 아니하다. 또한 성문법인 회사법은 일정한 업무는 사장의 사실상 또는 표현상 권한에서 배제한다. 특히 회사법이 명문으로 이사회의 결의사항으로 규정하거나(예컨대, 주식발행), 또는 회사법이 (합병과 같은) 일정한 거래에 이사회 및 주주총회의 승인을 받도록 한 경우에는, 사장은 회사를 구속하는 그러한 행위를 할 권한이 없다. 더욱이 회사법상 규정된 회사의 업무를 최종적으로 감독할 이사회의 권한은 부속정관이나 계약에 의해서도 사장이나 기타의 집행임원에게 부여할 수 없다. 회사 사장의 묵시적 또는 표현적 권한의 범위를 결정하는데 있어서 혼란스러운 것은, 회사들이 '사장'의 명칭을 달리 사용하는 점이다. 어떤 경우에는 많은 회사들이 단순히 주주총회와 이사회를 주재하는 공식적인(official) 명칭으로 사장이라는 용어를 사용하고, 일상의 회사의 업무를 담당하는 자에 대하여는 종종 '총지배인'(general manager)이라는 명칭(title)을 사용하였다. 이러한 점으로 인하여 과거의 판례는 사장이라는 명칭(title)에는 표현적 권한이 없다고 판시한 것도 있다.[84] 더욱이 최근에는 명칭(title)의 인프레이션이 많은 회사에서 발생하여, 사장이라는 명칭은 더 이상 주요 집행임원(primary executive officer)으로 충분하지 않고, 그 대신 '대표집행임원'(chief executive officer) 또는 '이사회 의장'(chairman of the board)(또는 양자)이 이에 대신하고 있다. 그런데 '이사회 의장'의 명칭은 많은 다양한 의미를 가질 수 있기 때문에(즉, 어떤 회사에서

---

83) Cox/Hazen(Fn 27), p.145~146(§8.9).

84) *E.g.*, Federal Services Finance Corp. v. Bishop Natl. Bk. of Hawaii, 190 F.2d 442(9th Cir.1951).

는 대표집행임원을 의미하고, 다른 회사에서는 은퇴하고 회사의 고문을 맡고 있는 전임 대표
집행임원을 의미하고, 또 다른 회사에서는 단순히 이사회를 주재하는 개인을 의미함), 이 명
칭 그 자체만으로 표현적 권한을 잘 나타낸다고 볼 수 없다. 따라서 '대표집행임
원'(CEO)이 가장 최근의 명칭으로, 이 명칭이 갖고 있는 묵시적 또는 표현적 권한
에 대하여는 거의 분쟁이 없다. 회사와 거래를 하는 당사자에게 이사회의 승인이
아주 중요하다면, 이 당사자는 사실상 이사회가 그 거래를 승인하였다는 것을 어떻
게 알 수 있는가? 계약당사자가 개인적으로 이사회에 출석하지 않으면(이 당사자는
이사회에 거의 초대되지 않음), 그는 이사회 승인의 증빙으로서 이사회의 회의록이나
이사회 결의서 사본에 의존할 수밖에 없다. 그러한 회의록의 작성을 담당하고 회사
의 서류의 진정성을 확인하는 회사의 집행임원은 '총무'(secretary)라는 명칭을 갖는
다. 그런데 회사의 총무가 이사회가 승인을 하지 않은 거래를 승인한 것으로 이사
회의 의사록을 위조한 경우에 법원은 회사에 책임이 있다고 판시하였다.[85] 사장의
명칭(title)과 직위(position)가 보통 묵시적 및 표현적 권한이 있는 것으로 중요하게
작용하고, 총무의 명칭과 직위가 하나의 비판받는 사건에서만 표현적 권한이 있는
것으로 보고 있는 반면에, 재무(treasurer)나 부사장이 그 자체로 묵시적 또는 표현
적 권한이 있는 것으로 보는 경우는 거의 없다.[86]

(9) 집행임원의 충실의무

미국의 일부의 주 회사법은 집행임원의 충실의무를 구체적으로 규정하고 있
다. 즉, 집행임원은 충실하게, 같은 지위에 있는 사람이 유사한 환경에서 합리적으
로 행사할 주의와, 집행임원이 회사에 최대의 이익이 되는 것으로 합리적으로 믿는
방법으로, 그의 권한 범위 내에서 업무를 집행할 의무가 있다.

(10) 집행임원의 사임·해임 및 계약상 권리

미국의 대부분의 주 회사법은 집행임원의 사임과 해임에 대하여 규정하고 있
다. 집행임원은 언제든지 회사에 통지함으로써 사임할 수 있고, 회사는 언제든지 사
유가 있든 없든 집행임원을 해임할 수 있다.

회사와 집행임원 사이에 별도의 계약이 있으면, 집행임원은 사임에 의하여 회
사의 권리를 해할 수 없고, 회사는 해임에 의하여 집행임원의 권리를 해할 수 없다.

---

85) 371 F.2d 215(7th Cir.1966).

86) Gevurtz(Fn 1), pp.183~187.

3. 미국 회사법상 집행임원에 대한 감독기관인 이사회에 관한 논의

미국 회사법상 집행임원에 대한 감독기관인 이사회에 관한 주요 논의를 소개하면 다음과 같다.

(1) (감독형) 이사회의 변화

델라웨어 주 및 기타 다른 주의 회사법이 요구하는 바와 같이 미국 회사의 이사회는 '황제'(potentates)로서 활동하는가, 아니면 대표집행임원(CEO)의 '수족'(pawns)으로서 활동하는가? 공개회사의 많은 이사들과의 면담 및 질문에서 얻은 대답은 이사회는 법이 의도한 황제보다는 오히려 더 수족에 가깝다는 것이었다. 2001년까지 많은 공개회사의 이사회는 새로운 '최상의 실무'(best practices)를 채택하여 황제로서의 법상 의무를 다 하려고 노력하였다. 또한 미국 및 다른 많은 국가에서의 이사회는 여전히 이러한 법적 기대를 충족하려고 노력하고 있다. 이로 인하여 이사회의 (업무집행기관에 대한) 감독기능은 그동안 발전은 하였으나 여전히 어려움에 봉착하고 있는데, 특히 다국적 기업과 다양한 기업활동에서 그러하다.[87]

1989년에는 이사회가 '황제냐 또는 수족이냐'에 대한 주요 결론은, 이사회는 그가 감독하고자 하는 경영기관(집행기관)과 관련하여 권한의 불균형으로 인하여, 심각한 문제가 있었다. 최고경영자(특히 CEO)는 회사의 업무와 주요한 결정에 있어서 이사회보다 실제로 더 많은 권한을 가졌다. 그런데 이사회가 실질적으로 권한을 행사할 수 있는 세 가지 중요한 요인이 있다. ① 첫째의 요인은 이사회의 법적 권한(legal authority)이다. 예컨대, 델라웨어 주법은 이사회는 (회사의 경영에 관한) 권한이 있으나 이를 집행임원에게 위임할 수 있다고 규정하고 있다. 실제로 이사회는 그러한 위임을 항상 하였고, 지금도 여전히 하고 있다. 대부분의 공개회사가 설립되는 델라웨어 주에서는 이러한 점을 명백하게 증명하고 있다. 이사들은 전업의 (full-time) 집행임원만이 회사를 경영할 시간과 지식이 있다고 인정하였다. 이사회는 일관하여 업무집행자(managers)들이 회사를 경영하므로 이사회는 경영을 감독하는 것이 현실적이라고 판단하였다. 그러나 효율적인 감독은 이사회가 대표집행임원에게 영향을 미치는 힘을 가질 것을 요한다. 이러한 점에서, 이사회가 대표집행임원이 이사회의 결정에 동의하지 않을 때마다 대표집행임원을 해임하거나 보수를 삭감할 의도가 없으면, 이사회의 법적 권한은 제한된다. 이것은 실무적인 선택의 문제가

---

87) Jay W. Lorsch, "America's Changing Corporate Boardrooms: The Last Twenty-Five Years," 3 *Harv. Bus. L. Rev.* 119~120(2013).

아니다. ② 둘째로 이사회의 권한의 실제의 근원은 그룹으로서의 단결이다. 이사회에서 어떤 결정에 대하여 전원이 지지하면 아무리 비타협적인 대표집행임원이라 하더라도 오랫동안 거절하기는 힘들 것이다. ③ 셋째로 대표집행임원이 이사회의 뜻(ideas)에 따를수록 이사회는 회사의 의사결정에 영향을 미치는 기회를 더 많이 갖게 되어, 이는 이사회의 또 다른 권한의 실제적인 연원이 된다.[88]

이러한 이사회의 드믄 권한의 연원과는 대조적으로, 이사회는 그의 의무(권한)를 행사할 능력에 수많은 제한을 받는다. ① 첫째는 이사들은 그의 업무를 수행함에 있어서 시간적으로 제한이 있다. 대부분의 이사들은 그들의 이사 업무 이외에 다른 전업 직업이 있고, 또한 몇 개의 이사를 겸직하고 있다. 이러한 점으로 인하여 이사들은 회의에 참석하거나 회의를 준비할 시간에 대하여 제한을 받는다. 전형적인 이사회는 1년에 6회 회의를 하고, 각 회의에는 1일이 소요된다. 이는 오늘날에도 여전히 그러하다. 하루는 이사들이 그들의 회사에 당면한 문제를 이해하고 논의하는데 충분한 시간이 아니다. 또한 대부분의 이사들은 그들의 회사 및 회사의 업무에 관하여 제한된 지식과 정보를 갖고 있다. 1990년대에도 대부분의 이사들은 독립이사들(independent directors)이었는데, 이것이 또 다른 문제이었다. 독립이사들은 보통 회사의 업무에서 경험을 거의 갖고 있지 않아서, 그 업무에 대하여 배워야 하였다. 이사가 오래 근무할수록 문제는 적었으나, 많은 경험이 있는 이사들은 그들의 회사의 업무를 익히는데 1년 이상이 걸렸다. 그런 경우에도 그들은 전업 대표집행임원의 지식의 깊이와 폭에서 부족했다. 또한 이사회와 경영진(집행임원)간의 정보 비대칭도 또 다른 문제이었다. 거의 모든 이사회에서 경영진(업무집행기관)은 문제(안건)에 더 많은 지식을 가졌을 뿐만 아니라 또한 이사들이 수령한 정보를 관리하였다. 이로 인하여 경영진은 의도적으로 정보를 유보할 뿐만 아니라, 이사회에서 권한의 균형에 영향을 미치고 있다. ② 둘째로 이사회의 권한에서 또 다른 제약은 일반적으로 이사회의 목표에 관한 명료성의 결여이다. 많은 이사들은 젠슨과 메클링[89]이 전파한 개념을 따르고 있는데, 이것은 회사의 제1차적인 목적은 주주를 위하여 가치를 창조하는 것이다. 그러나 다른 이사들은 회사는 주주의 이익뿐만 아니라 고객·피용자 및 지역사회의 이익에도 봉사하는 폭넓은 목적을 가져야 한다는 보다 더 전통적인 견해를 따르고 있다. 보통 이사들은 회사의 목적 또는 이사회 및

---

88) *Id.*, pp.120~121.
89) Michael C. Jensen / William H. Meckling, "Theory of the Firm: Managerial Behavior, Agency Costs and Ownership Structure," 3 *J. Fin. Econ.* 305, 306~307(1976).

경영진의 목적으로서 이러한 근본적인 문제를 거의 논의하지 않는다. 이의 결과 다른 이사들은 근본적으로 다른 전제에 기초하여 경영에 관한 결정을 하고 있다. 그러한 불확실성이 일정한 사항을 결정하는 이사회의 권한을 제한할 수 있는 것이다. 어떠한 이사회의 권한의 핵심연원은 대표집행임원과 불일치하는 어떠한 업무에서 이사들이 이사회에서 활동하는 능력에 있다. 불행하게도 1990년대 초에는 대부분의 이사회에서의 강력한 일단의 규범으로 인하여 이사들이 강력한 연합을 하지 못하였다. 요약하면 이사들은 이사회에서 그들의 대표집행임원을 비판하는 것이 부적절하다고 믿었다. 이러한 규범을 확실하게 돌아가는 길은 이사들간에 사적으로 논의하는 것인데, 이사들이 대표집행임원의 참여 없이 논의하는 것은 또한 부적절하다고 믿었다. 이사회의 권한에 대한 최종적인 제한은 회사에 대하여 친밀하고 상세한 지식을 갖고 있고 또한 회사의 전략·사람 및 활동을 담당하는 대표집행임원의 (이사회에) 갈음하는 권한이다. 대표집행임원에 보고하는 집행부는 이사회의 제1차적인 정보원이다. 더 나아가 거의 모든 회사에서 대표집행임원이 이사회 의장이라는 사실은 이사회에서의 주제와 논의를 대표집행임원이 지배하도록 한다. 이사회 의장으로서의 대표집행임원의 지위는 또한 이사들이 발언하거나 하지 못하도록 하고, 또는 다른 주제에 시간을 할애하도록 한다. 최종적으로 대표집행임원은 이사회에서 빈 자리의 이사를 누구로 채울 것인가를 결정하는데 있어서 가장 중요한 역할을 한다. 따라서 새로운 이사는 대표집행임원에 대하여 신세진 느낌을 종종 갖게 된다. 이러한 점에서 이사들은 법적으로 의도한 황제가 아니라, 오히려 대표집행임원의 수족에 가깝다고 볼 수 있다.[90]

이사회의 문제점에 관한 이러한 진단에 대하여 많은 대표집행임원들이 처음에는 저항을 했지만, 기업계에서는 이를 인정하고 해결방안을 찾기 시작한 다른 영향력이 있는 의견도 있었다. 이때에 이사회의 기능을 증진하고자 하는 많은 의견이 제기되었다. 이러한 의견 중에는 사외이사(outside directors)를 더욱 활성화하자는 의견도 있었다.[91] 1990년대에 권한의 균형을 위하여 많은 이사회가 이러한 의견을 채택하였다. 이러한 변화는 널리 최상의 실무(best practices)로 발전하였다. 이러한 것 중에는 축소된 이사회, 과반수의 독립이사, 대표집행임원이 참여하지 않는 독립

---

90) Lorsch(Fn 87), pp.121~122.

91) William T. Allen, "Redefining the Role of Outside Directors in an Age of Global Competition," Address before the Ray Garrett Jr. Corporate and Securities Law Institute, Northwestern University(Apr. 30, 1992), in Robert A. G. Monks & Nell Minow, *Corporate Governance* 487~495(1995).

이사들만의 회의, 대표집행임원이 아닌 이사회의 리더(이사회 의장), 새로운 이사를 선임하는 과정에서 독립이사의 주도적 역할, 감사위원회·보수위원회 및 회사지배구조 위원회의 설치, 이사회의 활동이 회사의 전략에 대한 승인에 중점을 두고 대표집행임원을 평가하며 경영발전을 감독하고 이사회 자신의 활동을 평가함, 이사들의 활동을 촉진시키는 보수구조 등이다. 요약하면 이러한 최상의 실무는 경영진 및 기타 최상위 집행기관과 관련하여 이사회의 권한을 증대시켰다. 이러한 실무는 이사회에게 대표집행임원이 아닌 합법적인 지도자를 인정했다. 이러한 실무는 이사들에게 용기를 주어 업무집행 회의(executive sessions)를 갖도록 하고, 대표집행임원이 없는 곳에서 이사들이 서로 대화하지 못하게 했던 과거규범(old norm)과 결별하게 하였다. 일단 이사들이 대표집행임원이 없이 대화를 갖는 점에 대한 장점을 인식한 이상, 이사들은 회의 중간에 비공식적으로 그들 상호간에 대화하는 것을 편안하게 느끼기 시작했다. 또한 그러한 대화에서 용기를 받아 세 개의 위원회(감사위원회, 보수위원회 및 지배구조위원회)를 만들게 된 것이고, 이 위원회에서 이사들은 경영진의 참여 없이 정기적으로 만난다. 또한 이러한 최상의 실무는 작은 이사회의 욕구능력(desirability)이 발전하여 그룹토론이 가능하게 되었다. 종국적으로 이러한 새로운 생각(ideas)은 이사회에 대하여 단지 회사의 업무를 경영(집행)하는 것이 아니라, 이사회의 역할에 대한 보다 명확한 견해(view)를 갖도록 하였다. 이사회는 회사가 해당 법을 준수하였는지 확인하고, 주요한 정책적 결정을 승인하며, 장래의 최고 집행부를 결정하는 것이다.[92]

그러나 모든 이사회가 이러한 실무를 동시에 또는 즉시 채택한 것은 아니고, 일부의 이사회는 많은 해가 지난 후 이에 관한 규정과 법이 새로운 실무를 요구한 이후에야 채택했다. 또한 그러한 최상의 실무가 이사회의 모든 문제를 해결하는 것도 아니다. 그러나 (2004년부터) 약 8년간 많은 이사회에서 이러한 실무를 자발적으로 채택한 것은 눈이 띄는 변화를 가져왔다. 대표집행임원과의 관계에서는 여전히 불확실성이 남아 있지만, 많은 이사들이 이러한 최상의 실무를 채택할 것을 결의하고, 이를 실현가능하며 또한 회사를 위한 궁극적 이익의 연원으로 보았다. 많은 경우 이러한 최상의 실무를 채택하는 것은 이사들 스스로부터 온 것이지만, 기관투자자들도 또한 이러한 변화를 촉구하였다. 종종 이러한 주주의 주도권은 사적 모임이나 비공개 서신으로 이루어지므로 조용하지만, 다른 기관투자가들의 암묵의 지지를

---

92) Lorsch(Fn 87), pp.123~124.

얻었다. 그 당시 미국 증권거래위원회(SEC) 규칙이 주주간 직접적 협력을 제한하였
으나, 이러한 주주들은 모두 기관투자가 위원회(council)에 속하여 이 위원회가 비
공식 소통의 장소를 제공하였다. 지배구조의 문제점을 해결하고자 하는 그러한 조
용한 접근은 결실을 맺지 못하였으나, 기관투자가들은 때때로 공개 접근을 이용하
였다. 기관투자자들이 한편으로는 이사회 및 경영진과 사적 연락을 하고 다른 한편
으로는 더 공적인 난처한 방법을 교대로 사용하는 것은 기관투자가들이 오늘날 이
사회를 개선하기 위하여 사용하는(또는 잘못 사용하는) 작전이다. 그들은 공개회사의
이사들이 난처해지는 것을 좋아하지 않는다는 것을 알고서 그들의 이익을 위하여
그러한 사실을 이용한다. 더 나아가 그들은 주주제안을 지원하기 위하여 그들의 권
리를 사용하였고, 또한 이사의 선임방식에 관한 부속정관을 변경하기 위한 의결권
쟁탈(proxy contests)에도 그들의 권리를 사용하였다.[93]

　　많은 미국 이사회에서 이러한 변화가 수용되고 있는 가운데, 유사한 생각이 유
럽대륙에서도 제시되었다. 이 중 주목할 것은 1992년 영국의 캐드버리 보고서
(Cadbury Report)인데(이는 법의 효력이 없음), 이 보고서의 추천사항 중에는 이사회는
대표집행임원이 아닌 의장을 가져야 하고[94](이에 추가하여 의장은 독립적이어야 하고
집행임원이 아니어야 함)(이 당시 영국의 이사회는 주로 사내이사로 구성되었음), 감사위원
회를 두어야 한다는 것이다. 이러한 추천안은 (미국의 경우보다도) 빠르고 많이 채택
되었는데, 이는 아마도 이 안(project)의 지원자가 영국 증권거래소이기 때문이거나
또는 회사의 준법 정도를 공시하도록 하였기 때문이다. 이유가 무엇이든 캐드버리
보고서는 영국뿐만 아니라 미국에도 중대한 영향을 미쳐서, 이미 진행되고 있는 변
화를 지원하였다. 이 당시 이러한 변화의 사고는 네덜란드, 프랑스 및 오스트레일리
아에까지 확대되었으나, 새로운 세기(21세기)에 불어오는 문제점에 대하여는 아무도
깨닫지 못했다.[95]

　　21세기 초 미국 기업에 2개의 다른 지배구조관련 위기가 왔다. 첫째는 2000년
에 온 "dot com bubble"의 출현이다. 많은 초기 신규 상장 공개회사들은 그들의
주식가치가 급박하게 떨어지는 목격했다. 많은 이러한 회사들은 그들이 아직도 지
속가능한 기업모델인 것으로 알고 있었다. 그런데 벤처기업의 출현과 그들의 상장

---

93) *Id.*, pp.124~125.
94) 참고로 미국에서는 대표집행임원과 이사회 의장의 분리가 1999년에는 S&P 500회사 중 20%이
　　었는데, 2009년에는 37%로 상승했다[Lorsch(Fn 87), pp.126, Figure 1].
95) Lorsch(Fn 87), pp.125~126.

으로 인하여 기존기업의 주식가치는 급박하게 하락한 것이었다. 기존기업의 실패는 부분적으로 이사회의 책임에 기인하는 것이 분명하다. 둘째는 엔론 등(Enron, Tyco, WorldCom)과 같은 회사에서 발생한 회계사기의 파고이다. 이는 지배구조의 실패인데, 이는 부당하거나 사기적인 회계관행과 상급집행기관에 대한 과도한 보수가 특징이다. 이는 이러한 회사의 이사회가 위에서 본 최상의 실무를 채택하였는지 여부가 중요한 문제이다. 확실히 이러한 회사의 이사회는 모두 과반수의 독립이사를 가졌고 또한 주요 이사회내 위원회를 가졌다. 그러나 다른 면에서 이러한 이사회는 대부분 대표집행임원이 광범위한 권한을 갖고 있는 전통적인 관행을 따랐다. 이러한 회사들 중 어떠한 회사도 대표집행임원 외에 독립이사의 대표가 없었다. 예컨대, 엔론의 이사회의 구성원은 17명인데 이는 최상의 실무에서 제시한 규모보다 훨씬 크고, 모든 이사들이 엔론의 이사회 의장 겸 대표집행임원과 그의 상급 집행임원에 대한 신뢰가 컸다. 또한 이러한 회사에서는 대표집행임원과 비교하여 이사회의 권한을 강화하고자 하는 목적달성을 위한 노력이 거의 없었다. 엔론에서 이사회는 문제가 되는 거래를 알면서도 이를 승인했다. 더 나아가 감사위원회에게 그러한 거래의 일부는 매우 위험하다고 경고를 했음에도, 감사위원회는 이러한 경고를 무시하고 대표집행임원 및 상급집행임원을 신뢰하였다. 이후 사베인스 옥스리법(Sarbanes-Oxley Act of 2002)이 제정되었는데, 이는 이사회내 감사위원회에 새로운 요구사항을 부과하였고, 또한 공개회사의 대표집행임원과 대표재무집행임원의 재무보고서를 확인함에 있어서 새로운 요구사항을 부과하였다. 이 법은 감사위원회와 회사의 재무 및 회계담당 직원에게 모두 부담을 준다는 불만은 있었으나, 이를 변경하거나 폐지하고자 하는 중대한 시도는 없었다. 그 후 몇 년이 지나 대부분의 이사들과 상급집행임원들은 동법이 그들 회사의 회계 및 재무보고를 발전시켰다는 점을 인정하였다. 또한 그들은 동법이 감사위원회에게 그들 회사를 감사한 공인회계법인의 선정과 감독에 대한 명백한 책임을 부여한 것을 알고, 이것이 또한 지배구조를 발전시켰다고 믿었다. 이에 부응하여 뉴욕증권거래소 및 나스닥도 상장요건을 개정하였다. 이 개정의 핵심은 두 거래소가 상장규정을 개정하여 상장회사에게 대부분의 최상의 이사회 관행(the best boardroom practices)을 시행할 것을 요구하였다. 두 거래소의 상장요건간의 중요한 차이는, 뉴욕증권거래소(NYSE)는 지배구조위원회와 보수위원회는 전원 독립이사로 구성하도록 하고 있는데, 나스닥은 그러한 것이 과반수의 독립이사에 의하여 결정된 것이면 보수위원회와 지배구조위원회에게 그러한 요구를 하지 않는다는 점이다. 이러한 변경된 상장요건과 사베인스옥스리법

은 지배구조를 발전시키는데 매우 발전적인 계기를 제공하였다.[96]

　위와 같은 발전은 회사지배구조에 관심이 있는 사람들에게 이사회가 발전하고 있다는 믿음을 주어, 2008년 금융위기(financial meltdown)를 맞게 되었다. 이때 언론·정치인 및 일반인은 이에 대한 책임이 있는 자는 은행과 월가라고 확정하였기 때문에, 이사회에 대한 공중의 비난은 덜 했다. 관심은 경영진과 이를 감독하는 기관(regulators)에 집중되었기 때문에 이사회의 감독 결여를 비판하는 자는 거의 없었다. 이러한 점에서 은행과 그의 집행임원을 규율하는 데에 중점을 둔 도드프랭크법(Dodd-Frank Act)이 제정된 것이다. 이러한 반응의 이유는 최고경영진이 스스로 금융위기를 초래한 많은 관행과 문제점을 몰랐다는 것이다. 대표집행임원 및 기타 최고경영자들이 자기 회사의 관행(기타 위기를 초래하는 행위는 물론)에 의하여 초래된 문제점을 몰랐다면, 정보에 대하여 이러한 경영진에 의존하는 이사들(이사회)을 비난하는 것은 불공정한 것 같기도 하다. 그러한 논쟁이 장점이 있지만, 금융기관의 이사회를 비판할만한 충분한 이유가 있다. 근본적(underlying)인 문제는 (금융기관의 이사회의 구성원은 대부분 독립이사로서) 금융기관의 이사회에는 금융경험이 있는 이사가 거의 없었다는 점이다. 이러한 평가의 증거는 미국 재무부가 주요 금융기관(예컨대, Bank of America, Morgan Stanley)에서 중요한 이사가 되면서 나타났다. 연방정부가 이사가 되자마자 각 이사회에서 몇몇 현존 이사를 금융경험이 많은 신임이사로 교체하였다. 도드프랭크법이 주로 금융기관을 규율하는데 초점을 맞추었지만, 동법은 회사지배구조에서 두 가지 큰 결과를 가져왔다. ① 첫째는 주주에게 어떤 조건에서는 회사의 위임장(proxy statement)에 기초하여 이사를 지명하도록(place nominees) 허용하는 것이다. 이것은 이사의 지명에 있어서 주주가 더 큰 목소리를 내도록 할 의도이었다. 증권거래위원회(SEC)는 이 규정을 시행하고자 하였으나, 연방법원에 의하여 제동이 걸려 연기되었다. 의결권 대리행사 접근은 델라웨어 주를 포함한 몇몇 주에서는 여전히 가능하나, 회사 부속정관의 변경이 있어야 시행된다. ② 지배구조에 크게 영향을 준 도드프랭크법의 둘째의 면은 급여지급방식(say-on-pay)의 규정인데, 이는 주주에게 상급집행임원의 전년도(prior-year)의 보수를 승인하는데 대리인의 투표권을 인정한 점이다. 이 아이디어(idea)는 몇 년간 존재했던 영국의 제안(proposal)에 미국식 개혁안(innovations)을 적응시킨 것이다. 집행임원의 보수와 관련된 규정이 재무규제가 목적인 법에 어떻게 들어오게 되었는지는

---

96) *Id.*, pp.126~129.

의문일 수 있다. 이와 관련된 것 중의 하나는 집행임원의 보수가 너무 높고 회사의 업무집행과 무관하다는 주장이 장기주주와 언론에서 있어 왔는데, 이러한 문제의 대표적인 예가 금융기관의 최고 집행임원의 보수이었다.[97]

　　더 문제가 되는 것은 지배구조의 발전이 초래한 변덕스럽고 상대적으로 예측할 수 없는 결과이다. 회사의 복잡한 구조에서의 변화는 필연적으로 혼란스럽고 의도되지 않은 부정적인 결과가 될 수도 있다. 그러나 변화의 필요에 대한 보다 명확한 이해와 변화를 유도하는 힘은, 일부 부정적인 부작용도 있지만, 회사지배구조에서 희망적으로 장래의 발전을 촉진시킬 것이다. 이러한 부작용의 예를 살펴보면 다음과 같다. ① 첫째의 예는 집행임원의 보수의 과다에 대하여, 1993년에 세법이 개정되어 100만 달러가 넘는 집행임원의 보수에 대하여는 업무집행과 관련되지 않는 한 집행임원에 대한 보수에 대한 공제를 폐지하였다. 그런데 보수위원회에서는 이를 대체하기 위하여 인센티브 보수를 증액하였다. 또한 증권거래위원회(SEC)는 상급집행임원의 보수를 공시하고 설명하도록 하였다(in the form of the Compensation Disclosure and Analysis Section of the 10K). 이러한 정보공시는 과도한 집행임원의 보수를 억제하고자 한 것이다. 그런데 결과는 그렇지 않았다. 상급집행임원들은 이 정보를 동료들의 보수와 비교하여 그들에게 더 많은 보수를 달라고 하는데 이용하였다. 지금까지의 이러한 경험은 집행임원의 보수의 개혁에 관한 지배구조의 개선안은 아주 터무니 없이 많은 보수를 제외하고는 거의 효과를 보지 못하고 있다고 볼 수 있다. ②지배구조와 관련된 변화가 의도되지 않은 결과를 가져온 둘째의 예는 이사회에 독립이사의 비율을 과반수 이상 하라는 요구이다. 그러한 요구의 의도는 이사가 이해충돌을 갖지 않고 회사에 완전히 충실하게 항상 활동하라는 것이었다. 그런데 이러한 독립이사는 회사의 업무에 대하여 깊은 경험이 없는 이사가 과반수 이상이라는 의도되지 않은 결과를 가져왔다. 그러한 경험이 없는 개인은 진정한 의미에서 독립적이 될 수 없다. ③ 그러한 부정적이며 의도되지 않은 결과의 셋째의 예는 연합체(union) 및 공공근로자 연금 펀드가 시차 이사회(staggered boards)를 폐지하고자 하는 것이다. 이와 같이 변경하고자 하는 자는 단기의 이사들은 주주들이 원하면 그들에 의하여 교체될 기회가 많기 때문이라고 주장한다. 그런데 보다 더 중요한 것은 지식과 경험을 가진 이사를 두는 것이다. 이사로 장기간 근무하면 이사로서 지식과 경험이 증대되므로 시차이사회를 유지해야 하는 주장을 뒷받침

---

97) *Id.,* pp.129~130.

하게 된다. 이러한 의도되지 않는 결과가 발생하는 두 가지 주요한 이유가 있다. ①
첫째는 이사회의 효율성에 영향을 미치는 세력(forces)이 서로 연관되어서 복잡한
제도를 형성한다는 것이다. 특별한 변화를 요구하는 자들은 자주 그들의 이익만을
생각한다. 그들은 그들의 새로운 제안에 대한 부작용을 예상하거나 알지 못한다.
② 둘째는 특별한 변화를 제안하는 자들은 제도의 일부분에 대해서만 이해하고 관
심을 갖는다. 이사로서 활동하는 자는 효율적인 지배구조에서 가장 중요한 것은 이
사 상호간 및 이사와 경영진간에서 발생하는 일이다. 이사에게 있어서 지배구조는
이러한 인간관계의 결과이다. 이에 반하여 지배구조에서 핵심이 되었던 주주들은
지배구조를 개선하는 길은 게임의 규칙을 바꾸어 주주가 회사의 의사결정에서 더
큰 영향력을 갖는 것으로 생각한다. 지난 25년간 발생한 회사지배구조에서의 변화
는 두 곳에서 발생하였다. 이사회와 주주이다. 이사들과 그들의 조언자들은 그 변화
를 회사의 이익으로 보았고, 주주들은 그들의 제안이 그들의 영향력을 증대시켜 그
들의 이익을 보호한다고 생각하였다. Lorsch 교수의 판단으로는 가장 유익한 (지배
구조의) 변화는 이사회 및 그들의 조언자로부터 온다고 본다. 이사들은 처음부터 경
험을 통하여 이사회가 그들의 권한을 이행하는데 왜 어려운 점이 있는가를 알고 이
러한 문제점을 제거하거나 적어도 최소화하는 해결책을 만든다. 주주로부터 나오는
많은 아이디어는 법과 회사의 (법률)문서에 규정된 문제에 초점이 맞추어져 있으나,
이사회가 어떻게 기능하는지에 관하여는 영향이 거의 없거나 전혀 없다. 이사들과
그들과 함께 일하는 자들은 이사회의 기능을 증진시키는 일에 있었거나 이에 여전
히 있는 문제점을 충분히 이해하고 있는 반면에, 주주들과 그들의 외곽에서 변화를
추구하는 그들의 동료들은 다른 전제에서 활동하고 있다. 주주들은 이사들의 신뢰
가치를 의심한다. 주주들은 이사들이 그들 자신들의 이익을 취하고 주주들의 이익
과 권리에 대하여는 관심을 갖고 있지 않다고 믿고 있다. 결론적으로 주주들은, 주
주들을 위하여 이사들이 주주들에게 이익이 되지 않는 일에 그들의 권한을 사용하
지 못하도록, 주주들이 할 수 있는 모든 수단을 사용하여야 한다고 한다. 이러한 두
가지 다른 관점에서, 우리는 지배구조를 개선하는데 이해관계가 있는 두 그룹 사이
에서 발생하는 기본적인 불신을 알게 되었다. 이에 대한 해결책을 찾기 위하여 양
자는 협력하는 대신, 이사회 측에서는 주주들의 변화에 대한 주도권을 적대적 행위
로 보고, 이와 유사하게 주주들은 그들의 제안에 대한 이사회의 반대를 이사회의
권한을 강화하기 위한 은밀한 시도로 본다. 이 두 측의 소통과 이해를 증진시키는
것이 지배구조의 개선에서 기대하지 않은 결과가 발전을 방해하는 위험을 감소시킬

수 있다. 이러한 과거의 계산과 미래의 예측은 종국적인 규칙 제정자, 다양한 주 법원 특히 델라웨어 주 법원을 언급하지 않고는 결론이 나올 수 없다. 법률 또는 규정의 개정의 면에서는, 거의 전적으로 상원·증권거래위원회(SEC) 및 증권거래소가 하였다. 그런데 델라웨어 주 법원의 태도는 이러한 최상의 관행은 단지 희망적(aspirational)일 뿐이라는 것이다. 요약하면, 델라웨어 주 법은 지배구조 개선방안으로서 기업 지도자들과 증권거래소가 확인한 것을 무시할 수 있다는 것이다. 따라서 델라웨어 주가 이사회의 최상의 관행을 만드는데 더 큰 지도력을 발휘할 때가 되었다고 본다.[98]

미래를 보면, 우리가 회사지배구조를 변경하여 의도되지 않은 결과가 발생하는 것을 줄이고, 이해당사자간의 충돌을 줄이는 접근을 할 필요가 있다. 어떠한 논의의 중심에서는 지배구조에서 주주의 역할에 근본적으로 동의할 필요성이 있다. 21세기의 지배구조에서 주주가 어떻게 관련될 수 있는지에 관하여는 중요한 의문이 있다. 개인 주주보다는 법인 주주가 더 유명하게 되었을 뿐만 아니라, 주주의 권리에 관한 생각도 또한 많이 발전하였다. 많은 주주·이사 및 집행임원이 회사의 이익(responsibility)은 곧 주주의 이익이라는 생각을 갖고 있는 반면에, 새로운 목소리가 이러한 관점에 도전하고 회사의 목적은 더 넓어야 한다고 주장한다. 즉, 회사의 목적은 회사 자체의 장기간의 건전성과 폭넓은 사회에 대하여 기여하는 가치를 반드시 고려하여야 한다는 것이다. 이러한 견해에서는 회사의 주식을 빈번하게 거래하는 주주들은 소유자로서 고려되어서는 안 되고, 따라서 소유자로서의 권리를 가져서도 안된다는 것이다. 이러한 불일치가 묵시적으로 남아있는 한, 회사지배구조에서 장래의 변화에 대한 합의는 어려울 것이다. 오늘날 요구되는 변화의 형식은 어느 정도는 주장자의 견해에 따라 다른데, Lorsch 교수의 견해로는 집행임원의 보수에 대하여 더 좋은 감독과정이 있어야 하고, 이사회에 독립적이면서 또한 지식이 많은 이사들이 더 많이 있어야 하며, 회사와 장기소유 주주들간에 소통이 원활해야 하고, 또한 종국적으로는 시차 이사제도를 재검토해야 한다는 것이다. 회사지배구조를 더 빨리 발전시키기 위하여는 회사의 목적에 대한 더 명확한 합의가 있어야 할 뿐만 아니라, 지배구조에 관련된 주요 당사자들이 이러한 문제가 연구되고 합의될 수 있는 포럼(forum)을 가져야 한다.[99]

---

98) *Id.*, pp.131~133.

99) *Id.*, pp.133~134.

(2) 이사회의 감독기능 강화를 위한 끊임없는 노력

1970년대에는 이사회를 경영에서 더 독립할 필요가 있다는 것이 주제였다. 이러한 문제는 아이젠버그 교수가 제공했고, 영향력이 있는 책에 모두 기술되어 있다.[100] 동 교수는 독립성은 필요한 조건이지만, 문제는 독립성 그 자체가 아니라고 조언했다. 이사회의 과반수가 사외이사인 경우에도, 사외이사들은 시간·정보 및 직원(staff) 등에서 중대한 제약을 받는다. 그래서 아이젠버그 교수는 사외이사에 대한 상당한 열망이 바뀌어, 사외이사는 경영관리를 평가하여 평가가 나쁜 경영자를 해임하고 승계안(succession plans)을 작성하고 이행하는 것이라고 제안한다.[101] 1960년대에서 1980년대 중반까지는 미국 회사의 이사회 구성에서 엄청난 변화가 발생했다. 1960년에는 회사의 약 63%가 이사총수의 과반수가 사외이사라고 보고되었는데, 1989년에는 그 비율이 89%까지 올라갔다. 30년 전에 시작한 이러한 추세는 다음과 같은 결과를 가져왔다. ① 공개회사에서는 독립된 사외이사의 비율이 더 높았다. ② 독립된 사외이사는 현재 핵심 이사회내 위원회, 예컨대 감사위원회 및 보수위원회와 같은 몇몇 위원회에서 과반수로 활동한다. ③ 사외이사의 시간 초과 수수료(fees)는 상승했다. ④ 사외이사들이 회사의 업무에 보다 많은 시간을 쓰고 있다. ⑤ 사외이사들은 그들이 속한 위원회 활동에서 보다 더 큰 전문지식을 발휘하고 있다. ⑥ 독립된 사외이사가 회사의 정책을 결정하고 집행임원의 업무집행을 감독하는데 더 많이 관여하고 있다. 1980년대 대부분 회사의 지배구조에 관한 논의는 미국법조협회(American Law Institute: ALI)의 지배구조 프로젝트이었다. 이 프로젝트의 핵심내용은 공개회사는 독립이사를 두도록 하여 적극적인 감독업무의 모델을 만들자는 것인데, 이에 대하여 10년간 공격받으면서 살아남았다. 이 안은 1992년 5월에 미국법조협회 회원들에 의하여 승인되었는데, 공개회사의 이사회가 수행하여야 하는 업무는 다음과 같다(동안 § 3.02). ① 주요상급집행임원(§ 1.30)의 선임, 정기적인 평가, 보수 결정, 필요한 경우 교체, ② 회사의 업무(business)가 정당하게 집행되는지 여부에 대하여 평가하는 회사의 업무집행에 대한 감독, ③ 회사의 재정목적과 주요 회사의 계획 및 활동에 대한 검토와 필요한 경우 승인, ④ 회사의 재무제표의 준비에 사용되는 감사 및 회계원칙에 관한 주요한 변경, 주요한 선택문제의 결정에 대한 검토와 필요한 경우 승인, ⑤ 법에 규정되거나 회사준칙(standard of the corporation)에서 이사회에 부여된 기타 업무의 수행이다. ALI의 매우 중요한 원칙

---

100) Melvin A. Eisenberg, *The Structure of the Corporation: A Legal Analysis* (1976).
101) Eisenberg(Fn 100), pp.159~168.

은 감독업무를 수행할 수 있고 또한 수행해야 하는 회사의 기관으로서 이사회를 인식하고, 이러한 이사회는 업무집행(경영)이 회사의 목적에 맞지 않거나 불법행위를 방지하기 위하여 필요한 경우에는 경영진을 교체한다는 것이다. 중요한 것은 ALI 프로젝트는 독립된 감사위원회를 설치하도록 한 것뿐만 아니라, 대규모 공개회사는 이에 추가하여 지명위원회 및 보수위원회를 설치할 것을 권고하고 있다. 또한 동 프로젝트는 이해충돌, 회사기회유용 및 대표소송에 있어서 독립이사가 해야 할 역할을 강화하고 있다. 미국 회사의 이사회에서 최근 경향은 사외이사가 그가 속한 회사의 실질적인 주식을 갖도록 권고하거나 어떤 경우에는 요구하는 경향이 있다. 이러한 요구는 사외이사가 종래에 누렸던 관행적 혜택을 줄이고, 특히 건강 및 연금혜택을 제공하면서 사외이사가 자기의 수수료(fees)의 일부로써 회사의 주식을 사도록 한다는 것이다. 이의 목적은 사외이사를 회사의 소유주와 더욱 밀접하게 연결시키는 것이다. 1996년에 블루리번위원회(Blue Ribbon Commission)는 사외이사의 효율성을 증대하기 위하여 공개회사에 대하여 많은 사항을 제안하였다. 동 위원회의 제안 중에는 사외이사는 6개 이사회(회사) 이상에서 근무할 수 없는 점, 대표집행임원과 이사회의 효율성을 위하여 독립된 의견을 위한 절차, 이사회내에 지배구조위원회를 설치하여야 한다는 점, 이사회 의장에는 사외이사가 선임되어야 한다는 점, 사외이사에 대하여는 시차제 임기가 필요하다는 점 등이 있다.

사외이사와 주주간에는 양자의 관계를 굳게 하기 위한 많은 필연적인 요소가 있다. 이러한 목적을 위한 전략적 추구는 다음 몇 년간에 많은 주목을 받을 수 있는 영역이다. 이에 관한 몇 가지 점은 정치적으로 실현가능한 부분이다. 우리가 이미 잘 아는 바와 같이 주식투자자의 절반은 금융기관·매우 중요한 공적 및 사적 연금 그룹이다. 이와 같은 소유의 기관투자자로 인하여, 다수의 주주와 소액주주로 인한 소유의 약화는 소유와 경영에서 발생하는 심각한 문제라고 본 Berle 및 Means[102]의 전제는 단지 부분적으로만 맞게 되었다. 이와 같이 기관투자자의 비율이 높음으로 인하여, 그러한 투자자들은 부실한 경영자들로 인하여 주식을 팔고 쉽게 탈출할 수 없다. 그래서 공개회사의 이사회에는 기관투자자의 대표를 파견할 수 있는 구조도 계속 논의되는 것이다. 또한 한때 미국 공개회사에서 이용했던 집중투표제도를 회복시키자는 제안도 있다. 집중투표제도를 주의 깊게 연구한 제프 고든(Jeff Gordon) 교수는, 이를 강행규정으로 둔 주의 수가 1956년에 최정상이었지만, 이것

---

102) Adolf A. Berle/Gardiner C. Means, *The Modern Corporation and Private Property* (1933).

이 의결권 위임장 쟁탈전(proxy contests)를 조장시키고 적대적 기업인수(takeovers)를 촉진시킨다는 공포감에서 그 이용이 떨어져서 이용되지 않고 있다고 한다. 동 교수는 공개회사에서 기관투자자들이 이사회에서 목소리를 내기 위하여 집중투표제의 회복을 전망한다. 1992년 이전에는 증권거래위원회(SEC)의 의결권대리(proxies) 규칙이 금융기관의 목소리를 지켜주었다. 1992년에 증권거래위원회는 기관투자자들이 이사회에서 집단적 목소리를 내는 것을 촉진하는 중대한 행보를 하였다. 즉, 증권거래위원회는 그의 규칙을 개정하여 주주들간의 소통을 제한하는 규정을 축소하였다[SEC Rule 14a−2(b)(1), 14a−1(l)(2)(ⅳ)]. 따라서 이러한 새로운 규칙에 의하여 주주들, 특히 금융기관들은 주주총회에서 그들의 영향을 최대화하기 위하여 그들의 행동을 더욱 쉽게 조정할 수 있게 되었다. 최근에는 이사 선임과정에서 주주의 참여를 위한 새로운 압력이 발생하였다. "이익경영"(earnings management)의 우선, 신고소득의 재작성 및 공개회사의 대규모 회계사기에 관한 관심이 고조되는 가운데, 1998년에 증권거래위원장(Arthur Levitt)은 "전 금융계(financial community)는 물론 회사경영에 있어서 근본적인 문화의 변경밖에 없다"고 하였다. 이러한 개혁주도에서, 블루리번위원회(Blue Ribbon Committee)의 도움을 받은 증권거래위원회는 뉴욕증권거래소·아멕스(AMEX) 및 나스닥에 상장한 회사는 감사위원회를 설치하도록 하였다. 이와 같이 상장회사에 대하여 감사위원회를 두도록 한 것은, 1987년부터 1997년까지 있었던 금융사기로 인하여 증권거래위원회가 1999년에 상장회사에 대하여 한 연구에서 출발하였다. 이 연구에서 조사한 회사 중 25%가 감사위원회를 두지 않았고, 감사위원회를 둔 회사도 그 위원회의 거의 3분의 1인 위원은 경영진과 밀접한 친분관계에 있거나 실제로 경영에 참여하고 있어 독립성이 없었다. 그리고 감사위원회 위원의 65%는 회계와 재무의 전문가가 아니었다. 부루리번 위원회의 권고안의 일부는 종국적으로 수정되었지만, 동 안의 대부분은 금융계에서 채용되고, 또한 현재 상장요건이 되고 있다(NYSE, AMEX, Nasdaq). 감사위원회와 관련된 상장요건의 핵심적인 사항은 증권거래위원과 부루리번위원회의 안이 본질적으로 동일하다. 상장회사는 3인의 '독립이사'로 구성된 감사위원회를 두어야 한다(예외적인 경우 1인의 위원은 비독립적일 수 있다). 무엇보다도 감사위원회 위원은 독립성이 가장 중요한데, 이에는 다음과 같은 요건이 있다. 위원은 3년 내에 회사의 피용자가 아니어야 하고, 보수로 60,000달러 이상을 받지 않아야 하며(이사회 회의비는 제외함)(뉴욕증권거래소는 이를 더 독립성을 해할 문언으로 명시함), 각 위원은 재무적인 지식이 있어야(financially literate) 하고, 한 위원은 재무 및 회계분야에서 고용경험이 있는 것과 같은 재무에 관한 지식을 가지고 있어야 하며, 감사위원회는 반드시 서면 헌장 (charter)을 갖고 있어야 한다. 증권거래위원회의 공시요건은 감사위원회의 설치요건을 강화하고 있다. 감사위원회는 감사를 받은 재무제표가 (회사의 양식 10－K에 기재되는) 재무보고서(연례보고서)에 포함되어야 한다고 이사회에 추천하였는지 여부를 공시하여야 한다. 또한 감사위원회는 동 위원회가 경영진 및 독립된 회계사와 논의를 하였는지 여부 및 그러한 논의를 (재무제표의) 재무보고서상 포함시킬지에 관하여 감사위원회의 추천에 대한 기초가 되었는지 여부에 관하여 알고 있어야 한다. 이것이 중요한 것은, 이는 감사위원회 위원을 어떠한 관련 재무보고서상의 정보에 접근하도록 하여, 재무제표에 잘못 기재될 수 있는 오류에 관하여 그들이 제1차적인 관련자라는 것을 쉽게 확정할 수 있게 하기 때문이다. 이에 더 나아간 공시요건은 (의결권 대리) 각 위임장에는 그 회사가 감사위원회를 두고 있는지 여부를 기재하여야 하고, 또한 3년에 한 번 위임장에는 감사위원회 헌장에 있는 바와 같이 감사위원회의 책임과 의무를 기재하여 공시하여야 한다. 회사지배구조에 관한 가장 최근의 발전은 미국에서 6번째로 큰 회사이고 포천(Fortune) 500 집행부(executives)에 의하여 5년 연속 가장 혁신적으로(innovative)인 것으로 등급이 매겨진 엔론(Enron) 회사가 2001년 가을에 붕괴됨으로써 시작되었다. 그 회사의 주식은 40달러 고점에서 거래되다가, 몇 주내에 곤두박질을 치더니 2001년 11월 초에 파산됨으로써 거의 무가치하게 되었다. 2002년의 월드컴(WorldCom)의 파산은 상급집행임원에 의한 중대한 금융사기와 연결된 또 다른 실패였다. 엔론·월드컴 및 또 다른 10여개의 대규모 공개회사의 파산은 일반인의 양식에 충격이었다. 이는 (사업의) 실패가 아니라, 대부분의 상급집행임원에 의한 집중적인 보고사기, 과욕 및 낭비적이고 잘못된 행위로 인한 것이기 때문이다. 확실히 각 회사에서의 사외이사·공인회계사 및 기타의 자의 역할에 있어서 다수의 잘못된 점도 있었다. 엔론 등의 붕괴는 월스트리트 자본시장에서 약 4조 달러의 증발을 가져왔다. 국가적인 분위기는 미국 회사의 문제점에 대하여 눈을 감을 수 없게 되었다. 이에 대한 규제의 첫 파고는 뉴욕증권거래소(New York Stock Exchange) 및 나스닥(Nasdaq)에서 왔는데, 양자 모두 상장회사에 대한 지배구조 요건을 강화하여, 이사회의 최소한 과반수는 의무적으로 독립이사를 두도록 하였다(그런데 이 요건은 명백히 지배주주가 있는 소위 지배된 회사에 대하여는 적용되지 않는다). 그들의 이러한 노력의 핵심은 감사위원회이었다. 두 거래소는 상장회사는 이사회의 과반수를 독립이사로 구성하는 새로운 엄격한 기준을 충족하도록 요구하고 있고, 또한 감사위원회는 전부 독립이사로만 구성하도록 요구하고 있다. 또한 뉴욕증권거래소 소속 상장회사는 지명위원회 및 보수위원회도 전부 독립이사로 구성하여야 한다. 이에 비하여 나스닥은 지명위원회에는 한 사람의 비독립이사를 두는 것을 허용하거나(공시되는 경우) 또는 이에 대신하여 (이사 등의) 지명이 과반수의 독립이사에 의한 승인을 받도록 하고 있다. 또한 뉴욕증권거래소는 새로운 요건을 규정하고 있는데, 이사회는 독립이사가 그의 독립성을 저해하는 (회사와) "실질적 관계"를 갖고 있는지 여부를 결정하여야 한다. 이에 관하여 뉴욕증권거래소는 무엇이 그러한 관계인지 여부에 대하여 특별히 규정하지 않고, 이사회가 "모든 관련 사실과 상황"을 고려하여 판단하도록 하고 있다. 2008년에 뉴욕증권거래소는 이 규칙을 개정하여, 독립이사가 회의비(fees)를 제외하고 지난 3년내에 1년간 120,000달러를 초과하는 보수를 받지 않았다면 독립성이 있다고 하였다. 이러한 새로운 독립성 규칙은 독립이사의 직계가족에게도 적용된다. 또한 나스닥도 이에 대하여 규정하고 있는데, 독립이사 또는 그의 가족이 120,000달러를 초과하는 보수를 받으면 그 독립이사는 독립성이 없다고 규정하고 있다. 뉴욕증권거래소 및 나스닥은 이에 더 나아가 모든 비경영이사는 정규적으로 업무집행 회의(executive sessions)에서 만날 것을 요구하고 있다. 최종적으로 뉴욕증권거래소는 회사는 의무적으로 회사지배구조 가이드라인을 채택하도록 하고, 뉴욕증권거래소 및 나스닥은 모두 상급집행임원에 대한 (자격)요건을 규정하지 않으면 이를 즉시 공시하도록 하는 행위규정을 요구하고 있다. 뉴욕증권거래소는 대표집행임원에게 그 회사가 상장지배구조규정을 준수하였다는 것을 매년 증권거래소에 보고할 것을 요구하고 있다. 나스닥은 이해충돌거래에 대하여 규정하고 있는데, 감사위원회가 모든 관련 당사자의 거래를 승인할 것을 요구하고 있다. 또한 미국 상원은 2002년 7월에 사베인스옥스리법(Sarbanes — Oxley Act)을 통과시켜, 1933년 증권법과 1934년 증권거래법을 개정하였다. 감사를 받는 회사에게 본질적으로 비감사 업무에 관한 사항을 감사(auditors)에게 제공하도록 하는 감사의 일반관행에 대하여, 증권거래법 제10A조가 개정되어 감사에게 일정한 비감사 업무에 관한 사항을 제공하지 못하도록 하였다. 또한 동 개정은 회사와감사(auditor)의 관계를 감사위원회로 집중시켜, 감사가 제공하는 모든 용역은 감사위원회의 승인을 받도록 하고 있다(극소의 예외는 있음). 또한 감사는 모든 논쟁이 있는 회계정책·(대체적) 처리 및 기타 경영진과의 중대한 정보에 관하여 감사위원회에게 적시에 보고할 것을 요구하고 있다. 회사는 그의 감사위원회가 "재무전문가"(financial expert)를 두고 있는지 여부를 공시하여야 하는데, 이렇게 함으로써 회사가 감사위원회의 위원 중 적어도 1인이 이러한 간접요건을 충족하도록 회사에 압력을 가하는 것이다. 종국적으로 감사담당자들은 5년마다 변경되어야 하는데, 이로써 회사와 감사담당자간에 형성되는 밀접한 관계를 회피할 수 있다. 사베인스 옥스리법에 의하면 감사위원회는 전원 독립이사로 구성되어야 하고, 감사위원회는 회계부정행위에 대한 보고를 하는 절차를 두어야 한다. 사베인스 옥스리법의 가장 강력한 조치는 지금까지 주(州)의 배타적인 소관사항인 영역까지 침투한 점이다. 동법은 (증권거래위원회가 이미 작성하고 있는 내용과 같이) 대표집행임원과 대표재무집행임원은 의무적으로 증권거래위원회에 제출되는 정기보고서가 ① 검토되었고, ② 확인한 집행임원의 지식으로 볼 때 "중대한 사실에서 어떠한 부진정한 설명이 없으며," ③ 이를 확인하는 집행임원의 지식으로 볼 때 "그 보고서는 모든 중요한 면에서 회사의 재무상태와 활동의 결과를 상당히 반영하고 있음"을 확인하도록 하고 있다.[103]

(3) 이사회의 권한

이사회 권한에 관하여 초기의 주법상 대표되는 것은 모범사업회사법의 초기 버전인데, 단순히 "회사의 사업과 업무(business and affairs)는 이사회에 의하여 집행(경영)되어야 한다(shall be managed)"고 규정하였다. 그런데 실무적인 문제로서 이사회는 회사의 업무를 집행(경영)하지 않고, 이 업무는 폐쇄회사에서도 집행임원에게 맡겨진다. 이러한 현실을 반영하기 위하여 1974년 개정 모범사업회사법은 이 용어를 변경하여, 회사의 권한은 "이사회에 의하여 또는 이사회의 권한 하에서"(by or under the authority) 행사된다고 변경하여, 회사의 업무는 이사회의 "지시에 의하여"(under the direction) 집행(경영)되는 것으로 변경하였다. 이것이 현재 거의 모든 주법의 표현이다. 이사회의 역할에 대한 이러한 현대적 표현의 효과 중에서 바람직한 것은, 법원이 이사회는 그 자체가 회사의 일상의 업무를 집행(경영)한다는 견해(view)를 갖지 못하도록 하고 또한 이사회는 회사의 업무집행기관에 대하여 철저한(close) 감독을 하지 못한 점에 대하여 책임을 진다는 견해를 갖도록 한 점이다. 이사회의 권한의 표현에서 또 다른 변경은 회사의 권한과 집행(경영)은 "기본정관에 다른 규정이 없으면" 이사회의 권한 또는 지시에 적합하여야 한다고 규정한 점이다. 회사법상 이러한 광범위한 예외조항은 주주총회(및 채권자와 같은 제3자)에게 이사회가 관행적으로 행사한 권한을 이전할 수 있다는 것이다.[104]

회사의 이사회는 법적으로 회사의 정규적인 업무집행에서 최고의 권한을 갖고

---

103) Cox/Hazen(Fn 27), pp.154~165(§ 9.2).

104) Id., pp.105~106(§ 9.3).

있다. 대부분의 주 회사법은 회사의 업무는 이사회에 의하여 또는 이사회의 지시로 집행(경영)된다고 규정하고 있다. 전통적인 이사회의 기본적 업무를 정리하면 다음과 같다. ① 회사의 일반적인 목적·목표 및 철학을 결정함으로써 기업의 방향을 설정한다. ② 대표집행임원 및 상급집행임원을 선임하고 유능한 신임 집행부(executives)가 잘하고 있는지 살펴본다. ③ 집행부의 보수·연금 및 은퇴정책을 결정한다. ④ 대표집행임원 및 그 밑의 집행부에게 업무집행에 대한 권한을 위임한다. ⑤ 회사의 집행임원에게 조언·상담 및 조력을 한다. ⑥ 가격·노사관계·(사업)확장 및 신제품과 같은 문제에 관련된 정책을 결정한다. ⑦ 배당금 지급·재무(financial) 및 자본금의 변경을 결정한다. ⑧ 회사의 발전(계획)을 감독하고, 복지에 대하여 경계하며, 발전에 대하여 적당한 조치를 취한다. ⑨ 이사회의 승인을 요하는 주주제안을 승인한다. ⑩ 이사회의 업무를 처리하기 위한 적절한 조직을 만든다. 위에서 본 바와 같이 이사회는 집행임원을 선임하고 그들의 보수를 결정할 권한을 갖는데, 아마도 가장 중요한 이사회의 기능은 회사의 대표집행임원을 선임하는 것이다. 이사회는 회사의 업무집행에서 회사재산의 사용을 지시할 권한을 갖는다. 이것은 회사의 일반적인 업무과정에서 부동산을 포함한 회사재산을 매도하거나 또는 기타의 처분을 하는 것을 말한다. 이사회는 회사의 재무상태가 이익배당을 할 수 있는지 여부를 결정할 권한과 책임을 갖는다. 이사회는 회사의 연금계획을 세우고 감독하며, 회사의 자금을 채무상환에 사용하고, 채무의 연장에 채권자와 합의하며, 회사의 채권자의 이익을 위하여 회사의 모든 재산을 양도할 권한을 갖고, 자발적인 파산을 신청할 권한을 가지며, 회사의 손해를 회복할 소를 제기할 것인지 여부를 결정할 권한을 갖고, 변호사의 보수에 대하여 회사의 권리를 포기할 권한을 갖는다. 주주총회가 아닌 이사회는 회사계약을 체결할 최초이고 최고의 권한을 갖는다. 따라서 이사회는 회사영업에 필요한 금전을 차용할 수 있고, 차용에 대한 담보를 위하여 유통 약속어음이나 채권을 발행하거나 발행에 대한 수권을 할 수 있으며, 회사재산(부동산 및 동산)에 대하여 담보제공하고, 적법하게 체결된 채무계약을 담보하기 위하여 보증계약을 체결할 수 있으며, 리스계약을 체결할 수 있고, 필요한 합의를 할 수 있다. 이사회의 권한은 일반적으로 회사의 경영업무로 제한된다. 주주총회의 승인이 없으면 이사회는 회사의 기본정관이나 기구에 대하여 근본적인 변경을 할 수 없고 또한 회사를 해산할 수도 없는데, 이러한 것은 회사의 일반적인 업무가 아니기 때문이다. 이사회의 권한에 속하는 것으로 부속정관을 제정하거나 변경하는 영역이 있는데, 이러한 영역이 최근에 증가하고 있다. 부속정관을 제정하는 권한은 전통적으로 사업의 소유자로서 주주총회에 있었다. 그런데 현재의 모든 주 회사법은 사실상 이사회에게 부속정관의 제정·변경 및 폐지의 권한을 부여하거나 또는 기본정관의 규정에 의하여 그렇게 할 수 있도록 하고 있다. 사실상 원래의 모범사업회사법도 이사회나 발기인에게 최초의 부속정관을 제정할 권한을 부여하였다. 그런데 그 후 이사회가 부속정관을 개정하거나 폐지할 권한을 갖는 것으로 규정하면서, 그러한 권한은 기본정관에 의하여 주주총회에게 부여할 수 있는 것으로 규정하였다. 이사회는 실제로 종종 회사의 신주발행에 대하여 거의 전적인 권한을 갖는다. 발행할 주식의 양이나 종류를 증가하기 위하여는 회사의 기본정관을 개정할 필요가 있는데, 이 경우에는 주주총회의 승인을 요한다. 현재의 주 회사법은 모든 수권주식이 한 번에 발행되는 것을 요하지 않는다. 이에 대한 광범위한 관행은 최초 기본정관이나 개정된 기본정관에서 가까운 장래에 발행될 것으로 기대되는 양을 초과하는 주식이 수권주식으로 기재된다.[105]

(4) 이사회의 구성과 권한행사

㈎ 이사회의 구성　　보통 회사의 기본정관이나 부속정관은 이사회에 몇 명의 이사를 둘 것인가를 규정한다. 기본정관은 이사의 최대 및 최소를 규정하고 실제의 규모는 부속정관에 위임하기도 하거나, 또는 기본정관이나 부속정관이 일정한 범위를 규정하고 실제의 수는 주주총회나 이사회가 정하도록 하는 경우도 있다. 한때 주 회사법은 전형적으로 최소 3인의 이사를 두도록 하였는데, 이는 1인 주주인 경우에 문제가 발생할 수 있다. 그래서 현재의 대부분의 주 법은 1인 이사회를 허용하고 있다. 한 때 주 회사법은 이사의 자격(특히 이사는 주주이어야 하는지)에 대하여 규정하는 것이 일반적이었다. 현재의 주 회사법은 이사에 대하여 어떠한 자격요건도 규정하지 않고 이를 기본정관이나 부속정관에 맡기는 경향이 있다. 이사의 임기는 보통 1년이고, 매년 정기 주주총회에서 일괄 선임된다. 그런데 대부분의 주 회사법은 회사가 기본정관(일부 주에서는 기본정관이나 부속정관)에 의하여 시차임기제(staggered terms)를 채택하는 것을 허용하고 있다. 미 연방의 상원의원이 시차임기제의 대표적인 예이다. 상원의원의 임기는 6년인데, 2년마다 3분의 1씩 재선임한다. 이와 유사하게 회사가 시차임기제의 이사회를 갖게 되면, 이사의 임기는 3년이고 매년 주주총회에서 3분의 1씩 선임한다(또는 2년의 임기이면 매년 주주총회에서 2분의 1씩 선임한다). 이러한 시차임기제의 표면적인 이유는 이사회에서 이사의 경험의

---

105) *Id.*, pp.166~168(§ 9.4).

계속성을 유지하는 것이다. 그러나 이사의 선임에 경쟁이 거의 없는 경우에 회사가
시차임기제를 채택하는 진정한 이유는, 주로 집중투표제의 유효성을 무력화시키는
수단으로 또는 과반수의 주식매수인이 이사를 교체하기를 원하는 경우에 이러한 적
대적 회사매수(corporate takeovers)에 대한 방어수단으로 이용되었다. 따라서 폐쇄
회사에서 집중투표제를 다루거나 적대적 회사매수를 검토할 때에는 시차임기제를
다시 살펴보아야 한다.[106]

　(내) **이사회의 권한 행사**　　　집행임원과는 달리 이사회는 그의 권한을 회사법
에서 취득한다. 특히 회사법은 공통적으로, 전통적인 형식에서는 회사는 "이사회에
의하여 경영된다"고 규정하였는데, 현재는 "회사는 이사회에 의하여 또는 이사회의
지시하에서 경영된다"의 형식으로 규정하고 있다[Del. Gen. Corp. Law § 141(a);
M.B.C.A. § 8.01(b)]. 이때 이사회의 "지시하에"(under the direction of)의 문언 배후의
사고(idea)는, 이사회는 회사의 경영에 대한 최종 책임을 지는데, 이사회는 회사의
일상의 경영자로서 활동하는 것이 아니고 이의 역할은 보통 집행임원에게 부여된다
는 것이다.

　　이사회가 어떻게 그의 권한을 행사하는지에 대하여 염두에 두어야 할 것은, 이
사회는 회의체로서 활동하는 것이지 개인으로 활동하는 것이 아니다. 다시 말하면
이사회가 한 몸으로서(as a body) 회사에 대하여 방대한 권한을 갖고 있지만, 개인
이사의 권한은 사실상 제로이다. 이사회에 관한 많은 일이 이러한 기본개념에서 나
온다. 먼저 이사들은 이사회로서 활동을 하는 경우에만 권한이 있으므로, 이사들은
보통 이사회의 회의에서 활동을 하여야 한다. 그러나 이사회의 회의에서 활동을 하
기 위하여는 그 요건이 있으므로, 어떤 결정을 하는 회의에 있는 다양한 형식에 관
한 문제가 있다. 예컨대, 출석정족수(quorum)가 있는데, 이는 유효한 행위를 하기
위하여 회의에 출석해야 하는 최소의 수(인원)를 말한다. 출석정족수를 규정할 필요
성은 어느 단체의 모든 구성원이 그 단체의 모든 회의에 출석할 수 있는 것으로 기
대하는 것은 무리라는 점에서 온다. 단체는 일반적으로 많은 구성원이 회의에 출석
하지 못하고 또한 출석하지 못하는 구성원이 반대하는데 소수의 구성원이 결정하는
것을 원하지 않는다. 회사법도 일반적으로 이사총수의 과반수를 이사회의 출석정족
수로 규정하고 있다. 그런데 오늘날 회사법은 보통 기본정관이나 부속정관에(또는
일부 주 회사법에서는 단지 기본정관에서만) 이보다 더 큰 출석정족수를 규정하는 것을

---

106) Franklin A. Gevurtz, *Corporation Law* (2nd ed.)(St. Paul, MN: Thomson Reuters, 2010),
　　 pp.186~187(§ 3.1.2).

허용하고, 또한 많은 주에서는 기본정관이나 부속정관이 이보다 더 적은 출석정족수를 규정하는 것을 허용한다(그러나 전형적으로 이사총수의 3분의 1 이상이어야 한다). 이러한 출석정족수의 요건이 보통 이사회의 활동을 위하여 이에 해당하는 이사가 출석하여야 한다는 요건을 의미할지라도, 이사가 이사회의 개최에 대하여 알지 못하여 출석하지 못하면 여전히 문제가 된다. 따라서 통지요건이 필요하다. 정기적으로 정하여진 회의, 달리 말하면 부속정관·기본정관·이사회 결의 또는 관행에 의하여 정하여지는 장소와 시간에 주기적으로 개최되는 이사회에는 통지가 필요 없다. 이에 반하여 특별 이사회에서는 통지가 없으면 일부의 이사는 이를 알지 못한다. 많은 회사법에서는 특별회의에서는 통지를 요하지만, 정기적인 이사회에는 통지를 요하지 않는다는 논리를 따르고 있다. 회사의 부속정관은 일반적으로 통지를 회의 얼마 전에 하여야 하고, 회사는 통지를 어떻게 하며, 무슨 내용을 통지하는지에 대하여 규정한다. 그렇지 않으면 회사법상 또는 보통법상 하자규칙(default rules)이 적용된다. 통지요건은 이사의 이익을 위한 것이므로, 각 이사는 자기에 대한 통지를 포기할 수 있다. 더욱이 통지의 목적은 이사가 회의의 장소와 시간을 알도록 하는 것이므로, 이사가 회의장에 나타나는 것은 통지요건을 포기한 것으로 볼 수 있다(그러나 이사가 통지를 받지 못한 것에 대하여 즉시 이의를 제기하고 참여하지 않는 경우에는 별도의 문제이다).

회사의 기본정관이나 부속정관에 반하지 않는 한, 이사회의 결의가 유효하기 위하여는 출석이사의 과반수(이사총수의 과반수가 아님)의 찬성이 있어야 한다(의결정족수). 이사회에서는 대리인에 의한 투표가 인정되지 않는다. 그러나 전화회의 또는 일정한 미디어에 의한 경우에는 이사회에 출석한 것으로 인정한다. 이사회는 정규회의 없이 결의를 할 수 있는가? 오늘날 다수의 회사법은 제안된 안건에 대하여 모든 이사가 서면동의를 하면 회의 없이 결의를 하는 것을 허용한다. 결국 이사들이 어떤 결의에 동의하면, 단지 만나기 위하여 귀찮게 회의장에 가야 할 필요가 있을까? 그런데 하나의 의문은 이러한 회사법들은 왜 전원 동의를 요구하는지이다. 이사총수의 과반수의 동의는 충분하지 않은가? 이사총수의 과반수도 가능한 것으로 볼 여지도 있다. 그런데 제안된 안건에 대하여 이사들간에 반대가 있을 때마다, 회의요건은 이사회 결의의 유효 여부에 작용한다. 처음에는 단체의 대부분이 찬성한 안건이 1인 또는 다수의 개인이 찬성 동료에서 이탈함으로 인하여 제안된 안건이 부결되는 것은 일반적으로 일어나는 일이다. 이사 전원의 서면동의로써 이사회의 결의를 허용하는 주가 아닌 경우, 대부분의 이사로부터의 서면동의가 회사의 결의

로 인정되는지 여부에 관하여 문제가 발생할 수 있다. 전통적인 대답은 회사의 행
위로 인정되지 않는다.[107] 그러나 세월이 흘러 많은 사건에서, 법원은 회사 이사들
의 비공식 행위에 대하여 회사의 행위로 인정하였다. 그러한 결과에 대한 가장 긍
정적인 사건은 폐쇄회사에서 발생하였는데, 모든 주주와 모든 이사가 외부의 제3자
와 한 거래를 동의한 경우에 회사의 행위로 인정하였다.[108] 실제로 폐쇄회사의 소
유자는 자주 비공식 절차에 의하여 결정을 한다. 그런데 이러한 자들이, 그 행위를
신뢰한 제3자와의 거래에서 회사의 행위로 인정하기 위하여, 그들 자신의 관행으로
써 이득을 얻도록 허용하는 것은, 불공정한 면이 있다.[109]

　　이사들은 이사회로서 활동한다는 것에 최종적인 두 가지 주의사항이 있다. ①
우선 회사법은 일반적으로 이사회에 이사로써 이사회내 위원회를 설치하여 이사회
의 결정권한의 일부를 위임할 수 있도록 한다. 이사회내 위원회의 몇몇 공통적인
예는 지명위원회(다음 정기주주총회에서 선임될 이사후보를 선택하는 업무를 맡음), 감사
위원회(회사 외부의 회계사무소와 같이 회사의 재무상태를 검토하는 업무를 맡음), 보수위
원회(회사의 상급집행임원의 보수를 정하는 업무를 맡음) 및 집행위원회(전체 이사회의 중
간에 발생하는 이사회 승인을 요구하는 업무에 관하여 이사회를 위하여 활동하도록 수권함.
일반적으로 '특별소송위원회'로 언급됨)이다. 그러나 회사법은 종종 이사회가 일정한 행
위를 위임하지 못하도록 제한한다. 이익배당, 주식의 발행이나 재취득, 합병과 같은
근본적인 거래의 승인, 정관(기본정관 및 부속정관)의 변경 및 (이사) 공석의 보충은
위원회에 위임하지 못한다. ② 이사들은 이사회로서 활동한다는 개념에 대한 두 번
째 주의사항은 개별 이사들은 이사로서 그들의 역할을 수행하기 위하여 필요한 일
정한 권리를 갖는다는 것이다. 예컨대, 각 이사는 회사의 장부 및 기록 등을 검사함
으로써 회사에 관한 정보를 취득할 권리를 갖는다. 이사가 부당한 동기를 갖는 경
우에 이사는 이러한 정보에 관한 권리를 상실하는지 여부 또는 이사에 의한 정보의
부당사용에 대한 처리는 선관의무(fiduciary duty) 위반에 대한 사후의 소송뿐인지
여부에 관하여는 법원의[110] 견해가 나뉘어 있다.[111]

---

107) Baldwin v. Canfield, 26 Minn. 43, 1 N. W. 261(1879).

108) Gerard v. Empire Square Realty Co., 195 App. Div. 244, 187 N. Y. S. 306(1921).

109) Gevurtz(Fn 106), pp.190~192(§ 3.1.2).

110) Compare Cohen v. Cocoline Products, Inc., 309 N. Y. 119, 127 N. E. 2d 906(1955),
with State v. Seiberling Rubber Co., 53 Del. 295, 168 A. 2d 310(1961).

111) Gevurtz(Fn 106), pp.194~195(§ 3.1.2).

(5) 대표집행임원과 이사회 의장

㈎ 대표집행임원과 이사회 의장의 분리에 관한 논의

2013년에 7년간 JPMorgan Chase를 이사회 의장 겸 대표집행임원으로서 이끌었던 Jamie Dimon이 두 번째 연임에서 주주의 반대의 의결에 직면하였는데, 이것이 통과되면 그는 이사회 의장의 직을 내려놓아야 하였다. 그런데 2013년 정기주주총회에서 68%가 Dimon에 호의적이어서 그는 이사회 의장의 직을 그대로 유지하였다. 2018년에는 Tesla의 대표이사 겸 이사회 의장인 Elon Musk도 이러한 문제에 직면했다. 이 경우에도 Musk는 83.3%의 지지를 얻어 이사회 의장의 직을 그대로 유지하였으나, 몇 개월 후 Musk는 SEC의 조사를 받아 이사회 의장직을 독립한 의장에게 최소 3년간 물려주게 되었다. 이러한 반대의 주주제안은 Institutional Shareholder Services(ISS)와 Glass Lewis가 지원하였는데, ISS는 "독립한 이사회 의장이 이끄는 가장 강력한 독립 이사회의 (집행임원에 대한) 감독에서만 주주의 이익이 보호될 수 있다"고 하였다. 위와 같은 사실에서 다음과 같은 사실을 알 수 있다. ① 첫째는 대표집행임원과 이사회 의장의 지위를 분리하자는 주주들의 압력이 최근에 증가하였다. 기관투자자는 양자를 분리하는 안을 지지하는 투표정책을 채택하였고, 또한 ISS와 Glass Lewis는 그러한 분리안을 지지하였다. Glass Lewis는 2018년 보고서(Proxy Paper Guidelines)에서, 양자의 지위를 분리하는 것이 더 좋은 지배구조이고, 이사회 의장이 집행임원을 더 잘 감독할 수 있으며, 주주 선호 의제를 대표집행임원 및 기타 내부의 집행임원과 갈등 없이 처리할 수 있다고 하였다. 이러 더하여 Glass Lewis는 (업무집행에 대한) 감독을 증진하기 위하여는 주주의 이익을 더 보호할 수 있는 보다 더 적극적이고 효율적인 이사회를 필요로 한다고 보고했다. 이와 유사하게 ISS도 주주들은 이사회 의장의 지위가 독립이사에 의하여 보충될 것을 요구하는 주주제안에 찬성하여야 한다고 권고했다. ② 둘째는 어떤 회사는 대표집행임원과 이사회 의장의 역할을 분리하자는 노력에 강력하게 반발하는(push back) 점이다. JPMorgan과 Telsa는 공공의 압력에도 불구하고 양자의 분리를 거절한 회사에 속하는데, 이러한 회사의 대표집행임원 겸 이사회 의장은 양자를 분리하자는 주주제안은 최소한 유지시켰다. 2017년에는 Equilar 500회사(주요 미국 주식거래소의 하나에서 수익거래에 의한 상위 500개 회사) 중 38개 회사가 이러한 양자의 분리제안을 받았는데, 모두가 주주들에 의하여 거절되었다. 최근 양자 분리의 주주제안이 효율적인 지지는 받고 있지는 못하지만, 양자의 역할을 분리하는 회사의 수는 비약적으로 증가하여 S&P 1500개의 회사 중 61%에 달하였다(2009년에는 43%). 대표집행임

원과 이사회 의장을 분리하자는 제안의 다수는 현재의 대표집행임원이 있는 한 이
사회 의장은 독립이사이어야 한다고 하는 반면(첫 번째 방법), 이사회 의장의 지위를
내려 놓는 대표집행임원은 양자의 분리만을 주장한다. 이 후자는 양자를 분리하는
수단으로 다음의 내용을 주장하기도 한다(두 번째 방법). 대표집행임원과 이사회 의
장을 겸하는 자가 대표집행임원의 직을 내려놓고 이사회 의장으로 남아있는 자는
그가 새로운 대표집행임원을 데려오고자 한다. 여기에서는 이를 "대표집행임원의
승계인"(successor CEOs)이라는 용어로 부른다. 2010년부터 2016년까지 S&P 1500
개 회사를 조사한 자료를 보면, 상당히 많은 수의 회사(14~15%)가 대표집행임원의
승계인과 유사한 구조를 갖고 있었다. 대표집행임원과 이사회 의장을 분리하는 이
두 번째 방법, 즉 독립이사인 이사회 의장을 두지 않고 대표집행임원의 직을 포기
하고 이사회 의장으로 남아있는데 초점을 맞춘 방법은, 중대한 회사지배구조의 역
행을 가져온다. 투자자들은 이러한 회사를 독립한 이사회 의장을 가진 회사로 전환
한 회사와 유사하게 볼 수 있을까? 새로운 대표집행임원은 실제로 그가 원하는 방
향으로 자유롭게 회사를 경영할 수 있을까? 그는 대표집행임원에서 이사회 의장으
로 변한 자의 감독을 효율적으로 받을 수 있을까? 또한 그는 이러한 이사회 의장의
영향하에서 활동하는 것은 아닐까?[112]

　　미국 회사에서의 경영의 중심적 모델은 광범위하게 분산된 소유구조에서의 이
익과 투자자 및 주주의 이익을 지켜주는 비용간의 계속되는 긴장을 반영하고 있다.
광범위하게 분산된 소유구조에서는 경영과 주주간의 대리인 비용(agency cost)을 유
발하고 있다. 광범위하게 분산된 투자자들은 경영을 효율적으로 감독하지 못한다.
이러한 중요한 감독의 결여는 경영자들이 주주의 이익보다는 그들 자신의 이익을
우선한다. 최근에 나타난 두 가지 중요한 경향은 이러한 대리인과의 갈등을 줄이
는데 도움을 준다. ① 첫째는 주주들이 능동적이든 수동적이든 모든 면에서 눈에
띄게 회사지배구조, 지주회사 및 지주회사의 활동에 대한 책임경영(management
accountable for their actions)에 더 많이 관련되어 있다는 점이다. ② 둘째는 주주의
이익을 보호하는 최일선의 방어선으로 이사회에 대한 초점이 모아졌다는 점이다.
이러한 노력에서 발생하는 공통점은 이사회의 독립성인데, 이는 Sarbanes-Oxley
법 및 Dodd-Frank 법들과 같은 새로운 연방법부터 투자자 및 학자들까지 관심이
집중되고 있으며, 델라웨어 주 법원에서는 독립이사들에 의한 (이익이) 상충되는 거

---

112) Yaron Nili, "Successor CEOs," 99 *Boston University Law Review* 789-793, 821(2019).

래의 승인이 증가하고 있다. 최근 주주들은 이사회의 독립을 증대하는 방법으로 독립한 이사회 의장을 위하여 대표집행임원과 이사회 의장을 분리하자는 주주들의 요구가 나오고 있다. 이러한 요구와 관련하여 그러한 양자의 분리가 없는 경우에 회사에 대하여 독립이사의 대표를 선임할 것을 요구하였다.[113)]

(내) **회사지배구조에서 이사회의 역할**   현대 회사의 핵심 기관으로서 이사회는 회사의 지배구조에서 몇 가지 중요한 역할에 대한 책임있는 기관이다. ① 첫째로 이사회는 합병·주식발행 및 회사지배구조에 관한 문서를 포함하는 회사의 중요한 업무에 관한 결정에서 적극적인 참여자인데, 이사회는 종종 경영에 관한 일상의 업무를 대부분 집행임원에게 위임한다. ② 둘째로 이사회는 경영에 대한 조언자(critical resource)로서 활동한다. 경영자는 종종 이사회에 대하여 (미래의) 지혜(insight)와 조언을 구하고, 이사회는 회사가 다양한 활동을 할 수 있도록 연결혜택(networking benefits)과 시설을 제공한다. ③ 셋째로 이사회는 (경영자에 대한) 감독 역할의 책임이 있다. 이사회는 회사 주주의 수탁자(fiduciary)로서 경영에 대하여 주주의 이익을 대표하는 신탁을 맡고 있어서, 경영중심 회사의 모델과 관련된 대리인 비용을 줄여야 한다. 이사회가 전체로서 이러한 목적을 다양하게 달성하고 있는 점에서, 이사회 의장의 역할이 이사회의 지도자로서 저평가될 수 없다. 이사회 의장의 특별한 권한(책임)은 회사에 따라 다를 수는 있지만, 이사회 의장은 일반적으로 이사회와 대표집행임원간의 연락책으로서 활동하고, 두 지도그룹(이사회와 경영진)간의 명확한 소통과 명확한 정보전달의 역할을 한다. 이사회 의장의 그 밖의 권한(책임)은 이사회 회의를 주재하고, 이사회의 안건을 정하며, 재무거래를 승인하거나 승인하지 않으며, 정책적인 일에 관하여 상의하고, 집행임원의 보수를 결정하며, 경영의 성공을 촉진한다. 또한 이사회 의장은 필요한 경우 이사회를 대신하여 주주와 자주 소통할 책임이 있다. 이에 추가하여 이사회 의장은 이사회에 중요한 영향력을 행사하여, 이사회 회의논의 중 및 중요한 표결 전에 영향력을 행사할 수 있다. 따라서 정규 및 비정규 의 방법으로 이사회 의장은 이사회의 의사결정, 조언 및 감독에서 이사회를 이끈다. 이사회가 위에서 본 바와 같이 세 가지 주요한 역할인 의사결정·조언자 및 감독자의 임무를 갖고 있지만, 회사지배구조에서 이사회의 핵심 기대는 지난 몇 십년간 중대하게 흔들렸다. 특히 조언자의 역할은 감독자의 역할보다 후순위로 밀려났다. 사실상 일반적으로 이사회는 경영권의 대부분을 회사의 집행임원에

---

113) *Id.*, pp.794~796.

게 위임한다. 집행임원이 주로 회사의 일상의 경영활동을 하는 책임을 부담하고 있는 반면에, 이사회는 주로 경영활동을 감독하고 집행임원이 주주의 이익의 희생 하에 그들의 이익을 취하지 못하도록 감독한다. 이러한 감독형 이사회의 구조 (monitoring board structure)는 미국에서 이사회의 전형적인 모델(predominent model)이 되었다. 단순하게 말하면, 이사회는 주주의 이익을 보호하는 임무를 부담 하고, 무능한 경영을 방지하는 주주의 최일선으로 설명된다. 이사회의 감독기능을 강조하는 변화는 이사회 구성에 관한 활발한 논쟁을 유발하였다. 현재는 어느 때보 다도 회사 및 일반 공중(the public)에 의하여 "독립적"인 이사가 존재할 것이 하나 의 규범(a norm)이 되었다. 오늘날 주주들은, 연결망·사업조언 및 전망을 제공하는 이사회의 능력에 관하여는, 독립이사회에 의하여 경영을 효율적으로 정밀조사하는 능력이 있다고 평가하거나 또는 적어도 그러한 능력을 인정한다. 따라서 이러한 독 립이사회의 결여는 대표집행임원의 활동을 구체적으로 감독하거나 평가하지 못한다 는 비판을 받았다. 주주들은, 이사회가 회사의 일상의 활동을 감독하고 또한 종종 주주의 이익에 반하는 경영진의 이익을 감독함으로써, 경영에 대한 최종 검사자로 서의 역할을 하여주기를 바란다. 또한 이사회의 독립성에서 중요한 것은, 델라웨어 주 법에 의하면 독립이사의 증가에서 온다. 2017년 Fortune 500개 회사 중 66% 이상이 델라웨어 주에서 설립되어, 델라웨어 주는 미국 회사법에서 오랫동안 중요 한 위치를 가졌고, 또한 자주 벤치마크로서 이용되었다. 델라웨어 주 법원은 주주대 표소송을 평가할 때 독립성 평가를 이용하는데, 이는 회사가 독립이사를 임명하여 그에게 중요한 역할을 맡기는 것을 장려하고자 하는 의미이다.[114)]

㈐ 독립이사 대표   이사회의 독립성을 증대하기 위하여 또는 적어도 그러 한 인식에서, 일부의 회사는 대표집행임원 겸 이사회 의장에서 비독립이사인 이사 회 의장에 균형을 맞추기 위하여 독립이사 대표를 임명하기 시작하였다. 독립이사 대표를 임명하는 것은 대표집행임원 겸 이사회 의장의 결합을 유지하는 회사에서는 최상의 관행이 되었다. 또한 이것은 회사는 비경영이사를 두고 이러한 이사들은 (대 표에 의하여 감독을 받는 경영자가 참여하지 않는) 정규적인 업무회의를 하여야 한다는 뉴욕증권거래소의 상장요건의 부분적인 결과이기도 하다. 독립이사 대표의 역할은 그 수와 권한에 있어서 모두 증대하였다. 2017년에는 S&P 1500개 회사 중 11%만 독립이사 대표도 없었고, 독립이사 이사회 의장도 없었다. 이는 2009년에 33%인

---

114) *Id.*, pp.796~799.

것에 비하여 많이 증대된 것이다. 더욱이 이러한 회사들은 독립 이사회 의장을 두는 것(35%)보다, 독립이사 대표를 두는 것을 선호한다(54%). 2018년에는 S&P 500개 회사 중 59%가 독립이사 대표를 두었다고 보고했다. 독립이사 대표는 일반적으로 세 가지의 주요한 업무를 수행한다. ① 첫째는 일 년에 한 번도 이사회 의장으로부터 소식을 듣기 어려운 주주들을 위하여 추가적인 접촉을 하는 일이다. ② 둘째는 독립이사 대표는 이사회에서 소통을 위한 대체의 길로서 역할을 함으로써 다른 이사를 지원하고 이사들간에 발생하는 분쟁을 중재한다. ③ 셋째이며 가장 중요한 것은 독립이사 대표는 주주를 대표하여 이사회 의장에 대한 견제자(a check)로서 활동함으로써, 이사회 의장을 지원하면서 감독하는 것이다. 또한 독립이사 대표는 대표집행임원과 이사회 의장간의 관계를 감독하여, 그들이 상호 너무 의존적이지 않도록 한다. 따라서 이 역할은 대표집행임원과 이사회 의장이 동일인이거나 또는 서로 뒤엉켜서 이사회 의장의 경영에 대한 평가가 독립적이지 못한 경우에는 매우 문제가 될 수 있다. 독립이사 대표의 이러한 지원자 및 감독자로서의 역할에서, 독립이사 대표는 또한 이사회 의장의 업무평가를 주도하는 과제를 갖게 되어, 필요한 경우 새로운 이사회 의장을 찾는 역할을 주도한다. 독립이사 대표는 이러한 일반적인 역할에 추가하여, 회사에 따라 다르지만 특별한 역할이 있다. 독립이사 대표는 이사회에서 본질적으로 독립적인 대표(independent chief)로서 활동함으로써, 이사회 의장과 대표집행임원의 역할을 분리하는 대체수단으로서 역할을 한다. 따라서 어느 대표집행임원은 독립이사 대표의 역할과 비집행임원 이사회 의장간에는 차이가 거의 없다고 했다. 실제로 많은 회사들이 대표집행임원과 이사회 의장의 분리를 표결로써 하는 것을 피하는 협상으로 독립이사 대표의 제도를 이용하였다.[115]

㈜ **대표집행임원과 이사회 의장의 분리**   독립이사의 역할과 정의는 근래에 뜨거운 회사지배구조의 주제였다. 그런데 이곳에서의 논의의 초점은 모든 이사의 독립성이 아니라 이사회 의장만의 독립성이다. 특히 과거에 대표집행임원과 이사회 의장을 겸한 경우에 대한 이사회 의장의 독립성에 대한 것이다. 최근까지 미국에서는 대표집행임원과 이사회 의장을 분리하는 것이 일반적이지 않았는데, 이것은 매우 중요한 문제이다. 미국 회사의 대부분은 금융위기까지 대표집행임원과 이사회 의장의 두 지위를 겸하였다. 대부분의 유럽과 캐나다의 회사에서는 양자가 분리되었는데, 미국에서만 양자의 지위를 겸하였다. 그런데 지난 10년간(2009~2019) 주

---

115) *Id.*, pp.800~802.

주·기관투자자 및 (의결권)대리행사 자문회사들(proxy advisory firms)은 미국 회사들에 압력을 가하여 양자를 분리하고 독립된 이사회 의장을 둘 것을 요구하였다. 의결권 자문사인 Glass Lewis는 2018년 가이드라인에서, "대표집행임원과 이사회 의장의 분리가 양자를 겸한 것보다 더 좋은 지배구조이어서, 우리는 고객들에게 이러한 주주제안이 있는 경우 양자를 분리하는 안에 찬성할 것을 권한다. 왜냐하면 우리는 그것이 장기적으로 회사와 그의 주주의 이익을 도모하는 것으로 믿기 때문이다."고 하였다. 또한 다른 의결권 자문사인 ISS(Institutional Shareholder Services)도 2018년에 이사회 의장의 독립지위에 찬성할 것을 권하였다. 회사는 양자를 분리하여야 한다는 많은 기관투자자들의 의견이, 양자를 분리하는 주주제안의 지지율에서 반영되었다. 2012년부터 2016년까지는 독립한 이사회 의장에 관한 주주제안이 지배구조관련 제안 중에서 제1의 또는 제2의 인기있는 안이었다. 2017년에는 독립이사회 의장을 요구하는 주주제안이 전체 주주제안 중 세 번째이었다. 그런데 양자를 분리하자는 이러한 주주제안은 2015년 이후 통과되지 못하였다. 그러나 이에 대한 주주의 평균 지지율은 2012년 이후 증가하였다.[116]

㈔ 대표집행임원과 이사회 의장의 분리의 장단점

1) 장   점   대표집행임원과 이사회 의장을 분리하여야 한다는 배후의 기본적 이론은, 분리가 경영을 감독하는 이사회의 능력을 증진시킨다는 것이다. 양자의 지위를 결합하면 대표집행임원 겸 이사회 의장은 과도한 권한을 갖게 되고, 또한 결합된 지위는 이사회와 경영진간의 이익충돌을 초래하게 된다. 이러한 잠재적인 이익충돌은 각 지위에서의 업무를 살펴보면 명백하게 나타난다. 대표집행임원은 회사의 경영 전반에 대한 권한이 있어, 회사의 일상의 업무를 감독하고 지시한다. 그런데 이사회 의장은 회사의 주주를 대신하여 경영을 감독하고 경영을 감독하는 이사회를 이끈다. 이론적으로 보면 동일인이 양자의 지위를 갖는 것이, 업무집행을 평가하고, 집행임원의 보수를 정하며, 후임자를 정하는 계획과 새로운 이사를 초빙하는 영역에서는 이해충돌을 야기할 수 있다. 대표집행임원 겸 이사회 의장이 주주의 이익보다도 자기의 이익을 증대하기 위하여 정보를 왜곡하기가 아주 쉬운 반면에, 독립된 이사회 의장은 보다 객관적으로 경영진의 업무집행을 평가하기가 아주 쉽다. 어느 지배구조 평석자가 말한 바와 같이, 대표집행임원과 이사회 의장을 겸하는 자는 자가출제한 시험지를 평가하는 것과 동일하다. 이 경우 이사회 의장은 자

기가 대표집행임원으로서 설계한 경영전략을 다시 이사회 의장으로서 평가하는 것이다. 그런데 대표집행임원과 이사회 의장의 지위를 분리하면, 경영감독을 향상시켜서 대리인비용을 감소시키고, 주주를 대신한 대표집행임원에 대한 이사회의 감독능력을 향상시킨다. 더 나아가 대표집행임원과 이사회 의장을 겸하는 자를 둔 회사는, 자신이 대표집행임원으로서 집행한 것을 자신이 이사회 의장으로서 평가해야 하는 불편한 지위에 있는 자를 두게 된다. 이러한 상황은 결과적으로 경영(집행)을 객관적으로 평가해야 하는 이사의 책임을 회피하게 한다. 경영(집행)은 이사들의 지위에 영향을 미치는 중요한 결정이기 때문에, 이사들은 그들의 보스인 대표집행임원 겸 이사회 의장의 결정과 행위에 대하여 간섭하기를(반대하기를) 주저할 수 있다. 경영(집행)에 대한 감독과 평가를 축소하는 것은, 대표집행임원 겸 이사회 의장의 바람직하지 못한 효과로서 그들의 지위를 군히고 과잉보수로 연결된다.

대표집행임원과 이사회 의장의 분리는 대리인비용의 감소 및 더 좋은 경영감독뿐만 아니라, 또 다른 긍정적인 효과는 발전된 이사회의 활동과 의사결정이다. 이에 대하여 어떤 학자들은 두 지위의 분리는 이사회 의장과 대표집행임원이 그들 각자의 업무에 집중하고 시간을 투입하게 된다고 한다. 양자를 분리하게 되면 대표집행임원은 회사전략·활동 및 기구문제에 전적으로 집중할 수 있고, 이사회 의장은 경영감독·이사회 주도권(leadership) 및 지배구조관련 문제에 집중할 수 있다. 이에 추가하여 대표집행임원과 이사회 의장의 지위를 분리하면서 독립이사인 이사회 의장을 추가하면, 그러한 의장은 회의에서 유일하고 신선한 전망에 관하여 제안하고, 이사회가 신속하게 긍정적인 사업변경을 할 수 있게 한다. 이와 관련하여 대표집행임원과 이사회 의장의 지위를 겸하는 경우에는 (이사회는) 필요한 때에 대표집행임원을 교체할 능력에 관해서만 관심이 있다. 연구에 의하면 대표집행임원과 이사회 의장의 지위를 겸하는 경우, 이사회는 거의 대표집행임원을 해임하지 못하는 것으로 나타났다. 대표집행임원의 지위만 갖는 자의 평균임기는 2.92년인데, 대표집행임원과 이사회 의장의 지위를 겸하는 경우에는 평균임기가 6.92년이다.[117]

2) 단　점　　　대표집행임원과 이사회 의장의 지위를 분리하면(이의 결과 각 지위에서 다른 사람이 선임되면) 잠재적인 단점이 나타날 수 있다. 이러한 단점을 주장하는 자는, 이사회는 감독기능보다는 오히려 경영기능에 있는데, 이러한 이사회의 경영기능에서 분리에 대한 단점이 집중된다고 한다. 대표집행임원과 이사회 의장의

---

117) *Id.*, pp.810~813.

분리를 비판하는 자들은, 두 지위의 결합이 정보비용의 절약·통일된 지도력 향상·대표집행임원의 후임과정에서 연속성 유지에 의하여, 이사회의 경영책임(기능)을 향상시킨다고 주장한다. 이러한 자들은, ① 첫째로 양자의 지위를 분리하면 정보비용이 증대한다고 한다. 회사의 활동과 재무건정성에 관한 복잡한 지식은 물론이고, 회사에 직면하는 전략적 도전과 기회에 관하여 대표집행임원과 동일한 전문지식을 가진 이사회 의장을 둠으로써 회사가 얻는 이익이 크다는 것이 중요한 이유이다. 이러한 사고는, 대표집행임원이 회사의 최고경영자로서 활동함으로써 얻은 지식과 경험을 이사회 의장도 이를 공유하여, 회사를 위하여 이해하고 숙고하며 근본적인 업무결정을 하는 이사회를 이끄는데 활용해야 한다는 것이다. ② 둘째로 양자의 지위를 분리하면 회사의 명령에 통일을 기할 수 없다는 것이다. 회사의 명령의 통일은 경영진 및 이사회가 더 효율적으로 활동할 수 있는 권한의 명확한 라인을 형성하고, 또한 회사 조직의 건전성을 증진하면서 강력하고 직접적이며 안정적이고 혼란스럽지 않은 리더쉽을 향상시킨다. 이것은 회사의 리더쉽을 위하여 중요할 뿐만 아니라, 주주를 위해서도 중요하다. 한 사람에 집중된 모호하지 않은 권한을 갖도록 하는 것은, 주주에게 누가 책임을 지는가를 확실히 알게 한다. 따라서 양자의 분리를 비판하는 자는, 독립한 사외이사가 오는 것은 회사의 리더쉽에서 불필요한 긴장과 혼란을 초래할 수 있고, 회사의 기관의 건전성과 안정성을 흔들 수 있다는 것을 우려한다. ③ 셋째로 양자의 지위를 분리하면 대표집행임원의 승계과정에서 문제가 있다는 것이다. 즉, 대표집행임원과 이사회 의장을 장기간 분리하게 되면 전통적인 대표집행임원의 승계과정이 지장을 받게 된다는 것이다. 미국 회사는 일반적인 관행으로 대표집행임원의 "지휘봉을 넘기는"(pass the baton) 승계절차가 있는데, 여기에서는 대표집행임원의 지위에서 내려오는 전임 대표집행임원은 그의 자리를 신임 대표집행임원에게 물려주고 그의 "견습기간" 동안 이사회 의장에 머무는 것을 생각한다. 이때 전임 대표집행임원은 신임 대표집행임원을 감독하면서 그에게 관련 정보를 넘겨주는 기간으로서 이러한 "견습기간"을 이용하는데, 본질적으로는 신임 대표집행임원이 자기의 일을 준비하고 적용하는 것을 확인하는 것이다. 일단 "수습기간"이 끝나고 인수인계가 잘 되어 이사회가 만족하면, 구 대표집행임원 겸 이사회 의장은 이사회 의장의 직에서 완전히 물러나고 신임 대표집행임원이 그 이사회 의장의 직에 취임하여 현재와 같이 두 직을 겸하는 것이다. 이러한 승계과정은 양자의 직을 임시로 분리하여 경영승계를 돕도록 한다. 그런데 대표집행임원과 이사회 의장의 지위를 영속적으로 분리하면, 이러한 승계과정에 지장을 받고 이전에 비용이 추가될 수 있다. 그러나 이러한 비용이 양자의 지위를 분리하는 이익을 초과하는지 않는지는 상황에 따라 다를 수 있다.[118]

㈐ **대표집행임원의 승계**   오늘날 지배구조 공시의 초점은 보다 더 독립된 이사회를 위하여 대표집행임원과 분리된 독립된 이사회 의장에 있다. 대표집행임원과 이사회 의장이 분리되는 많은 경우에는, 대표집행임원이 외부인을 위하여 그의 이사회 의장의 직을 포기하는 경우뿐만 아니라, 오히려 대표집행임원이 다음 대표집행임원을 위하여 그의 대표집행임원의 직을 포기하고 자기는 여전히 이사회 의장의 지위에 남아있는 경우에 발생한다(대표집행임원의 승계). 이 후자의 경우 후임 대표집행임원이 나중에 이사회 의장의 지위를 겸하는 경우도 있으나(위에서 본 바와 같은 관행에 의하여), 종종 이사회 의장의 지위를 갖지 않는 경우도 있다. 이 후자의 경우에는 새로운 이사회 구조가 형성되어, 전임 대표집행임원이 이사회 의장의 지위를 가지면서 신임 대표집행임원을 감독한다. 이러한 경우는 대표집행임원의 의도적인 선택에 의하여 발생하거나, 투자자와 대표집행임원 겸 이사회 의장의 불편한 관계에서 발생한다. 대표집행임원의 승계의 경우 이러한 양자의 분리와 이의 결과 발생하는 지배구조의 변화는 회사 및 투자자 양자에게 몇 가지 장점과 단점을 제공한다.[119]

1) 대표집행임원의 승계의 장점   대표집행임원의 승계는 그의 활동과 관련 지배구조에서 다음과 같은 장점이 있다.

가) 대표집행임원으로 근무하였던 이사회 의장은 그의 활동에서 실질적으로 이사회의 자문역할을 최대로 할 수 있다. 이는 이사회 의장이 회사에 관하여 타의 추종을 불허하는 지식과 친밀함을 갖고 있기 때문이다. 중요한 것은 떠나는 대표집행임원을 이사회 의장으로 근무하게 하는 것이 독립된 이사를 새로 임명하는 것보다 더 유리할 뿐만 아니라, 현 대표집행임원이 이사회 의장을 겸직하는 것보다 유리하다. 떠나는 대표집행임원이 그의 직에 있는 동안 쌓은 지식은 후임 대표집행임원이 복제할 수 없는 무한한 가치의 상품이다.

나) 대표집행임원의 승계절차는 현 대표집행임원을 (회사에서 완전히) 밀어낼 필요 없이 회사가 대표집행임원을 순조롭게 잘 교체하도록 한다. 이는 특히 현 대표집행임원 겸 이사회 의장이 회사의 설립자이거나 지배주주인 경우에 특히 중요하다. 지배구조의 관점에서도 떠나는 대표집행임원의 지식은 이사회의 조언기능을 위해서 뿐만 아니라 감독역할을 위해서도 매우 중요하다.

---

118) *Id.*, pp.813~816.
119) *Id.*, pp.816~817.

　　다) 대표집행임원의 승계구조는 또한 현실적인 환경에서 이사회의 독립성을 증진시킨다. 회사에 대하여 특별한 지식을 갖고 있는 이사회 의장은 자기의 중·고위직 업무집행을 담당하는 자와 연결하여 독립적 정보접근은 물론, 이사회에 의한 대표집행임원의 감독을 보다 더 엄격하고 효율적으로 수행할 수 있다. 이러한 점에서 독립된 이사회 의장이 대표집행임원의 권한을 견제하는 역할을 하는 것이라면, 전직 대표집행임원인 이사회 의장은 이사회에 제출된 안건의 감독뿐만 아니라 이사회의 결의에 있어서 대표집행임원의 권한을 감소시키는 데에 있어서 훨씬 더 좋은 역할을 할 수 있다.[120]

　2) 대표집행임원의 승계의 단점

　　가) 이사회 독립성의 감소　　전 대표집행임원이 이끄는 이사회는 독립성과 감독능력이 떨어질 수 있다. 떠나는 대표집행임원이며 현 이사회 의장은 이사회 의장으로서 그의 지위에서 권한만 즐기고, 투자자의 이익을 위하는 대표집행임원을 감독할 동기가 종종 부족할 수 있다. 많은 경우 승계 대표집행임원은 외부에서 초빙한 자가 아니고 내부 승진자이다. 많은 경우에 이사회 의장으로 옮기면서 떠나는 대표집행임원이 누가 자기의 뒤를 이을 것인지에 대하여 강력히 추천을 한다. 이러한 경우 신임 대표집행임원과 이사회 의장은 일치되게 행동하여 실제로 독립성이 없고, 결과적으로 신 대표집행임원과 구 대표집행임원 겸 신 이사회 의장의 행위를 상세히 조사할 잔존 이사들의 능력을 떨어뜨린다.

　　나) 이사회 의장의 분리에 관한 위장 효과　　이와 같이 대표집행임원과 이사회 의장을 분리하는 대표집행임원의 승계과정은 회사를 좋은 지배구조의 배우로서 위장하도록 한다. 실제로 이러한 지배구조는 기관투자가들이 발전시키려고 목표로 한 독립성을 결여하고 있다. 대표집행임원과 이사회 의장을 분리하여 달성하고자 하는 투자자의 현재의 중점은, 그러한 분리가 독립된 이사회 의장이 될 것이라는 믿음에서 출발하는 것이다. 그런데 현실적으로 이와 같이 양자의 지위를 분리한 것으로 분류되는 많은 회사는, 이러한 분리의 가치가 없다. 왜냐하면 종래의 대표집행임원을 이사회 의장으로 변경하는 것은 진정으로 "독립한" 이사회 의장이 되지 못하기 때문이다. 대표집행임원의 승계구조가 효율성을 가져오는지 여부의 문제는 별론으로 하고, 양 지위의 분리와 이러한 지위를 맡는 자의 실제적인 차이를 독립된 이사회 의장에 대하여 투자자들이 강조하여 요구하는 것이다.

---

120) *Id.*, pp.817~819.

다) 강력한 권한이 있는 독립이사 대표의 요구　　대표집행임원이 또한 이사회 의장의 지위를 겸하게 되면 투자자들은 종종 회사가 독립이사 대표를 선임할 것을 요구한다. 투자자들은 독립이사 대표를 선임하면 향상된 투자자 보호 외에도 이사회에 영향력을 행사하는 창구를 설치하는 것으로 기대한다. 그런데 이사회 의장이 구 대표집행임원이고 또한 그와 신 대표집행임원이 이사회에서 동시에 활동하면, 독립이사 대표의 권한은 이사회를 지배하는 두 강력한 내부자에 의하여 축소될 수 있다. 더 나아가 투자자들은 이사회 의장은 "독립적"이어야 한다는 믿음 때문에, 독립이사 대표의 선임을 강력하게 요구할 수도 없다.

라) 대표집행임원의 승계인의 자율성 감소　　구 대표집행임원이 이사회 의장의 직으로 이전하는 것은 신 대표집행임원에게 부정적인 영향을 줄 수 있다. 어느 연구에 의하면 대표집행임원이 이사회 의장으로 이전하는 것은 대표집행임원의 교체에 부정적인 영향을 준다는 것이 60%이고, 그러한 경우 30%는 "역기능"(dysfuntional)이 될 것이라고 하였다. 동일한 배를 조종하는 두 리더를 갖는 것은 불가피한 마찰과 힘겨루기로 회사의 운영을 악화시키는 결과가 될 수 있다. 구 대표집행임원이 경영진 내에서 여전히 강력한 힘을 갖고 있다는 사실은 더욱 문제를 악화시킬 수 있다. 이와 동일하게 중요한 사실은, 많은 경우에 신 대표집행임원은 지배구조 개선을 위한 공중의 압력을 무마하기 위하여 구 대표집행임원이 단지 내세운 자라는 점이다. 이러한 경우 구 대표집행임원 겸 현 이사회 의장은 그의 지시를 수행할 "꼭두각시"를 임명한 것이다. 이러한 꼭두각시와 이의 조정자는, 회사의 혼란에 대한 공감된 요구와 투자자의 최후 통첩에 대한 이유가 지도부 교체의 필요성에 있는 경우에는, 특히 문제가 되고 있다.

마) 애매한 리더쉽　　회사의 최종 권한이 대표집행임원에게 있느냐 또는 이사회 의장에게 있느냐에 관한 불확실성은 추가적인 회사 운영과 지배구조의 문제를 야기한다. 첫째로 경영을 담당하는 중간 수준의 피용자들은 그들의 신·구 사장으로부터 회사의 운영 마비를 가져올 수 있는 부정적인 지시를 받을 수 있다. 둘째로 지배구조의 관점에서 누가 최종적으로 업무를 담당하는 자인지가 불분명하면, 이사회·대표집행임원 또는 이사회 의장 중 누구에게 최종적인 책임을 지우게 할지가 불분명하게 된다.[121]

(사) 대표집행임원의 승계인 구조의 규범적 및 정책적 문제점　　대표집행임원

---

121) *Id.*, pp.819~821.

의 승계인 구조가 회사의 대표집행임원과 이사회 의장의 지위의 분리로 인정되면, 이는 이사회 의장의 독립성보다는 더 효율적인 이사회의 감독기능에 중점이 있게 되는데, 이는 다음과 같은 규범적 및 정책적 문제를 제공한다.

1) 이사회 의장의 장기임기와 이사회 장악   첫째로, 대표집행임원의 승계구조를 이용하는 회사에서는 이사회 의장의 임기가 평균적으로 다른 회사의 경우보다 아주 장기의 임기이다. 장기의 임기는 혜택도 크지만 위험성도 크다. 따라서 이사회 의장이 신 대표집행임원에 대하여 덜 신세지는 동안에는, 그는 회사 및 다른 상위 경영진과 오랫동안 유대관계를 갖게 될 것이다. 둘째로 이전에 대표집행임원으로 근무하였던 이사회 의장은 평균적으로 높은 월급을 받고, 다른 회사의 이사회 의장 및 그의 이사회의 다른 이사들에 비하여 회사의 주식을 갖고 있다. 따라서 이러한 이사회 의장은 단기간 회사에 해가 될 수 있는 문제를 포함하여 그의 지위를 위험하게 할 수 있는 행위를 하는 것을 훨씬 더 주저하게 된다. 역설적으로 이러한 이사회 의장은 신 대표집행임원이 회사의 지배구조에 대하여 효율적인 변경을 하는 것을 하지 못하도록 한다. 구 대표집행임원인 이사회 의장의 탁월한 장점 중의 하나는 그의 무한한 지식과 회사운영의 경험에서 현 집행부를 더 잘 감독할 수 있는 능력이다. 조사에 의하면 대표집행임원의 승계에서 장기 임기의 이사회 의장이 집행부에 대하여 더 잘 감독할 수 있으므로, 장기의 임기에 묵시적 지원을 하는 것으로 볼 수 있다.

2) 독립된 이사회 의장의 위장 효과   대표집행임원의 승계인 회사의 20%가 실제로 구 대표집행임원 겸 현 이사회 의장을 "독립 이사회 의장"이라고 선언한다. 증권거래소의 요건에 따르면 이사회 의장이 독립적으로 인정되기 위하여는 대표집행임원의 직을 떠난 날로부터 3년이 경과하여야 한다. 그런데 대표집행임원으로 근무한 후 이러한 시간의 경과가 그의 독립성을 신뢰할 수 있게 회복시켜준다는 것은 그 이유가 명확하지 않다. 사실 ISS의 의결권대리행사 가이드라인에 의하면 구 대표집행임원은 결코 독립적인 이사로 인정되지 않고, Glass Lewis도 구 대표집행임원은 5년이 경과하여야만 독립성을 인정받을 수 있다고 한다. 그러므로 회사가 그들의 투자자에게 독립된 이사회 의장을 가졌다고 보고하는 경우에는, 사실은 이러한 "독립된 이사회 의장"은 회사의 구 대표집행임원으로서 이사회 의장의 진정한 독립성에 관하여 문제가 제기되는 것이다.

3) 독립이사 대표의 부존재   이에 더하여 많은 경우에 대표집행임원의 승계인을 둔 많은 회사는 독립이사 대표를 지명하지 않는다. 2016년에 대표집행임원

의 승계인의 구조를 가진 회사의 11%는 독립이사 대표가 없었는데, 그 이유는 회사가 구 대표집행임원(현 이사회 의장)을 독립이사로 인정하여 독립이사 대표를 둘 필요가 없었기 때문이라고 한다. 이에 추가하여 회사의 23%는 이사회 의장이 "독립적"이지 않음에도 불구하고, 독립이사 대표가 없었다. 따라서 대표집행임원의 승계인 구조를 가진 회사의 34%는 독립이사 대표를 두지 않았다. 중요한 것은 독립이사 대표의 선임은 반드시 "독립적으로" 이루어져야 한다. 그런데 이사회 의장에 의하여 직접적이고 배타적으로 선임된 독립이사 대표는, 이에 명백히 상충하여, 비독립 이사회 의장을 객관적으로 감독하고 견제하여야 할 책임을 다하지 못한다. 종국적으로 대부분의 대표집행임원의 승계인이 회사 내부에서 종종 장기 피용자(근무자)에서 오는 사실은, 구 대표집행임원이 그의 승계인을 선임하여 꼭두각시로 만드는 문제를 뒷받침하고 있다. 많은 회사가 내부 승진에 의하여 승계구도를 세우고 있는 한편, 현 대표집행임원이 이사회 의장으로 승진하여 옮기는 문제는 특히 이사회 의장이 신 대표집행임원을 지명할 수 있는 경우에 발생하게 된다.

  ㈐ 정책적 암시

  1) 구 대표집행임원인 이사회 의장에 관한 독립성의 문제   투자자 · 규제자 및 증권거래소가 언급할 필요가 있는 하나의 문제는 구 대표집행임원 및 현 이사회 의장을 독립된 이사회 의장으로 취급할 것인가이다. 어떤 회사에서는 이러한 이사회 의장을 비독립적으로 취급하고, 어떤 회사에서는 증권거래소의 3년의 "냉각기간"(cooling off period)을 언급하면서 그 기간이 경과하면 그 이사회 의장은 독립적이라고 선언한다. 어떤 회사는 그러한 이사회 의장이 독립적이라고 선언하지만 독립이사 대표의 필요성을 인정하고, 다른 회사는 독립이사 대표를 전혀 선임하지 않는다. 회사의 전 대표집행임원을 즉시 또는 냉각기간 경과 후 이사회 의장으로 선임하는 것은, 독립이사 선임의 목적을 약화시키는 것이고, 특히 독립이사라고 선언한 자가 이사회 의장인 경우에는 더욱 그러하다. 이는 반대로 이사회 의장의 독립성 요건을 재고할 필요가 있고, 또한 회사의 구 집행임원을 독립된 이사회 의장으로 하지 못하도록 일정기간 금하는 증권거래소의 처리도 재고할 필요가 있다. 중요한 것은 구 대표집행임원을 냉각기간 경과 후에도 독립적이라고 생각하지 못하게 하는 것은, 대표집행임원의 승계인 구조의 장단점에 관한 규범적 견해는 아니다. 오히려 그것은 투자자들이 독립적인 이사회 의장을 두고, 그러한 이사회 의장이 비독립적인 경우에는 독립이사 대표를 두라고 강조한 점을 인정하는 것이다. 구 대표집행임원이 이사회 의장이 된 경우에 라인의 이러한 혼탁에 대한 독립성 기준을 조정

하는 것과, 이사회 의장이 구 대표집행임원인 경우에 회사가 독립이사 대표를 선임
하도록 일시적으로 요구하는 것은, 투자자에게 회사의 지배구조에 대한 더 좋은 인
상을 제공할 것이다.

　　2) 독립이사 대표의 권한의 확대　　　　대표집행임원의 승계인 구조가 존재하는
경우, 독립이사 대표를 두도록 하는 것뿐만 아니라, 그러한 독립이사에게 구 대표집
행임원 및 이사회 의장이 이사회에서 갖는 감독권을 대체할 충분한 권한을 부여하
여야 한다. 사실상 구 대표집행임원 겸 이사회 의장의 경우에는 경영진에 의하여
장악된 이사회의 문제는 명백히 존재하고, 대표집행임원과 이사회 의장의 지위가
분리되었지만 대표집행임원이 회사 "내부인"에 의하여 선임될 경우에는 이러한 문
제가 잠재적으로 악화된다. 따라서 투자자 및 규제자는 독립이사 대표가 투자자에
대하여 이사회에서의 진정한 파수꾼의 역할을 하도록 그의 임무를 재검토하여야 한
다. 이는 대표집행임원 겸 이사회 의장을 가진 대규모 회사 및 특히 대표집행임원
의 승계인 구조를 가진 회사 모두에 공통적으로 해당한다. 독립이사 대표에게 부여
할 수 있는 공식적인 권한은 물론 독립된 정보를 얻을 수 있는 자원(resources)과 관
련하여, 투자자 및 규제자는 그것이 독립이사 대표의 특별한 기능과 그의 발생목적
에 충분히 기여하는지 여부를 다시 고려하여야 한다. 실제로 어떤 독립이사 대표는
다른 경우보다 더 큰 권한을 갖고 있지만, 다른 경우에는 훨씬 적은 권한이 부여되
고 있다. 그러므로 모든 회사에 공통되는 공식적이고 통일된 접근이 필요하다.

　　3) 기관투자자 및 의결권 자문사의 역할　　　　Glass Lewis 및 ISS는 물론 많은
기관투자자들은 대표집행임원과 이사회 의장의 역할 분리의 문제를 핵심 지배구조
의 문제로 다루었다. 회사들은 양자의 분리에 대하여 합법적인 이유를 들어 반대하
고 있지만, 또한 독립된 이사회 의장의 선임을 피하는 데에도 합법적인 이유를 들
고 있다. 그래서 독립된 이사회 의장의 설치에 대한 투자자의 기대와 압력은 차선
의 결과가 된다. 설립자 대표집행임원을 둔 회사는 대표집행임원의 교체를 촉진하
기 위하여 대표집행임원의 승계인 구조를 이용하는 장점이 있다. 이와 유사하게 외
부에서 대표집행임원의 승계인을 초빙하는 회사는 구 대표집행임원이 장기간 이사
회 의장을 유지하는 점에서 오는 장점이 있다. 이와는 달리 구 대표집행임원의 승
계인이 장기 근무한 회사의 집행임원이면 구 대표집행임원 겸 이사회 의장이 회사
에 남아 권한을 장악하는 장점은 그만큼 감소한다. 비독립적 이사회 의장으로의 전
환이 어떤 회사에서는 더 좋은 지배구조이지만, 그러한 지배구조에서 오는 위험은
무시할 수 없다. 따라서 투자자와 의결권 자문사는 이러한 회사에서 특별히 대표집

행임원과 이사회 의장과의 관계 및 충분한 권한이 있는 독립된 이사회가 있는지에
대하여 관여한다. 진정으로 회사의 구조와 이사회 의장의 지위에 관한 특별한 뉘앙
스가 있는 접근이 있는 경우에만, 회사의 구조와 회사의 지배구조 환경제도뿐만 아
니라 대표집행임원 승계인과 구 대표집행임원인 이사회 의장의 역할을 하는 개인
배우들을 고려하게 된다. 대표집행임원과 이사회 의장의 분리라는 좁은 문제에만
초점을 두면 이러한 뉘앙스를 알지 못한다. 그러므로 대표집행임원 승계인 현상이
더욱 투명하고 투자자가 이에 대하여 더 잘 이해하고 있는 것이 필요하다.[122]

　　최근 대표집행임원과 이사회 의장의 분리에 관한 압력과 독립한 이사회 의장
의 설치에 관한 집중된 논의가 있었다. 중요한 것은 대표집행임원의 승계인 구조는
종종 회사의 설립자가 자기의 적극적인 경영활동에서 떠날 때 이용한다. 미국에서
많은 회사는 설립자가 이중구조에 의하여 지배권을 유지하는 것을 허용하고, 승계
인 계획의 문제는 설립자가 더 큰 역할을 하기를 기대한다. 회사의 대표집행임원의
승계인과 이사회 의장은 더 나아가 미래에 주목받는 중요한 회사지배구조이다. 대
표집행임원의 승계인 구조가 회사의 업무집행을 발전시키는 범위에서의 정책적 권
고는 이러한 방법을 채택하는 회사에 대하여는 인센티브를 주도록 할 수 있다. 이
와 유사하게 대표집행임원의 승계인 제도가 회사의 업무집행 또는 지배구조에 손해
를 주는 경우에는 이러한 구조에 관하여 보다 더 엄격한 접근을 할 수 있다.[123]

V. 일본 회사법상 집행임원제도

1. 일본 회사법상 집행임원제도의 도입 배경

　　일본에서 많은 기업인과 정치지도자들은 일본의 경제침체와 부패는 주로 낙후
된(poor) 회사지배구조에 있다고 보았다. 즉, 비대하고 내부이사로 지배되는 이사회
와 비효율적인 감사제도가 증가하는 경쟁의 세계경제에서 책임을 묻지도 못하고,
주주의 이익을 가져오지도 못하는 회사의 지배구조가 되었다는 것이다. 그래서 일
본의 회사에게 미국식 집행임원제도를 선택적으로 도입할 수 있도록 한 2002년 5
월의 일본 의회의 상법개정은 더 효율적이고 신뢰할 수 있는 회사의 지배구조의 틀
을 제공할 수 있다. 그러나 법률적 및 문화적 이유로 인하여 개정법 자체만으로 제

---

122) *Id.*, pp.829~834.
123) *Id.*, pp.834~835.

도의 변경을 가져올 것 같지는 않다. 개정법의 선택적 성격, 일본의 기업 관행에 대한 강열한 선호, 일정한 문화 규범에 대한 고집, 회사 스캔들이 따르는 미국 회사제도에 대한 새로운 의문은 미국의 집행임원제도의 전반적인 도입(효력)에 한계를 가져오고 있다.[124]

2. 미국 회사지배구조의 핵심(본인과 대리인 문제의 해결)

미국 회사법의 최대의 관심은 주주의 이익과 집행기관의 이익간의 비대칭에서 발생하는 부작용을 제한하는데 있는데, 집행임원제도는 그러한 부작용을 최소화하기 위하여 만들어진 구조적 견제제도의 핵심 부분이다. 집행기구를 소유로부터 분리하는 데에서 발생하는 본인과 대리인의 관계는 미국 회사지배구조의 핵심이었다. 이의 핵심으로 공개회사의 지배구조는 주주, 이사회 및 집행임원의 복합관계로 되어 있다. 주주는 회사의 일상의 경영을 경영전문가인 집행기관에게 맡기고, 반대로 집행기관은 회사의 이익을 주주에게 돌려줌으로써 회사를 소유자(주주)의 이익으로 운영하는 것에 동의한다. 주주의 이익을 담보하기 위하여 주주는 이사들을 선임하고(이사회를 구성하고), 이사회는 독립적이고 공동체로 집행기관을 감독하면서(이사회의 이러한 감독기능은 보통 주요 상급집행임원을 적극적으로 감독하는 형태로 직접적으로 행사하지 않고, 그러한 집행임원의 업적을 평가하여 합리적인 기대에 미치지 못하면 교체하는 방법으로 간접적으로 행사한다), 광범위한 회사의 정책을 수립한다. 주주와 집행기관간의 이러한 관계가 본인과 대리인의 관계이다. 그런데 집행기관 및 이의 감독기관은 주주보다는 그들의 이익을 취하고자 하는 유혹에 빠지고 쉽다. 따라서 주주에 대한 경영책임을 담보하고자 하는 소위 대리인 비용의 최소화는 미국 회사법 및 이와 관련된 증권법의 제1차적인 정책이다. 집행임원제도는 오늘날 미국회사지배구조의 근본적인 특징 중의 하나이다. 집행임원은 이사회와 분리되는 회사의 기구이고, 회사의 일상의 업무를 집행하도록 이사회로부터 그 권한을 부여받는다. 집행임원은 이사회에 의하여 선임되고 해임되기 때문에 이사회의 일반적인 감독을 받고, 이사회의 업무정책목적(business policy objectives)에 따라야 한다. 따라서 집행임원은 이사회에 종속되면서 이사회와는 독립적이다. 이러한 분리의 결과로서 이사회는 주주의 이익에서 집행임원을 객관적이고 집단적으로 감독할 수 있다. 또한 집행임원은 업무집행에 관한 결정에서 다른 권한이 있는 자와 상의할 필요가 없이 자유롭게 하기

---

124) Matthew Senechal, "Reforming the Japanese Commercial Code: A Step towards an American-Style Executive Officer System in Japan?," 12 *PAC. RIM L. & POL'y J* 536.

때문에, 집행임원제도는 보다 더 효율적인 의사결정을 촉진시킨다. 집행임원과 이사회에 주어진 명확한 역할을 보면, 이 두 회사의 기관은 업무집행 및 감독의 이익을 달성하기 위하여 반드시 동시에 시행되어야 한다.[125] 미국회사지배구조는 주주의 이익을 극대화하고 대리비용을 최소화하기 위하여 설계된 제도이다. 이사회를 집행임원으로부터 분리하는 것은 이러한 회사지배구조의 가장 중요한 부분이고, 많은 (증권)시장 참여자들의 지지를 더욱 받고 있다. 이러한 미국 모델이 세계시장에서 증가하고 우세하여, 다른 지배구조를 취하고 있는 국가는 미국 모델을 선택하여야 하는 압력이 증가하고 있는데, 특히 이러한 국가가 일본이다.[126]

3. 일본 회사지배구조의 특징

일본의 가장 분명한 회사지배구조의 특징 중의 하나이고 집행기관을 효율적으로 감독할 수 없도록 한 대표적인 근원은 집행기관과 이사회 기능의 결합이다. 미국 회사법과는 달리 일본 회사법은 집행임원에 관한 규정이 없다. 대신 회사는 일반적으로 이사에게 미국인이 집행임원과 관련하여 붙이는 명칭(titles)을 부여한다. 따라서 일본 회사에서 집행기관의 명칭은 분리된 기관으로서의 집행임원과는 무관하고, 오히려 이사회 구성원이 동시에 집행임원의 명칭을 갖고 있다. 이러한 것이 미국 모델인 집행권과 감독권을 분리하고, 이사회를 본질적으로 감독기관으로 남겨두지 못하게 하였다. 이사회의 대표이사에게 집중된 권한은 이사회의 감독능력을 제한하고, 신중한 의사결정과정을 밟을 수 없게 하고 있다. 일본 상법(회사법)은 이사회가 이사 중에서 최소 1인의 대표이사를 선임하여 회사를 대신하여(on the behalf of) 행위하도록 하고, 대부분의 외부의 일에 대하여는 회사를 대표하도록 하고 있다. 이의 결과 대표이사는 회사의 업무와 관련하여 재판상 및 재판 외의 모든 행위를 할 수 있는 광범위한 권한을 갖고 있다. 그런데 이러한 대표이사의 권한은 사실상 상법(회사법)이 규정하고 있는 것보다 훨씬 광범위하다. 실제로 대표이사는 일반적으로 회사의 내부 업무정책을 지시하고, 다른 이사를 선임·해임하며, 이사회 의장의 지위를 갖고 있다. 대표이사는 일반적으로 회사의 최상위 지위로 생각하기 때문에, 실제로 회사의 누구도 그의 권한에 도전할 수 없다. 이의 결과 대표이사의 부진한(poor) 업무실적으로 인하여 대표이사가 해임되는 것은 있을 수 없다. 따라서 이사회가 아니라 대표이사가 회사의 일상의 업무집행사항을 결정하고, 핵심 경영기

---

125) *Id.*, pp.537~540.

126) *Id.*, p.541.

구로서 활동하며, 업무집행에 관하여 누구에 대하여도 책임을 지지 않는다. 또한 일본의 회사 이사회의 내부적 성격은 (소수주주를 포함한) 주주의 이익을 위하여 활동하고, 업무집행에 대하여 책임을 지는 것에 대하여는 본질적인 장애물로서 작용한다. 일본의 회사 이사회는 전형적으로 회사의 상급 및 중급 집행진(management)에서 승진한 내부인으로 구성되어 있다. 이사의 명칭은 회사의 위계적 서열에서 큰 명예를 의미하여, 회사 외부인이 이사가 되는 것은 사실상 불가능하다. 거의 모든 집행임원과 이사는 회사 내부인의 서열에 의하여 선임되므로, 그들이 제1차적으로 충성하는 자는 그들의 회사 동료들이고, 제2차적으로 충성하는 자는 주주를 포함한 대규모 이해관계자(stakeholders)이다. 일본 회사의 집행기관에 대한 최종 감독 라인에 있는 유일한 법률상 감사제도(auditor system)도 집행기관의 권한남용을 방지하고 주주의 이익을 보호하는데 효율적인 기구로서 작용하지 못하고 있다. 일본 상법(회사법)은 일본 회사에 1인 이상의 감사를 두어 이사들에 의한 업무집행을 감사하도록 하고 있다. 그러나 법률상 감사제도는 1896년에 시작한 이후 실제로 거의 본래의 기능을 다하지 못하는 약한 감독기관으로 널리 인식되고 있다. 법률상 감사의 핵심적인 약점은 그의 권한이 좁게 규정되어, 적법성(legal compliance)과 회계업무에 한정되어 있는 점이다. 감사는 이사회에서 의결권(vote)이 없을 뿐만 아니라, 업무집행 전반에 대한 감독의 권한(책임)도 없다. 더욱이 감사는 정년퇴임한 피용자나 관련(affiliated) 회사의 피용자가 선임되는 경향이 있어, 그들은 감사의 징표로서 감사의 명칭을 부여받는다. 이의 결과 감사는 회사의 서열 내에서 일반적으로 낮은 지위로 인식되어, 기본적인 감사업무의 수행에서도 심각한 장애가 되고 있다. 이러한 일본의 관행과 지배구조가 미국 제도와는 매우 다른 회사의 지배구조가 되는 결과를 가져오고 있다. 미국의 회사는 이사회와 집행임원의 업무를 명확히 구별하는 점에 근거하나, 일본의 회사는 두 업무를 결합하고 대표이사에게 업무결정권을 집중시키고 있다. 이에 더하여 감사는 약한 법률상 권한과 사회규범(social norms)으로 인하여, 어떠한 사항에 대하여 진정으로 효율적인 감사업무를 하지 못하고 있다. 그 결과 집행기관에 대한 (효율적인) 감독과 주주의 이익보호에 관한 회사지배구조의 모델은 거의 완전한 환상이 되는 결과가 되었다.[127]

---

127) *Id.*, pp.542~545.

4. 일본 상법(회사법)상 미국의 집행임원제도의 도입

일본의 경제침체로 인하여 일본의 종래의 회사지배구조의 개선에 대한 요구가 발생하였다. 이러한 요구에 부응하여 일본의 의회는 2002년 5월에 일본 회사는 미국형 집행임원제도를 채택할 수 있도록 상법(회사법)을 개정하였다. 이러한 개정은 종래의 상법(회사법)상의 규정에 추가하여 미국의 집행임원제도를 선택할 수 있도록 함으로써, 일본의 회사는 몇 가지 개정된 기존의 제도를 유지하던가, 또는 집행임원과 3개의 위원회를 가진 이사회를 포함하는 미국식 집행임원제도로 완전히 변경할 수 있게 되었다. 이러한 개정 전에는 회사가 이러한 집행임원제도를 채택할 수 있는 법규정이 없었으므로 일본 회사들은 종래의 지배구조를 채택하는데 머물렀으나, 일본의 많은 주도적인 다국적 회사들은 법개정 전에 미국의 집행임원제도를 채택하였다. 이러한 회사지배구조의 개척자 중에서 가장 대표적인 회사는 소니(Sony)인데, 이 회사는 1997년 회사 개혁에서 집행임원제도를 채택하였다. 이러한 광범위하게 공표된 변화는 일본의 기업계에 아주 큰 영향을 주었고, 도시바·일본항공 및 니산모토를 포함한 거의 200개 기타 주요 회사가 이와 유사한 변경을 하는 결과를 가져왔다. 집행임원제도를 포함하여 이러한 회사에 의하여 채택된 지배구조의 많은 부분이 개정법에서 반영되었다. 따라서 이러한 선구자적 기업의 활동이 개정법의 통과에 중요한 역할을 한 것이다. 2001년 니혼게이자이 신문의 통계에 의하면, 통계에 참여한 회사의 37.7%가 이미 집행임원제도를 채택한 반면, 추가적인 14.1%의 회사는 도입을 긍정적으로 검토하고 있었다. 그러나 아사히 신문의 통계에 의하면, 2002년 5월까지 응답한 회사의 6%만이 미국식 집행임원제도를 채택하고자 하였다.[128]

일본의 개정법은 최소한 두 개의 명백히 구별되는 회사의 지배구조를 제시하여, 회사가 특별한 기업수요에 기초하여 이를 선택하도록 하고 있다. 첫 번째의 선택은 전통적인 일본의 모델인데, 이는 집행기관(executive body)과 분리되지 않은 이사회제도와 법률상 감사제도를 채택하는 것이다. 그런데 이 경우에는 개정법이 감사의 역할을 강화하기 위하여 몇 가지 개정하였는데, 대규모 회사는 최소 3인의 감사를 두어야 하는데 그 중 과반수는 외부감사(회사의 영향에 있거나 그의 종속회사의 이사, 총지배인, 또는 피용자가 아니었던 자)이어야 한다. 이에 더하여 이사회에 업무효율을 높이기 위한 최소의 제도로 이사회 내에 '중요자산위원회'를 둘 수 있도록 하

---

128) *Id.*, pp.547~550.

였다. 그러나 이러한 위원회가 회사지배구조에 정확하게 어떤 목적과 영향이 있는
지는 불분명하다. 두 번째의 선택은 일본의 전통적인 모델에 대체하여 본질적으로
미국 모델에 유사한 집행임원제도를 선택하는 것이다. 두 명 이상의 사외이사를 둔
회사는 전통적인 제도를 완전히 포기하고 이에 대신하여 미국형 집행임원제도를 선
택할 수 있다. 새로운 제도를 선택하는 회사는 반드시 1인 이상의 집행임원을 두어
제1차적으로 회사의 업무집행을 담당하도록 해야 한다. 집행임원은 이사회에 의하
여 선임되고, 과거에 이사회(업무집행기관)(board-officers)가 가진 많은 업무(중요한
회사 재산의 매매, 지점의 설치 및 폐쇄, 주식분할의 승인 등)를 위임받는다. 집행임원은
또한 매년 주주총회와 매 분기 이사회에 보고할 의무를 부담하고, 회사에 당면하고
있는 중요한 문제에 관하여 감사위원회에 보고할 의무를 부담한다. 간단히 말하면
집행임원은 특히 회사의 일상의 업무를 집행할 권한(책임)이 있다. 따라서 개정법상
집행임원제도는 미국의 제도와 매우 동일하게 업무집행기관인 집행임원과 이에 대
한 감독권을 가진 이사회를 보다 더 명확히 분리하고 있다. 그런데 중요한 것은 새
로운 제도에 의한 권한의 구별이 완전히 명확한 것은 아니라는 점이다. 이는 이사
가 동시에 집행임원을 겸할 수 있는 점에서 나타난다. 사실 개정법은 최소한 1인의
이사는 회사의 대표집행임원(CEO)으로 활동하도록 요구하고 있다. 이에 더하여 (사
외이사에서) '사외'(outside)의 법률상 정의에는 모회사나 기타 종속회사의 집행임원
이나 개인은 포함되지 않으나, 회사와 기타 재무적 이해관계가 있는 개인에게는 적
용되지 않는다. 미국형 집행임원제도를 채택한 회사는 또한 반드시 이사회에 세 개
의 위원회를 두어야 하고, 이사회에는 2명 이상의 사외이사를 두어야 한다. 이 세
개의 위원회는 지명위원회·보수위원회 및 감사위원회인데, 각 위원회는 위원이 반
드시 3인 이상이어야 하는데 그 과반수는 회사의 사외이사이고 집행임원이 아닌 자
이어야 한다. 이에 추가하여 감사위원회의 위원은 반드시 독립적이어야 한다. 개정
법의 효과는 집행임원을 이사회로부터 보다 더 명백히 분리하는 것이다. 이러한 의
미에서 새로운 제도는 잠재적으로 더욱 효과적인 감독과 향상된 의사결정과정이 잘
작동할 수 있도록 한 제도(framework)를 제공하고 있다. 그러나 개정법이 의도한 이
러한 제도는 아무 것도 없는 상태(vacuum)에서 존재하는 것이 아니기 때문에, 많은
법적 및 문화적 장애로 인하여 아마도 심각하게 제한될 수 있다.[129]

---

129) *Id.*, pp.551~553.

5. 평   가

일본의 집행임원제도에 관한 개정법은 (지배구조의) 개정을 우선적으로 고려하는 회사에 대하여는 이사회의 (업무집행기관에 대한) 감독기능과 주주의 가치를 향상시킬 수 있다. 지배구조의 관점에서 집행임원은 분리된 기구이고, 독립적인 감사위원회의 감시와 해임(review and removal)의 대상이 된다. 이러한 점이 집행임원으로 하여금 그의 (업무집행에 관한) 결정에 대하여 더욱 책임을 갖게 하고, 이사회는 (집행임원에 대하여) 주주의 이익에 대한 집행책임을 묻게 된다. 더욱이 집행임원은 이사를 겸하지 않으므로, 집행임원은 이사회에서 표결할 것을 요구받지도 않는다. 집행임원이 이사와 같이 표결하는 동료가 아니라면, 집행임원은 독립된 기구(body)로서 이사회에 더욱 책임감을 갖게 될 것이다. 이러한 단순한 사실이, 일사분란하지만 집행기관에 대한 감독의 가능성을 없애는 위계적인 권한과의 관계를 단절하거나 또는 제한할 수 있다. 또한 집행임원제도의 이러한 구조적 변경은 업무결정의 효율성을 증대시킬 수 있다. 이사회와 분리된 집행임원이 업무집행에 관한 결정을 자유롭게 하는 것은 결정과정이 단순하다. 더욱이 이사회가 집행임원으로부터 분리됨으로써, 집행임원은 업무집행에 전념하고 보다 더 효율적으로 업무집행을 할 수 있다. 회사지배구조의 개혁에 관한 소니 회사의 경험이 집행임원제도가 가까운 미래에 보다 더 향상된 지배구조로 어떻게 기여할 것인가를 보여줄 것이다.[130]

개정법에 의하여 제공된 회사의 지배구조가 위와 같은 유용성이 있음에도 불구하고, 많은 법률적 및 문화적인 장애가 이의 이용을 방해하고 있다. 집행임원제도의 확대 시행에 가장 중요한 장애는 법상 선택적 규정이다. 개정법이 일본의 대형 다국적 회사의 일부가 채택하여 시행하고 있는 집행임원제도를 지원하기 위한 타협의 하나이기 때문에, 개정법은 모든 일본의 회사가 이를 채택할 것을 요구하지 않는다. 집행임원제도를 이미 채택하였거나(가까운 장래에 채택하고자 하는) 그러한 대형 다국적 회사에게는 개정법이 당연히 중요한 반면, 이의 선택적 규정은 일본의 소규모 회사와 국내 회사는 물론 대부분의 보수적 회사들이 이를 채택하지 않도록 하고 있다. 회사에 관한 규범이 천천히 발전하는 국가에서는 개정법의 이러한 성격(선택규정)은 특히 이를 약화시킨다. 또한 일본 회사지배구조에 대하여 강하게 선호하는 재계의 지도자들도 집행임원제도의 도입과 확대에 장애가 된다. 일본의 가장 강력

---

130) *Id.*, p.554.

한 재계 및 정치 기구의 일부는 이런 입장을 강하게 암시하고 있다. 예컨대, 일본의 경제인연합회와 자민당은 미국법에 따른 개정에 대하여 선호하지 않음을 표시하였다. 일본의 경제인연합회는 집행임원제도의 채택에 대하여 옹호하기 보다는 오히려 일본의 유일한 감사제도를 강화해야 한다고 제안하였다. 이러한 경제인연합회의 관심에 부응하여 일본 자민당 법사위원회 상법소위원회는 1999년에 거의 이와 동일한 개정안을 제안하였다. 도요다 자동차 그룹의 회장인 히로시 오쿠다는 1999년 니케이 세계경영포럼에서 (집행임원제도와 같은) 미국식 경영기술은 일본에서는 낯설어서(foreign) 그의 채택이 회사의 업무집행(performance)을 향상시키지 못한다고 말하였다. 또한 집행임원제도를 선택하는 회사에 대하여 문화규범(cultural norms)은 여전히 그의 효력을 위협하고 있다. 개정법이 집행임원을 분리된 회사의 기구로 규정하고 있지만, 회사 공동체 내에서의 위계질서(hierarchy)의 계속적인 강조는 그의 효력발생에 위협이 되고 있다. 대부분의 업무집행자(executives)가 회사 내에서 승진되는 것이 계속되는 범위에서는, 대표업무집행자(chief executive)는 이전의 대표이사의 권한을 처음부터 끝까지 유지할 것이다. 대표업무집행자가 이제는 대표이사의 명칭을 갖고 있지 않고 그 기능적 동일성을 유지하고 있을지라도, 그 직위와 관련하여 견제되지 않는 권한은 유지될 것이다. 따라서 실무에서 진정한 교체가 없이 집행임원제도를 채택하는 회사에게는 명칭만의 변경이 있을 것이다. 다른 관점에서 소니 회사의 개혁을 분석하여 보면, 개정법은 단지 장식적인(cosmetic) 회사지배구조의 변경과 그의 효력을 제한하는 위계질서 및 공동체의 일본 문화의 특성을 감추는(mask) 것으로 유도하고 있다. 짐작컨대, 소니 회사의 이사회의 (업무집행에 대한) 향상된 감독은, 폐쇄된 회의에서 안건(agenda)을 정하는 내부의 다수의 이사에 의한 결정에 대하여, 고무 스탬프로서의 서비스를 계속하는 것이다. 1999년 7월 현재 진정으로 그 그룹이 제안한 어떠한 안건도 전체 이사회에서 거절된 적이 없다. 소니 회사 사장이 설명한 바와 같이, 경영회의 및 이사회는 다른 의견을 제기하지 않는다. 이와 유사하게 소니 회사가 단지 이전의 이사를 집행임원으로 교체하였다는 사실은, 그들이 그들의 위계적인 역할을 유지하면서 여전히 대표이사에 종속된다는 것을 의미한다. 사내이사가 지배하는 10명으로 구성되는 이사회가 37명의 내부 업무집행자를 감독하여 개별이사의 이익을 떠나 주주에게 충실하라는 것은 거의 불가능하다.[131]

---

131) *Id.*, pp.555~557.

　　개정법(집행임원제도)의 영향은 개별 일본의 회사들이 점증하는 국제경제에서의 그들의 역할을 어떻게 볼 것인가를 검토하는 기능을 할 것이다. 개정법상 미국형 집행임원제도를 채택할 것인가 또는 전통적인 일본의 제도를 유지할 것인가에 대하여, 일본 회사들은 어떤 회사지배구조 모델이 국제경제에서 그들의 수요에 최대로 기여할 것인가를 스스로 결정하여야 한다. 다양한 시장에서 투자자 자본을 구하기 위하여 경쟁하는 회사는 대부분 개정법(집행임원제도)을 선택할 것이다. 이러한 회사들은 투자자를 끌어들이기 위하여 건전한 지배구조의 모범을 보여야 하는데, 이는 순수한 금융적 관점에서 뿐만 아니라 그들의 회사지배구조 시행이 투명하고 효율적이며 책임을 지는 것이라는 것을 제시함으로써 한다. 결국 미국형 집행임원제도를 채택하는 개정법을 선택하면, 회사가 효율적인 지배구조를 가질 수 있는 근본 구조가 될 것이다. 개정법이 위에서 본 바와 같이 많은 장애물에 직면하고 있지만, 이는 일본 회사들에게 새로운 제도를 일본의 전통적 제도에 맞추어 조정하고 (집행의)책임과 주주의 이익을 실현하는 제도를 시행하는 선택권을 제공한다. 집행임원제도를 채택하는 회사가 이러한 가치를 증진시키는 한, 이 제도는 회사 그룹과 산업으로 확대되어 변화의 촉매제로서의 역할을 할 것이다. 이에 반하여 주요은행과 절연되어 있거나 외국자본에 거의 의존하지 않는 회사들은 개정된 일본의 전통 지배구조에 머무를 것이다. 사실상 집행임원제도를 선택한 회사가 성공을 하고 일본 전통적인 지배구조를 선택한 회사가 성공하지 않는다면, 인센티브는 집행임원제도를 채택하는 쪽에 나타날 것이다. 이 경우 일본의 전통적 지배구조를 선택한 회사들은 아마도 (업무집행에 대한) 효율적인 감독과 발전된 의사결정과정을 법 외에서 새로 만드는 방법을 모색할 것이다. 이 양자의 효율적인 시행에 있어서 많은 장애물은 존재한다. 개정법(집행임원제도)의 선택적 성격, 일본의 전통적 기업실무에 대한 강한 선호, 위계질서와 공동체를 강조하는 회사규범의 유지 및 미국의 회사제도에 대한 새로운 의문은 모두 제도적 회사지배구조의 개선에 장애가 되고 있다. 그러나 미국의 회사법 역사가 보여주고 있는 바와 같이, 제도 개혁에는 종종 시간이 걸린다. 이러한 관점에서 개정법(집행임원제도의 도입)은 일본이 회사지배구조 실무를 개선하기 위하여 취한 첫 핵심 단계의 하나로서 역할을 하고 있고, 그리고 결국에는 더 많은 변화가 있을 것으로 낙관적으로 본다.[132]

---

132) *Id.*, pp.558~559.

우리 상법상
주식회사의 집행임원제도

제 2 편 우리 상법상 주식회사의 집행임원제도

I. 한국 상법상 집행임원제도

1. 상법상 집행임원제도의 도입 취지

2011년 4월 우리 개정상법은 제408조의 2부터 제408조의 9까지 규정을 신설하여 집행임원에 관한 규정을 최초로 신설하게 되었는데, 이와 같이 집행임원에 관한 규정을 신설하게 된 취지는 다음과 같다.[1]

(1) IMF 경제체제 이후 사외이사제도를 강제로 도입함(특히 직전 사업연도 말 자산총액이 2조원 이상인 주식회사의 경우 사외이사를 3인 이상 및 과반수를 두도록 함 - 종래의 증권거래법 191조의 16 1항 단서)에 따라 사외이사를 최소화할 목적으로 이사수를 대폭 축소하고[2] 실무에서 정관 또는 내규 등으로 사실상 집행임원(비등기임원)을 두

---

[1] 이에 관하여는 정찬형, "회사법 개정안 해설자료"[이는 2007년 7월 2일 법무부(법무심의관실, 상사팀)의 집필 요청에 의하여 집필하여 동년 8월 10일 법무부에 제출한 내용임], 23~25면; 동, "집행임원," 「주식회사법대계 II(제4판)」(한국상사법학회 편)(법문사, 2022), 1275~1279면; 상법 회사편 해설, 251~253면 등 참조.

[2] 이와 같이 사외이사를 두는 것을 최소화하는 것은 참여형 이사회제도에서 사외이사가 회사의 의사를 결정하는 이사회에 매번 참여함으로써 사외이사의 기업정보에 대한 대외유출을 우려하고, 사외이사로 인한 이사회의 의사결정 지연 및 비용부담의 증가를 우려하기 때문이다[동지: 양동석, "임원제도도입에 따른 법적 문제," 「상사법연구」(한국상사법학회), 제20권 제2호(2001), 113~114면].

고 있었는데,3) 이러한 집행임원에 관한 규정이 상법 또는 특별법에는 없어서 실무
와 상법 등의 규정에 흠결이 발생하여 많은 문제가 발생하였다.

　(2) 실무에서도 많이 이용하고 있는 이러한 사실상 집행임원은 (이에 관한 규정
이 상법 등에 없어) 등기도 되지 않고 또한 주주총회에서 선임되지도 않는다는 이유
로 (사실상 집행임원이 종래의 이사의 업무를 수행함에도 불구하고) 우리 대법원판례4)는
계속하여 이러한 사실상 집행임원을 고용계약에 의한 근로자라고 판시함으로써, 이
는 현실과 너무 다름은 물론 이로 인하여 실무에서 많은 어려운 문제가 발생하여
집행임원제도 도입에 관한 상법개정 관련 건의서를 법무부에 제출하였다(법무법인
세종, 2005).

　(3) 종래의 이사의 직무를 수행하고 있는 사실상 집행임원의 지위·권한·의
무·책임 및 공시 등에 관한 규정이 없어, 많은 문제가 발생하였다. 특히 사실상 집
행임원에 관한 의무와 책임에 관한 규정이 없어 사실상 집행임원과 거래하는 제3자
의 보호에 문제가 있었다(회사의 내규에서는 이에 관하여는 거의 규정하지 않을 뿐만 아니
라, 규정한다 하더라도 제3자에 대한 구속력이 없다).

　(4) 대규모 주식회사의 경우 이사회의 감독기능을 강화하기 위하여 종래의 증
권거래법 등 특별법에 의하여 사외이사를 강제로 두도록 하였으면 이러한 이사회
는 사외이사 중심으로 감독기능에 충실하도록 하고 이와 분리된 업무집행기관(집
행임원)에 대하여 입법을 하였어야 했는데, 종래의 증권거래법 등은 업무집행기관
(집행임원)에 대하여 별도의 규정을 두지 않아서 사외이사 중심의 이사회가 업무집

---

3) 예컨대 POSCO는 2002. 3. 20. 이사회 결정사항 및 경영상의 중요사항의 집행을 위하여 임
　기 2년 이내의 '집행임원'에 관한 규정을 정관 제46조에 신설하여, 집행임원에 관한 근거규정을
　두었다.
　[POSCO정관 제46조(집행임원)]
　① 회사는 이사회의 결정사항 및 경영상의 중요사항의 집행을 위하여 집행임원을 둔다.
　② 집행임원은 대표이사 회장이 임명한다. 다만, 이사회가 정하는 주요 직책에 집행임원을 임명할
　　경우에는 이사회의 승인을 받아야 한다.
　③ 집행임원은 부사장, 전무, 상무로 구분하며, 그 보수와 성과금은 이사회에서 정하고 퇴직금은 주
　　주총회에서 승인된 이사퇴직금규정의 부사장, 전무이사, 상무이사의 퇴직금기준에 의한다.
　④ 집행임원의 업무분담에 관하여는 대표이사 회장이 정한다.
　⑤ 집행임원의 임기는 2년 이내로 한다. 다만, 제34조 단서조항을 준용할 수 있다.
　또한 현대자동차는 정관 제29조의 4에서 '경영진'에 대하여 규정하여, 집행임원에 관한 근거규정
　을 두었다.
　[현대자동차 정관 제29조의 4(경영진)]
　① 회사는 이사회의 의결사항을 집행하기 위하여 경영진을 둔다.
　② 경영진에 관한 사항은 별도의 이사회 규정으로 정한다.
　4) 대판 2003. 9. 26, 2002 다 64681; 동 2005. 5. 27, 2005 두 524.

행기능도 담당하므로(상 393조 1항)(참여형 이사회제도) 이사회의 감독기능 및 사외이사의 기능이 유명무실하게 되었다. 따라서 업무집행기관에 대한 감독기능을 담당하는 이사회와 업무집행기능을 담당하는 집행임원을 분리하여 실효성 있는 감독기능을 수행할 수 있도록 하고 또한 사외이사가 본래의 기능을 회복할 수 있도록 할 필요가 있었다. 이러한 점에서 학계에서도 많은 분들이 집행임원제도의 입법을 건의하였다.[5]

(5) IMF경제체제가 발생한 이후, 금융위원회가 금융산업의 경쟁력 제고의 일환으로 금융관계법을 개정하여 사외이사제도의 도입 및 이사회내의 사외이사의 비율 강화, 일정 규모 이상의 금융기관에 감사위원회의 설치를 의무화하였고, 금융기관의 경영지배구조를 이사회와 집행임원으로 이원화할 것을 적극 권고함에 따라 대부분의 금융기관에서 집행임원제도를 도입하였다. IMF경제체제 이후 모든 금융기관의 지배구조를 감독기관으로서의 이사회와 집행기관으로서의 집행임원으로 이원화하겠다는 금융감독원의 기본정책에 따른 결과, 국민은행·제일은행·신한은행 등 은행권의 경우에는 사외이사제도의 실시와 함께 대부분 '사업본부제'를 도입하면서 종전의 등기임원의 대부분을 사업본부의 본부장(집행임원)으로 전환하고, 다수의 사외이사를 선임함으로써 현재 은행의 이사회구조는 사내이사들이 이사회 구성원을 겸하고 있던 전통적 지배구조와는 달리 이사회와 집행부가 완전히 분리되었다.[6]

(6) 한국상장회사협의회는 2003. 2. 4. '상장회사 표준정관'을 개정하여 사실상의 이사로 운영되고 있는 비등기임원(사실상 집행임원-필자 주)을 "등기된 이사가 아니면서 전무이사, 상무이사 등에 준하여 회사의 업무를 집행하는 자(예컨대, 부사장·전무·상무·상무보 등)"로 정의하여, 비등기임원을 '집행임원'으로 표현하면서 정관상 회사조직으로 수용할 수 있는 근거조항(34조의 2)을 신설하였다. 또한 전국경제인연합회의 '주식회사 임직원 직명 경제계 권고안'에 의하면 "집행임원은 회장

5) 강희갑, 「회사지배구조론」(명지대 출판부, 2004); 양동석, 전게논문(상사법연구 제20권 제2호); 전우현, "주식회사 감사위원회제도의 개선에 관한 일고찰 - 집행임원제 필요성에 관한 검토의 부가," 「상사법연구」(한국상사법학회), 제23권 제3호(2004); 양만식, "집행임원제도의 도입에 따른 지배구조의 전개," 「상사법연구」(한국상사법학회), 제24권 제1호(2005); 정찬형, "한국 주식회사에서의 집행임원에 관한 연구," 「고려법학」(고려대 법학연구원), 제43호(2004); 동, "주식회사 지배구조 관련 개정의견," 「상사법연구」(한국상사법학회), 제24권 제2호(2005); 원동욱, "주식회사 이사회의 기능변화에 따른 집행임원제도의 도입에 관한 연구," 법학박사학위논문(고려대, 2006. 2.); 유진희, "우리나라 기업지배구조 개혁의 성과와 과제," 「상사법연구」(한국상사법학회), 제20권 제2호(2001); 서규영, "주식회사의 집행임원제도에 관한 연구," 법학박사학위논문(고려대, 2009. 8.) 외.

6) 상법 회사편 해설, 251면 및 같은 면 주 139).

(Chairman), 부회장(Vice Chairman), 사장(President), 부사장(Senior Executive Vice President), 전무(Executive Vice President), 상무(Senior Vice President), 상무보(Vice President)이다"로 규정하여, 상법 등 법률에 규정이 없는 (사실상) 집행임원을 인정하고 있었다.[7] 따라서 한국상장회사협의회는 전체 상장회사의 78.2%가 집행임원을 두고 있는 점(2005. 7. 현재), 이사회는 중요의사결정 및 감독기능을 수행하여 집행임원의 업무집행기능과 분화되고 있는 점, 집행임원의 법적 지위·역할·책임 등에 관하여 법적 규정이 없어 신분상 불안과 책임 유무 등에 대하여 많은 문제점이 발생하고 있는 점 등에서 집행임원의 법제화를 요구하였다(2005. 12.).

(7) 비교법적으로 볼 때도 독일에서는 업무집행기관(이사회)과 업무감독기관(감사회)이 처음부터 분리되었고(중층제도), 미국에서는 초기에 참여형 이사회제도이었으나(단층제도) 근래에는 감독형 이사회제도를 많이 채택하여 독일의 중층제도와 유사하게 되었다. 따라서 오늘날은 업무집행기관과 업무감독기관을 분리하는 입법추세가 국제적인 기준이 되고 있다고 볼 수 있다. 미국의 각 주의 회사법 중 집행임원에 대하여 규정하지 않은 주는 한 주도 없다. 50개 주는 모두 집행임원에 대하여 규정하고 있는데, 그 규정하는 형식은 각 주에 따라 집행임원을 둔다(has or have)(22개 주), 집행임원을 두어야 한다(shall)(26개 주), 집행임원을 반드시 두어야 한다(must)(2개 주)로 각각 표현만 달리하고 있다. 미국의 대표적인 주로 캘리포니아주[8] 및 델라웨어주[9]는 '집행임원을 두어야 한다(shall)'로 규정하고 있고, 뉴욕주[10]는 회사가 집행임원(사장, 부사장, 총무, 재무 등)을 두는 것을 전제로 이의 선임기관(원칙적으로 이사회이고, 기본정관에 규정이 있으면 주주총회) 등에 대하여 규정하고 있다. 미국법조협회(American Law Institute: ALI) 위원회(Council)가 1993년 4월 최종의결하여 승인한 회사지배구조의 원칙(Principles of Corporate Governance: Analysis and Recommendation)에 의하면, 일정규모 이상의 공개회사는 집행임원제도를 채택하도록 하고(동 원칙 3.01조), 개정모범회사법(Revised Model Business Corporation Act 2016: MBCA)도 회사는 집행임원을 두는 것으로 규정하고 있다(동법 8.40조 (a)항).[11] 프랑스의 2001년 개정상법에서도 회사의 전반적인 업무집행권은 회사의 선택에 따

---

7) 정찬형, 전게논문(고려법학 제43호), 41면.

8) Cal. Corp. Code 제312조.

9) Del. Gen. Corp. Law 제142조.

10) N.Y. Bus. Corp. Law 제715조.

11) 미국 회사법상 집행임원제도에 관한 상세는 정찬형, "미국 회사법상 집행임원제도," 「금융법연구」(한국금융법학회), 제19권 제3호(2022. 12), 133~205면 참조.

라 대표이사 또는 대표이사와는 다른 자인 집행임원이 행사할 수 있도록 하였다(佛商 225-51-1조). 일본의 2005년 회사법에서는 사외이사를 과반수로 한 위원회를 설치하는 위원회설치회사(현재는 지명위원회등 설치회사)에서는 집행임원(執行役)을 의무적으로 두도록 하고 있고(日會 402조 1항), 2005년 개정된 중국 회사법도 주식회사에서는 집행임원(經理)을 의무적으로 두도록 하고 있다(中會 114조 1문).[12]

2. 상법상 집행임원 설치회사

(1) 상법의 규정

(가) 2011년 개정상법상 주식회사는 선택에 의하여 집행임원을 둘 수 있는데(이 경우 집행임원을 둔 회사를 '집행임원 설치회사'라 함), 이러한 집행임원 설치회사는 대표이사를 두지 못한다(상 408조의 2 1항).

이러한 집행임원 설치회사는 회사의 업무집행기관(집행임원)과 업무감독기관(이사회)을 분리하여(이하 '감독형 이사회'로 약칭함), 이사회는 회사의 업무를 잘 알고 또한 경영의 전문가인 집행임원을 업무집행기관으로서 선임·해임하여 회사의 업무집행(경영)을 맡기고, 이사회는 이에 대한 감독만을 하면서 (필요한 경우) 회사의 중요한 사항에 대하여 의사를 결정하는 회사를 말한다.[13]

우리 상법은 제정 이후부터 (주식회사의 규모에 관계 없이) 이사회가 회사의 업무를 집행하고(의사결정)(상 393조 1항) 또한 (1984년 개정상법 이후에는) (대표)이사의 직무집행을 감독하는 기능(이하 '참여형 이사회'로 약칭함)을 하였는데(상 393조 2항), 이는 특히 대규모 주식회사(이하 '대회사'로 약칭함)에 맞지 않고 또한 이사회는 주로 업무집행기능에만 전념하여 이사회의 업무감독기능은 유명무실화 하게 되어, 회사경영의 투명성과 관련하여 이사회의 감독기능의 활성화 방안이 그 동안 많이 논의되어 왔었다.[14] 따라서 IMF 경제체제 이후 자산총액 2조원 이상인 상장회사는 사외

---

12) 이에 관하여는 정(찬), (상), 970면 참조.

13) 집행임원 설치회사는 업무집행기관과 업무감독기관을 분리한 지배구조를 가진 회사인데, 업무집행기관의 면에서 보면 '집행임원 설치회사'로 부를 수 있고, 업무감독기관의 면에서 보면 '감독형 이사회제도'라고 부를 수 있다. 이에 반하여 업무집행기관과 업무감독기관을 분리하지 않은 종래의 이사회제도를 가진 회사는 업무집행기관의 면에서 보면 '집행임원 비설치회사'라고 부를 수 있고, 업무감독기관의 면에서 보면 '참여형 이사회'제도로 부를 수 있다.

14) 이에 관하여는 정찬형, "주식회사의 경영기관(비교법을 중심으로)," 「법률학의 제문제」(유기천 박사 고희기념 논문집), 1988; 동, "기업경영의 투명성 제고를 위한 주식회사의 지배구조의 개선," 「상사법연구」(한국상사법학회), 제17권 제1호(1998. 6.); 동, 전게논문(고려법학 제43호); 동, "주식회사의 지배구조," 「상사법연구」(한국상사법학회), 제28권 제3호(2009. 11); 홍복기, "사외이사제도에 관한 입법론적 연구," 법학박사학위논문(연세대, 1988) 등 참조.

이사를 이사총수의 과반수가 되도록 하여 이사회의 업무집행기관에 대한 감독기능을 활성화 하고자 하였다. 그런데 이러한 감독기관(이사회)과 분리된 업무집행기관(집행임원)에 대하여는 그 동안 입법이 되어 있지 않아, 이사회는 감독기능도 제대로 수행하지 못하면서 업무집행기능(의사결정)의 효율성도 종래보다 더 떨어지게 되었다. 즉, (사외이사가 과반수인) 이사회가 업무집행기능에도 참여하여 사실상 집행임원(비등기임원)을 양산하게 되었고, 이러한 사실상 집행임원은 '비등기임원(이사)'의 형식으로 현재 상장회사(특히, 대규모 상장회사)에서 많이 이용되고 있다. 이러한 현상은 주식회사의 지배구조에서 우리 상법이 먼저 집행임원제도를 도입하고 그 다음으로 이사회의 감독기능을 강화하기 위하여 사외이사제도 및 감사위원회제도를 도입하였어야 하는데, 이와 반대로 (상법상) 집행임원이 없는 상태에서 의무적으로 사외이사제도와 감사위원회제도를 도입하였기 때문에 (상법에 규정이 없는) 사실상 집행임원(비등기임원)이 발생하게 된 것은 부득이한 현상이라고 볼 수 있다.[15]   따라서 이러한 사실상 집행임원(비등기임원)에 대한 법적 근거를 마련하고 대내적으로 경영의 안전성과 효율성을 확보하며 대외적으로 거래의 안전을 기할 수 있도록 하기 위하여 2011년 개정상법은 집행임원 설치회사에 대하여 입법을 한 것이다.[16] 그러므로 사실상 집행임원(또는 비등기임원)을 두고 있는 상장회사는 이러한 사실상 집행임원(또는 비등기임원)을 (전부 또는 일부) 이번에 상법상 신설된 집행임원(집행임원 설치회사)으로 전환하여야 할 것으로 본다.[17] 또한 최근 사업연도말 현재의 자산총액 2조원 이상인 주식회사는 의무적으로 이사회를 사외이사가 이사총수의 과반수로 구성하고(상 542조의 8 1항 단서, 상시 34조 2항) 또한 이사회내 위원회의 하나이고 사외이사가 위원의 3분의 2 이상인 감사위원회를 의무적으로 두어야 하는 규정(상 542조의 11 1항, 상시 37조 1항)의 취지에서 볼 때도 이러한 이사회는 업무감독기능에 중점이 있으므로, 이러한 이사회(업무감독기관)와는 분리된 집행임원(업무집행기관)을 반드시 두어야 할 것으로 본다(즉, 집행임원 설치회사를 선택하여야 한다).[18] 이러한

15) 정찬형, "2011년 개정상법에 따른 준법경영제도 발전방향 – 집행임원 및 준법지원인을 중심으로," 「선진상사법률연구」(법무부), 통권 제55호(2011. 7.), 13면; 동, 전게 주식회사법대계 Ⅱ(제4판), 1290~1291면; 정(찬), (상), 966~969면.

16) 정(찬), (상), 970면; 동, 전게 주식회사법대계 Ⅱ(제4판), 1291면.

17) 정찬형, 전게논문(선진상사법률연구 통권 제55호), 13면; 동, 전게 주식회사법대계 Ⅱ(제4판), 1291면.

18) 이러한 대회사에 대하여는 이사회에 의무적으로 사외이사를 이사총수의 과반수가 되도록 하고 (상 제542조의 8 1항 단서) 또한 감사위원회를 의무적으로 두도록 한 점(상 제542조의 11 1항)과의 균형상 집행임원도 의무적으로 두도록 하여야 하는데[정찬형, "주식회사법 개정제안," 「선진

대회사가 집행임원 설치회사를 선택하기 위하여는 회사의 정관상 대표이사에 관한 규정이 있으면 먼저 대표이사 대신에 집행임원을 두는 것을 내용으로 하는 정관변경이 있어야 할 것으로 본다. 그러나 회사의 정관에 대표이사에 관한 규정이 없다면 이사회 결의만으로 집행임원을 둘 수 있다고 본다.[19)]

자산총액 2조원 미만의 상장회사는 사외이사를 이사총수의 4분의 1 이상 의무적으로 두도록 하고 있고(상 542조의 8 1항 본문), 비상장회사는 사외이사를 의무적으로 두도록 하고 있지 않으므로, 이러한 회사에서는 이사회가 사외이사 중심의 이사회가 아니므로 업무집행기관에 대한 충실한 감독을 할 수 없다. 따라서 사외이사가 이사총수의 과반수가 아닌 주식회사는 집행임원 설치회사를 선택할 필요가 없다. 설사 이러한 회사가 집행임원 설치회사를 선택한다고 하더라도 자기감독의 소지가 많으므로 효율적인 감독권을 수행할 수 없어 집행임원 비설치회사의 경우와 유사하게 된다. 그러나 이러한 주식회사라도 (의무는 없으나) 임의로 사외이사를 이사총수의 과반수 선임하면 그러한 주식회사는 위에서 본 대회사의 경우와 같은 취지에서 볼 때 집행임원 설치회사이어야 한다고 본다. 또한 집행임원 설치회사에 한하여 감사위원회를 두도록 하는 것이 감사의 실효성에 면에서 타당하다고 본다[20)] (상 415조의 2 1항 참조).

㈔ 자본금 총액이 10억원 미만으로서 이사를 1명 또는 2명 둔 경우에는 이사회가 없으므로 집행임원 설치회사가 있을 수 없다고 본다.[21)]

㈐ 집행임원 설치회사에서는 대표이사가 없으므로 대외적으로 회사를 대표하는 자는 (대표)집행임원(CEO)이지 대표이사가 아니고, 이사회의 회의를 주재하기 위하여는 (정관에 규정이 없으면 이사회의 결의로) 이사회 의장을 두어야 한다(상 408조의

상사법률연구」 통권 제49호(2010. 1), 14~15면], 상법이 집행임원 설치회사를 임의규정으로 하였다고 하더라도 위와 같이 사외이사 및 감사위원회를 의무적으로 두도록 한 규정의 취지 및 현실적으로 사실상 집행임원(비등기임원)을 두고 있는 점 등에서 이러한 대회사는 집행임원 설치회사의 지배구조를 갖추어야 할 것으로 본다[정찬형, 상게논문, 13~14면 및 14면 주 2; 정(찬), (상), 1049면; 동, 전게 주식회사법대계 Ⅱ(제4판), 1291면].

19) 정찬형, 전게 주식회사법대계 Ⅱ(제4판), 1291면.

20) 정찬형, 전게논문(선진상사법률연구, 통권 제49호), 170면; 동, 전게논문(선진상사법률연구 통권 제55호), 14면; 동, 전게 주식회사법대계 Ⅱ(제4판), 1291~1292면; 정(찬), (상), 1049~1050면.

21) 이러한 점에서 볼 때, 2011년 개정상법 제383조 제5항은 자본금 총액이 10억원 미만으로서 이사를 1명 또는 2명 둔 주식회사에 대하여 집행임원에 관한 일부 규정만을 적용하지 않는 것으로 규정하고 있으나, 집행임원에 관한 규정 전부(상 408조의 2부터 408조의 9까지)를 적용하지 않는 것으로 규정하였어야 한다고 본다. 이는 입법의 미비라고 본다[동지: 정찬형, 전게 주식회사법대계 Ⅱ(제4판), 1292면 주 28].

2 4항). (대표)집행임원과 이사회 의장은 분리되는 것이 집행임원 설치회사의 원래의 취지(집행과 감독의 분리)에 맞으나, 우리 상법상 이를 금지하는 규정을 두고 있지 않으므로 이 양자의 지위를 겸할 수 있다(이 경우 법률상 명칭은 종래의 대표이사에 갈음하여 '대표집행임원 및 이사회 의장'이다). 또한 집행임원과 이사와의 관계에서도 원래는 분리되어야 집행임원 설치회사의 취지에 맞으나, 우리 상법상 이 양자의 지위를 금지하는 규정을 두고 있지 않으므로 이 양자의 지위도 겸할 수 있다(이 경우 법률상 사내이사는 '집행임원 및 이사'이고, 사외이사 및 그 밖에 상무에 종사하지 않는 이사는 집행임원이 아닌 이사를 의미한다).

이러한 점에서 법무부에 발제한 상법개정시안에서는 이사회 의장은 집행임원의 직무를 겸할 수 없도록 하였고, 이사는 부득이한 경우에 한하여 또한 최소한에서만 집행임원을 겸할 수 있도록 하였다(동 시안 408조의 2 2항 단서, 408조의 3 2항).

(2) 비 교 법

우리 상법은 위에서 본 바와 같이 모든 주식회사는 상장 유무·규모 불문·사외이사 유무 등에 불문하고 집행임원제도를 선택할 수 있도록 규정하고 있는데, 외국의 입법은 어떠한지 살펴본다.[22]

㈎ 미 국

1) ALI 원칙에 의하면, 최근 정기주주총회의 소집을 위한 기준일 현재 (등록)주주의 수가 500명 이상이고 총 자산이 500만 달러 이상인(연속 2회계년도에 500만 달러 미만이 아니면, 총 자산이 500만 달러 미만이어도 공개회사가 종료되지 않음) 회사(공개회사)는 집행임원을 의무적으로 두도록 하고 있다(ALI 3.01조, 1.31조).

2) MBCA에 의하면, 회사는 부속정관에서 규정되거나 부속정관에 따라 이사회에 의하여 선임된 집행임원을 둔다(has the officers)고 규정하고 있다[MBCA § 8.40 (a)].

3) 미국의 대표적인 주인 델라웨어주 회사법[142조 (a)항] 및 캘리포니아주 회사법[312조 (a)항] 등은 집행임원을 의무적으로 두도록 하고 있다(shall have officers). 앞에서 본 바와 같이 미국의 50개 주의 회사법은 집행임원에 대하여 규정하고 있는데, 이를 선택할 수 있는 것으로 규정한 주는 한 주도 없다.

㈏ 영 국   영국 회사법에서도 공개회사(public company)는 집행임원에 해당하는 총무(secretary)를 의무적으로 두도록 규정하고 있다(동법 271조).

---

22) 동지: 정찬형, 전게 주식회사법대계 Ⅱ(제4판), 1293면.

(대) 독   일   독일 주식법상 업무집행기관인 1인 또는 수 인의 이사로 구성되는 집행이사회는 필수기관이다(동법 76조). 집행이사회를 구성하는 이사는 감독이사회(감사회)에 의하여 선임되고(동법 84조) 또한 감독이사회(감사회)에 의한 감독을 받는다(동법 111조).

(라) 일   본   위원회 설치회사(현재는 지명위원등 설치회사)를 선택할 것인지 여부는 임의적이나, 위원회 설치회사는 1인 또는 2인 이상의 집행임원(執行役)을 의무적으로 선임하여야 한다(日會 402조 1항). 위원회 설치회사에서는 회사의 업무집행은 집행임원이 하고(日會 418조 2호) 회사법 등에 별도의 규정이 없으면 이사가 하지 못한다(日會 415조).

(3) 사   견

(가) 사외이사 중심의 이사회(감독형 이사회)에서 집행임원의 필요성[23]

1) 집행임원에 관하여 법무부에 최초로 발제한 상법개정시안에서는 (의무적이든 임의적이든 불문하고) 이사회를 사외이사 3인 이상 및 이사총수의 과반수로 구성하는 감독이사회에는 (대표이사를 두지 못하고) 이사회 결의에 의하여 집행임원을 선임하여야 하는 것으로 규정하였다(동 시안 408조의 2 1항, 408조의 3 1항). 이와 같이 사외이사 중심으로 구성된 감독형 이사회는 업무집행기관에 대한 감독에 중점을 두고 있고 또한 감독의 실효성을 거두고자 한 것이므로 이러한 감독형 이사회제도를 취하면 필연적으로 이사회와는 별도로 집행임원을 두어야 하는 것이다. 그런데 IMF 경제체제 이후에 발생한 사외이사로 인하여, 즉 자산총액 2조원 이상인 상장회사에 대하여는 의무적으로 사외이사를 3인 이상 및 이사총수의 과반수가 되도록 두도록 하면서(즉, 의무적으로 감독형 이사회를 두도록 하면서) 집행임원에 관하여는 규정을 두지 않음으로써, 필연적으로 사실상 집행임원(비등기임원)이 발생하였다. 따라서 이러한 법의 흠결을 보완하고, 사실상 집행임원(비등기임원)에 대하여 법에서 흡수하여 규정하면서, 대회사의 경우 종래의 참여형 이사회제도(집행임원 비설치회사)에서 감독형 이사회제도(집행임원 설치회사)로 지배구조를 전환하여 경영의 투명성과 효율성을 기하고 또한 국제기준에 맞는 지배구조를 갖도록 함으로써, 우리 회사(대회사)의 지배구조의 선진화를 도모하고자 하는 것이 원래의 집행임원제도의 입법목적이었다.

2) 그런데 입법과정에서 각 이해관계인의 의견을 조정하는 과정에서 2011년

---

23) 동지: 정찬형, 전게 주식회사법대계 Ⅱ(제4판), 1294~1300면.

개정상법의 내용과 같이 입법이 되어(즉, 집행임원 설치회사를 회사가 선택할 수 있도록 함으로써), 원래에 의도했던 입법취지가 퇴색하고 집행임원제도의 입법목적이 무엇인지 그 초점이 흐려지게 되어, 해석 및 적용에서도 혼란을 가져오게 되었다. 즉, 2011년 개정상법상 집행임원은 회사의 선택에 의하여 둘 수 있도록 하고 또한 집행임원을 선택할 수 있는 회사에도 제한을 두지 않아, 회사는 이 제도를 채택하여야 하는지, 채택하면 어떠한 유리한 점이 있는지, 사실상 집행임원(비등기임원)을 두고 있는 회사가 상법상 집행임원제도를 채택하지 않으면 어떠한 불리한 점이 있는지 등에 관하여 많은 의문을 유발시키고 있다. 따라서 이에 관하여 2011년 개정상법상 해석론으로서 다음과 같은 의견을 제시한다. 이는 회사의 규모, 상장유무 등에 따라 구별하여 해석하여야 할 것이다.

　　가) 회사의 규모가 자산총액 2조원 이상인 상장회사는 상법상 의무적으로 사외이사를 3인 이상 및 이사총수의 과반수 두도록 하고 있어(상 542조의 8 1항 단서), 이미 의무적으로 감독형 이사회제도를 두도록 하고 있으므로, 이러한 이사회와는 분리되는 업무집행기관(집행임원)을 두도록 하는 것이 논리에도 맞고 또한 실무상 이용하고 있는 사실상 집행임원(비등기임원)을 개정상법이 흡수하는 효과도 있다. 따라서 이러한 감독형 이사회를 (의무적이든 임의적이든) 가진 주식회사는 집행임원제도를 채택하는 것이(즉, 집행임원 설치회사의 지배구조를 선택하는 것이), 집행임원제도의 입법취지에 맞고 경영의 투명성과 효율성을 가져오며 국제기준에 맞는 지배구조를 갖게 되는 장점이 있다.

　　만일 이러한 대회사가 상법상 집행임원 설치회사의 지배구조를 선택하지 않으면(즉, 참여형 이사회제도를 갖게 되면) 현재와 같은 경영의 비효율성과 이사회의 감독기능 및 사외이사제도의 무력화를 가져오게 된다. 또한 이러한 대회사가 상법상 집행임원제도를 선택하지 않으면 2011년 개정상법상 집행임원제도에 관한 규정은 사실상 사문화되고, 사실상 집행임원을 두고 있는 대회사는 상법상 집행임원에 관한 규정을 탈법하는 결과가 된다.

　　나) 자산총액 2조원 미만인 상장회사는 의무적으로 사외이사를 이사총수의 4분의 1 이상 두어야 한다(상 542조의 8 1항 본문). 사외이사가 이사총수의 4분의 1인 이사회는 사외이사 중심의 이사회라고 볼 수 없고 또한 감독형 이사회라고 볼 수도 없다. 따라서 이러한 회사에서의 이사회는 업무집행기관에 대한 실효성 있는 감독업무를 수행할 수 없을 것이다. 그러나 사외이사가 2인 이상인 경우에는 감사(監事) 대신에 감사위원회를 둘 수 있는 장점은 있을 것이다(상 415조의 2 2항 참조). 만일

이러한 회사에 사외이사가 아닌 비상근이사가 있고 사외이사와 비상근이사의 합계가 이사총수의 과반수가 되면 이사회의 감독기능에 자기감독의 모순이 적게 되어 집행임원제도를 도입할 실익이 있겠으나, 그렇지 않은 경우에는 이사회에 업무집행을 담당하는 사내이사가 과반수 있어 이사회의 감독기능이 무력화되므로 집행임원제도를 도입하는 실익이 없다고 본다.

그러나 자산총액 2조원 미만의 상장회사라도 (의무는 없으나) 사외이사를 이사총수의 과반수 둔 경우에는, 위의 대회사의 경우와 같이 상법상 집행임원제도를 채택하여야 할 것으로 본다.

다) 비상장회사는 그 규모에 관계없이 사외이사를 두어야 할 의무가 없다. 따라서 사외이사가 없는 이사회는 원칙적으로 참여형 이사회이므로 이러한 회사는 집행임원제도를 채택할 필요가 없다고 본다. 즉, 주식회사의 지배구조에서 '참여형 이사회＋대표이사'의 지배구조(집행임원 비설치회사)를 선택하느냐 또는 '감독형 이사회＋집행임원'의 지배구조(집행임원 설치회사)를 선택하느냐의 문제가 기본적인데, 참여형 이사회제도를 채택하면서 집행임원제도를 선택하는 것은 자기모순이며 아무런 실익이 없고, 감독형 이사회제도를 채택하면서 집행임원제도를 채택하지 않으면 앞에서 본 바와 같이 많은 문제가 발생하게 된다.

그러나 사외이사를 두어야 할 의무가 없는 비상장회사라도 사외이사를 이사총수의 과반수가 되게 둔 경우(사외이사가 아니라도 비상근이사를 이사총수의 과반수가 되게 둔 경우에도 이와 유사하게 볼 수 있음)에는 위에서 본 대회사의 경우와 같이 집행임원제도를 채택하는 실익이 있을 것으로 본다.

라) 자산총액 2조원 미만의 상장회사이든 비상장회사이든 주주의 수가 많지 않아 주주가 직접 업무집행기관(보통 업무담당이사)을 감독할 수 있는 경우에는 집행임원제도를 채택할 필요가 없다. 즉, 이 경우에는 주주들(또는 주주총회)이 업무집행기관을 직접 감독하면 되기 때문이다.

집행임원제도를 두는 것은 주주의 수가 많고 또한 분산되어 있는 대규모 주식회사에서 주주총회(주주들)가 형식화되어 업무집행기관을 직접 효율적으로 감독할 수 없기 때문에, 주주총회(주주들)의 위임을 받은 이사들(대리인)이 주주총회(주주들)를 갈음하여 이사회(감독형 이사회)를 통하여 집행임원(복대리인)을 선임·해임하고 그의 업무집행을 감독하는 것이기 때문이다. 이는 업무집행의 효율성과 업무감독의 실효성을 담보하여 효율적이고 투명한 경영활동을 하기 위한 것이다.

집행임원제도는 업무담당이사를 보조하는 자에 관한 입법이 아니라, 이사회를 감독형 이사회로 변경하면서 이와 분리된 업무집행기관(참여형 이사회제도 하에서의 대표이사 또는 업무담당이사에 갈음하는 기관)을 두도록 하는 지배구조에 관한 입법이다.

마) 자본금 총액이 10억원 미만인 회사(소회사)는 이사를 1명 또는 2명 둘 수 있는데(상 383조 1항 단서), 이와 같은 소회사가 이사를 1명 또는 2명 둔 경우에는 이사회가 없으므로(상 383조 4항~6항 참조) 이사회가 선임·해임하는 집행임원이 있을 수 없고, 이러한 회사에서는 1명 또는 2명의 이사가 업무집행기관이다.

3) 위에서 본 바와 같이 집행임원제도는 업무담당이사를 보조하는 자에 관한 입법이 아니라 감독형 이사회제도를 가진 회사가 필연적으로 감독기관과 분리된 업무집행기관으로서 채택하여야 하는 제도이므로(즉, 지배구조에 관한 문제이므로), 어떠한 이사회제도(감독형 이사회제도 또는 참여형 이사회제도)를 채택하느냐와 관련하여(즉, 지배구조에서 감독형 이사회제도를 채택하는 회사가) 집행임원제도를 규정하여야 할 것으로 본다. 또한 감독형 이사회제도는 회사의 주주가 많고 널리 분산되어 있는 것을 전제로 하므로 당연히 회사의 규모와 관련된다. 즉, 대규모 상장회사에 필요한 제도이다.

따라서 입법론으로는 (의무적이든 임의적이든) 사외이사가 이사총수의 과반수인 감독형 이사회를 가진 주식회사에서만 집행임원을 두어야 하는 것으로 상법 제408조의 2 제1항을 개정하여야 할 것으로 본다.[24]

위와 같이 감독형 이사회를 가진 회사(대회사)가 집행임원을 두게 되면(즉, 집행임원 설치회사를 채택하면) 다음과 같은 장점이 있게 된다.[25]

가) 대회사의 경우 주주의 수가 많고 주주총회가 형식화되어 있어 주주총회에 의한 업무집행기관에 대한 감독의 실효를 거두기는 사실상 불가능하다. 따라서 주주총회의 위임을 받은 이사회(주주의 대리인)가 업무집행기관인 집행임원(주주의 복대리인)을 실효성 있게 감독할 수 있다. 따라서 집행임원 설치회사에서는 이사회가 주주총회에 갈음하여 업무집행기관(집행임원)을 선임·해임하고, 그들의 보수를 결정하며, 또한 재무제표·이익배당안 등에 대하여도 확정할 수 있는 권한을 갖는 것이다.

나) 업무집행기관과 업무감독기관의 분화가 확실하고, 이로 인하여 경영능력

---

24) 동지: 정찬형, 전게논문(상사법연구 제28권 제3호), 39~41면; 동, 전게논문(선진상사법률연구 통권 제49호), 14~15면; 동, 전게논문(선진상사법률연구 통권 제55호), 13~14면; 동, 「사외이사제도 개선방안에 관한 연구」 상장협 연구보고서 2010－2(한국상장회사협의회, 2010. 10.), 100~101면 외.

25) 이에 관하여는 정찬형, 전게논문(선진상사법률연구 통권 제55호), 27~28면.

있는 자를 집행임원으로 선임하여 업무집행(경영)의 효율성을 기할 수 있고, 또한 이사회는 업무집행기관(집행임원)의 선임·해임권 및 보수결정권 등을 통하여 업무집행기관에 대한 효율적인 감독권을 수행할 수 있다. 또한 이사회는 회사의 중요한 사항에 대하여 (주주총회에 갈음하여) 업무집행에 관한 의사결정권도 행사하여 효율적인 회사 운영을 도모할 수 있다.

다) 2011년 개정상법은 집행임원의 지위에 대하여 이사의 경우와 같이 명문으로 위임관계로 규정하고 있으므로, 이제는 회사가 집행임원을 해임하였을 때 집행임원이 근로자라고 주장할 수 있는 여지가 거의 없다. 따라서 지금까지 사실상의 집행임원(비등기임원)을 회사가 해임하였을 때 이러한 사실상의 집행임원(비등기임원)이 근로자라고 주장하면서 소송을 제기하여 회사에 많은 어려움을 주었는데, 회사 측에게는 이러한 어려움이 많이 줄어들 것으로 본다.

라) 2011년 개정상법은 집행임원의 임기(2년을 초과하지 못함)를 규정하면서 또한 집행임원이 이사회에 의하여 선임·해임되는 것으로 규정하고 있으므로, 집행임원 측에서는 (사실상의 집행임원이 보통 대표이사에 의하여 선임되고 임기에 관하여 전혀 보장받지 못하고 있는 점과 비교하여) 어느 정도 신분의 안정을 유지할 수 있어 내부적으로 경영의 안정과 효율성을 기할 수 있다.

마) 2011년 개정상법은 집행임원의 의무와 책임 등에 대하여 (이사의 경우와 같이) 명확히 규정하고 또한 집행임원은 등기되어 공시되므로, 외부적으로 거래의 안전을 기할 수 있다.

바) 집행임원 설치회사는 업무집행기관(집행임원)과 업무감독기관(이사회)이 분리되어 이사회가 집행임원을 효율적으로 감독할 수 있고 또한 이러한 지배구조는 global standard에 맞는 지배구조로서 국제적인 신뢰를 받게 될 것이다.[26]

4) 2011년 개정상법 이전에는 집행임원제도가 상법 및 특별법의 어디에도 규정되어 있지 않아서, 우리나라에서 주식회사를 경영하는 자는 참여형 이사회제도 및 대표이사제도에 매우 익숙해져 있는데, 감독형 이사회제도 및 집행임원제도로 지배구조의 형태를 변경함에 있어서는 다음의 점을 우려할 여지가 있다. 그러나 이러한 우려는 인식의 문제이므로, 이러한 인식을 전환하고 회사의 이익을 고려할 때에는 다음에서 보는 바와 같이 문제될 성질이 아니라고 본다.[27]

---

26) 세계 주요국가의 집행임원에 관한 입법례에 관하여는 정찬형, 전게논문(상사법연구 제28권 제3호), 12~20면 참조.
27) 이에 관하여는 정찬형, 전게논문(선진상사법률연구 통권 제55호), 28~29면.

가) 집행임원 설치회사의 경우 회사는 이사 외에 집행임원을 다시 두어야 하는 점에서 비용부담이 크다는(또는 비용부담이 이중으로 든다는) 우려가 있을 수 있다. 따라서 집행임원 설치회사는 (자산총액이 2조원 이상인) 대회사(또는 사외이사가 이사총수의 과반수인 회사)에 필요한 것이지, 주주총회가 업무집행기관에 대하여 직접 감독할 수 있는 (자산총액 2조원 미만인) 중회사의 경우에는 굳이 필요한 것이 아니다. 즉, 대회사의 경우 주주의 수가 많고 주주총회가 형식화되어 있어 주주총회에 의한 업무집행기관에 대한 감독의 실효를 거두기가 사실상 불가능하므로, 이러한 주주총회의 감독기능(및 중요사항에 대한 의사결정기능)을 이사회에 부여하고, 이사회의 감독하에 별도의 경영전문가인 집행임원을 두도록 하는 것이다. 집행임원 설치회사의 지배구조는 global standard에 맞는 지배구조이므로, 세계를 상대로 거래하는 대기업이 집행임원 설치회사의 지배구조를 갖는 것은 국제적으로 인정을 받는 지배구조를 갖게 되는 것이다.

나) 집행임원 설치회사의 경우 회사의 업무집행에 관한 의사결정 및 집행은 원칙적으로 각 집행임원이 하고 회사의 대표는 대표집행임원만이 하는데, 집행임원 비설치회사의 경우는 업무집행에 관한 의사결정은 이사회가 하고 이와 같이 이사회에 의하여 결정된 사항에 관한 업무집행 및 대표를 대표이사가 하게 되어, 종래의 대표이사에 대한 오랜 인식에 혼란을 줄 수 있는 단점이 있다. 그러나 이러한 점은 초기에는 그러한 면이 있고 저항하는 회사도 있을 수 있겠으나, 국제적으로 인정받는 집행임원제도의 활성화와 함께 변화하게 될 것이므로, 이는 어디에나 있는 변화에 따른 초기의 인식의 문제이지 근본적인 문제는 아니라고 본다. 우리의 현행 주식회사의 대표이사제도는 원래 프랑스제도인데, 일본이 이 제도를 회사법에 도입하여 우리도 이러한 일본 제도를 오랫동안 사용한 것뿐이다. 이 대표이사제도는 원래 영국·미국·독일에는 없고, 프랑스에서도 대표이사제도의 문제점을 인식하여 최근 집행임원제도를 선택적으로 채택하였다.[28] 따라서 오늘날 우리의 주식회사가 세계를 상대로 거래하는 현실에서 국제기준에 맞는 지배구조를 가져야 하고 또한 이에 따른 인식의 전환이 필요한 것이지, 오랫동안 이용하여 왔다는 이유만으로 일본제도에만 집착할 필요는 없다고 본다.

다) 지배주주가 있는 대회사의 경우 지금까지 대표이사로서 최고의 경영권을 행사하고 또한 (사실상) 집행임원을 자기가 선임·해임함으로써 완전한 경영권을 장

---

28) 이에 관하여는 정(찬), (상), 878~879면 참조.

악하고 행사하면서 (사실상) 집행임원은 이사회에 의한 감독을 받지 않고 대표이사
는 (사실상) 자기가 추천한 사외이사 중심의 이사회에 의하여 실질적인 감독을 받지
않고 효율적인 경영을 하였는데, 집행임원 설치회사를 채택하면 대표집행임원(CEO)
을 포함하여 모든 집행임원은 사외이사가 과반수인 이사회에 의하여 선임·해임되
고 (정관에 규정이 없거나 주주총회의 승인이 없는 경우) 이사회가 집행임원의 보수를 결
정하게 되어 모든 집행임원이 이사회에 의하여 실질적인 감독을 받게 되므로, 종래
와 같이 효율적인 경영을 할 수 없을 것을 우려하여 대회사의 지배주주 등은 집행
임원 설치회사의 채택을 매우 부담스럽게 생각할 수 있다. 그러나 대회사의 경영을
지배주주(대표이사)가 독단적으로 행사하면서 (사실상) 누구의 감독도 받지 않는다는
것은 전체 주주 및 회사의 이해관계인 등을 위하여 매우 위험하고 또한 이는 국제
기준에 맞는 지배구조가 아니다. 따라서 이사회와 독립된 업무집행기관(집행임원)은
이사회에 의하여 감독을 받아야 하고, 이러한 이사회가 사외이사 과반수로 구성되
면 (사내이사로 구성된 이사회보다는) 더 효율적인 감독을 받을 것이다. 이 때 사외이
사도 사내이사와 같이 지배주주에 의하여 선임된 이사이고 주주의 이익을 위한 수
임인이므로(상 382조 1항·2항) 지배주주가 너무 사외이사에 대하여 부담을 가질 필
요는 없다고 본다. 다만 사외이사는 종래의 사내이사와는 달리 회사 외의 전문가로
서 회사를 객관적으로 올바르게 경영하고자 하는 자이므로, 지배주주가 전문가인
훌륭한 사외이사를 선임하여 이러한 사외이사들에 의하여 대표집행임원으로 선임되
는 것이 객관적으로도 경영능력을 인정받는 것이 되어 떳떳할 것으로 본다. 다시
말하면 지금까지의 대표이사는 정관의 규정에 의하여 주주총회에서 선임될 수 있고
(상 389조 1항 단서) 이와 같이 주주총회에서 선임된 대표이사에 대하여는 이사회가
감독권을 사실상 행사할 수 없었으나, 집행임원제도가 도입되면 대표집행임원을 포
함한 모든 집행임원은 (사외이사 중심의) 이사회에 의하여 선임·해임되므로 이사회
에 의한 실질적인 감독을 받을 수 있고, 이로 인하여 사외이사제도의 효율성도 크
게 높일 수 있다.[29]

(나) **집행임원**(집행임원 설치회사)**과 대표이사**(집행임원 비설치회사)**의 비교**[30]

　1) 집행임원 설치회사에서의 집행임원과 집행임원 비설치회사에서의 대표이사
의 핵심적인 차이점은, (양자의 업무집행의 기능에서는 유사한 점이 있으나) 집행임원은
이사회와 분리되나 대표이사는 (이사회의 구성원으로서) 이사회와 분리되지 않는다는

---

　29) 동지: 연구보고서, 101~102면.
　30) 이에 관하여는 정찬형, "상법회사편(특히 주식회사의 지배구조) 개정안에 대한 의견," 국회

점이다. 집행임원 비설치회사에서는 현행 상법상 (대표)이사는 한편으로 이사회 구성원으로서 업무집행과 업무감독에 관한 의사결정을 하고(상 393조 1항·2항) 다른 한편 업무집행기능을 수행하여(업무집행기관과 이사회의 비분리) 이사회의 업무집행기관에 대한 감독은 자기감독이 되어 유명무실하나, 집행임원 설치회사에서는 이 양자가 명확히 분리되어(상 408조의 2 3항·4항, 408조의 4, 408조의 5)(업무집행기관과 이사회의 분리) 이사회는 업무집행기관(집행임원)에 대하여 실효성 있는 감독업무를 수행할 수 있다.

2) 집행임원 비설치회사(참여형 이사회제도)에서는 원칙적으로 회사의 모든 업무집행에 관한 의사결정을 이사회의 결의로 하므로(상 393조 1항) 대표이사는 원칙적으로 이사회에서 결정된 내용을 집행만 하나, 집행임원 설치회사에서는 업무집행에 관한 의사결정(정관이나 이사회의 결의에 의하여 위임받은 경우) 및 집행을 원칙적으로 집행임원이 한다(상 408조의 4).

3) 집행임원 비설치회사에서는 업무집행에 관한 의사결정을 회의체인 이사회에서 하고(상 393조 1항) 이의 집행은 대표이사가 하므로(상 389조) 의사결정과 집행이 분리되어 있으나, 집행임원 설치회사에서는 일반적으로 업무집행에 관한 의사결정기관과 집행기관이 분리되지 않고 또한 의사결정에 있어서 이사회와 같은 회의체 기관이 없고 각 집행임원이 결정하므로 업무집행의 효율성을 기할 수 있다(상 408조의 2 3항 4호, 408조의 4).

4) 집행임원 설치회사에서는 (상법에 의하여 이사회 권한사항으로 정한 경우를 제외하고) 회사의 업무에 관한 이사회 결의사항에 대하여 정관이나 이사회 결의에 의하여 집행임원에 그 업무집행에 관한 의사결정을 위임할 수 있는데(상 408조의 2 3항 4호, 408조의 4 2호), 이 때 집행임원은 위임받은 업무집행에 관하여는 의사를 결정하여 집행한다(상 408조의 4). 따라서 집행임원 설치회사에서의 이사회는 (상법에서 이사회 권한사항으로 규정한 것을 포함한) 회사의 중요한 사항에 대하여만 결의하고, 나머지는 집행임원에 그 의사결정을 위임할 수 있게 된다.

집행임원 비설치회사에서도 대표이사는 일상업무에 관한 사항 및 이사회가 구체적으로 위임한 사항에 대하여는 의사결정권이 있다고 해석하는데,[31] 이 경우에는 집행임원 설치회사와 유사하게 되는 것이 아니냐 하는 점도 있다. 그러나 집행임원

법사위 상법일부개정법률안에 관한 공청회 자료(2009. 11. 20.), 27~28면; 동 전게논문(선진상사 법률연구 통권 제55호), 22~24면; 동, 전게 주식회사법대계 II(제4판), 1300~1302면 참조.
31) 정(찬), (상), 1022면.

설치회사에서의 이사회는 업무집행에 관한 경영전문가를 별도로 선임하여 업무집행을 위임하는 것이므로 포괄적 · 일반적 위임이 가능하고 또한 집행임원 설치회사에서의 이사회는 집행임원 비설치회사에서와는 달리 주업무가 업무집행에 관한 의사결정을 하는 것이 아니라 업무집행기관(집행임원)을 감독하며 회사의 중요한 사항에 대하여만 의사결정을 하고 업무집행은 원칙적으로 각 집행임원이 의사를 결정하여 집행하는데, 집행임원 비설치회사에서는 업무집행에 관한 의사결정을 원칙적으로 이사회가 하므로(상 393조 1항) 대표이사에게 위임하는 업무집행에 관한 의사결정권도 대표이사의 수와 대표권 행사와 관련하여 매우 제한되어 있다고 볼 수 있다.

5) 집행임원 비설치회사에서는 대표이사가 정관의 규정에 의하여 주주총회에서 선임되는 경우(상 389조 1항 2문) 이사회가 대표이사의 선임 · 해임권이 없으므로 이사회가 대표이사의 직무집행을 실제로 감독할 수 없다. 집행임원 비설치회사에서 대표이사가 이사회에서 선임되는 경우에도(상 389조 1항 1문) (대표)이사의 보수는 정관에 규정이 없으면 주주총회의 결의로 정하여지므로(상 388조) 이사회는 대표이사의 직무집행을 실제로 감독할 수 없다. 그러나 집행임원 설치회사에서는 이사회가 집행임원의 선임 · 해임권 및 보수결정권(정관 · 주주총회의 승인이 없는 경우)이 있으므로(상 408조의 2 3항), 이사회는 실질적으로 집행임원에 대한 감독권을 실효성 있게 행사할 수 있다.

(다) 집행임원 설치회사와 감사위원회와의 관계[32]

1) 주식회사의 지배구조에서 업무집행기관, 이에 대한 감독기관 및 감사기관[33]은 상호 밀접한 관계에 있다. 즉, 업무집행기관(집행임원)과 업무감독기관(이사회)이 분리된 경우에 이사회내 위원회의 하나로서 감사위원회가 의미가 있는 것이다. 집행임원 비설치회사(참여형 이사회제도)에서는 감사위원회는 그 독립성에서도 문제가 있을 뿐만 아니라 자기감사의 모순이 있어 기존의 감사(監事) 또는 상근감사에 의한 감사(監査)보다도 더 감사(監査)의 실효성을 떨어뜨리는 것이다. 따라서 집

---

32) 이에 관하여는 정찬형, 전게논문(선진상사법률연구 제55호), 24~26면; 동, 전게 주식회사법대계 Ⅱ(제4판), 1302~1304면 참조.

33) 업무집행기관에 대한 감독기관(상 393조 2항, 408조의 2 3항 2호)과 감사기관(상 412조 1항, 415조의 2 7항)은 구별된다. 따라서 우리 상법도 이를 구별하여 쓰고 있는데, 감독권은 업무집행의 타당성 여부에도 미치나, 감사권은 원칙적으로 위법성 여부에만 미친다[정(찬), (상), 1005면 참조]. 따라서 주식회사의 업무집행기관에 대한 감독권은 이사회에게 있고, 감사권은 감사(監事) 또는 감사위원회에 있다.

행임원 설치회서에서만 감사위원회를 두도록 하여야 할 것으로 본다.

2) 우리 상법상 감사(監事) 또는 감사위원회에 관한 규정은 다음과 같다. 즉, 2009년 1월 개정상법 제542조의 11 제1항은 "자산규모 등을 고려하여 대통령령으로 정하는 상장회사(최근 사업연도말 현재 자산총액이 2조원 이상인 상장회사)는 감사위원회를 설치하여야 한다"고 규정하고, 동 제542조의 10 제1항은 "대통령령으로 정하는 상장회사(최근 사업연도말 현재 자산총액이 1,000억원 이상인 상장회사)는 주주총회 결의에 의하여 회사에 상근하면서 감사업무를 수행하는 감사(이하 '상근감사'라고 한다)를 1명 이상 두어야 한다. 다만 이 절 및 다른 법률에 따라 감사위원회를 설치한 경우(감사위원회 설치 의무가 없는 상장회사가 이 절의 요건을 갖춘 감사위원회를 설치한 경우를 포함한다)에는 그러하지 아니하다"고 규정하며, 동 제415조의 2 제1항은 "회사는 정관이 정한 바에 따라 감사(監事)에 갈음하여 제393조의 2의 규정에 의한 위원회로서 감사위원회를 설치할 수 있다. 감사위원회를 설치한 경우에는 감사(監事)를 둘 수 없다"고 규정하고 있다.

위와 같이 상법은 감사위원회에 대하여 (집행임원제도가 도입되기 전에) 어떤 기준도 없이 매우 혼란스럽게 규정하고 있다. 감사위원회는 이사회내 위원회의 하나로서 감독기관인 이사회의 하부기관이라고 볼 수 있다. 따라서 감사위원회를 두고 감사위원회에 의한 감사의 실효를 거두고자 하는 회사는 먼저 업무집행기관(집행임원)과 분리된 업무감독기관으로서의 이사회를 전제로 한다. 즉, 집행임원 설치회사에 한하여 감사위원회를 두도록 하여야 감사위원회의 의미가 있고 또 그 기능의 실효성이 발휘될 것으로 본다.[34] 집행임원 비설치회사의 경우에는 (종래와 같이) 감사위원회가 아닌 감사(監事)에 의한 감사가 감사기관의 독립성과 감사의 실효성을 거둘 수 있다. 집행임원 비설치회사가 감사위원회를 두는 경우에는 위에서 본 바와 같이 그 독립성에서 뿐만 아니라 자기감사의 모순이 발생하게 되어, 감사(監事)보다도 감사의 실효성을 거둘 수 없게 된다. 이러한 전제하에서 감사위원회에 관한 위의 상법의 규정의 개정안을 제시하면 다음과 같다.

가) 제542조의 11 제1항은 "자산규모 등을 고려하여 대통령령으로 정하는 상장회사로서 집행임원 설치회사는 감사위원회를 설치하여야 한다"로 개정되어야 한다고 본다.

---

34) 입법론상 집행임원제도가 먼저 도입되고 그 후에 감사위원회제도가 도입되었어야 했는데, 우리 상법(및 특별법)에서는 이와 반대로 감사위원회제도가 어떤 기준도 없이 먼저 도입되어 감사의 효율성을 더 떨어뜨리게 되었다.

나) 제542조의 10 제1항 단서는 "다만 집행임원 설치회사로서 감사위원회를 설치한 경우에는 그러하지 아니하다"로 간명하게 규정될 수 있다.

다) 제415조의 2 제1항은 "집행임원 설치회사는 감사(監事)에 갈음하여 제393조의 2의 규정에 의한 위원회로서 감사위원회를 설치한다(또는 설치할 수 있다)"로 개정되어야 한다고 본다.

집행임원 설치회사에 한하여 감사위원회를 설치하도록 하면, 감사위원회 위원은 당연히 제393조의 2 제2항 제3호에 의하여 이사회에 의하여 선임 및 해임되므로 제542조의 12 제1항부터 제4항까지는 삭제되어야 할 것이다. 또한 감사위원회가 업무집행기관(집행임원)에 대한 감사결과를 각 이사에게 통지하고 각 이사는 이사회를 소집할 수 있는데, 이러한 이사회는 업무집행기관에 대한 감독기관이며 감사위원회의 상급기관으로서 감사위원회가 결의한 사항에 대하여 다시 결의할 수 있는 것은 당연하다(상 393조의 2 4항). 따라서 제415조의 2 제6항(감사위원회에 대하여는 393조의 2 4항 후단을 적용하지 아니한다)은 삭제되어야 할 것으로 본다. 이와 함께 대회사의 감사위원회 위원의 자격에 대하여만 추가적인 요건을 규정하고 있는 점(상 542조의 11 2항)도 재검토되어야 할 것으로 본다.

집행임원 비설치회사인 경우에는 감사(監事)를 두어야 하고, 집행임원 비설치회사로서 자산총액 1,000억원 이상이고 자산총액 2조원 미만인 상장회사는 반드시 상근감사를 1명 이상 두어야 한다(상 542조의 10 1항 본문).

㈃ 집행임원 설치회사와 사외이사와의 관계[35]

1) 우리 상법은 상장회사에 대하여 "상장회사는 자산 규모 등을 고려하여 대통령령으로 정하는 경우를 제외하고는 이사총수의 4분의 1 이상을 사외이사로 하여야 하고, 최근 사업연도말 현재의 자산총액이 2조원 이상인 상장회사의 사외이사는 3인 이상으로 하되 이사총수의 과반수가 되도록 하여야 한다"고 규정하고 있다(상 542조의 8 1항, 상시 34조 1항·2항).

이와 같이 자산총액 2조원 이상인 상장회사(대회사)에 대하여 이사회에 사외이사를 의무적으로 이사총수의 과반수가 되게 하고(상 542조의 8 1항 단서, 상시 34조 2항) 또한 이러한 이사회내 위원회의 하나로서 감사위원회를 의무적으로 두도록(상 542조의 11 1항, 상시 37조 1항) 하였다면 그러한 이사회는 업무집행기관(집행임원)에 대한 감독기능을 충실하게 하도록 한 것이므로, 이는 집행임원 설치회사를 전제로

35) 이에 관하여는 정찬형, 전게논문(선진상사법률연구 제55호), 26~27면; 동, 전게 주식회사법대계 Ⅱ(제4판), 1304~1305면 참조.

한다. 따라서 이러한 자산총액 2조원 이상인 상장회사에 대하여는 의무적으로 집행
임원을 두어야 하는 것으로(즉, 집행임원 설치회사로) 규정하는 것이 균형이 맞을 것
으로 본다.

위와 같은 취지를 살리기 위하여는 상법 제542조의 8 제1항 단서를 다음과 같
이 개정하여야 한다고 본다.

"다만, 자산 규모 등을 고려하여 대통령령으로 정하는 상장회사의 사외이사는
3인 이상으로 하되 이사총수의 과반수가 되도록 하여야 하며, 이러한 상장회사는
집행임원 설치회사이어야 한다."

2) 이와 같이 자산총액 2조원 이상인 상장회사가 집행임원을 두게 되면, 사외
이사는 개별적인 업무집행(의사결정)에 참여하지 않게 되어 업무집행의 효율성을
높일 수 있고, 사외이사는 업무집행기관(집행임원)의 선임·해임 등과 중요한 회사
의 (정책적인) 의사결정에만 참여하여 감독권을 효율적으로 행사할 수 있다(상 408
조의 2 3항 참조). 또한 사외이사는 이사회 구성원으로서 업무감독에만 관여하여
업무집행기관(집행임원)과 이해관계가 없으므로 이사회의 업무집행기관(집행임원)에
대한 업무감독의 효율성을 높일 뿐만 아니라, 이사회내 위원회의 하나인 감사위원
회에도 참여하여 업무집행기관(집행임원)의 직무집행에 대하여 효율적인 감사를 할
수 있다.

3. 집행임원 설치회사에서의 이사회의 권한 및 기구

(1) 집행임원 설치회사에서의 이사회의 권한

집행임원 설치회사의 이사회는 업무집행에 관한 중요한 사항에 대하여만 의사
결정권을 갖고 업무집행에 관한 많은 사항의 의사결정권은 정관 또는 이사회의 결
의에 의하여 집행임원에게 위임할 수 있도록 하고 있으며(상 408조의 2 3항 4호, 408
조의 4 2호), 또한 업무집행기관(집행임원)에 대한 감독권을 갖는데(상 408조의 2 3항
2호) 특히 이러한 감독권이 실효를 거둘 수 있도록 하기 위하여 이에 필수적인 중요
한 몇 가지 권한을 이사회에게 구체적으로 부여하고 있다(상 408조의 2 3항 1호, 5
호, 6호). 이 외에 집행임원 설치회사의 이사회는 집행임원과 회사와의 소송에서 회
사를 대표할 자의 선임권이 있다(상 408조의 2 3항 3호).

이하에서 차례대로 살펴본다.

(가) 업무집행에 관한 의사결정권

1) 집행임원 비설치회사의 경우 이사회는 회사의 중요한 자산의 처분 및 양

도, 대규모 재산의 차입, 지배인의 선임 또는 해임과 지점의 설치·이전 또는 폐지 등 회사의 업무집행에 관한 사항에 대하여 의사결정권을 갖는다(상 393조 1항). 즉, 상법상 집행임원 비설치회사에서의 이사회는 회사의 업무집행에 관한 모든 사항에 대하여 의사결정권을 갖는다(이사회가 대표이사에게 업무집행에 관한 의사결정권을 위임할 수 있는지에 대하여는 상법에 규정이 전혀 없고, 해석상 일상업무에 관한 사항 및 구체적으로 위임한 사항에 대하여는 대표이사가 의사를 결정하여 집행할 수 있다고 보고 있을 뿐임).[36]

　　그러나 집행임원 설치회사에서의 이사회는 집행임원에게 업무집행에 관한 의사결정을 위임할 수 있다(상 408조의 2 3항 4호, 408조의 4 2호). 이 때 '상법에서 이사회 권한사항으로 정한 경우'는 제외하는데(상 408조의 2 3항 4호의 괄호), 상법 제393조는 원래 집행임원 비설치회사(참여형 이사회)를 전제로 한 규정이므로 집행임원 설치회사(감독형 이사회)에는 상법 제393조가 적용되지 않는다고 본다(따라서 집행임원 설치회사에서 이사회의 권한에 관한 규정인 상법 408조의 2 3항 4호의 괄호에서 '상법에서 이사회 권한사항으로 정한 경우'에는 상법 393조 1항이 배제된다고 본다. 이하 '상법에서 이사회 권한사항으로 정한 경우'는 모두 이와 같이 해석한다). 이러한 점은 상법 제393조에 해당하는 규정을 집행임원 설치회사에서는 이에 갈음하여 별도로 규정하고 있는 점(상 408조의 2 3항, 408조의 6)에서도 알 수 있다. 입법론으로는 상법 제408조의 2 제3항에서 집행임원 설치회사에는 상법 제393조가 적용되지 않음을 명확히 규정하였어야 한다고 본다(법무부 2005년 상법개정위원회가 집행임원에 관하여 발제한 안 408조의 2 감독이사회에 대하여는 상법 393조가 적용되지 않음을 명백히 규정하였다). 이와 같이 집행임원 설치회사에서의 이사회는 상법의 명문규정에 의하여 (상법에서 이사회의 권한사항으로 정한 경우를 제외하고는) 회사의 업무집행에 관한 사항을 포괄적(일반적)으로 집행임원에게 위임할 수 있다(상 408조의 2 3항 4호, 408조의 4 2호). 집행임원 설치회사의 경우에는 이 외에도 집행임원은 정관에 의해서도 업무집행에 관한 의사결정을 위임받을 수 있다(상 408조의 4 2호).[37] 이 점은 집행임원 설치회사와

---

36) 정(찬), (상), 1022면 외.

37) 이 규정과 관련하여 상법이 원칙적으로 이사회 권한으로 규정하고 있지만 정관에 의하여 주주총회의 권한으로 할 수 있음을 규정한 경우에는 정관의 규정에 의하여 집행임원의 권한으로 규정할 수 있다고 볼 수 있는 여지도 있으나(상 416조 등), 이와 같이 해석하는 것은 무리가 있다고 본다. 또한 상법에서 이사회의 고유한 권한으로 규정하고 있는 사항을 정관의 규정에 의하여 주주총회의 권한으로 규정할 수 있다고 보는 견해[정(동), (회), 315면 외]에서는 상법에 의하여 이사회의 권한으로 규정하고 있는 사항을 정관의 규정에 의하여 집행임원의 권한으로 규정할 수 있다고 해석할 수 있는 여지도 있겠으나, 상법에 의하여 이사회의 고유한 권한으로 규정한 조항은 각

집행임원 비설치회사가 크게 구별되는 점이다. 실무에서는 상법에서 이사회의 권한사항으로 규정하지 않은 많은 사항에 대하여 종래에는(즉, 집행임원 비설치회사의 경우에는) 이사회 승인을 받도록 하였으나, 집행임원 설치회사를 선택하면 과감히 이러한 사항을 집행임원에 포괄적(일반적)으로 위임할 수 있는 것이다. 따라서 상법의 규정만을 보고 "집행임원에게 위임할 수 있는 사항이 극히 제한되므로 집행임원의 권한의 면에서도 대표이사와 차별성을 인정하기 어렵다"고[38] 단정할 수는 없다고 본다.[39]

2) 집행임원을 의무적으로 두도록 한 외국의 입법례에서는 이사회의 권한에 대하여 다음과 같이 규정하고 있다.

가) 미국의 ALI 원칙에서는 이사회가 다음의 권한을 갖는 것으로 규정하고 있다[ALI 3.02조 (b)항].

(a) 회사의 계획의 수립과 채택, 이의 위임 및 시행

(b) 회계원칙 및 그 실행의 수립과 변경

(c) 주요 상급집행임원에게 조언 및 상의

(d) 어떠한 위원회·주요 상급집행임원 또는 기타 집행임원에 대한 지시 및 그들의 활동에 대한 감사

(e) 주주총회에 대한 제안

(f) 회사의 영업의 관리

(g) 주주총회의 승인을 요하지 않는 기타 회사의 모든 업무에 관한 행위

그런데 집행임원을 두어야 하는 공개회사(ALI 3.01조)의 이사회는 다음과 같은 업무(functions) 수행하여야 하는 것으로 규정하고 있다[ALI 3.02조 (a)항].

(a) 주요 상급집행임원의 선임·정기적인 평가·보수 결정 및 필요한 경우 이의 교체

(b) 회사의 영업이 정당하게 수행되고 있는지 여부를 평가하기 위한 회사의 영업행위의 감독

(c) 회사의 금융지원의 대상 및 주요 회사의 계획과 활동에 대한 검사와 필요

기관의 권한분배에 관한 규정으로서 강행규정으로 보면 정관의 규정에 의하여 주주총회나 집행임원의 권한으로 규정할 수 없다고 본다[정(찬), (상), 892~893면].

38) 이(철), (회), 861면. 동지: 임(재), (회 II), 461면; 송(옥), 1119면.

39) 동지: 정찬형, 전게 주식회사법대계 II(제4판), 1306~1307면.

한 경우의 승인

　(d) 회사의 재무제표를 작성하는데 사용되는 해당 감사 및 회계원칙과 관행의 검토, 필요한 경우 주요 변경에 대한 승인, 기타 이와 관련된 주요 선택문제의 결정

　(e) 법률·정관의 규정 또는 주주총회의 결의 등에 의하여 이사회에 위임된 기타 업무의 수행

　나) 미국의 모범사업회사법(MBCA)에서는 이사회의 권한에 대하여 다음과 같이 규정하고 있다.

　오늘날 미국의 모범사업회사법은 이사회의 기능(권한)에 관하여 "주주의 합의 (MBCA § 7.32)에서 규정된 사항을 제외하고 또한 기본정관에서 규정된 어떠한 제한 [MBCA § 2.02(b)]에 따라서, 모든 회사의 권한은 이사회에 의하여 또는 이사회의 권한 하에서 행사되어야 한다(all corporate powers shall be exercised by or under the authority of the board of directors). 또한 회사의 영업과 업무는 회사의 이사회에 의하거나 또는 이사회의 지시하에서 또한 이사회의 감독에 따라 집행되어야 한다(the business and affairs of the corporation shall be managed by or under the direction, and subject to the oversight, of the board of directors)"고 규정하고 있다[MBCA 2016 § 8.01(b)].

　이때 "회사의 영업과 업무는 회사의 이사회에 의하거나 또는 이사회의 지시하에서 또한 이사회의 감독에 따라 집행되어야 한다"는 문언은 서로 다른 회사의 이사회의 다양한 기능을 포함하고 있다. 어떤 회사(특히 폐쇄회사)에서는 이사회가 일상의 영업과 업무에 관여할 수 있어 이사회에 "의하여"(by the board of directors) 집행된다고 표현한 것은 합리적일 수 있다. 그런데 대부분의 공개회사를 포함한 많은 다른 회사에서는 회사의 영업과 업무가 이사회의 "지시하에서 또한 이사회의 감독에 따라"(under the direction, and subject to the oversight, of the board of directors) 집행되므로, 회사의 업무집행(operational management)은 집행임원과 기타 전문적인 경영자에게 위임된다. 이러한 모범사업회사법 제8.01조 (b)항은 동법의 지배구조에 관한 규정의 핵심을 이루고 있다. 이사회에게 회사의 영업(업무집행)을 감독하고 지시할 권한과 책임을 부여하는 것은 회사의 소유를 이사회의 감독과 지시에서 분리하는 것을 허용하는 것이다. 모범사업회사법이 이사회에게 광범위한 권한과 책임을 허용하는 것은 주주에 의하여 선임된 이사들은 단지 주주의 뜻을 실현하는 대리인이 아니라는 것을 의미한다. 회사의 권한은 이사회의 지시하에서(under the direction

of the board of directors) 행사된다는 모범사업회사법 제8.01조 (b)항은 법에 의하여
이사회가 직접 행사하도록 한 것이 아닌 한 이사회의 권한을 회사의 집행임원·피
용자 또는 대리인에게 위임하는 것을 허용한다는 의미이다. 그러한 위임이 이사회
의 회사의 영업 및 업무에 대한 감독책임을 면하도록 하는 것은 아니지만, 이사들
은 집행임원 등에 대하여 합리적이고 선의로 신뢰하는 한 집행임원 등의 행위에 대
하여 개인적인 책임을 지지 않는다. 이사회의 감독책임의 범위는 회사와 사업의 성
질에 따라 다른데, 공개회사의 경우 최소한 이사회의 책임은 보통 다음과 같은 감
독을 포함한다. 즉, 사업(영업)의 집행·계획 및 전략, 회사에 노출되어 있거나 노출
될 수 있는 주요 위험에 대한 경영평가, 집행임원의 업무집행과 보수, 회사의 준법
과 윤리행동을 향상시키는 정책 및 실행, 회사의 재무보고서에 대한 경영의 준비,
회사의 내부감독에 대한 경영계획 및 효율성의 평가, 대표집행임원 및 기타 집행임
원의 성공을 위한 준비, 이사회의 구성 및 이사회내 위원회의 구성, 회사가 정보를
갖고 있고 또한 이사들에게 필요한 정보를 적시에 제공할 수 있는 보고시스템을 갖
고 있는지 여부 등이다[official comment to MBCA § 8.01(b)].

　　다) 일본의 회사법은 위원회 설치회사(현재는 지명위원회등 설치회사, 이하 같음)
의 이사회의 권한에 대하여 위원회 비설치회사의 이사회의 권한(日會 362조)을 적용
하지 않고, 다음과 같이 별도로 규정하고 있다(日會 416조).

　　(a) 다음의 사항 기타 집행위원회등 설치회사의 업무집행에 관한 사항을 결정
한다. 즉, 경영의 기본방침, 감사위원회의 직무집행을 위하여 필요한 것으로서 시행
규칙에서 정하는 사항, 집행임원이 2명 이상인 경우 집행임원의 직무분담 및 지휘
명령의 관계, 그 밖의 집행임원 상호관계에 관한 사항, 집행임원으로부터 이사회의
소집청구를 받는 이사, 집행임원의 직무집행이 법령 및 정관에 적합할 것을 확보하
기 위한 체제 그 밖의 주식회사의 업무와 주식회사 및 그 자회사로 구성되는 기업
집단의 업무의 적정을 확보하기 위하여 필요한 것으로서 시행규칙에서 정하는 체제
의 정비에 관한 사항, 기타 집행임원등 설치회사의 업무집행에 관한 사항을 결정한
다(日會 416조 1항 1호, 2항).

　　(b) 집행임원 등의 직무집행을 감독한다(日會 416조 1항 2호).

　　(c) 위원회 설치회사의 이사회는 (a) 및 (b)의 직무집행을 이사에게 위임할 수
없다(日會 416조 3항). 그러나 위원회 설치회사의 이사회는 그 결의에 따라 위원회
설치회사의 업무집행의 결정을 집행임원에게 위임할 수 있는데, 다음에 정한 사항
에 대하여는 위임하지 못한다(日會 416조 4항). 즉, 주식양도 승인 여부와 불승인시

매수인 지정, 자기주식 취득에 관하여 결정할 사항, 신주예약권 양도승인 여부, 주주총회소집의 결정, 이익상충거래의 승인, 이사회의 소집결정, 위원회 위원의 선임과 해임, 집행임원의 선임과 해임, 위원회 설치회사와 집행임원간의 소송에서 회사를 대표할 자의 선임, 대표집행임원의 선임과 해임, 이사·회계참여·집행임원 등의 책임면제 결정, 계산서류의 승인, 중간배당, 사업양도계약, 합병계약, 흡수분할계약, 신설분할계약, 주식교환(이전)계약 등의 의사결정에 관하여는 위원회 설치회사의 이사회가 집행임원에게 이를 위임할 수 없다(日會 416조 4항 단서 및 1호~20호).

　　라) 사　　견　　집행임원 설치회사는 원래 업무집행기관(집행임원)과 업무감독기관(이사회)을 분리하여 업무집행기관(집행임원)에 대한 업무감독기능의 실효를 거두어 경영의 투명성과 효율성을 기하고자 하는 것이므로, 이사회는 상법 등에서 이사회의 고유권한으로 규정한 사항과 회사의 경영에 관한 중요한 사항에 대하여만 의사결정을 하고, 주로 업무집행기관(집행임원)에 대한 감독업무를 충실히 하여야 할 것이다. 이를 위하여 집행임원 설치회사의 이사회는 (상법 등에서 이사회 고유권한 사항으로 규정한 것을 포함한) 회사의 경영에 중요한 사항에 대하여만 의사결정을 하고, 나머지는 과감하게 집행임원에게 그 의사결정을 위임하는 것이 바람직하다고 본다.

　　2011년 개정상법에서는 집행임원 설치회사에서 이사회의 업무집행에 관한 의사결정에 관하여 (상 408조의 2 3항·4항을 제외하고는) 별도로 구체적으로 규정하고 있지 않다. 그런데 상법 제393조는 원래 집행임원 비설치회사(참여형 이사회)에 적용되는 규정이므로 상법 제393조를 집행임원 설치회사(감독형 이사회)에 대하여 적용할 수는 없다고 본다(법무부에 최초로 발제한 상법개정시안에서는 제393조의 적용을 배제하였다 – 동 시안 408조의 2 1항 후단). 입법론으로는 상법 제393조는 원래 집행임원 비설치회사(참여형 이사회)에 적용되는 규정이므로, 이와 별도로 집행임원 설치회사에서 이사회가 업무집행에 관하여 의사결정을 할 수 있는 범위와 이사회가 집행임원에게 의사결정을 위임할 수 없는 범위를 구체적으로 명확하게 규정하여야 할 것으로 본다(日會 416조 1항·2항 및 4항 단서 참조).[40)]

　　(내) 집행임원의 업무집행에 대한 감독권

　　집행임원 설치회사에서의 이사회는 집행임원과 대표집행임원의 선임권과 해임권, 집행임원 등의 직무분담 등의 결정권 및 (정관·주주총회의 승인이 없는 경우) 집행

---

40) 동지: 정찬형, 전게 주식회사법대계 II(제4판), 1309면.

임원의 보수결정권을 가짐으로 인하여 집행임원에 대한 실효적인 업무집행 감독권을 행사할 수 있게 되었다. 집행임원 비설치회사에서도 이사회에 (대표)이사에 대한 감독권을 부여하고는 있으나(상 393조 2항), (이사회의 자기감독의 문제점 외에도) 대표이사가 주주총회에서 선임되는 경우(상 389조 1항 단서) 이사회는 대표이사에 대하여 전혀 인사권이 없고 또한 상법상 이사회가 (대표)이사에 대한 보수결정권 등을 행사할 수 없게 되어(상 388조 참조), (대표)이사에 대한 이사회의 감독권은 사실상 유명무실하게 되었다. 따라서 이러한 이사회의 업무집행기관(대표이사 등)에 대한 감독권을 실효성 있게 하기 위하여 일정규모 이상의 상장회사에 대하여는 의무적으로 사외이사를 이사총수의 과반수가 되게 두도록 하였으나, 이러한 감독기관(이사회)과 분리된 업무집행기관(집행임원)을 별도로 입법하지 않아 이러한 이사회에 의한 업무집행기관(대표이사 및 이사)에 대한 감독도 자기감독의 문제가 여전히 존재하여 실효성 있는 감독이 되지 못하고, 회사는 사외이사가 있는 이사회를 사실상 무력화시키고 회사는 이사회의 감독을 받지 않는(상 393조 2항 참조) 사실상의 집행임원(비등기임원)에 의하여 실제로 운영되었던 것이다. 따라서 2011년 개정상법이 감독기관(이사회)과 분리된 집행임원에 관하여 입법을 하면서, 이사회의 감독기능이 실효를 거두기 위하여 이사회에 집행임원에 대한 인사권과 보수결정권 등을 부여한 것은 중요한 의미가 있다고 본다.

이하에서 차례로 살펴본다.

1) 집행임원과 대표집행임원의 선임·해임권   집행임원 설치회사에서의 이사회는 회사의 업무를 집행하는 집행임원과 대표집행임원의 선임·해임권(인사권)에 의하여 업무집행기관(집행임원)에 대하여 보다 더 효율적인 감독권을 행사할 수 있다. 이 점이 집행임원 비설치회사에서의 이사회의 감독권과 다르다. 즉, 집행임원 비설치회사에서는 (업무담당) 이사의 선임·해임권은 주주총회에 있고(상 382조 1항, 385조) 대표이사의 선임·해임권은 정관에 의하여 주주총회의 권한으로 할 수 있으므로(상 389조 1항 단서), 이 경우에는 이사회에 인사권이 없으므로 이사회의 업무집행을 담당하는 (대표)이사에 대한 감독권(상 393조 2항)은 제도상으로 실효를 거둘 수 없다.

집행임원의 선임·해임권에 관한 상세한 설명은 후술하는 집행임원에서 하겠다.

2) 집행임원의 업무집행에 대한 감독권

가) 업무집행 감독권과 업무집행 감사권 등과의 구별   집행임원 비설치회사의 이사회는 이사의 직무집행을 감독하고(상 393조 2항) 집행임원 설치회사의 이

사회는 집행임원의 업무집행을 감독한다(상 408조의 2 3항 2호). 그러나 감사(監事) 또는 감사위원회는 집행임원 비설치회사의 경우 이사의 직무집행을 감사(監査)하고 (상 412조 1항) 집행임원 설치회사의 경우 집행임원의 업무집행을 감사한다(상 408조 의 9, 412조). 이와 같이 우리 상법은 감독(監督)과 감사(監査)를 구별하여 사용하고 있다. 따라서 이 양자를 개념상 구별하여야 이사회와 감사(監事) 또는 감사위원회의 업무범위가 정하여진다.

감독권은 상하관계에서 행사되는 것이고 또한 타당성(합목적성) 감사에도 미치 나, 감사권은 수평적 지위에서 원칙적으로 적법성 감사에만 미친다.[41] 따라서 감독 권을 실효성 있게 행사하려면 인사권과 보수결정권을 부여하여야 하고, 이로 인하 여 업무집행에서의 무능이나 부실이 있게 되면 그 책임을 물어 해임·지위강등 등 의 인사조치를 하거나 보수의 감액 등을 할 수 있는 것이다.[42] 이에 반하여 감사권 은 업무집행기관(이사 또는 집행임원)과 수평적 지위에서 원칙적으로 업무집행기관이 법령·정관 등 규정에 위반하였는지 여부를 감사하여 감사록에 기재하고(상 413조의 2), 회계에 관하여는 감사보고서를 작성하며(상 447조의 4), 이사회(상 412조의 4) 또 는 주주총회(상 412조의 3)를 소집하여 의견을 진술할 수 있고, 회사법상 각종의 소 (訴)를 제기할 수 있으며(상 429조 외), 업무집행기관의 위법행위에 유지청구권을 행 사할 수 있다(상 402조, 408조의 9). 또한 이사회의 감독권은 업무집행기관의 상하관 계(또는 때에 따라서는 수평관계에서)에서 위법한 업무집행을 하고 있는지 여부를 감시 할 권한이 있는 감시권[43]과도 구별된다.

집행임원 설치회사에서의 이사회의 감독권은 광의로는 상법 제408조의 2 제3 항 제1호부터 제6호까지의 내용을 의미하나, 협의로는 상법 제408조의 2 제3항 제 2호만을 의미한다고 볼 수 있다. 따라서 집행임원 비설치회사에 적용되는 상법 제 393조 제2항은 집행임원 설치회사에서는 적용될 여지가 없다.

나) 집행임원 설치회사에서의 집행임원의 이사회에 대한 보고의무   집행임 원 비설치회사의 경우는 이사가 대표이사로 하여금 다른 이사 또는 피용자의 업무 에 관하여 이사회에 보고할 것을 요구할 수 있고(상 393조 3항), 이사는 3월에 1회 이상 업무의 집행상황을 이사회에 보고하도록 하고 있다(상 393조 4항). 그러나 집행

---

41) 정(찬), (상), 1005면, 1137면.

42) 집행임원 설치회사의 이사회에게는 업무집행기관(집행임원)에 대한 인사권과 보수결정권(상 408조의 2 3항 1호·6호)을 부여하고 있으므로 집행임원 비설치회사에 비하여 감독권을 실효성 있게 행사할 수 있다.

43) 이에 관하여는 정(찬), (상), 1083~1087면; 대판 2008. 9. 11, 2006 다68636 등 참조.

임원 설치회사에서는 집행임원이 3개월에 1회 이상 업무의 집행상황을 이사회에 보
고하도록 하고(상 408조의 6 1항), 집행임원은 이 외에도 이사회의 요구가 있으면
언제든지 이사회에 출석하여 요구한 사항을 보고하여야 하며(상 408조의 6 2항), 이
사는 대표집행임원으로 하여금 다른 집행임원 또는 피용자의 업무에 관하여 이사회
에 보고할 것을 요구할 수 있도록 하였다(상 408조의 6 3항). 이와 같이 집행임원 설
치회사의 경우 집행임원 비설치회사에 비하여 집행임원의 이사회에 대한 보고의무
를 확대하여(특히 상 408조의 6 2항에서) 이사회의 집행임원에 대한 감독권이 실효를
거둘 수 있도록 하였다.

　　다) 집행임원 설치회사에서 이사회의 감독권의 효율성

　　(a) 집행임원 설치회사에서는 이사회가 상법에 이사회 권한으로 규정하고 있는
사항을 제외하고는 업무집행에 관한 의사결정권을 집행임원에게 위임할 수 있고(상
408조의 2 3항 4호, 408조의 4 2호) 또한 이와 같이 업무집행에 관한 의사결정권을
집행임원에게 위임하는 것이 일반적일 것이므로, 이사회는 그 결과에 따라 집행임
원을 재선임 또는 해임하거나 보수를 조정하는 점 등을 함으로써 감독권을 실효성
있게 행사할 수 있는 것이다. 집행임원 비설치회사에서는 이사회가 업무집행에 관
한 의사결정권을 대표이사에게 위임한다고 하더라도 대표이사의 수와 그 대표권의
행사와 관련하여 한계가 있으나, 집행임원 설치회사에서는 업무집행에 관한 경영전
문가를 별도로 선임하여 업무집행을 위임하는 것이므로 이러한 제한이 있을 수 없
고 포괄적ㆍ일반적 위임이 가능하다.[44] 따라서 집행임원 설치회사에서의 이사회는
집행임원 비설치회사에서의 이사회에 비하여 업무집행기관(집행임원)에 대한 감독권
을 실효성 있게 행사할 수 있다.[45]

　　(b) 집행임원 설치회사는 업무집행기관(집행임원)과 업무감독기관(이사회)의 분
리가 명확하고 또한 경영전문가에게 업무집행기능을 맡길 수 있어, 업무집행기능과
업무감독기능의 효율성을 보다 더 높일 수 있다. 특히 이사회에 사외이사가 과반수
있는 대회사의 경우에는 사외이사가 개별적인 업무집행(의사결정)에 참여하지 않게
되어 업무집행의 효율성을 높일 수 있고, 사외이사는 업무집행기관(집행임원)의 선
임ㆍ해임 등과 중요한 회사의 (정책적인) 의사결정에만 참여하여 감독권을 효율적으
로 행사할 수 있는 것이다. 또한 사외이사는 이사회 구성원으로서 업무집행기관과
이해관계가 없으므로 이사회의 업무집행기관(집행임원)에 대한 업무감독에 참여하여

---

44) 정(찬), (상), 1007면.
45) 동지: 정찬형, 전게 주식회사법대계 Ⅱ(제4판), 1312면.

업무감독의 효율성을 높일 뿐만 아니라, 이사회내 위원회의 하나인 감사위원회에도 참여하여 업무집행기관(집행임원)의 직무집행에 대하여 효율적인 감사를 할 수 있게 된다.46)

3) 집행임원에게 업무집행에 관한 의사결정의 위임

가) 집행임원 설치회사에서의 이사회는 (상법에서 이사회 권한사항으로 정한 경우를 제외하고) 업무집행에 관한 의사결정권을 포괄적·일반적으로 집행임원에게 위임할 수 있다(상 408조의 2 3항 4호, 408조의 4 2호). 집행임원은 이 외에도 정관에 의해서도 업무집행에 관한 의사결정권을 위임받을 수 있다(상 408조의 4 2호). 이 때 정관에 의한 위임은 주주들(주주총회)(본인)에 의한 위임으로 볼 수 있고, 이사회에 의한 위임은 이사들(대리인)에 의한 (복대리인인 집행임원에 대한) 위임으로 볼 수 있다. 상법상 이사회의 고유권한에 관한 규정(상법에서 이사회 권한사항으로 정한 경우)은 주식회사 각 기관에 대한 권한분배에 관한 강행법규라고 볼 수 있으므로,47) 이러한 사항을 정관에 의하여 집행임원에게 위임할 수는 없다고 본다.48) 집행임원 설치회사에서는 이와 같이 업무집행에 관한 의사결정권을 주주총회(정관) 또는 이사회가 각 집행임원에게 포괄적·일반적으로 위임할 수 있는 점에서, 상법상 업무집행에 관한 의사결정권을 이사회만이 갖는(상 393조 1항) 집행임원 비설치회사와는 크게 구별되고 있다. 집행임원 비설치회사에서 해석상 업무집행에 관한 의사결정권을 대표이사에게 위임할 수 있다고 하더라도 대표이사의 수와 그 대표권의 행사와 관련하여 한계가 있고, 또한 위임의 범위도 포괄적·일반적으로는 인정될 수 없고 구체적·개별적으로만 제한된 범위에서 인정될 수 있다.49) 따라서 상법 제408조의 2 제3항 제4호 괄호(상법에서 이사회 권한사항으로 정한 경우는 이사회가 집행임원에게 업무집행에 관한 의사결정권을 위임할 수 없음)에 의하여 이사회가 집행임원에게 위임할 수 있는 사항이 극히 제한되므로 (집행임원의) 권한의 면에도 대표이사와의 차별성을 인정하기 어렵다고 보는 견해는,50) 앞에서 본 바와 같이 타당하지 않다고 본다.

이와 같이 집행임원 설치회사에서는 이사회(또는 정관)가 각 분야의 경영전문가에게 업무집행에 관한 의사결정권을 포괄적·일반적으로 위임할 수 있어, (집행

---

46) 정(찬), (상), 1007~1008면; 정찬형, 전게 주식회사법대계 Ⅱ(제4판), 1312~1313면.
47) 정(찬), (상), 892~893면 참조.
48) 동지: 이(철), (회), 861면.
49) 정(찬), (상), 1022면 참조.
50) 이(철), (회), 861면.

임원 비설치회사에 비하여) 업무집행기능과 업무감독기능의 효율성을 보다 더 높일 수 있다.

나) 상법에서 이사회 권한사항으로 정하여 이사회가 집행임원에게 업무집행에 관한 의사결정권을 위임할 수 없는 사항은 다음의 사항으로 볼 수 있다. 즉, 주식매수선택권 부여의 취소권(상 340조의 3 1항 5호), 주주총회의 소집권(상 362조), 이사회 소집권자의 특정권(상 390조 1항 단서), 이사·집행임원의 경업거래와 겸직의 승인 및 경업의 경우의 개입권의 행사(상 397조, 408조의 9), 이사·집행임원의 회사 사업기회 이용의 승인권(상 397조의 2, 408조의 9), 이사·집행임원의 자기거래의 승인권(상 398조, 408조의 9), 집행임원[51]과 대표집행임원의 선임·해임권(상 408조의 2 3항 1호), 공동대표집행임원의 결정권(상 408조의 5 2항, 389조 2항),[52] 신주발행사항의 결정권(상 416조 본문), 정관에서 정하고 일정한 요건을 갖춘 경우 재무제표 등의 승인권(상 449조의 2 1항), 준비금의 자본전입권(상 461조 1항 본문), 중간배당의 결정권(상 462조의 3 1항), 사채의 발행권(상 469조 1항), 전환사채 및 신주인수권부사채의 발행권(상 513조 2항 본문, 516조의 2 2항 본문), 대통령령으로 정하는 상장회사가 최대주주 등과 일정규모 이상인 거래를 하는 경우 승인권(상 542조의 9 3항) 등이다. 위와 같은 이사회의 권한은 그 성질에서 보아도 집행임원에게 의사결정을 위임하는 것이 적절하지 않다고 본다. 입법론상으로는 앞에서 본 바와 같이 이사회가 집행임원에게 의사결정을 위임할 수 없는 업무집행의 범위를 명확하게 규정하는 것이 분쟁을 사전에 예방하는 방법으로 적절하다고 본다(日會 416조 4항 단서 및 1호~20호 참조).

집행임원 설치회사에서 사채의 발행권한은 원칙적으로 이사회에게 있는데(상 469조 1항), 이사회는 정관으로 정하는 바에 따라 (대표)집행임원에게 사채의 금액 및 종류를 정하여 1년을 초과하지 아니하는 기간 내에 사채를 발행할 것을 위임할 수 있다고 본다(상 408조의 5 2항, 469조 4항).[53]

4) 집행임원의 직무분담권 등

가) 집행임원 설치회사에서의 이사회는 집행임원이 여러 명인 경우 집행임원의 직무분담 및 지휘·명령관계, 그 밖에 집행임원의 상호관계에 관한 사항을 결정

51) 동지: 임(재), (회 Ⅱ), 456면(집행임원 선임·해임권은 회사에서 중요한 결정사항이므로 이사회가 대표집행임원에게 이를 위임할 수 없다).
52) 입법론으로 이를 제408조의 2 3항 1호에서 명확히 함께 규정하는 것이 타당하다고 본다.
53) 동지: 임(재), (회 Ⅱ), 461면.

한다(상 408조의 2 3항 5호). 집행임원이 수 인인 경우 회사의 의사를 통일하기 위한 점 등에서, 이사회가 각 집행임원에 대한 지휘·명령관계를 정할 필요가 있다. 구체적으로 사장·부사장·전무·상무 등의 직위로 정하여지는데, 구체적으로는 집행임원규정 등 회사의 내규에서 집행임원의 직위와 권한이 정하여진다.[54] 집행임원 상호간에는 일반적으로 감시의무가 없다. 그러나 업무상 지휘·명령관계에서 상급자는 하급자를 당연히 감독하여야 할 직무를 부담하므로, 이러한 점에서 상급집행임원은 하급집행임원에 대한 감시의무를 부담한다.[55]

상법상 집행임원은 원칙적으로 단독기관이나, 그들의 직무분장과 지휘·명령관계가 설정되면 집행임원 전부는 통일적인 집행기관이 된다고 볼 수 있다.[56]

나) 집행임원의 직무분담 및 지휘·명령관계에 대하여 한국상장회사협의회에서 제정한 상장회사표준정관(2012. 1. 16. 개정) 제33조 및 제34조에 의하면 집행임원을 설치한 회사에 대하여 다음과 같이 규정하고 있다.

제33조(집행임원)   ① 이 회사는 대표집행임원과 집행임원을 둔다. 대표집행임원과 집행임원의 수, 직책, 보수 등은 이사회의 결의로 정한다.

② 대표집행임원과 집행임원은 이사회의 결의로 선임한다.

제34조(대표집행임원과 집행임원의 직무)   ① 대표집행임원은 회사를 대표하고 이 회사의 업무를 총괄한다.

② 집행임원은 대표집행임원을 보좌하고 이 회사의 업무를 분장한다.

그런데 집행임원에 관한 입법의 배경이 "대다수의 (사실상) 집행임원(비등기임원)이 등기되지 않은 임원으로서 과거에 사내이사가 담당하였던 직무를 담당하며 이사에 준하는 책임과 권한을 갖고 그에 준하는 대우를 받음에도 불구하고 이에 관한 명시적 규정이 없어 그 법적 성격 및 지위에 대하여 논란이 있었으므로, 이러한 현실을 반영하여 (사실상) 집행임원을 법률상의 제도로서 규정함으로써 법의 흠결에서 발생하는 법률문제를 해결하고 글로벌 스탠다드에 맞는 기업지배구조를 갖출 수 있도록 하자는 것이다"는 점이고,[57] 이러한 (사실상) 집행임원을 제도권의 지위로 양성화하자는 것이 집행임원제를 입법한 동기이었으며,[58] 사장·부사장·전무·상

---

54) 동지: 商事法務(編), 「取締役·執行役」(東京: 商事法務, 2004), 281~282面.
55) 동지: 商事法務(編), 282面.
56) 동지: 商事法務(編), 282面.
57) 상법 회사편 해설, 253면.
58) 동지: 이(철), (회), 856면.

무 등에 관한 직무분담 및 지휘·명령관계를 이사회가 결정할 수 있음을 상법에서 규정하고 있는 점을 고려할 때, 다음과 같이 규정하여야 할 것으로 본다.[59]

　　제33조(집행임원)　① 이 회사는 대표집행임원으로 사장을 두고, 집행임원으로 부사장·전무·상무 및 상무보를 둔다.[60]

　　② 대표집행임원과 집행임원의 수, 직무분담, 지휘·명령관계 등은 이사회의 결의로 정한다.

　　③ 대표집행임원 및 집행임원의 보수는 정관에 규정이 없거나 주주총회의 승인이 없는 경우 이사회의 결의에 의한다.

　　④ 대표집행임원 및 집행임원은 이사회의 결의로 선임·해임한다.

　　제34조(대표집행임원과 집행임원의 직무)　① 대표집행임원인 사장은 회사를 대표하고 이 회사의 업무를 총괄한다.

　　② 각 집행임원은 이사회의 결의로 정한 집행임원규정에 따라 회사의 업무를 분장한다.

　　③ 대표집행임원의 결원시 집행임원규정에서 정한 집행임원의 순서에 따라서 대표집행임원의 업무를 대행한다.

　　주식회사가 상법상 집행임원 설치회사의 지배구조를 선택하는 경우 회사에 따라 다양하게 불리는 (사실상) 집행임원이 상법상의 집행임원으로서 법상 근거를 갖게 되었고, 또한 부사장·전무·상무(부행장·부행장보) 등도 상법상 이사회가 집행임원의 직무분담 및 지휘·명령관계 그 밖에 집행임원의 상호관계에 관한 사항을 결정함으로써(상 408조의 2　3항 5호) 발생하는 명칭이 됨으로 인하여 상법상 제도로서의 지위를 얻게 되었다. 따라서 집행임원 설치회사에서의 부사장·전무·상무 등은 회사에 의하여 붙여진 자의적인 명칭이 아니라, 상법상 근거에 의하여 집행임원의 직무분담 등에 따라 이사회 결의에 의하여 붙여진 명칭으로의 지위를 갖게 되었다. 집행임원제도의 도입으로 인하여 이와 같이 회사의 실무상 제도를 상법상 제도로 발전시킬 수 있게 된 점도 집행임원제도의 입법의 큰 의미라고 본다.[61]

　　5) 집행임원의 보수 결정권　　집행임원 설치회사에서 집행임원의 보수는 (정관에 규정이 없거나 주주총회의 승인이 없는 경우) 이사회의 결의로 정하여진다(상

---

59) 동지: 정찬형, 전게 주식회사법대계 Ⅱ(제4판), 1135~1136면.

60) 은행인 경우에는 "대표집행임원으로 은행장을 두고, 집행임원으로 부행장·부행장보 및 본부장을 둔다" 등으로 규정할 수 있다.

61) 동지: 정찬형, 전게 주식회사법대계 Ⅱ(제4판), 1316~1317면.

408조의 2 3항 6호). 실무상 집행임원 설치회사에서의 집행임원의 보수는 (정관이나 주주총회의 승인에 의하여 정하여지기보다는) 보통 이사회의 결의로 정하여질 것으로 본다. 따라서 집행임원 설치회사에서의 이사회는 앞에서 본 집행임원에 대한 인사권(선임·해임권)과 함께 보수에 대한 결정권까지 가짐으로써 업무집행기관인 집행임원에 대하여 보다 더 효율적인 감독권을 행사할 수 있다. 이 점이 집행임원 비설치회사에서의 이사회의 감독권(상 393조 2항)과 다르다. 집행임원 비설치회사에서의 (대표)이사에 대한 보수는 정관에 그 액을 정하지 아니한 때에는 주주총회의 결의로 정하여지므로(상 388조) 이사회가 이에 관여할 수 없다. 따라서 집행임원 비설치회사에서의 이사회는 (자기감독의 문제와 함께) (대표)이사에 대한 보수 결정권이 없으므로 (대표)이사의 직무집행에 대하여 실효성 있는 감독권(상 393조 2항)을 행사할 수 없다.[62]

집행임원의 보수 결정권에 관한 상세한 설명은 후술하는 집행임원에서 하겠다.

(대) **집행임원과 회사와의 소송에서 회사를 대표할 자의 선임권**

1) 이사와 회사와의 소송에서는 감사(監事)가 회사를 대표하고(상 394조 1항), 감사위원회 위원과 회사와의 소송에서는 감사위원회 또는 이사가 법원에 회사를 대표할 자를 선임하여 줄 것을 신청하여야 한다(상 394조 2항). 그런데 집행임원 설치회사에서 집행임원과 회사와의 소송에서는 이사회가 회사를 대표할 자를 선임하여야 한다(상 408조의 2 3항 3호). 따라서 집행임원 설치회사에서 감사위원회를 둔 경우에는, 이사와 회사와의 소송에서는 감사위원회가 회사를 대표하고(상 415조의 2 7항, 394조 1항), 감사위원회 위원과 회사와의 소송에서는 감사위원회 또는 이사가 법원에 회사를 대표할 자를 선임하여 줄 것을 신청하고 이에 따라 법원이 선정한 자가 회사를 대표하며(상 394조 2항), 집행임원과 회사와의 소송에서는 이사회가 그 소송에서 회사를 대표할 자를 선임한 자가 회사를 대표한다(상 408조의 2 3항 3호). 이와 같이 누가 회사와 소송을 하느냐에 따라 회사를 대표할 자가 세 번이나 상이하게 된다.

입법론상 집행임원 설치회사의 경우 이를 단순화시킬 필요가 있다고 본다.[63]

2) 일본 회사법의 경우에는 위원회 설치회사(현재는 지명위원회등 설치회사, 이하 같음)에서 이사(이사이었던 자를 포함함)와 회사와의 소송에서는 (그 이사가 감사위원회 위원으로서 당해 소송과 관련된 당사자가 아닌 경우) 감사위원회가 선정하는 감사위원회

---

62) 동지: 정찬형, 상계 주식회사법대계 Ⅱ(제4판), 1317면.
63) 동지: 정찬형, 전게 주식회사법대계 Ⅱ(제4판), 1318면.

위원이 회사를 대표하고(日會 408조 1항 2호), 감사위원회 위원이 당해 소송과 관련된 당사자일 경우에는 이사회가 정하는 자(주주총회가 당해 소송에 관하여 지명위원회등 설치회사를 대표할 자를 정한 경우에는 그 자)가 회사를 대표한다(日會 408조 1항 1호). 집행임원(집행임원이었던 자를 포함함)과 회사와의 소송에서는 감사위원회가 선정하는 감사위원회 위원이 회사를 대표한다(日會 408조 1항 2호). 어떠한 경우에도 집행임원 또는 이사가 위원회 설치회사에 대하여 소송을 제기한 경우에는 감사위원회 위원 (당해 소송을 제기한 자를 제외함)에 대하여 한 소장의 송달은 당해 회사에 대하여 효력이 있고(日會 408조 2항), 집행임원 또는 이사의 책임을 추궁하는 소송의 제기를 청구받는 경우 등에서 감사위원회 위원(당해 감사위원회 위원이 당해 소송과 관련된 상대방인 경우를 제외함)이 위원회 설치회사를 대표한다(日會 408조 5항 1호).

(2) 집행임원 설치회사에서의 이사회의 기구

(가) 이사회 의장

1) 집행임원 설치회사는 이사회의 회의를 주관하기 위하여 이사회 의장을 두어야 하는데, 이 경우 이사회 의장은 정관의 규정이 없으면 이사회의 결의로 선임한다(상 408조의 2 4항).

집행임원 설치회사는 업무집행기관(집행임원)과 이의 감독기관(이사회)을 분리하여 업무집행기관에 대한 감독의 효율성을 높여 경영의 투명성과 효율성을 기하고자 하는 것이므로, 이러한 취지에서 보면 이사회 의장과 (대표)집행임원은 분리하는 것이 타당하다. 따라서 법무부에 최초로 발제한 상법개정시안에서도 "집행임원은 이사회 의장의 직무를 겸할 수 없다"고 하였다(동 시안 408조의 2 2항 단서). 그런데 논의의 과정에서 집행임원이 이사회 의장의 직무를 겸할 수 없도록 한 점에 대하여, 이론상 분리가 타당하나 현실적으로 실무계의 현황을 고려하여 양자의 지위를 겸할 수 있도록 하기 위하여 이에 관한 발제안 제408조의 2 제2항 단서를 삭제하는 것이 타당하다는 의견이 많아 동 규정을 삭제한 것이다. 따라서 이사회 의장과 집행임원을 겸할 수 없도록 한 금지규정이 없어 양자의 지위를 겸할 수 있다고 해석할 수밖에 없으나,[64] 이사회 의장과 (대표)집행임원의 직을 겸직하는 경우에는 참여형 이사회 (집행임원 비설치회사)에서 대표이사와 유사하게 되어[65] 자기감독의 모순이 발생하는

---

64) 동지: 임(재), (회 II), 459면.

65) 집행임원 설치회사의 경우 이사회 의장이 대표집행임원의 직을 겸하는 경우에도 이사회 의장 및 대표집행임원은 정관의 규정에 의하여 주주총회에서 선임될 수 없는 점(상 389조 1항 단서 참조), 이사회 의장 및 대표집행임원에 대하여는 상법의 명문규정에 의하여 이사회가 업무집행에 관한 의사결정권을 포괄적·일반적으로 위임할 수 있는 점(상 408조의 2 3항 4호) 등에서 집행임원

등으로 인하여 집행임원에 대한 이사회의 감독기능이 사실상 유명무실하게 되어 집행임원제도의 도입취지에 반하고 또한 바람직한 지배구조라고도 할 수 없다.[66]

이사회 의장의 자격에 대하여 상법에 명문규정은 없으나, 이사회는 이사로 조직되는 점에서 이사회 의장의 전제요건은 이사이어야 한다고 본다.

이사회 의장의 권한은 이사회의 회의를 주관한다(상 408조의 2 4항). 이사회 의장에게는 주주총회 의장에게 인정되는 질서유지권(상 366조의 2 3항)은 인정되지 않는다.

이사회 의장은 이사회 회의록을 작성하여 주주의 열람에 제공할 의무가 있다고 본다(상 391조의 3).

2) 비교법적으로 볼 때, 미국의 ALI 원칙은 이사가 아닌 이사회 의장이 가능하고 이러한 이사회 의장은 '기타 집행임원'으로 정의되고 있으며[ALI 1.27조 (b)항·(c)항], 캘리포니아주 회사법은 회사는 이사회 의장이나 사장 또는 양자를 두어야 하는 것으로 규정하면서, 사장이나 사장이 없는 경우 이사회 의장은 정관에 다른 규정이 없으면 회사의 총관리자 겸 대표집행임원이라고 규정함으로써, 이사회 의장과 대표집행임원의 겸직을 인정하는 입법을 하고 있다[동법 312조 (b)항].

일본 회사법은 이사회 설치회사에서 대표이사(이사회 의장)는 이사회가 이사 중에서 선임하여야 한다고 규정하고 있다(日會 362조 2항 3호 및 3항).

(내) 이사회내 위원회

1) 우리 상법상 집행임원 설치회사의 이사회는 언제나 집행임원·대표집행임원의 선임·해임권을 갖고 있으므로(상 408조의 2 3항 1호), 이러한 집행임원·대표집행임원의 후보를 이사회에 추천하기 위하여 정관의 규정에 의하여 이사회내 위원회로서 지명위원회를 둘 수 있다(상 393조의 2 1항). 이러한 지명위원회는 이사회의 위임에 의하여 (대표)집행임원을 선임·해임할 수는 없고(상 393조의 2 2항 2호 참조), 이사회에 능력있는 집행임원의 선임을 추천하거나 또는 문제가 있는 집행임원의 해임을 제안할 수 있다고 본다. 또한 이러한 지명위원회를 둔 경우에 지명위원회는 사외이사뿐만 아니라 사내이사에 관하여도 이사회에게 이사후보를 추천하고 이사회는 그의 결의로 이사후보로 확정하여 주주총회에 승인요청을 할 수 있도록

비설치회사에서의 대표이사와는 차이가 있으나, 대표이사와 유사한 점이 많아 사실상 이사회의 업무집행기관에 대한 감독기능을 무력화시키기 쉽다[동지: 정찬형, 전게 주식회사법대계 Ⅱ(제4판), 1319면 주 63].

66) 동지: 정찬형, 전게논문(선진상사법률연구 통권 제55호), 14면; 동, 전게 주식회사법대계 Ⅱ(제4판), 1319면; 상법 회사편 해설, 270면.

할 수 있다(상 393조의 2 2항 1호 참조). 이와 같이 하면 자산총액 2조원 이상인 상장
회사에 대하여 의무적으로 설치하도록 한 "사외이사 후보추천위원회"(상 542조의 8
4항 1문)는 이러한 지명위원회에 흡수되어야 할 것이다. 따라서 이러한 상장회사가
지명위원회를 설치한 경우에는 사외이사 추천위원회를 별도로 설치할 필요가 없다
고 보아야 할 것이다. 다만 이러한 상장회사의 지명위원회도 사외이사가 총위원의
과반수가 되도록 구성하여야 할 것이다(상 542조의 8 4항 2문).67)

또한 우리 상법상 집행임원 설치회사의 이사회는 (정관에 규정이 없거나 주주총회
의 승인이 없는 경우) 집행임원의 보수결정권이 있으므로(상 408조의 2 3항 6호), 이를
위하여 정관의 규정에 의하여 이사회내 위원회로서 보수위원회를 둘 수 있다(상 393
조의 2 1항). 집행임원의 보수결정권을 이사회에 부여한 경우, 이사회는 그 권한을
보수위원회에 위임할 수 있다(상 393조의 2 2항). 보수위원회의 구성원인 이사에 대
하여는 자산총액 2조원 이상인 상장회사에 대하여도 일정비율을 사외이사로 구성하
여야 한다는 제한이 없다. 따라서 보수위원회는 사내이사이든 사외이사이든 2인 이
상의 이사로 구성하면 된다(상 393조의 2 3항). 그러나 보수위원회를 집행임원을 겸
한 이사(사내이사)만으로 구성하면 자기의 보수를 자기가 결정하는 이익충돌의 문제
가 있으므로 이러한 자는 보수위원회에서 배제하는 것이 바람직하다고 본다.68)

또한 우리 상법상 집행임원 설치회사는 (의무는 없으나) 감독과 감사를 연결하
여 감사의 실효를 거두고 별도로 감사(監事)를 두는 비용을 절약하기 위하여 감사위
원회를 둘 수 있다. 그러나 자산총액 2조원 이상인 상장회사는 의무적으로 감사위
원회를 두어야 한다(상 542조의 11 1항). 또한 자산총액 2조원 미만 1,000억원 이상
인 상장회사는 상근감사를 두는 것을 피하기 위하여 감사위원회를 둘 수도 있다(상
542조의 10 1항 단서). 집행임원 설치회사가 감사위원회를 두고자 하면 사외이사가
최소한 2명 이상 있어야 한다. 왜냐하면 감사위원회는 3명 이상의 이사로 구성되는
데, 사외이사가 위원의 3분의 2 이상이어야 하기 때문이다(상 415조의 2 2항). 감사
위원회는 이사회가 감독기능을 충실히 수행할 수 있을 때 그 기능을 제대로 수행할
수 있으므로, 사외이사가 이사총수의 과반수가 되고 또한 이러한 회사가 집행임원
을 두어 업무집행기관과 업무감독기관이 분리되며 또한 사외이사가 과반수인 이사
회가 업무집행기관(집행임원)에 대한 업무감독기능을 충실히 수행할 수 있는 경우에
감사위원회를 두도록 하는 것이 자기감사의 모순을 제거하고 감사의 실효성을 위하

---

67) 동지: 전게 주식회사법대계 Ⅱ(제4판), 1320면.
68) 동지: 전게 주식회사법대계 Ⅱ(제4판), 1320~1321면.

여 타당하다고 본다. 따라서 집행임원 비설치회사(참여형 이사회)이거나 집행임원 설치회사라도 대부분의 집행임원이 이사를 겸하고 있어 이사회의 감독기능이 실효를 거둘 수 없는 경우에는 감사위원회 보다는 감사(監事)에 의한 감사가 오히려 더 감사(監査)의 실효를 거둘 수 있는 것으로 본다.[69]

2) 일본의 회사법은 위원회 설치회사(현재는 지명위원회등 설치회사, 이하 같음)에서는 의무적으로 집행임원을 두도록 하고 있어(日會 402조 1항), 우리의 입법과는 달리 입법을 하고 있는데, 결과적으로 볼 때 집행임원 설치회사는 위원회를 의무적으로 두도록 하고 있는 것과 동일하다고 볼 수 있다.

일본 회사법상 위원회 설치회사는 지명위원회·감사위원회 및 보수위원회의 3개의 위원회를 두어야 한다(日會 404조 1항~3항). 이러한 각 위원회의 위원은 3명 이상이어야 하는데, 이사 중에서 이사회의 결의로 선임한다(日會 400조 1항·2항). 각 위원회의 위원의 과반수는 사외이사이어야 하는데(日會 400조 3항), 감사위원회 위원은 위원회 설치회사 또는 그 자회사의 집행임원이나 업무집행이사, 또는 그 자회사의 회계참여·지배인 기타 사용인을 겸할 수 없다(日會 400조 4항)(감사위원회 위원이 전부 3명인 경우, 2명은 집행임원 설치회사의 사외이사이어야 하고 1명은 집행임원 설치회사 모회사의 업무집행이사 또는 집행임원이 될 수 있음 - 저자 주).

일본의 회사법상 위원회 설치회사에서 지명위원회는 주주총회에 제출하는 이사(회계참여설치회사의 경우에는 이사 및 회계참여)의 선임·해임에 관한 의안내용을 결정하고(日會 404조 1항), 감사위원회는 집행임원 등의 직무집행의 감사 및 감사보고서의 작성 등의 직무를 수행하며(日會 404조 2항), 보수위원회는 집행임원 등의 개인별 보수 등의 내용을 결정한다(日會 404조 3항).

3) 일본에서는 이사회의 감독권에 실효성을 부여하기 위하여 이사회내 위원회를 두도록 하고, 이러한 위원회는 사외이사 중심으로 구성하도록 하면서, 위원회에 이사회의 많은 권한을 위임하도록 하고 있다. 이와 함께 업무감독기관(감독형 이사회)과 분리되는 집행임원을 두도록 하였다. 이는 일본 회사법이 채택한 지배구조의 하나의 형태로서 업무집행기관과 업무감독기관을 분리한 것이고, 업무감독기관을 이사회로부터 위임받은 위원회 중심으로 한 것이다. 집행임원제도는 업무집행기관을 업무감독기관으로부터 분리하고, 업무감독기관의 구성원에 업무집행에 참여한 자를 (최대한) 배제함으로써 그 실효성이 발생하는 것이지, 위원회제도와는 (직접적

---

69) 동지: 상계 주식회사법대계 II (제4판), 1321면.

으로) 아무런 관련이 없다. 따라서 일본 회사법이 이사회의 감독기능을 위원회 중심으로 운영하고 있다고 하여, "우리 개정상법이 위원회제도를 채택하지 않았으므로 집행임원제도의 기본구조에 이론적인 결함이 있을 수 있다"[70]고 비난하는 것은 타당하지 않다고 본다.[71]

집행임원제도의 실효성을 위하여 우리 개정상법이 입법상 잘못한 것은 법무부에 최초로 발제한 상법개정시안대로 사외이사가 이사총수의 과반수로 구성되는 이사회를 가진 회사(이러한 회사의 이사회는 업무집행에 대한 감독에 중점이 있으므로 감독형 이사회라고 볼 수 있음)에 대하여만 집행임원을 두도록 하였어야 했는데, 이러한 제한 없이 모든 회사에 확대하고 그것도 선택적으로 둘 수 있는 것으로 하여, 원래의 입법목적이 없어지고 집행임원제도의 목적(업무집행의 효율성과 업무집행에 대한 감독의 효율성)이 무엇인지 애매하게 된 것이다. 따라서 앞으로 집행임원제도에 대하여는 원래의 입법목적에 맞게 운용될 수 있도록 각계 각층이 모두 협력하여, 특히 우리 상장 대회사(대기업)의 지배구조의 발전에 함께 노력하여야 할 것으로 본다.[72]

4. 집행임원

(1) 집행임원의 의의·지위·등기

(가) 집행임원의 의의

1) 2011년 개정상법은 주식회사(특히, 대규모 주식회사)에서 실효성 있는 업무집행기관에 대한 감독을 통하여 경영의 투명성과 효율성을 높이기 위하여 주식회사는 (선택에 의하여) 대표이사에 갈음하여 집행임원[73]을 둘 수 있도록 하였는데(상 408조의 2 1항), 이와 같이 대표이사에 갈음하여 집행임원을 둔 회사(이하 '집행임원 설치회사'라 한다)에서 집행임원은 「대내적으로 회사의 업무를 집행하고 대표집행임원은 대외적으로 회사를 대표하는 기관」이라고 볼 수 있다.[74] 따라서 집행임원 설치회사

---

70) 이(철), (회), 859면.

71) 동지: 정찬형, 전게 주식회사법대계 Ⅱ(제4판), 1322면.

72) 동지: 정찬형, 상게 주식회사법대계 Ⅱ(제4판), 1322면.

73) 집행임원 설치회사에서 '집행임원'은 회사의 업무집행에 중점을 두어 붙여진 이름으로 집행임원 중 대표집행임원만이 제3자에 대하여 회사를 대표한다. 이에 반하여 집행임원 비설치회사에서의 대표이사(상 389조)는 회사의 제3자에 대한 대표에 중점을 두어 붙여진 이름인데 회사의 대표이사는 회사의 영업에 관하여 재판상 또는 재판외의 모든 행위를 할 권한이 있으므로(상 389조 3항, 209조 1항) 원칙적으로 회사의 모든 업무에 관하여 집행권을 갖는 것으로 해석하고 있다[정(찬), (상), 1022면; 정찬형, 전게 주식회사법대계 Ⅱ(제4판), 1323면 주 66 참조].

74) 정(찬), (상), 1048면; 정찬형, 전게 주식회사법대계 Ⅱ(제4판), 1323면.

에서의 집행임원은 회사와의 관계에서는 위임관계에서(상 408조의 2 2항) 집행임원 비설치회사에서 대표이사 또는 업무담당이사에 해당하는 자를 말하고, 회사와의 관계에서 고용관계에 있는 피용자로서 단순히 집행임원 또는 업무담당이사를 보조하는 자는 상법상 집행임원이 아니라 지배인 또는 부분적 포괄대리권을 가진 상업사용인 등과 같은 상업사용인(상 10조 이하)이라고 볼 수 있다.[75]

2) 미국의 ALI원칙에서는 집행임원을 주요 상급집행임원(principal senior executive officer)과 기타 집행임원(other officer)로 분류하면서, 주요 상급집행임원은 '대표집행임원(chief executive officer: CEO) · 대표총무집행임원(chief operating officer: COO) · 대표재무집행임원(chief financial officer: CFO) · 대표법률집행임원(chief legal officer: CLO) · 대표회계집행임원(chief accounting officer: CAO)'을 말하고[ALI 1.30조, 1.27조 (a)항], 기타 집행임원이란 '주요 상급집행임원이 아닌 자로서 이사 업무 이외의 정책결정 기능을 수행하거나 이사의 보수를 초과하여 상당한 보수를 수령하는 이사회 의장(chairman), 일정한 주요 사업단위(판매 · 관리 · 금융 등)에서 업무를 담당하거나 회사의 주요 정책결정기능을 수행하는 부장(president) · 재무(treasurer) · 총무(secretary) · 부부장(vice－president) 또는 부의장(vice－chairman) 및 기타 회사에 의하여 집행임원으로 선임된 자'를 말한다고 규정하고 있다[ALI 1.27조 (b)항 · (c)항].

캘리포니아주 회사법도 집행임원에 대하여 '이사회 의장이나 사장(president) 또는 양자, 총무(secretary), 대표회계집행임원(chief financial officer) 및 그 밖의 집행임원'으로 규정하고 있다[동법 312조 (a)항].

뉴욕주 회사법도 집행임원에 대하여 '사장(president), 부사장(vice president), 총무(secretary) 및 재무(treasurer)와 기타 집행임원'으로 규정하고 있다[동법 715조 (a)항].

(내) 집행임원의 지위

1) 집행임원 설치회사와 집행임원의 관계는 민법 중 위임에 관한 규정이 준용된다(상 408조의 2 2항). 이는 이사와 회사와의 관계와 같고(상 382조 2항), 상업사용인과 회사와의 관계가 보통 고용관계인 점과 구별된다. 민법상의 위임계약이 원칙적으로 무상인 점과는 달리 집행임원 설치회사는 (이사의 경우와 같이) 집행임원에게 보수를 주는 것이 보통이므로(유상계약), 집행임원의 보수에 대하여는 정관에 규정이 없거나 주주총회의 승인이 없는 경우 이사회가 이를 결정한다(상 408조의 2 3항

---

75) 정찬형, 상게 주식회사법대계 Ⅱ(제4판), 1323면.

6호).

2011년 개정상법은 주식회사에서 이와 같이 집행임원에 대하여 규정하고, 이 와 함께 집행임원과 집행임원 설치회사와의 관계가 위임관계임을 명백히 규정하고 있으므로, 종래에 사실상 집행임원(비등기임원)에 대하여 우리 대법원판례가 주주총 회에서 선임되지 않았고 또한 등기되지 않았다는 이유를 들어 이사가 아니라는 점 에서 회사와의 관계는 (고용계약을 전제로 하는) 근로자이고 또한 이러한 사실상 집행 임원(비등기임원)에 대하여는 근로기준법이 적용된다고 판시한 것은,[76] 이에 관한 근거규정이 제정되었으므로 수정되어야 할 것으로 본다.[77]

2) 일본 회사법에서도 "위원회 설치회사(현재는 지명위원회등 설치회사)와 집행임 원과의 관계를 위임에 관한 규정에 따른다"고 규정하고 있다(日會 402조 3항).

㈐ 집행임원의 등기

1) 집행임원의 성명과 주민등록번호는 이사와 같이 등기사항이고(상 317조 2항 8호), 또한 회사를 대표할 집행임원(대표집행임원)의 성명·주민등록번호 및 주소도 등기사항이며(상 317조 2항 9호), 둘 이상의 대표집행임원이 공동으로 회사를 대표할 것을 정한 경우에는 그 규정(공동대표집행임원)도 등기사항이다(상 317조 2항 10호).

회사가 집행임원을 선임하여 회사의 업무집행권한을 부여하면서 (대표)집행임 원에 관한 등기를 하지 않으면, 그러한 집행임원은 집행임원으로서의 권한을 갖고 회사는 다만 선의의 제3자에게 대항하지 못하는(상업등기의 일반적 효력) 불이익을 받 게 된다(상 37조 1항). 이는 (대표)이사 및 지배인의 경우에도 동일하다.

현재 대회사에서 많이 시행하고 있는 사실상 집행임원(비등기임원)에 대하여는, IMF 경제체제 이전(즉, 의무적인 사외이사제도가 도입되기 이전)에 (업무담당)이사의 업 무를 수행하는 자의 경우에는 2011년 개정상법상 (이사회에 의한 선임절차를 취함과 동 시에 — 상 408조의 2 3항 1호) 집행임원으로 등기하여야 할 것이고(상 317조 2항 8호), 종래의 (업무담당)이사와 같은 업무를 수행하지 않고 지배인과 동일 또는 유사한 업 무를 수행하는 자에 대하여는 지배인 등기를 하여 공시하여야 할 것으로 본다(상 13 조). 만일 현행 사실상 집행임원(비등기임원)이 실제로 상법상 부분적 포괄대리권을 가진 상업사용인(상 15조)에 해당된다면(회사의 차장·과장 등) 등기할 필요가 없을 것

---

76) 대판 2003. 9. 26, 2002 다 64681(비등기임원을 원심에서는 근로자가 아니라고 보았으나, 대 법원에서는 이러한 비등기임원을 근로자라고 보고 원심을 파기환송함) 외.

77) 정찬형, 전게논문(선진상사법률연구 통권 제55호), 15면; 동, 전게 주식회사법대계 Ⅱ(제4판), 1324면; 정(찬), (상), 1051면.

인데, 이러한 비등기임원이 부분적 포괄대리권을 가진 상업사용인에 해당한다고 보기는 (특별한 경우를 제외하고는) 어려울 것으로 본다.[78]

2) 일본 회사법상 위원회 설치회사(현재는 지명위원회등 설치회사)에서 집행임원의 성명과 대표집행임원의 성명 및 주소는 등기사항이다(日會 911조 3항 23호).

⑵ 집행임원의 선임·해임

㉮ 선임·해임기관

1) 우리 상법상 집행임원 설치회사에서의 집행임원의 선임·해임권은 이사회에 있다(상 408조의 2 3항 1호). 이와 같이 상법의 규정에 의하여 집행임원과 대표집행임원의 선임·해임권은 이사회의 고유의 권한으로 규정하고 있고 또 이러한 규정은 강행규정으로 볼 수 있으므로,[79] 정관의 규정에 의하여 이 권한을 주주총회의 권한으로 할 수 없다고 본다.[80] 이는 집행임원 비설치회사의 경우 대표이사의 선임·해임권이 원칙적으로 이사회에 있으나, 정관으로 주주총회에서 대표이사를 선정할 것을 정할 수 있도록 한 점(상 389조 1항)과 구별된다. 집행임원 설치회사에서는 원칙적으로 이사회의 구성원과 집행임원이 구별되고 또한 이사회가 집행임원과 대표집행임원의 인사권을 갖고 있기 때문에, 이사회는 집행임원에 대하여 실효성 있는 감독권을 행사할 수 있는 것이다. 집행임원 비설치회사의 대표이사도 원칙적으로 이사회에서 선임되나 이사회를 구성하는 이사들이 사실상 대표이사의 지휘·감독하에 있으므로 이사회가 대표이사의 업무집행을 감독한다는 것은 사실상 불가능하고, 더욱이 정관의 규정에 의하여 대표이사가 주주총회에 의하여 선임된 경우에는 (이사회의 대표이사에 대한 인사권도 없으므로) 이사회가 이러한 대표이사를 감독한다는 것은 더욱 불가능하다.[81]

2) 집행임원의 선임·해임권은 원래 주주총회의 권한사항인데 이를 이사회에 위임한 것이므로 정관에 의하여 집행임원의 선임·해임권을 주주주총회의 권한사항으로 할 수 있다는 견해도 있으나,[82] 집행임원의 선임·해임권을 주주총회 고유의

---

78) 정찬형, 상게논문, 15~16면; 동, 상게 주식회사법대계 Ⅱ(제4판), 1325면; 정(찬), (상), 1053~1054면.

79) 정(찬), (상), 892~893면 참조.

80) 동지: 정찬형, 전게 주식회사법대계 Ⅱ(제4판), 1325~1326면.
반대: 뉴욕 주 회사법 제715조 제(b)항(기본정관은 모든 집행임원 또는 특정한 집행임원은 이사회 대신에 주주총회에 의하여 선임되어야 한다고 규정할 수 있다).

81) 정찬형, 전게 주식회사법대계 Ⅱ(제4판), 1326면.

82) 신동찬·황윤영·최용환, "개정상법상 집행임원제도," 「BFL」 제51호(서울대학교 금융법센터, 2012), 79면.

권한사항으로 볼 수는 없고 지배구조의 권한분배에서 입법정책적으로 이사회의 고유 권한사항으로 규정한 것이라고 볼 수 있으며, 또한 이사회의 업무집행기관(집행임원)에 대한 감독기능을 강화하기 위한 취지에서 볼 때 타당하지 않다고 본다. 따라서 정관으로 집행임원의 선임·해임권을 주주총회에 부여하면 그러한 정관의 규정은 상법의 강행규정에 반하여 무효라고 본다.[83]

입법론으로도 집행임원의 선임·해임권을 주주총회에 부여할 수 있도록 하는 것은 이사회의 감독기능을 유명무실하게 하는 것으로서 타당하지 않다고 본다.

비교법적으로 볼 때 미국의 ALI 원칙은 주요 상급집행임원이 이사회에 의하여 선임·해임되는 것으로 규정하고 있다[ALI 3.01조, 3.02조 (a)항 (1)호]. 미국의 모범사업회사법은 "회사는 부속정관에서 규정되거나 부속정관에 따라 이사회에 의하여 선임된 집행임원을 둔다"고 규정하고 있다[MBCA 2016 8.40조 (a)항]. 미국의 대부분의 주(州)회사법은 모범사업회사법과 같이 집행임원은 (정관에 다른 규정이 없으면) 이사회에 의하여 선임·해임되는 것으로 규정하고 있다[Del. Gen. Corp. Law 142조 (a)항; Cal. Corp. Code 132조 (b)항 등]. 다만 소수의 주(州) 회사법은 명문으로 집행임원(전부 또는 일부)이 기본정관의 규정에 의하여 주주총회에 의하여 선임·해임될 수 있음을 규정하고 있다[N.Y. Bus. Corp. Law 715조 (b)항]. 일본의 회사법은 집행임원의 선임·해임권이 이사회에 있는 것으로 규정하고 있다(日會 402조 2항, 403조 1항).

3) 집행임원 설치회사에서의 이사회는 집행임원(특히, 대표집행임원)이 다른 집행임원을 선임·해임할 수 있도록 위임할 수 있는가의 문제가 있다. 이에 대하여 미국의 모범사업회사법에서는 「집행임원도 부속정관이나 이사회의 수권에 의하여 1인 이상의 다른 집행임원을 선임할 수 있다」고 규정하여[MBCA 2016 8.40조 (b)항], 이사회 또는 부속정관은 집행임원에게 다른 집행임원(하위 집행임원)의 선임권을 위임할 수 있는 것으로 규정하고 있다. 미국의 많은 주(州) 회사법도 모범사업회사법과 같이 집행임원은 부속정관이나 이사회의 수권이 있으면 다른 집행임원을 선임할 수 있는 것으로 규정하고 있다[알라바마 주 회사법 10A-2A-8.40조 (b)항 2문; 아리조나 주 회사법 10-840조 B항 등]. 그러나 우리 상법은 이러한 규정이 없으므로 집행임원 설치회사의 이사회는 (대표)집행임원에게 다른 집행임원의 선임·해임권을 위임할 수 없다고 본다.[84] 또한 위에서 본 바와 같이 집행임원의 선임·해임권은 주주총회

---

83) 정찬형, 전게 주식회사법대계 II(제4판), 1326면.

84) 동지: 정찬형, 전게 주식회사법대계 II(제4판), 1327면; 임(재), (회 II), 456면; 김태진, "개정 상법하의 집행임원제 운용을 위한 법적 검토," 「상사법연구」 제30권 제2호(한국상사법학회,

의 고유한 권리라고도 할 수 없으므로, 상법에 위반하여 정관에 의해서도 주주총회에게 집행임원의 선임·해임권을 부여할 수 없고, 이와 같이 주주총회에 집행임원의 선임·해임권을 부여한 정관의 규정은 강행규정에 반하여 무효라고 본다. 그러나 입법론으로는 위에서 본 미국의 모범사업회사법의 경우와 같이 정관이나 이사회의 수권이 있으면 집행임원(특히 대표집행임원)이 다른 집행임원(하위 집행임원)을 선임·해임할 수 있도록 상법 제408조의 2 제3항 제1호를 개정할 필요는 있다고 본다.

(나) **선임·해임의 절차**   이사회는 정관에 (높은 비율로) 달리 규정하고 있지 않는 한 이사 과반수의 출석과 출석이사 과반수의 찬성으로 집행임원을 선임·해임할 수 있다(상 391조 1항).[85] 이 때 가부동수(可否同數)인 경우 이사회 의장에게 결정권을 주는 것으로 정한 정관의 규정은 법적 근거 없이 이사회 의장에게 복수의결권을 주는 것이 되어 무효라고 본다.[86]

이사회 결의에 관하여 특별한 이해관계를 갖는 이사는 이사회에서 의결권을 행사하지 못하는데(상 391조 3항, 368조 3항), 집행임원 후보인 이사가 이사회에서 의결권을 행사할 수 있는지 여부가 문제될 수 있다. 주주총회의 결의에서 주주가 주주의 입장(사단관계)에서 이해관계를 갖는 경우에는 특별한 이해관계를 갖지 않는 것으로 보고 주주가 주주의 입장을 떠나서 개인적으로 갖는 이해관계만을 특별한 이해관계를 갖는 것으로 해석하는 것(개인법설)이 통설인데,[87] 이러한 통설을 이사회에서도 동일하게 적용한다면 집행임원 후보인 이사는 의결권을 행사할 수 있는 것으로 볼 수 있다.[88]

이러한 이사회의 결의에 대하여 이사는 책임을 져야 하므로(상 399조 2항·3항 참조) 무기명투표는 허용되지 않는다.[89]

2011), 351면.

85) 동지: 임(재), (회 II), 456면.

86) 정찬형, 전게논문(선진상사법률연구 통권 제55호), 16면; 동, 전게 주식회사법대계 II(제4판), 1327면; 정(찬), (상), 1051면.

87) 정(찬), (상), 910~911면; 정(동), (회), 329면 외.

88) 정찬형, 전게논문(선진상사법률연구 통권 제55호), 16면; 동, 전게 주식회사법대계 II(제4판), 1327~1328면; 정(찬), (상), 1051~1052면.
  동지: 임(재), (회 II), 455면(이는 이사회에서의 대표이사 선임의 경우와 같이 회사지배에 관한 주주의 비례적 이익이 연장·반영되기 때문이기도 하다고 한다).

89) 정(찬), (상), 1052면; 정찬형, 전게논문(선진상사법률연구 통권 제55호), 16면; 동, 전게 주식회사법대계 II(제4판), 1328면.

집행임원은 이와 같이 이사회에서 선임·해임되어야 하므로 (이사회에서 선임·해임되지 않는) 회장(또는 지배주주 겸 대표이사) 등과 이들이 선임·해임하는 (사실상) 집행임원(비등기임원)은 상법상 집행임원은 아니나, 상법상 집행임원과 동일하게 보아 그의 책임을 물을 수 있다고 본다(상 408조의 9, 401조의 2).[90]

(다) **집행임원의 수**　　집행임원의 수에는 (최저이든 최고이든) 제한이 없다. 따라서 집행임원을 1인 둘 수도 있고(이 경우에는 그 집행임원이 대표집행임원의 지위를 겸한다 - 상 408조의 5 1항 단서), 2인 이상 다수 둘 수도 있는데 집행임원이 2인 이상인 경우에는 이사회의 결의로 대표집행임원을 선임하여야 한다(상 408조의 5 1항 본문). 이 때 이사회는 집행임원과 대표집행임원을 동시에 선임할 수 있다고 본다.

집행임원이 다수인 경우에도 상법상 (이사회와 같이) 회의체를 구성하는 것이 아니다.[91]

(라) **집행임원의 자격**　　집행임원의 자격에는 제한이 없다. 그러나 해석상 집행임원은 당해 회사 및 자회사의 감사(監事)를 겸직할 수 없다고 본다(상 411조 참조).[92] 따라서 이사회는 유능한 경영인을 집행임원으로 선임하여 업무집행의 효율성을 극대화할 수 있고, 언제든지 그 결과에 대하여 책임을 물을 수 있다.

이사가 집행임원이 될 수 있는가의 문제가 있다. 우리 상법상 이사가 집행임원이 될 수 없음을 명문으로 규정하고 있지 않으므로, 이사는 집행임원이 될 수 있다고 본다.[93] 그러나 사외이사가 집행임원이 될 수 없음은 상법상 명백하다(상 382조 3항 1호). 따라서 이사가 집행임원의 지위를 겸한 경우를 사내이사라고 부를 수 있고(엄격히는 이사 겸 집행임원임), 집행임원의 지위를 겸하지 않는 이사를 사외이사 또는 비상근이사라고 부를 수 있다. 집행임원은 그 성질상 자연인만이 될 수 있고 법인은 될 수 없으며[MBCA 8.40조 (b)항 참조], 자연인 중에서도 제한능력자·파산자 등은 집행임원이 될 수 없다고 본다.[94]

상업사용인은 영업주의 허락이 있어야 (다른) 회사의 집행임원이 될 수 있고(상

---

90) 정(찬), (상), 1052면; 정찬형, 상게논문, 16면; 동, 상게 주식회사법대계 Ⅱ(제4판), 1328면.
91) 동지: Richard D. Freer, *The Law of Corporations in a Nutshell* (8th ed.)(St. Paul, MN: West Academic Publishing, 2020), p.183(§ 8.2).
92) 따라서 제411조에서는 당연히 "집행임원"이 추가되어야 한다고 본다. 제411조의 감사의 겸직 금지의 대상에 집행임원이 빠진 것은 입법의 미비라고 본다[동지: 송(옥), 1117면].
93) 정(찬), (상), 1050면; 정찬형, 전게논문(선진상사법률연구 통권 제55호), 14면; 동, 전게 주식회사법대계 Ⅱ(제4판), 1329면.
　동지: 임(재), (회 Ⅱ), 451면; 이(철), (회), 860면; 송(옥), 1117면.
94) 동지: 임(재), (회 Ⅱ), 450면.

17조 1항 유추적용),[95] 대리상도 본인의 허락이 있어야 동종영업을 목적으로 하는 회사의 집행임원이 될 수 있으며(상 89조 1항 유추적용),[96] 합자조합의 업무집행조합원·합명회사의 사원·합자회사의 무한책임사원도 다른 조합원(사원)의 동의가 있어야 동종영업을 목적으로 하는 다른 회사의 집행임원이 될 수 있고(상 86조의 8 2항, 198조 1항, 269조 유추적용),[97] 유한책임회사의 업무집행자는 사원 전원의 동의가 있어야 같은 종류의 영업을 목적으로 하는 다른 회사의 집행임원이 될 수 있으며(상 287조의 10 1항), 주식회사·유한회사의 이사는 이사회·사원총회의 승인이 있어야 동종영업을 목적으로 하는 다른 회사의 집행임원이 될 수 있고(상 397조, 567조),[98] 주식회사의 집행임원은 이사회의 승인이 있어야 동종영업을 목적으로 하는 다른 회사의 집행임원 등이 될 수 있다(상 408조의 9, 397조).

비교법적으로 볼 때 일본의 회사법은 명문으로 집행임원은 이사를 겸할 수 있다고 규정하고 있다(日會 402조 6항).

법무부에 최초로 발제한 집행임원에 관한 상법개정시안에 의하면 "이사는 집행임원의 직무를 겸할 수 있는데, 이는 부득이한 경우에 한하여 또한 최소한으로 하여야 한다"고 규정하였다(동 시안 408조의 3 2항). 집행임원의 전부 또는 거의 전부가 이사를 겸하면 자기감독의 모순이 있게 되고 이사회가 집행임원을 실질적으로 감독할 수 없게 되어, 이는 참여형 이사회제도(집행임원 비설치회사)에서 이사회가 업무집행기관에 대하여 실효성 있는 감독권을 행사할 수 없는 문제점이 그대로 나타난다.[99] 그러나 집행임원이 이사를 겸하는 경우 그러한 이사는 업무집행상황을 신속·정확하게 이사회에 전달하고 이사회의 결의사항을 정확하게 파악하여 집행하는 등 이사회와 집행임원간의 의사전달을 원활히 하여 업무집행의 효율성을 기하는 장점도 있다. 따라서 해석상 집행임원이 이사의 지위를 겸하는 경우에는 부득이한 경우에 한하고 또한 최소한(1명 내지 2명)으로 한정하는 것이 집행임원제도의 원래의 취지에 맞는다고 본다. 따라서 대부분 이사가 회사의 업무집행을 담당하는(즉, 과반수 내지 대부분의 이사가 사내이사인) 자산총액 2조원 미만의 상장회사 및 비상장회사는 집행임원제도를 채택할 실익이 없고 또한 비록 그러한 회사가 집행임원제도를

---

95) 입법론상 제17조 제1항에 "집행임원"을 추가하여야 한다고 본다[동지: 임(재), (회 Ⅱ), 452면].

96) 입법론상 제89조 제1항에 "집행임원"을 추가하여야 한다고 본다.

97) 입법론상 제198조 제1항에 "집행임원"을 추가하여야 한다고 본다.

98) 입법론상 제397조 후단에 "집행임원"을 추가하여야 한다고 본다.

99) 동지: 정찬형, 전게 주식회사법대계 Ⅱ(제4판), 1330면; 상법 회사편 해설, 269~270면.

채택한다고 하더라도 이는 이사회에 의한 업무집행기관에 대한 실효성 있는 감독을 하고자 하는 집행임원제도의 본래의 취지에 맞지 않는다고 본다.[100]

그 밖에 집행임원의 자격요건에 관한 입법을 비교법적으로 살펴보면 영국의 회사법(2006)은 공개회사의 총무(secretary)의 적극적 자격요건에 대하여 규정하고 있다(동법 273조). 즉, 총무는 (i) 총무로 임명되기 직전 5년 중에서 최소 3년 총무의 직에 있었던 경험이 있거나, (ii) 영국의 회계단체의 구성원이거나, (iii) 영국에서의 변호사이거나, (iv) 총무의 직무를 수행할 수 있는 능력이 있는 이사이어야 한다. 또한 일본의 회사법은 위원회 설치회사(현재는 지명위원등 설치회사)에서 집행임원의 소극적 자격요건에 대하여 규정하고 있다. 즉, 회사법 위반으로 유죄판결을 받은 경우 등과 같은 이사의 결격사유가 있는 자(日會 331조 1항)는 집행임원이 될 수 없도록 하고 있다(日會 402조 4항).

㈐ 집행임원의 해임

1) 집행임원의 종임사유 집행임원과 회사와의 관계는 위임관계이므로(상 408조의 2 2항) 집행임원은 위임의 종임사유에 의하여 종임된다. 이는 이사의 경우와 같다. 위임계약은 약정종료사유(각 당사자의 계약해지)(민 689조)에 의하여 종료되는 점에서, 집행임원은 사임에 의하여 또한 회사에 의한 해임에 의하여 집행임원에 관한 위임계약이 종료된다. 또한 위임계약은 법정종료사유(위임인의 사망·파산, 수임인의 사망·파산·성년후견개시)(민 690조)에 의하여 종료되므로, 회사의 해산·파산이나 집행임원의 사망·파산·성년후견개시에 의하여 종료된다.

집행임원은 위와 같은 위임의 종료사유 이외에도 임기의 만료·정관소정 자격의 상실 등에 의하여도 종임된다.

집행임원이 사임한 경우 언제 그 효력이 발생하는가에 관하여는 이사의 경우와 동일하게 보아야 할 것이다. 즉, 집행임원의 사임의 의사표시가 대표집행임원(또는 이사회 의장)에게 도달하면 사임의 효과가 발생하나, 대표집행임원(또는 이사회 의장)에게 사표의 처리를 일임한 경우에는 대표집행임원(또는 이사회 의장)이 사표를 수리함으로써 사임의 효과가 발생한다.[101]

비교법적으로 보면, 미국의 모범사업회사법은 "집행임원은 언제든지 회사(이사회, 이사회 의장, 그를 선임한 집행임원이나 그 비서)에 서면통지함으로써 사임할 수 있는데, 이러한 통지서에 사임일자(장래의 사건이나 연기된 효력일)를 지정하지 않는 한

---

100) 동지: 정찬형, 전게 주식회사법대계 Ⅱ(제4판), 1330면
101) 동지: 대판 1998. 4. 28, 98 다 8615(이사에 관하여).

통지서가 도달하였을 때에 사임의 효력이 발생한다"고 규정하고 있다[동법 8.43조 (a)항].

그러나 집행임원이 사망함으로써 위임계약이 종료되는 경우에는 (사망의) 통지를 요하지 않고 대항력이 발생한다.[102]

2) 집행임원의 해임

가) 해임사유   상법은 집행임원의 해임사유에 대하여는 규정하지 않고, 집행임원의 (선임)해임기관(상 408조의 2 3항 1호)에 대하여만 규정하고 있다. 따라서 집행임원의 (선임)해임기관인 이사회는 후술하는 바와 같이 집행임원의 임기중에도 집행임원에게 정당한 사유가 있거나 없거나 언제든지 집행임원을 해임할 수 있는데, 이 때 집행임원은 회사에 대하여 손해배상청구를 할 수 없다고 본다.[103] 이사의 경우에는 상법에서 "이사의 임기를 정한 경우에 주주총회가 정당한 사유 없이 이사의 임기만료 전에 이사를 해임한 때에는 그 이사는 회사에 대하여 해임으로 인한 손해의 배상을 청구할 수 있다"고 규정하고 있는데(상 385조 1항 단서), 이러한 상법의 규정이 대표이사에 대하여 유추적용될 수 있는지 여부에 대하여 우리 대법원판례는 명백히 이를 부정하는 입장에서 판시하고 있다. 즉, 우리 대법원은 "상법 제385조 제1항은 주주총회의 특별결의에 의하여 언제든지 이사를 해임할 수 있게 하는 한편, 임기가 정하여진 이사가 그 임기 전에 정당한 이유 없이 해임당한 경우에는 회사에 대하여 손해배상을 청구할 수 있게 함으로써 주주의 회사에 대한 지배권 확보와 경영자 지위의 안정이라는 주주와 이사의 이익을 조화시키려는 규정이고, 이를 이사회가 대표이사를 해임한 경우에도 유추적용할 것은 아니고, 대표이사가 그 지위의 해임으로 무보수 비상근의 이사로 되었다고 하여 달리 볼 것도 아니다"고 판시하였다.[104] 이사의 지위와 대표이사의 지위는 다르므로 대표이사에 대하여 제385조 제1항 단서를 유추적용할 수 없다는 대법원판결에 찬성한다.[105] 집행임원의 경우에도 업무집행에 대한 결과에 대하여 그 선임권자는 언제든지 그 책임을 물어 해임할 수 있도록 하여야 하므로 그 해임에 정당한 사유가 있는지 없는지를 법원이 평가하도록 하는 것은 타당하지 않다고 본다. 만일 입법정책적으로 집행임원

---

102) 동지: 대판 1963. 9. 5, 63 다 233(이사에 관하여).

103) 정(찬), (상), 1052~1053면; 정찬형, 전게논문(선진상사법률연구 통권 제55호), 17면; 동, 전게 주식회사법대계 Ⅱ(제4판), 1331~1332면.
   동지: 임(재), (회 Ⅱ), 457면.

104) 대판 2004. 12. 10, 2004 다 25123 외.

105) 정(찬), (상), 1020면; 정찬형, 전게 주식회사법대계 Ⅱ(제4판), 1332면.

을 이사회가 정당한 사유 없이 해임한 경우 그 집행임원이 손해배상청구를 할 수
있도록 하려면 상법에 명문으로 제385조 제1항 단서를 준용하는 규정을 두었어야
할 것으로 본다. 법무부에 최초로 발제한 집행임원에 관한 상법개정안시안에서는
집행임원의 해임에 관한 규정에서 제385조 제1항 단서를 준용하는 것으로 규정하
였는데(동 시안 408조의 5 2항), 입법에 관한 논의의 과정에서 이를 삭제하여 위의
대법원판례와 동일내용으로 하였다.

　집행임원을 임기중 정당한 이유 없이 해임한 경우 집행임원은 제385조 제1항
단서를 유추적용하여 손해배상을 청구할 수 없다면 민법 제689조 제2항(당사자 일방
이 부득이한 사유 없이 상대방의 불리한 시기에 위임계약을 해지한 때에는 그 손해를 배상하
여야 한다)에 의한 손해배상을 청구할 수 있다는 견해가 있는데,[106] 타당하지 않다
고 본다. 그 이유는 집행임원(대표이사의 경우도 동일함)의 해임은 단체법상의 행위이
기 때문에 사인간의 단순한 위임계약과 구별되는 점, 집행임원의 업무 무능 등의
이유로 (정당한 사유 없이) 집행임원을 해임한 것이 민법 제689조 제2항에 해당한다
고 볼 수 없는 점, 회사가 집행임원의 업무결과에 따라 책임을 묻는 것을 정당사유
유무 등에 따른 사법판단에 맡기는 것은 적절하지 않은 점 등이다.[107]

　비교법적으로 볼 때 미국의 모범사업회사법은 "이사회 등은 언제든지 (정당한)
이유가 있든 없든 상관없이 집행임원을 해임할 수 있다"고 규정하고 있는데[동법
8.43조 (b)항], 뉴욕주 회사법 등 많은 주의 회사법은 이와 유사한 규정을 두고 있다
[뉴욕주 회사법 716조 (a)항; 일리노이즈주 회사법 8.55조 외]. 그러나 일본 회사법은 "집
행임원은 언제든지 이사회의 결의에 의하여 해임될 수 있는데, 이와 같이 해임된
집행임원은 그 해임에 관하여 정당한 이유가 있는 경우를 제외하고 위원회 설치회
사(현재는 지명위원회등 설치회사)에 대하여 해임으로 발생한 손해의 배상을 청구할
수 있다"고 규정하고 있다(日會 403조 1항·2항).

　나) 해임결의　　이사회에 의한 집행임원의 해임결의는 앞에서 본 바와 같이
정관에 (높은 비율로) 달리 규정하고 있지 않는 한 선임의 경우와 같이 보통결의로
(즉, 이사 과반수의 출석과 출석이사의 과반수의 찬성으로) 한다(상 391조 1항). 이는 상법
상 이사의 해임결의를 주주총회의 특별결의로 규정하고(상 385조 1항 본문), 감사위
원회 위원의 해임결의를 이사회의 특별결의(이사총수의 3분의 2 이상)로 규정하고 있
는 점(상 415조의 2 3항)과 구별되고 있다.

---

106) 임(재), (회 Ⅱ), 457면.
107) 동지: 정찬형, 전게 주식회사법대계 Ⅱ(제4판), 1332~1333면.

외국의 입법례도 우리 입법의 경우와 같이 집행임원의 해임에 관하여 이사회의 결의요건을 달리 규정하고 있지 않다[MBCA 8.43조 (b)항; 日會 403조 1항 외].

집행임원이 그 직무에 관하여 부정행위 또는 법령이나 정관에 위반한 중대한 사실이 있음에도 불구하고 이사회에서 그 해임을 부결한 때에는, 소수주주가 집행임원해임의 소를 제기할 수는 없고,[108] 집행임원에게 이러한 사유가 있음에도 이사회에서 해임안건이 부결되어 회사에 손해가 발생한 경우에는 소수주주는 대표소송 또는 다중대표소송을 제기하여 이사의 임무해태로 인한 회사에 대한 책임을 추궁할 수 있다고 본다(상 399조, 403조~406조, 406조의 2).[109]

다) 집행임원의 직무집행정지 · 직무대행자 선임   집행임원해임의 소가 제기되거나 집행임원선임결의의 무효나 취소의 소가 제기된 경우에 법원은 당사자의 신청에 의하여 가처분으로써 집행임원의 직무집행을 정지할 수 있고 또는 직무대행자를 선임할 수 있으며, 급박한 사정이 있는 때에는 본안소송의 제기 전에도 그 처분을 할 수 있다(상 408조의 9, 407조 1항). 또한 법원은 당사자의 신청에 의하여 이러한 가처분을 변경 또는 취소할 수 있고, 이러한 가처분이 있는 때에는 본점과 지점의 소재지에서 그 등기를 하여야 한다(상 408조의 9, 407조 2항 · 3항).

이 경우 직무대행자는 가처분명령에 다른 정함이 있거나 법원의 허가를 얻은 경우 외에는 회사의 상무에 속하지 아니한 행위를 하지 못하는데, 직무대행자가 이에 위반한 행위를 한 경우에도 회사는 선의의 제3자에 대하여 책임을 져야 한다(상 408조의 9, 408조).

위와 같이 가처분에 의하여 직무집행의 정지를 당한 집행임원이 가처분의 취지에 반하여 한 행위는 무효이고, 대표집행임원이 제3자에 대하여 한 행위도 무효이다.[110] 또한 직무집행의 정지를 당한 집행임원은 직무집행에서 배제되므로 그 직무와 관련하여 발생하는 책임도 없다.[111] 이러한 직무집행정지가처분은 그 존속기

---

108) 입법론으로 소수주주의 집행임원해임의 소를 직접 규정하거나 이사해임의 소에 관한 제385조 제2항을 준용하도록 할 필요가 있다는 견해도 있으나[정준우, "2011년 개정상법상 집행임원의 법적 지위에 관한 비판적 검토,"「한양법학」(한양대학교 법학연구소), 제35집(2011. 8), 461면], 타당하지 않다고 본다. 왜냐하면 이는 집행임원의 선임 · 해임권을 이사회에 준 규정(상 408조의 2 3항 1호)에 반하고, 상법 제385조 제2항은 지배주주의 권리남용에 대한 소수주주의 견제에 관한 규정이므로 이를 이사회의 경영판단에 관한 규정에 준용하도록 하는 것은 적절하지 않기 때문이다.

참고로 뉴욕주 회사법은 정당한 이유가 있는 경우 집행임원의 해임판결을 구하는 소가 법무부장관(attorney-general) 또는 소수주주(회사의 자기주식을 제외하고 의결권 유무를 불문한 발행주식총수의 10%)에 의하여 제기될 수 있음을 규정하고 있다[동법 716조 (c)항].

109) 동지: 임(재), (회 Ⅱ), 458면.

110) 정(찬), (상), 984면; 정찬형, 전게 주식회사법대계 Ⅱ(제4판), 1334면.

간의 정함이 없는 경우에도 본안소송에서 가처분신청자가 승소하여 그 판결이 확정
된 때에는, 그 목적을 달성한 것이 되어 당연히 그 효력을 상실한다.[112] 직무집행정
지·직무대행자선임의 가처분에 의하여 직무집행이 정지된 집행임원이 사임하고 이
사회결의로 후임 집행임원이 선임되더라도, 그것만으로 즉시 위 가처분이 실효하거
나 위 직무대행자의 권한이 소멸하는 것은 아니고, 가처분의 취소가 있어야 가처분
에 의한 직무대행자의 권한이 소멸한다.[113] 따라서 후임 집행임원은 위 가처분이
취소되지 않는 한 그 권한을 행사하지 못한다.[114]

　　　라) 집행임원 결원의 경우　　　이사는 법정정원이 있어(상 383조 1항 본문) 이
사가 법률 또는 정관에 정한 이사의 수를 결한 경우에는 임기의 만료 또는 사임으
로 인하여 퇴임한 이사는 새로 선임된 이사가 취임할 때까지 이사의 권리의무가 있
다(상 386조 1항). 이 경우에 필요하다고 인정할 때에는 법원은 이사·감사·기타의
이해관계인의 청구에 의하여 일시 이사의 직무를 행할 자(임시이사, 직무대행자)를 선
임할 수 있는데, 이 때에는 본점의 소재지에서 그 등기를 하여야 한다(상 386조 2
항). 이사에 관한 이러한 규정이 집행임원에게도 유추적용될 수 있는지 여부에 관한
문제가 있다. 집행임원은 수 인이 있는 경우에도 이사회와는 달리 회의체를 구성하
지 않고 각자 업무집행을 하는 것이므로 집행임원이 사임 또는 임기만료로 퇴임하
면 잔존 집행임원이 그 업무를 처리하면 되는 점 등에서 상법 제408조의 9가 제
386조를 준용하지 않은 것으로 본다.[115] 이러한 취지에서 볼 때 원칙적으로 상법
제386조를 집행임원에 무리하게 유추적용할 필요가 없다고 본다. 그런데 집행임원
이 1인이거나 또는 정관에서 집행임원의 수를 정한 경우에는 상법 제386조를 유추
적용하여 집행임원이 임기만료 또는 사임으로 인하여 집행임원이 없게 되거나 또는
정관에서 정한 수를 결(缺)한 경우에는 퇴임한 집행임원은 후임 집행임원이 취임할
때까지 집행임원의 권리의무가 있고, 필요한 때에는 이사 등이 임시 집행임원의 선
임을 법원에 청구할 수 있다고 본다(상 386조 유추적용).[116]

　　　입법론으로는 상법 제408조의 9에 제386조를 준용하도록 하는 것이 이러한
의문점을 해소하고 업무집행의 연속성을 위하여 더 타당하지 않을까 생각한다.[117]

111) 동지: 대판 1980. 3. 11, 79 누 322(이사에 관하여).
112) 동지: 대판 1989. 5. 23, 88 다카 9883(이사에 관하여) 외.
113) 동지: 대판 1997. 9. 9, 97 다 12167(이사에 관하여).
114) 동지: 대판 1992. 5. 12, 92 다 5638(대표이사에 관하여).
115) 동지: 임(재), (회 Ⅱ), 458면.
116) 정찬형, 전게 주식회사법대계 Ⅱ(제4판), 1335면. 동지: 임(재), (회 Ⅱ), 458면.

비교법적으로 볼 때 일본 회사법은 "집행임원이 부족한 경우 또는 정관에서
정한 집행임원의 수가 부족한 경우에, 임기만료 또는 사임에 의하여 퇴임한 집행임
원은 새로이 선임된 집행임원(임시 집행임원을 포함한다)이 취임할 때까지 집행임원으
로서의 권리의무가 있고, 법원은 필요하다고 인정한 때에는 이해관계인의 신청에
의하여 임시 집행임원의 직무를 행할 자를 선임할 수 있으며, 이러한 임시 집행임
원이 선임된 때에는 위원회 설치회사(현재는 지명위원회등 설치회사)가 그에 대하여
지급하는 보수액을 정할 수 있다"고 규정하고 있다(日會 403조 3항, 401조 2항~4항).
미국의 델라웨어주 회사법도 "각 집행임원은 후임 집행임원이 선임되고 그 자격을
갖출 때까지 집행임원으로서의 직을 갖는데, 이는 집행임원이 임기 전에 사임하거
나 해임된 경우에도 같다"고 규정하고 있다[동법 142조 (b)항].

(3) **집행임원의 보수**

㈎ 이사의 보수는 정관에 그 액을 정하지 아니한 때에는 주주총회의 결의로
이를 정한다(상 388조). 그런데 대표집행임원을 포함한 집행임원의 보수는 정관에
규정이 없거나 주주총회의 승인이 없는 경우 이사회의 결의로 정하여진다(상 408조
의 2 3항 6호). 이사회에 대하여 이와 같이 집행임원의 보수결정권을 부여한 것은,
앞에서 본 바와 같이 집행임원에 대한 실효성 있는 감독권을 행사할 수 있도록 한
것이다.[118] 집행임원 설치회사에서는 이와 같이 이사회에 집행임원의 선임·해임권
과 함께 보수결정권을 부여함으로써 이사회가 집행임원의 실적을 평가하여 집행임
원을 해임하거나 보수를 조정할 수 있으므로 집행임원에 대한 실효적인 감독권을
행사할 수 있는 것이다. 이 점은 집행임원 설치회사가 집행임원 비설치회사와 구별
되는 점이다.

㈏ 집행임원 설치회사가 이사를 집행임원으로 선임하든가 또는 상업사용인을
집행임원으로 선임하는 경우 집행임원의 보수는 어떻게 결정하는가의 문제가 있다.
이사와 집행임원은 모두 회사와의 관계에서 위임관계이나(상 382조 2항, 408조의 2
2항), 보수결정기관이 다른 경우에는 각각 달리 정하여 할 것이다. 즉, 이사의 보수
결정을 주주총회의 결의에 의하여 정하고 집행임원의 보수결정을 이사회에 의하여
정할 때에는 각각 달리 정할 수 있는데, 이사회가 이사를 겸한 집행임원의 보수를
결정할 때에는 주주총회에서 정한 이사의 보수를 고려하여야 할 것이다. 그러나 이
사를 겸한 집행임원의 보수를 정관의 규정이나 주주총회의 결의로 한꺼번에 정할

---

117) 정찬형, 상게 주식회사법대계 Ⅱ(제4판), 1335면.
118) 동지: 이(철), (회), 864면.

수도 있다고 본다.[119]

상업사용인을 겸한 집행임원의 보수도 양자는 그 계약관계가 다르므로(상업사용인과 회사와의 계약관계는 일반적으로 고용계약이나 집행임원과 회사와의 계약관계는 위임계약임) 양자는 원칙적으로 구분하여 그 보수를 결정하여야 할 것이다.[120] 그러나 이사회에서 이 양자를 고려한 보수액을 결정할 수 있다고 본다.

이사회에서 집행임원에 대한 보수액을 결정할 때에는 각 집행임원별로 정하여야 한다고 본다. 따라서 이사회가 집행임원 전원에 대한 보수의 총액 또는 한도액을 정하고, 이를 대표집행임원이 각 집행임원에 대하여 배분하도록 위임하는 것은 상법 제408조의 2 제3항 제6호에 위반하여 무효라고 본다.[121]

이사 겸 집행임원은 집행임원의 보수액을 결정하는 이사회에서 특별이해관계인이므로 자기의 집행임원으로서 보수를 결정하는 이사회에서 의결권을 행사하지 못한다고 본다(상 391조 3항, 368조 3항).

이사회가 집행임원의 보수를 과다하게 정하여 회사에 손해를 발생시킨 경우에는 그 이사회 결의에 찬성한 이사들은 연대하여 임무를 게을리함으로 인한 손해배상책임을 부담한다고 본다.[122]

(다) 비교법적으로 볼 때 미국의 ALI 원칙은 "이사회는 주요 상급집행임원을 선임하고, 정기적으로 평가하며, 그 보수를 정하고, 필요한 경우에는 해임할 수 있다"고 규정하고[ALI 3.02조 ⓐ항], 일본의 회사법은 "위원회 설치회사(현재는 지명위원회 등 설치회사)의 보수위원회가 집행임원 등의 개인별 보수 등을 결정하는데, 집행임원이 동 회사의 지배인 그 밖의 사용인을 겸하고 있는 때에는 당해 지배인 그 밖의 사용인의 보수 등의 내용에 대하여도 같다"고 규정하고 있다(日會 404조 3항).

(4) 집행임원의 임기

(가) 원 칙 집행임원의 임기는 정관에 다른 규정이 없으면 2년을 초과하지 못한다(상 408조의 3 1항). 집행임원의 임기가 이와 같이 2년을 초과하지 못하도록 한 것은 집행임원에 대한 감독을 하는 이사의 임기가 3년을 초과하지 못하도록 하고 있으므로(상 383조 2항) 집행임원의 임기가 이와 같거나 이보다 길면 이사회가 선임한 집행임원에 대한 책임을 물을 수 없기 때문이다.[123] 그런데 집행임원의 임

---

119) 정찬형, 전게 주식회사법대계 Ⅱ(제4판), 1336~1337면. 동지: 임(재), (회 Ⅱ), 460면.

120) 정(찬), (상), 993면(상업사용인을 겸한 이사에 관하여); 정찬형, 상게 주식회사법대계 Ⅱ(제4판), 1337면.

121) 정찬형, 상게 주식회사법대계 Ⅱ(제4판), 1337면

122) 정찬형, 상게 주식회사법대계 Ⅱ(제4판), 1337면. 동지: 임(재), (회 Ⅱ), 460면.

기는 이사의 임기(상 383조 2항)와는 달리 정관의 규정에 의하여 이와 달리 정할 수 있는데(상 408조의 3 1항), 이의 의미가 무엇인지가 논란이 될 수 있다. 즉, 정관의 규정에 의하여 2년을 초과하지 않는 범위 내에서 임기를 정할 수 있다는 의미인지,[124] 또는 정관으로 2년을 초과하여 임기를 정할 수 있다는 의미인지[125]에 대하여 논란이 있다. 집행임원의 임기는 이사의 경우(상 383조 2항)와는 달리 상법에서 정관에 위임하여 임기를 정하도록 하고 정관에 규정이 없는 경우에 2년을 초과하지 못하는 것으로 규정하고 있으므로, 상법 제408조의 3 제1항의 문언상 정관에서는 2년 내에서 정할 수도 있고(예컨대, 1년) 2년을 초과하여 정할 수도 있다고 본다(예컨대, 3년). 그러나 정관에서 이사의 임기를 초과하여 집행임원의 임기를 정한 경우에는(예컨대, 4년) 집행임원을 선임한 이사로 구성된 이사회의 집행임원에 대한 감독권을 무력화시키므로 이는 집행임원의 임기를 이사의 임기보다 단기로 정하여 이사회의 집행임원에 대한 감독권의 실효를 거두고자 하는 입법취지에 반한다고 본다.[126]

집행임원의 임기에 관하여는 이사의 임기와 그 기간만이 다르지, 임기의 산정에 관하여는 이사의 임기에 관한 해석과 같다. 따라서 이사회는 집행임원을 선임할 때에 정관에 달리 규정하고 있지 않으면 2년을 초과하지 않는 범위 내에서 집행임원의 임기를 정하여야 한다.[127] 정관이나 이사회에서 집행임원의 임기를 정하지 않은 경우에는 집행임원의 임기를 2년으로 볼 수밖에 없고, 이사회에서 집행임원의 임기를 2년 초과하여 정한 경우에는 2년으로 보아야 한다. 앞에서 본 바와 같이 이사의 임기가 3년을 초과하지 못하는 점(상 383조 2항)에서 이사회는 그가 선임한 집행임원에 대하여 책임을 물을 수 있도록 하기 위하여(즉, 이사회가 집행임원을 해임할 수 있도록 하기 위하여) 2년으로 단축한 것인데, 집행임원의 임기를 2년으로 단축하였다고 하여도 집행임원의 임기 시작 1년 전에 이사로 선임된 자는 집행임원의 임기 전에 퇴임하므로 집행임원의 책임을 물을 수 없는 경우가 발생한다. 따라서 이 규정은 일반적인 경우에 집행임원을 선임한 이사가 집행임원의 책임을 물을 수 있는

---

123) 정(찬), (상), 1052면; 정찬형, 전게 주식회사법대계 Ⅱ(제4판), 1337~1338면. 동지: 임(재), (회 Ⅱ), 453면; 송(옥), 1118면.

124) 정찬형, 전게논문(선진상사법률연구 통권 제55호), 17면(그러나 본문과 같이 견해를 바꾼다); 이(철), (회), 860면.

125) 임(재), (회 Ⅱ), 453면; 송(옥), 1118면.

126) 정찬형, 전게 주식회사법대계 Ⅱ(제4판), 1338면.

127) 대판 2001. 6. 15, 2001 다 23928(회사의 정관에서 제383조 제2항과 동일하게 규정한 것이 이사의 임기를 3년으로 정하는 취지라고 해석할 수는 없다) 참조.

경우가 많도록 하기 위한 규정이지, 이 규정으로 인하여 언제나 이사가 집행임원의 책임을 물을 수 있게 되는 것은 아니다. [128]

앞에서 본 바와 같이 이사회는 집행임원의 임기중에도 집행임원에게 정당한 사유가 있거나 없거나 언제든지 집행임원을 해임할 수 있다. 따라서 집행임원의 임기를 2년으로 정하고 이사회가 2년 전에 집행임원을 해임하였다고 하여도, 집행임원은 정당한 사유 없이 임기 만료 전에 해임하였다고 하여 회사에 손해배상을 청구할 수는 없다.[129] 즉, 집행임원에 대하여도 대표이사의 경우와 같이 상법 제385조 제1항 단서가 유추적용되지 않는다. 또한 집행임원에 대하여는 앞에서 본 바와 같이 민법 제689조 제2항도 적용되지 않는다고 본다(그러나 위임계약상 회사에 채무불이행이 있거나 불법행위가 있는 경우에는 손해배상책임을 물을 수 있다고 본다).[130] 집행임원에 대하여 2년의 임기만료 전에 이사회가 정당한 사유가 없는 경우에도 해임할 수 있는 점을 들어 상법이 집행임원의 임기를 규정한 의미가 없다는 의견이 있을 수 있으나, 상법이 이와 같이 집행임원의 임기를 규정함으로써 정관 또는 이사회가 집행임원의 임기를 정함에 있어서 기준이 되는 점 또한 집행임원의 종임의 사유가 임기만료와 해임은 구별되는 점 등에서 상법에서 집행임원의 임기를 규정하는 것은 의미가 있다고 본다.[131]

집행임원이 임기만료 후에 재선이 가능한 점은 이사의 경우와 같다. 또한 중임에 대한 제한도 없다.[132]

현재 대기업에서 시행하고 있는 사실상 집행임원(비등기임원)에 대하여는 상법상 규정이 없으므로 임기에 대한 보장이 있을 수 없으나, 그러한 대기업이 상법상 집행임원 설치회사의 지배구조를 채택하면 집행임원은 (이사회에 의하여 선임·해임되는 점과 함께) 상법상 2년까지 임기를 어느 정도 보장받게 되어 안정된 상태에서 업무집행기능을 수행할 수 있게 될 것으로 본다.[133]

㈏ 예   외   이러한 집행임원의 임기는 정관에 그 임기중의 최종 결산기에

---

128) 정찬형, 전게 주식회사법대계 Ⅱ(제4판), 1338~1339면.

129) 정(찬), (상), 1052~1053면; 정찬형, 전게논문(선진상사법률연구 통권 제55호), 17면; 동, 전게 주식회사법대계 Ⅱ(제4판), 1339면. 동지: 임(재), (회 Ⅱ), 457면; 송(옥), 1118면; 대판 2004. 12. 10, 2004 다 25123(대표이사에 대하여는 제385조 제1항 단서가 유추적용되지 않는다).

130) 동지: 송(옥), 1118면.

131) 정(찬), (상), 1053면; 정찬형, 전게논문(선진상사법률연구 통권 제55호), 17면; 동, 전게 주식회사법대계 Ⅱ(제4판), 1339면.

132) 정찬형, 상게 주식회사법대계 Ⅱ(제4판), 1339면.

133) 정찬형, 상게 주식회사법대계 Ⅱ(제4판), 1339~1340면.

관한 정기주주총회가 종결한 후 가장 먼저 소집하는 이사회의 종결시까지로 정할 수 있다(상 408조의 3 2항). 예컨대, 12월 31일을 결산기로 하는 회사의 집행임원의 임기가 다음 해 1월 10일에 만료하고 정기주주총회일이 다음 해 3월 20일이며 이후 가장 먼저 소집하는 이사회가 다음 해 3월 30일이면, 정관의 규정으로 집행임원의 임기를 3월 30일에 만료되는 것으로 할 수 있다.

　　㈐ 비 교 법　　미국의 델라웨어주 회사법은 "집행임원의 임기는 정관·이사회 또는 기타 경영기구가 정하는 바에 의한다. 각 집행임원은 후임 집행임원이 선임되고 그 자격을 갖출 때까지 집행임원으로서의 직을 갖는데, 이는 집행임원이 임기 전에 사임하거나 해임된 경우에도 같다"고 규정하고[동법 142조 (b)항], 뉴욕주 회사법은 "정관에 달리 규정이 없으면 모든 집행임원은 정기주주총회에 이은 이사회의 회의시까지 그 직을 갖고(임기가 1년이라는 의미임 – 필자 주), 집행임원이 주주총회에 의하여 선임되는 경우에는 다음 정기주주총회시까지 그 직을 갖는데, 모든 집행임원은 후임자가 선임되고 그 자격을 갖출 때까지 그 직을 갖는다"고 규정하고 있다[동법 715조 (c)항·(d)항]. 또한 위(집행임원의 해임사유)에서 본 바와 같이 미국의 모범사업회사법은 "이사회 등은 언제든지(집행임원의 임기 내에도) (정당한) 이유가 있든 없든 상관없이 집행임원을 해임할 수 있다"고 규정하고[동법 8.43조 (b)항], 미국의 뉴욕주 회사법 등 다수의 주의 회사법도 이와 유사한 규정을 두고 있다[뉴욕주 회사법 716조 (a)항; 일리노이즈주 회사법 8.55조 외].

　　일본의 회사법은 "집행임원의 임기는 선임 후 1년 이내에 종료하는 사업연도 중 최종정기주주총회의 종결 후 최초로 소집되는 이사회의 종결시까지로 한다. 그러나 정관에 의하여 그 임기를 단축하는 것은 무방하다"고 규정하여(日會 402조 7항), 집행임원의 임기를 1년으로 하고 정관에 의하여 이보다 단축할 수는 있으나 연장할 수는 없도록 한 점은 우리 상법의 경우와 구별된다. 또한 일본 회사법은 "집행임원은 언제든지(임기 내에도) 이사회의 결의에 따라 해임될 수 있다. 이 경우 해임된 집행임원은 그 해임에 관하여 정당한 이유가 있는 경우를 제외하고 회사에 대하여 해임으로 발생한 손해의 배상을 청구할 수 있다"고 규정하고 있는데(日會 403조 1항·2항), 집행임원이 정당한 이유가 없이 해임된 경우 회사에 대하여 손해배상청구를 할 수 있음을 명백히 규정한 점이 우리 상법의 규정과 구별된다.

　(5) 집행임원의 권한

　　㈎ 집행임원의 업무집행권　　집행임원은 주주총회 또는 이사회가 결정한 사항을 집행하고, 정관이나 이사회의 결의에 의하여 위임받은 업무집행에 관하여는

의사를 결정하여 집행할 권한을 갖는다(상 408조의 4). 위에서 본 바와 같이 집행임원이 다수인 경우에도 (이사회와 같이) 회의체를 구성하는 것이 아니므로 각자가 업무를 집행한다.

집행임원 비설치회사에서의 대표이사에 대하여는 대표권에 대하여만 규정하고(상 389조 3항, 209조) 업무집행권에 대하여는 규정하고 있지 않으나, 집행임원 설치회사에서의 집행임원에 대하여는 업무집행에 대하여 명확히 규정하고(상 408조의 4) 회사의 대표에 대하여는 별도로 규정하고 있다(상 408조의 5).[134] 따라서 집행임원이 다수인 경우에 대표집행임원을 제외한 집행임원은 회사의 대표권이 없다. 그러나 대표권이 없는 집행임원이 대외적인 행위를 한 경우에는 회사는 선의의 제3자에 대하여 표현대표집행임원의 책임을 지게 된다(상 408조의 5 3항, 395조).

집행임원의 업무집행에 관한 사항을 다음과 같이 분류하여 살펴본다.

1) 주주총회와 관련된 사항   주주에 의하여 선임된 자는 이사(대리인)이고 집행임원은 이사회에 의하여 선임된 자(복대리인)이므로 집행임원은 주주로부터 직접 위임을 받은 자가 아니다. 따라서 주주에 대하여 제1차적으로 설명할 책임을 지고 의안의 제안자로서 책임을 지는 자는 이사(회)이지 집행임원이 아니다. 그러나 집행임원은 회사의 업무집행기관이고 실질적인 경영자이므로, 이 점에서 주주총회와 관련하여서도 중요한 역할을 한다.[135] 즉, 주주총회의 소집에 관한 의사결정은 원칙적으로 이사회가 하나(상 362조), 주주총회의 소집절차에 관한 사항은 집행임원이 한다.

회사의 업무집행에 관하여 부정행위 또는 법령이나 정관에 위반한 중대한 사실이 있음을 의심할만한 사유가 있는 때에는 소수주주는 회사의 업무와 재산상태를 조사하게 하기 위하여 법원에 검사인의 선임을 청구할 수 있고(상 467조 1항), 법원이 선임한 검사인은 그 조사의 결과를 법원에 보고하여야 하는데(상 467조 2항), 법원은 이러한 검사인의 보고에 의하여 필요하다고 인정한 때에는 대표집행임원에게 주주총회의 소집을 명할 수 있다(상 467조 3항 1문, 408조의 5 2항). 이 때 대표집행임원은 주주총회의 소집절차를 밟아야 한다.

집행임원 설치회사에서 주주총회의 의장은 누가 되는가의 문제가 있다. 정관의 규정에 의하여 이사회 의장 또는 대표집행임원이 된다고 본다.[136] 만일 정관에

---

134) 이 점은 합명회사(상 200조, 201조, 207조) · 합자회사(상 269조, 273조, 278조) 및 유한책임회사(상 287조의 5 1항 4호 · 5호, 287조의 19)의 경우와 같다.

135) 동지: 商事法務(編), 289面.

아무런 규정이 없으면 주주총회 의장은 주주총회에서 선임된다(상 366조의 2 1항).

상법에 규정은 없으나 집행임원은 주주총회에 출석하여 설명의무를 부담한다
고 본다.[137] 집행임원은 주주와의 관계에서 직접적인 수임인은 아니나 주주의 복대
리인으로서 간접적인 수임인으로 볼 수 있으므로 주주의 청구가 있는 때에는 자기
가 담당하는 직무에 관하여 주주에게 설명의무를 부담한다고 본다(민 683조 참조).
그러나 주주총회의 결의사항에 대하여 설명의무를 부담하는 자는 기본적으로 이사
회(이사)이고, 집행임원은 다만 이를 보조하는 자라고 볼 수 있다.

상법상 소수주주에 의한 주주총회 소집청구는 「이사회」에 하도록 규정하고(상
366조 1항), 소수주주의 주주제안권은 「이사」에게 하도록 규정하며(상 363조의 2 1
항), 주식매수청구권은 「회사」에 대하여 하도록 규정하고 있다(상 374조의 2 1항).
집행임원 설치회사에서 소수주주에 의한 주주총회 소집청구는 「이사회 의장」에게
하고(상법에서는 「이사회」로 규정하고 있는데, 현실적으로 이사회를 대표하는 이사회 의장
에게 하여야 할 것임), 소수주주의 주주제안권은 「이사」에게 하며, 주식매수청구권은
「대표집행임원」에게 하여야 한다고(상법에서는 「회사」로 규정하고 있는데, 현실적으로는
회사를 대표하는 대표집행임원에게 하여야 할 것임) 본다.[138]

집행임원 설치회사에서 주주총회 회의록을 작성할 의무를 부담하는 자는 주주
총회 의장이냐 또는 대표집행임원이냐의 문제가 있다. 의장이 대표집행임원인 경우
에는 아무런 문제가 없으나, 양자가 나뉘어진 경우에는 의장이 이 의무를 부담한다
고 본다(상 373조 1항). 주주총회 의사록에 기명날인 또는 서명할 자에 대하여 상법
은 「의장과 출석한 이사」로 규정하고 있으나(상 373조 2항), 「의장과 출석한 이사
및 집행임원」으로 보아야 할 것이다.[139] 주주총회 의사록을 본점과 지점에 비치할
의무를 부담하는 자는 집행임원이고(상 396조 1항),[140] 이를 주주와 회사채권자의
열람에 제공하여야 의무를 부담하는 자는 「대표집행임원」으로 해석하여야 할 것으
로 본다(상 396조 2항).[141]

---

136) 정(찬), (상), 923~924면; 정찬형, 전게 주식회사법대계 Ⅱ(제4판), 1342면. 동지: 商事法務
(編), 289面.

137) 동지: 商事法務(編), 289~290面.

138) 정찬형, 전게 주식회사법대계 Ⅱ(제4판), 1342~1343면.

139) 동지: 商事法務(編), 291面. 입법론으로는 제373조 제2항의 「이사」를 「이사 또는 집행임원」
으로 개정하여야 할 것으로 본다.

140) 동지: 商事法務(編), 292面.

141) 동지: 商事法務(編), 292面.

2) 이사회와 관련된 사항   집행임원은 이사회의 구성원이 아니므로 원칙적으로 이사회에 출석할 권한이 없다. 그러나 집행임원이 업무를 집행함에 있어 이사회의 승인을 요하는 경우가 많다. 이러한 점으로 인하여 상법은 집행임원에게 이사회 소집청구권을 인정하고 있다. 즉, 집행임원은 필요하면 회의의 목적사항과 소집이유를 적은 서면을 이사(소집권자가 있는 경우에는 소집권자를 말함)에게 제출하여 이사회 소집을 청구할 수 있는데(상 408조의 7 1항), 집행임원이 이러한 청구를 한 후 이사가 지체 없이 이사회 소집의 절차를 밟지 아니하면 소집을 청구한 집행임원은 법원의 허가를 받아 이사회를 소집할 수 있다(상 408조의 7 2항 1문). 이 경우 이사회 의장은 법원이 이해관계자의 청구에 의하여 또는 직권으로 선임할 수 있다(상 408조의 7 2항 2문). 이와 같은 집행임원의 이사회 소집청구권은 대표집행임원에게 한정하여 인정되는 것이 아니므로 각 직행임원이 개별적으로 이사회 소집을 청구할 수 있다고 본다.[142]

집행임원 설치회사에서 이사회 의사록을 작성할 위무를 부담하는 자는 이사회 의장이고(상 391조의 3 1항), 주주총회 의사록과는 달리 이사회 의사록에는 출석한 이사 및 감사만이 기명날인 또는 서명할 의무가 있고(상 391조의 3 2항) 집행임원은 이러한 의무가 없다. 그러나 이사회 의사록의 비치의무를 부담하는 자는 집행임원이고,[143] 이에 대한 주주의 열람청구의 상대방은 대표집행임원이라고 본다.[144]

3) 재무제표 등과 관련된 사항   집행임원 설치회사에는 집행임원이 재무제표(및 연결재무제표)와 그 부속명세서를 작성하는데(상 447조), 이를 위하여 회계집행임원 등이 별도로 선임된다. 또한 집행임원은 영업보고서를 작성하고(상 447조의 2), 재무제표 및 영업보고서를 감사(監査)받기 위하여 일정한 기일 내에 감사(監事) 또는 감사위원회에 제출하여야 한다(상 447조의 3, 415조의 2 7항).

집행임원은 정기총회 회일의 1주간 전부터 재무제표 및 영업보고서와 감사보고서를 본점에 5년간, 그 등본을 지점에 3년간 비치할 의무를 부담하고(상 448조 1항), 주주와 회사채권자는 대표집행임원에 대하여 이러한 서류의 열람 등을 청구할 수 있다(상 448조 2항).

(대표)집행임원은 재무제표를 주주총회 또는 이사회에 제출하여 그 승인을 청구하고(상 449조 1항, 449조의 2 1항), 영업보고서를 주주총회에 제출하여 그 내용을

---

142) 동지: 商事法務(編), 293面.
143) 동지: 商事法務(編), 295面.
144) 정찬형, 전계 주식회사법대계 Ⅱ(제4판), 1343~1344면.

보고할 의무를 부담한다(상 449조 2항).

　(대표)집행임원은 재무제표에 대하여 승인이 있으면 지체 없이 대차대조표의 공고의무를 부담한다(상 449조 3항).

　4) 회사소송과 관련된 사항　　집행임원 설치회사에서 회사를 상대로 하는 소송에서 (대표)집행임원은 원고는 될 수 없고 피고(회사)를 대표하여 소송업무를 수행한다. 즉, 설립무효의 소의 원고는 주주·이사 또는 감사인데, 피고는 회사이므로[145] (대표)집행임원은 회사를 소송상 대표하여 소송업무를 수행한다(상 328조). 이러한 점은 주식교환무효의 소(상 360조의 14), 주식이전무효의 소(상 360조의 23), 주주총회결의 취소의 소(상 376조)·주주총회결의 무효(부존재)확인의 소(상 380조)·주주총회부당결의 취소·변경의 소(상 381조), 신주발행무효의 소(상 429조), 감자무효의 소(상 445조), 합병무효의 소(상 529조), 분할무효의 소(상 530조의 11 1항) 등의 경우에도 같다.

　5) 감시의무　　집행임원 비설치회사의 경우 대표권도 없고 업무도 담당하지 않는 평이사(사외이사 또는 비상근이사)는 다른 이사에 대한 감시의무를 부담하는가에 대하여, 우리 대법원판례는 "주식회사의 업무집행을 담당하지 않는 평이사는 대표이사를 비롯한 업무담당이사의 전반적인 업무집행을 감시할 수 있는 것이므로, 업무담당이사의 업무집행이 위법하다고 의심할 만한 사유가 있음에도 불구하고 평이사가 감시의무를 위반하여 이를 방치한 때에는 이로 말미암아 회사가 입은 손해에 대하여 배상책임을 면할 수 없다"고 판시하여,[146] 감시의무를 인정하고 있다.

　그러나 집행임원 설치회사의 경우 집행임원은 회의체도 구성하지 않고 각자 자기가 담당하는 업무를 집행하므로, 특히 지휘·명령관계에서(상 408조의 2 3항 5호) 감시의무를 부담하지 않는 한 다른 집행임원에 대하여 감시의무를 부담하지 않는다고 본다.[147] 이 점은 집행임원 비설치회사에서 이사가 이사회의 구성원으로서 다른 이사의 직무집행을 감독할 의무를 부담하는 점(상 393조 2항)과 구별된다. 그런데 집행임원 설치회사에서 집행임원이 다른 집행임원의 위법행위를 알고 있는 경우 그가 이를 방치하였다면 그러한 집행임원에게 어떠한 책임을 물을 수 있는 것으로 보면,[148] 실질적으로 집행임원 비설치회사의 경우와 크게 차이가 있다고 볼 수 없

---

145) 정(찬), (상), 507면. 동지: 대판 1982. 9. 14, 80 다 2425(주주총회결의 취소의 소의 피고에 대하여).

146) 대판 1985. 6. 25, 84 다카 1954 외.

147) 동지: 江頭, 431面.

148) 商事法務(編), 297~298面.

다.[149]

이사회의 결의에 의하여 수 인의 집행임원에 대하여 지휘·명령관계를 인정하면(상 408조의 2 3항 5호), 상위의 집행임원은 하위의 집행임원을 감독·감시할 의무가 있다. 이의 결과 대표집행임원(사장)은 회사의 업무를 총괄하는 점에서 전반적인 감시의무를 부담한다.[150]

6) 준법통제기준   일정 규모 이상의 상장회사(최근 사업연도 말 현재의 자산총액이 5,000억원 이상인 상장회사)는 (이사회 결의에 의하여) 준법통제기준을 제정하고(상 542조의 13, 상시 39조~40조), 이사회 결의에 의하여 선임된 준법지원인이 집행임원 등이 준법통제기준을 준수하고 있는지 여부를 점검하여 그 결과를 이사회에 보고하여야 하므로(상 542조의 13 2항~4항), 집행임원은 준법통제기준을 준수하고 준법지원인의 점검에 협조하여야 할 의무가 있다.

7) 집행임원회   상법상 집행임원회는 없다. 집행임원 비설치회사에서는 (자본금 총액이 10억원 이상인 경우) 반드시 이사를 3명 이상 두고(상 383조 1항) 이러한 이사들은 합의제 의결기관인 이사회로서 회사의 업무집행에 관하여 의사를 결정한다(상 393조 1항). 그러나 집행임원은 (보통 정관 또는 이사회로부터 업무집행에 관한 의사결정을 위임받아 - 상 408조의 2 3항 4호, 408조의 4 2호) 업무집행에 관하여 단독으로 의사결정을 하여 집행하므로(상 408조의 4 1호) 신속한 경영을 할 수 있다.

그러나 집행임원 설치회사는 임의로 집행임원회를 둘 수 있다고 본다.[151] 집행임원회를 두는 경우, 이사회의 결의에 의한다고 보며 이 때 이사회는 집행임원 상호관계에 관한 사항(상 408조의 2 2항 5호)을 결정하여야 한다고 본다. 즉, 이사회가 대표집행임원에게 업무집행에 관한 의사결정을 위임하면서 (집행임원회를 설치할 것을 결의하고 이와 함께) 대표집행임원이 업무집행에 관한 의사결정을 할 때에는 집행임원회의 의결을 거치도록 할 수 있다.[152]

이사회의 결의에 의하여 집행임원회를 두는 경우에는 그 구성·결의사항·소집방법·소집권자·의장·결의방법·의사록 등에 관하여 집행임원회 규정에서 정하여야 하는데, 이러한 집행임원회 규정의 제정·변경은 이사회 결의에 의한다고 본

---

149) 정찬형, 전게 주식회사법대계 Ⅱ(제4판), 1345면.

150) 동지: 商事法務(編), 298面.

151) 동지: 이(철), (회), 860면(법상 집행임원의 회의체는 정해진 바 없지만 이사회의 결의로 또는 집행임원들이 자율적으로 집행임원의 업무집행방법으로서 집행임원회의를 구성하여 운영할 수는 있다); 前田 庸, 448面; 神田, 155面.

152) 동지: 商事法務(編), 299~300面.

다.[153]

8) 비 교 법   미국의 델라웨어주 회사법은 "집행임원은 필요한 경우 회사법 상의 증권와 주권에 서명할 권한을 갖는다. 집행임원 중의 1인은 주주총회 및 이사 회의 경과를 회의록에 기록하고 이를 보존할 의무를 부담한다"고 규정하고[동법 142 조 (a)항], 캘리포니아주 회사법은 "집행임원은 필요시 회사의 증권과 주권에 서명할 권한을 갖는다"고 규정하고 있다[동법 312조 (a)항].

일본의 회사법상 위원회 설치회사(현재는 지명위원회등 설치회사)의 집행임원은 동 회사의 업무를 집행한다(日會 418조 2호).

(내) 집행임원의 업무집행에 관한 의사결정권

1) 상법의 규정   집행임원은 정관이나 이사회 결의에 의하여 위임받은 업무 집행에 관한 의사결정권이 있다(상 408조의 2 3항 4호, 408조의 4 2호). 그러나 상법 에서 이사회 권한사항으로 규정한 사항은 이사회 결의에 의하여 집행임원에게 그 의사결정을 위임할 수 없다(상 408조의 2 3항 4호의 괄호). 상법에서 이사회 권한사 항으로 규정한 사항은 정관에 의하여 주주총회 권한사항으로 할 수 없는 것과 같 이,[154] 정관의 규정에 의하여 집행임원의 권한으로 할 수 없다고 본다. 따라서 이와 같이 보면 상법에서 이사회 권한사항으로 규정한 것을 제외하고 나머지 업무집행에 관한 의사결정권을 정관에서 집행임원에게 위임하는 것은 주주(본인)가 직접 집행임 원(복대리인)에게 위임하는 것이고, 이사회(대리인)가 집행임원(복대리인)에게 위임하 는 것은 (상법에서 이사회 권한사항으로 규정한 것을 제외하고) 정관에서 집행임원에게 위임하지 않은 사항에 대하여 집행임원에게 위임하는 것이라고 볼 수 있다. 상법에 서 정관의 규정에 의하여 주주총회의 권한으로 할 수 있는 사항(예컨대, 상 416조 단 서에 의한 신주발행)은 정관의 규정에 의하여 집행임원에 위임할 수 없다고 본다.[155] 이에 관하여는 앞에서 상세히 살펴보았다.

2) 비 교 법

가) 미국의 델라웨어주 회사법은 "집행임원은 정관 또는 (정관에 저촉하지 않는 한) 이사회의 결의에 의하여 부여된 권리를 갖는다"고 규정하고[동법 142조 (a)항], 캘리포니아주 회사법도 "집행임원은 부속정관 또는 이사회에서 정한 권리를 갖는 다"고 규정하며[동법 312조 (a)항], 뉴욕주 회사법도 "집행임원은 부속정관 또는 부속

---

153) 동지: 商事法務(編), 300面.
154) 정(찬), (상), 892~893면.
155) 정찬형, 전게 주식회사법대계 Ⅱ(제4판), 1347면.

정관에 규정이 없으면 이사회가 정하는 바에 따라 회사의 업무집행에 있어서의 권리를 갖는다"고 규정하고 있다[동법 715조 (8)항].

　　나) 일본의 회사법상 위원회 설치회사(현재는 집행위원회등 설치회사)의 이사회는 그 결의에 따라 동 회사의 업무집행에 관한 의사결정을 집행임원에게 위임할 수 있는데(日會 416조 4항 본문), 이 경우 집행임원은 이사회 결의에 따라 위임받은 동 회사의 업무집행에 관한 의사를 결정한다(日會 418조 1호).

　　일본의 회사법은 위원회 설치회사(현재는 집행위원회등 설치회사)의 이사회가 동 회사의 업무집행에 관한 의사결정을 위임할 수 없는 경우를 앞에서 본 바와 같이 별도로 열거하고 있는데(日會 416조 4항 단서 및 1호~20호), 이는 우리 상법의 경우와 구별되는 점이다. 즉, 주식양도승인 여부와 불승인시 매수인 지정, 자기주식 취득에 관하여 결정할 사항, 신주예약권 양도승인 여부, 주주총회 소집의 결정, 주주총회에 제출할 의안의 내용 결정, 이익상반거래의 승인, 이사회의 소집 결정, 위원회 위원의 선임과 해임, 집행임원의 선임과 해임, 위원회 설치회사(현재는 집행위원회등 설치회사)와 집행임원간의 소송에서 회사를 대표할 자의 선임, 대표집행임원의 선임과 해임, 이사·회계참여·집행임원 등의 책임면제 결정, 계산서류의 승인, 중간배당의 결정, 영업양도계약·주식교환계약 등의 내용결정 등은 집행임원에게 위임하지 못한다.

㈐ 집행임원의 이사회 소집청구권

1) 집행임원의 이사(소집권자)에 대한 이사회 소집청구

　　가) 집행임원은 필요하면 회의의 목적사항과 소집이유를 적은 서면을 이사(소집권자가 있는 경우에는 소집권자)에게 제출하여 이사회 소집을 청구할 수 있다(상 408조의 7 1항). 집행임원이 업무를 집행하는데 있어서 이사회의 승인이 필요한 경우가 많은데, 이 때 집행임원이 그러한 업무를 집행하기 위하여 이사회 소집을 청구할 수 있도록 한 것이다.

　　나) 이 때 「집행임원」은 대표집행임원만을 의미하는 것이 아니라, 분야별로 업무를 담당하는 각 집행임원은 자기가 맡은 업무와 관련하여 이사회의 결의가 필요한 경우에는 이사(소집권자가 있는 경우에는 소집권자)에게 이사회의 소집을 청구할 수 있다.[156] 집행임원의 이사회 소집청구권은 업무집행의 실효성을 확보하기 위한 제도이다.[157]

---

156) 동지: 임(재), (회 Ⅱ), 461~462면; 商事法務(編), 293面.
157) 동지: 이(철), (회)(2014), 815면.

다) 집행임원이 「필요하면」이란 집행임원이 자기의 업무집행을 위하여 필요한 경우이다.[158] 상법에서 이사회 권한사항으로 규정한 것은 이사회가 그에 관한 의사결정권을 집행임원에게 위임할 수 없는데(상 408조의 2 3항 4호의 괄호), 특히 이러한 사항에 대하여 이사회 소집청구를 하는 경우가 많을 것이다. 예컨대, 이사 또는 집행임원이 회사와 거래를 하기 위하여는 이사회 승인을 요하므로(상 398조, 408조의 9) 이러한 업무를 담당하는 집행임원은 이사(보통 이사회 소집권이 있는 이사회 의장)에게 이사회 소집청구를 할 수 있고, 회사 영업의 중요한 일부를 양도하는 경우에는 주주총회의 특별결의를 요하므로(상 374조 1항 1호) 이의 업무를 담당하는 집행임원은 이사(보통 이사회 소집권이 있는 이사회 의장)에게 이사회 소집 청구를 하고(상 408조의 7 1항) 이사회에서 이러한 의제로 주주총회 소집을 의결하도록(상 362조) 요구할 수 있다.[159]

라) 「회의의 목적사항」이란 이사회의 의제를 말한다. 위의 예에서 볼 때 '이사 또는 집행임원과 회사와의 거래에 관한 이사회 승인건'이나 '주주총회 소집에 관한 이사회 결의' 등이 이에 해당할 것이다.

「소집이유」란 이사회를 소집하여 의결하여야 하는 이유 및 언제까지 이사회 의결이 있어야 하는 사유 등이 이에 해당할 것이다.[160]

우리 상법은 회의의 목적사항과 소집이유를 적은 「서면」을 소집권자에게 제출하도록 하고 있다.[161] 따라서 구두나 전자적 방법에 의한 이사회 소집청구는 인정되지 않는다고 본다.

마) 이사회 소집청구의 상대방은 이사회 소집권자가 정하여져 있으면 그 소집권자이나, 소집권자가 정하여져 있지 않으면 각 이사이다(상 408조의 7 1항, 390조 1항). 이사회는 소집권자가 정하여져 있지 않으면 각 이사가 소집할 수 있기 때문이다(상 390조 1항). 일반적으로 이사회 소집권자는 이사회규정 등에 의하여 정하여져 있는데, 집행임원 설치회사의 경우에는 제1순위의 이사회 소집권자는 이사회 의장일 것이다.

2) 법원의 허가에 의한 이사회 소집

가) 법원의 허가

(a) 집행임원이 이사(또는 소집권자)에게 이사회의 소집을 청구하였음에도 불구

---

158) 동지: 이(철), (회)(2014), 815면.

159) 동지: 이(철), (회)(2014), 815면; 임(재), (회 Ⅱ), 461면.

160) 일본 회사법은 이사회의 목적사항만을 고지하고 이사회의 소집을 청구할 수 있는 것으로 규정하고(日會 417조 2항 1문), 소집이유를 고지할 의무는 없는 것으로 규정하고 있다.

161) 일본 회사법은 고지의 방법에 대한 제한이 없다(日會 417조 2항 1문).

하고 이러한 청구를 받은 이사(또는 소집권자)가 지체 없이 이사회 소집절차를 밟지 아니하면 소집을 청구한 집행임원은 법원의 허가를 받아 이사회를 소집할 수 있다 (상 408조의 7 2항 1문).

　(b) 이와 같이 이사(또는 소집권자)가 집행임원으로부터 이사회의 소집청구를 받았음에도 불구하고 이사회 소집절차를 밟지 않는 경우에 이사회 소집을 청구한 집행임원이 「법원의 허가」를 받아 이사회를 소집하도록 한 점은 다음과 같은 점에서 문제가 있다고 본다.[162]

　① 앞에서 본 바와 같이 집행임원의 이사회 소집청구권은 업무집행의 실효성을 확보하기 위한 제도인데, 집행임원의 이사회 소집청구에도 불구하고 이사회 소집권자가 이사회를 소집하지 않는다고 하여 법원에 이사회 소집청구를 하도록 하는 것은 업무집행의 신속을 저해함은 물론 불필요하게 회사의 업무집행에 관한 사항까지도 사법심사의 대상으로 한다.

　② 우리 상법상 감사(監事)도 이사(또는 소집권자)에게 이사회의 소집청구를 할 수 있는데, 이러한 감사의 이사회 소집청구에도 불구하고 이사가 지체 없이 이사회를 소집하지 아니하면 그 청구한 감사가 이사회를 소집할 수 있는 것으로 규정하고 있다(상 412조의 4). 따라서 업무감사기관인 감사(監事)에게는 이사회의 직접 소집권을 부여하면서 (신속하게 업무를 집행하고자 하는) 업무집행기관인 집행임원에게는 이사회의 직접 소집권을 부여하지 아니한 것은 균형을 잃은 면이 있다.[163]

　③ 현행법에 의하더라도 집행임원이 이사(또는 소집권자)에게 이사회의 소집청구를 한 후 그가 지체 없이 이사회의 소집절차를 밟지 않으면 다른 이사(또는 소집권자가 있는 경우에는 이사로 하여금 소집권자)에게 이사회의 소집청구를 함으로써 법원의 허가절차를 회피할 수 있어 법원의 허가를 받아 이사회를 소집하도록 한 규정은 실효를 거두기 어렵다. 즉, 이사회의 소집권자가 없으면 집행임원이 A이사에게 이사회의 소집청구를 하였으나 그가 이사회의 소집절차를 밟지 않으면 집행임원은 B이사 또는 C이사에게 다시 이사회의 소집청구를 하여 이사회를 소집할 수 있으며, 이사회의 소집권자(A이사)가 있어 집행임원이 A이사에게 이사회의 소집청구를 하였으나 A이사가 이사회의 소집절차를 밟지 않으면 집행임원은 B이사 또는 C이사에게 요청하여 A이사로 하여금 이사회의 소집절차를 밟도록 할 수 있다. 이 때에도 A이사가 정당한 이유 없이 이사회의 소집절차를 밟지 않으면 B이사 또는 C이사가 직

162) 정찬형, 전게 주식회사법대계 Ⅱ(제4판), 1350면.
163) 동지: 이(철), (회), 862면.

접 이사회를 소집할 수 있다(상 390조 2항).

④ 비교법적으로 볼 때도 일본 회사법은 집행임원의 이사회 소집청구를 받은 이사(이러한 이사는 이사회가 정함)가 일정한 기일 내에 이사회 소집절차를 밟지 않으면 이사회 소집청구를 한 집행임원이 직접 이사회를 소집할 수 있는 것으로 규정하고 있다(日會 417조 2항 2문).

우리 상법의 입법론상, 위에서 본 바와 같은 이유로 이 경우 법원의 허가를 받아 이사회를 소집할 수 있도록 하는 것은 적절하지 않으므로, 이사회 소집을 청구한 집행임원이 직접 이사회를 소집할 수 있도록 하는 것이 타당하다고 본다.[164] 또 이와 같이 규정하는 것이 감사(監事)의 이사회 소집권과 불균형을 해소할 수 있을 것으로 본다.[165]

나) 이사(소집권자)의 이사회 소집절차의 해태

(a) 법원의 허가를 받아 이사회를 소집하기 위하여는 집행임원으로부터 이사회 소집청구를 받은 이사(또는 소집권자)가 「지체 없이」 이사회 소집절차를 밟지 않아야 한다. 이 때 「지체 없이」는 언제까지 이사회 소집절차를 밟아야 하는 것이냐의 문제가 있다. 이에 대하여 일본 회사법은 「지체 없이」라는 애매한 문언을 사용하지 않고, 명확하게 기간을 규정하고 있다. 즉, 이사가 집행임원으로부터 이사회 소집청구를 받은 날로부터 5일 이내에 당해 청구가 있은 날로부터 2주 이내의 날을 이사회의 회일로 하는 이사회 소집통지서를 발송하지 아니한 경우로 규정하고 있다(日會 417조 2항 2문). 이는 우리 상법의 「지체 없이」의 해석에도 참고가 될 수 있겠는데, 입법론으로는 이를 명확하게 규정하는 것이 분쟁을 사전에 예방할 수 있을 것으로 본다.

우리 상법상 이사회를 소집함에는 회일을 정하고 그 1주간 전에 각 이사 및 감사에게 통지를 발송하여야 하는데, 이 기간은 정관으로 단축할 수 있다(상 390조 3항). 그러나 이사 및 감사 전원의 동의가 있으면 이러한 통지절차 없이 언제든지 회의할 수 있다(상 390조 4항). 따라서 위의 기간을 명시한 일본 회사법의 규정은 이사회 소집통지를 회의의 1주간 전에 하여야 할 경우에 참고가 될 수 있을 것이나, 정관으로 그 기간을 단축한 경우에는 더 단축하여 해석하여야 할 것으로 본다. 이 경우에는 청구받은 이사(또는 소집권자)가 이사회의 소집을 거부한 것이므로 상법 제390조 제4항은 적용될 여지가 없다고 볼 수 있다.

(b) 위에서 본 바와 같이 집행임원으로부터 이사회 소집청구를 받은 이사(또는

---

164) 동지: 임(재), (회 Ⅱ), 462면.
165) 동지: 이(철), (회), 862면.

소집권자)가 이사회 소집절차를 밟지 않는 경우, 당해 집행임원은 다른 이사(소집권자가 없는 경우)에게 이사회 소집청구를 다시 하거나(상 390조 1항 본문) 또는 (소집권자가 있는 경우) 소집권자가 아닌 이사에게 소집권자인 이사에 대하여 이사회 소집절차를 밟도록 요구함으로써(이 경우 소집권자가 정당한 이유 없이 이사회 소집을 거절하는 경우에는 이사회 소집을 요구한 이사가 직접 이사회를 소집할 수 있음)(상 390조 1항 단서, 2항), 사실상 법원의 허가에 의한 '소집절차'를 회피할 수 있다.

(c) 법원의 허가를 받아 이사회를 소집하는 경우에는, 이사회 의장은 법원이 이해관계인의 청구에 의하여 또는 직권으로 선임할 수 있다(상 408조의 7 2항 2문). 이 때 이사회 소집청구를 거부한 이사회 의장에게 이사회 회의를 주관하도록 하는 것은 원활한 이사회의 운영을 기대할 수 없기 때문에 상법이 이와 같은 규정을 두게 된 것이다.

위 (b)의 경우에는 기존의 이사회 의장이 이사회 회의를 주관할 수밖에 없으므로 이러한 이사회 의장을 배제하기 위하여 이사회 의장(이사회 소집권자)이 집행임원의 이사회 소집청구를 거부한 경우에는 이사회 소집에 관한 법원의 허가를 받는 실익은 있을 것으로 본다.[166]

(6) 집행임원의 의무

(가) 집행임원의 선관의무 및 충실의무   집행임원은 회사에 대하여 수임인으로서 선관의무(상 408조의 2 2항, 민 681조)를 부담하는 외에, 법령과 정관의 규정에 따라 회사를 위하여 그 직무를 충실하게 수행하여야 하는 충실의무를 부담한다(상 408조의 9, 382조의 3). 우리 상법은 1998년 개정상법에서 이사의 책임강화를 통한 건전한 기업운영을 촉진한다는 목적으로 이사의 충실의무를 도입하였다. 이사의 선관의무는 대륙법계의 위임관계에 기초한 의무인데, 1998년 개정상법은 이에 다시 영미법계의 충실의무에 대하여 1개의 조문을 둔 것이다.[167]

이러한 충실의무에 관한 규정의 신설에 따라, 이사(집행임원)가 회사를 위하여 직무를 집행하는 측면(기관관계적 측면)에서 요구되는 의무(수임인으로서 일반적 주의의무, 보고의무, 감시의무 및 영업비밀준수의무 등)는 선관의무이고, 이사(집행임원)가 그 지위를 이용하여 행동하는 측면(개인관계적 측면)에서 요구되는 의무(경업피지의무, 회사기회유용금지의무, 자기거래금지의무 등)는 충실의무라고 보는 견해가 있다.[168] 그러

---

166) 정찬형, 전게 주식회사법대계 Ⅱ (제4판), 1352면.

167) 정(찬), (상), 1055면.

168) 정(동), (회), 432면.

나 이사(집행임원)의 선관의무의 내용을 반드시 이사(집행임원)가 기관관계적 측면에서 요구되는 의무로 제한하여 볼 이유는 없고 매우 탄력성 있게 해석하여 회사에 최선의 이익이 되는 결과를 추구해야 할 의무(적극적 의무)를 포함하는 것으로 해석하면 선관의무와 충실의무는 크게 구별되는 것이 아니며, 1998년 개정상법이 신설한 이사의 충실의무는 이사의 회사에 대한 선관의무를 다시 강조한 선언적 규정이라고 볼 수 있다(同質說).[169] 우리 대법원 판례도 "이사가 악의 또는 중과실로 임무를 해태한 행위를 한 것이란 이사의 충실의무 또는 선관의무의 위반행위로서 위법성이 있는 것을 말한다"고 하여,[170] 양자를 동의어로 쓰고 있을 뿐이고, 충실의무를 선관의무와 구별하여 특별한 의미를 부여하고 있지 않다.[171]

　　(내) **집행임원의 비밀유지의무**　　집행임원은 재임 중뿐만 아니라 퇴임 후에도 직무상 알게 된 회사의 영업상 비밀을 누설하여서는 아니 될 의무를 부담한다(상 408조의 9, 382조의 4).

　　집행임원은 회사의 업무를 집행하는 점에서 누구보다도 자기의 업무와 관련한 회사의 영업상 비밀을 잘 알고 있을 것이므로, 집행임원의 이 의무는 회사의 이익을 보호하기 위하여 정책적으로 인정한 법정의무라고 볼 수 있다.[172] 집행임원은 퇴임 후에도 이러한 비밀유지의무를 부담하는 점에서 이 규정의 의미가 크다고 볼 수 있다.[173]

　　(대) **집행임원의 정관 등의 비치·공시의무**　　집행임원은 회사의 정관·주주총회의 의사록을 본점과 지점에, 주주명부·사채원부를 본점에 비치하여야 하는데, 이 경우 명의개서대리인을 둔 때에는 주주명부나 사채원부 또는 그 복본을 명의개서대리인의 영업소에 비치할 수 있다(상 408조의 9, 396조 1항). 주주와 회사채권자는 영업시간 내에 언제든지 위의 서류의 열람 또는 등사를 청구할 수 있다(상 408조의 9, 396조 2항).

　　(대표)집행임원은 회사의 업무를 집행하는 자이므로, (대표)집행임원은 회사의 정관·주주총회의 의사록을 본점과 지점에 비치하고 또한 주주명부·사채원부를 본점에 비치하고 주주 및 회사채권자의 열람에 제공하여야 할 의무를 부담한다.

---

169) 정(찬), (상), 1055면, 1056~1058면; 정찬형, 전게 주식회사법대계 Ⅱ(제4판), 1353면.
170) 대판 1985. 11. 12, 84 다카 2490.
171) 정(찬), (상), 1056면; 정찬형, 전게 주식회사법대계 Ⅱ(제4판), 1353면.
172) 정(찬), (상); 정찬형, 상게 주식회사법대계 Ⅱ(제4판), 1353면.
173) 정(찬), (상), 1083면; 정찬형, 상게 주식회사법대계 Ⅱ(제4판), 1353면.

주주총회의 의사록의 작성의무자에 대하여는 상법에 명문규정이 없어(상 373조 1항) 주주총회 의장으로 볼 수도 있고 대표집행임원으로 볼 수도 있는데,[174] 이미 앞에서 본 바와 같이 주주총회 의장으로 보아야 할 것이다. 집행임원은 주주총회에 관하여 설명할 의무를 부담하므로, 주주총회에 출석한 집행임원은 주주총회 의사록에 기명날인 또는 서명할 권한이 있다고 본다.[175]

이사회 의사록의 비치의무 및 주주의 이에 관한 열람청구에 응하거나 거부할 의무를 부담하는 자도 (대표)집행임원이라고 본다[176](상 391조의 3 3항·4항 참조).

㈐ **집행임원의 경업피지의무**   집행임원은 이사회의 승인이 없으면 자기 또는 제3자의 계산으로 회사의 영업부류에 속하는 거래를 하거나(경업금지의무), 동종영업을 목적으로 하는 다른 회사의 무한책임사원이나 이사가 되지 못한다(겸직금지의무)(상 408조의 9, 397조). 즉, 구매담당 상무(집행임원)가 이사회의 승인 없이 자기 또는 처(제3자)의 계산으로 (회사의 명의로) 거래처로부터 물건을 구입할 수 없고, 또한 동종영업을 목적으로 하는 다른 합명회사·합자회사의 무한책임사원이나 주식회사·유한회사의 이사가 되지 못한다. 또한 이러한 집행임원은 동종영업을 목적으로 하는 유한책임회사의 "업무집행자"도 될 수 없다고 보아야 하므로, 상법 제397조 제1항 후단에는 "업무집행자"를 추가하여야 할 것으로 본다. 또한 상법 제397조 제1항 후단에는 "집행임원"도 추가하여야 할 것으로 본다(왜냐하면 상 408조의 9가 동 397조를 준용하고 있다고 하더라도, 이는 겸직금지의 주체에 관한 것이고 겸직금지의 대상에 관한 것은 아니기 때문이다).

집행임원이 경업금지의무에 위반하여 거래한 경우에 위반한 거래 자체는 유효하나, 회사는 그 집행임원을 해임할 수 있고(상 408조의 2 3항 1호) 또 그 집행임원에 대하여 손해배상을 청구할 수 있다(상 408조의 8 1항·3항). 회사가 그 집행임원에 대하여 손해배상을 청구하는 경우 주주 전원의 동의가 있으면 상법의 법문상 그 집행임원에 대한 책임이 면제될 수 있을 것 같으나(상 408조의 9, 400조 1항), 뒤(집행임원의 책임)에서 보는 바와 같이 주주의 이익과 회사의 이익은 구별되고 또한 상법 제397조는 강행법규라는 점 등에서 볼 때 면제될 수 없다고 본다. 이 때 집행임원의 책임을 감경할 수 없는 점은 상법의 규정상 명백하다(상 408조의 9, 400조 2항 단서). 이 경우 회사는 개입권을 행사할 수도 있다. 즉, 회사는 이사회의 결의로 그 집

174) 商事法務(編), 291面.
175) 동지: 商事法務(編), 289~291面.
176) 동지: 商事法務(編), 295面.

행임원의 거래가 자기의 계산으로 한 것인 때에는 이를 회사의 계산으로 한 것으로 볼 수 있고, 제3자의 계산으로 한 것인 때에는 그 집행임원에 대하여 이로 인한 이득의 양도를 청구할 수 있다(상 408조의 9, 397조 2항). 이러한 개입권의 법적 성질은 형성권이므로, 회사는 집행임원에 대하여 의사표시만을 하여 그 권리를 행사할 수 있다.177) 회사의 이러한 개입권은 그 거래가 있은 날부터 1년간 행사하지 않으면 소멸한다(제척기간)(상 408조의 9, 397조 3항).

집행임원이 겸직금지에 위반한 경우에 회사는 그 집행임원을 해임할 수 있고 (상 408조의 2 3항 1호) 또 회사에 손해가 있는 경우에는 손해배상을 청구할 수 있다 (상 408조의 8 1항·3항). 이 점은 집행임원이 경업금지위반을 한 경우와 같다. 다만 집행임원이 겸직금지위반을 한 경우에 (이는 거래가 아니므로) 회사가 개입권을 행사할 수 없는 점은 경업금지위반의 경우와 다르다.

㈒ **집행임원의 회사기회유용금지의무**   집행임원은 이사회의 승인 없이 현재 또는 장래에 회사의 이익이 될 수 있는 사업기회로서 (i) 집행임원이 직무를 수행하는 과정에서 알게 되거나 회사의 정보를 이용한 사업기회(주관적 사유에 따른 사업기회) 또는 (ii) 회사가 수행하고 있거나 수행할 사업과 밀접한 관계가 있는 사업기회(객관적 사유에 따른 사업기회)를 자기 또는 제3자의 이익을 위하여 이용하여서는 아니 될 의무를 부담한다(상 408조의 9, 397조의 2 1항 1문). "회사의 현재 및 장래의 사업기회"라는 개념이 매우 포괄적이고 추상적인 내용이어서 이를 좀 더 구체화하기 위하여 상법은 주관적 사유에 따른 사업기회 및 객관적 사유에 따른 사업기회를 규정하게 된 것인데, 이와 같은 규정에도 불구하고 회사의 사업기회의 개념은 매우 광범위하고 비정형적인 면이 있어 구체적인 경우에 회사의 사업기회에 해당하는지 여부는 법원의 판단에 맡길 수밖에 없다.178)

집행임원이 회사의 사업기회를 이용하는 유형에는 집행임원이 그 사업기회를 이용하면 회사와 거래관계에 있게 되는 「자기거래형」(예컨대, 자동차를 제조하는 Y회사의 집행임원 A가 그가 100% 출자한 X회사를 설립하여 X회사는 Y회사가 생산한 자동차의 운송을 전적으로 영위하는 경우), 회사의 사업과 경쟁관계에 있는 「경업형」(예컨대, 백화점을 경영하는 Y회사의 집행임원 A가 그가 100% 출자한 X회사를 설립하여 X회사는 다른 지방도시에서 백화점을 영위하는 경우) 및 이 두 가지 유형에는 해당하지 않지만 집행임원이 회사의 사업기회를 이용하는 「기타 유형」이 있다.179)

---

177) 정(찬), (상), 1059~1060면, 110~111면.
178) 정(찬), (상), 1062면; 정찬형, 전게 주식회사법대계 Ⅱ(제4판), 1356면.

회사기회유용금지의 대상은 「집행임원」에 대하여만 인정되고, 집행임원의 배우자 및 직계존비속 등 주변인물은 이에 해당하지 않는다(이는 상 397조와 같고, 상 398조와 구별된다).

집행임원의 회사사업기회 유용금지의 대상이 되는 사업이라도, 집행임원은 이사회의 승인이 있는 때에는 유효하게 그러한 사업을 수행할 수 있다. 이사회가 승인하는 것은 회사가 그 사업이 중소기업의 고유업종이거나, 협력업체와의 관계개선 등을 위해서나, 또는 퇴직자의 복지차원 등에서 그 사업을 포기하는 것이다.[180] 승인기관은 「이사회」이고, 이사회의 승인은 이사 3분의 2 이상의 수로써 하여야 한다(상 408조의 9, 397조의 2 1항 2문). 승인시기는 「사전」에 하여야 하고, 사후승인(추인)은 인정되지 않는다고 본다. 따라서 입법론상 제398조와 같이 '미리'의 문구를 넣어 명확하게 하여야 할 것으로 본다.[181]

집행임원이 회사의 사업기회를 이사회의 승인 없이 이용하여 한 여러 가지의 법률행위 및 사실행위는 유효하다. 즉, 집행임원이 회사의 사업기회를 이용하여 한 그 사업에 관한 모든 행위는 그에 관한 이사회의 승인 여부와는 무관하게 유효하다고 보아야 할 것이다[182](이 점은 집행임원이 상 398조에 위반하여 한 행위와 구별된다). 따라서 집행임원이 이사회의 승인을 받아 회사의 사업기회에 해당하는 행위를 한 경우는 그 행위가 유효하다는 의미보다는 집행임원이 회사에 대하여 원칙적으로 책임을 지지 않는다는 점에 의미가 있다고 본다.[183] 그런데 집행임원이 이사회의 승인 없이 회사의 사업기회에 해당하는 행위를 하여 회사에 손해를 발생시킨 경우에는 그 집행임원은 회사에 대하여 손해배상을 할 책임이 있다(상 408조의 8 1항). 집행임원이 이사회의 승인 없이 자기 또는 제3자의 이익을 위하여 회사의 사업기회에 해당하는 행위를 하여 회사에 손해를 발생시킨 경우에는 집행임원 또는 제3자가 얻은 이익을 손해로 추정한다(상 408조의 9, 397조의 2 2항 후단). 따라서 이 경우 회사는 그러한 집행임원에 손해배상을 청구함에 있어서 회사의 손해(일실이익)[184]를 증

179) 정(찬), (상), 1063면; 정찬형, 상게 주식회사법대계 Ⅱ(제4판), 1356면.
180) 이에 관한 상세는 천경훈, "개정상법상 회사기회유용 금지규정의 해석론 연구,"「상사법연구」(한국상사법학회), 제30권 제2호(2011. 8.), 197~198면 참조.
181) 정(찬), (상), 1065면; 정찬형, 전게 주식회사법대계 Ⅱ(제4판), 1356~1357면.
182) 정(찬), (상), 1067면; 정찬형, 상게 주식회사법대계 Ⅱ(제4판), 1357면. 동지: 천경훈, 전게 논문(상사법연구 제30권 제2호), 194면.
183) 정(찬), (상), 1067면; 동, 상게 주식회사법대계 Ⅱ(제4판), 1357면.
184) 이 때 「회사에 발생시킨 손해」란 "회사가 그 사업기회를 이용하여 사업을 하였더라면 얻을 수 있었던 일실이익"인데, 회사가 소송과정에서 이를 산정하고 증명하는 것은 매우 어려운 문제이

명하여야 하는 부담을 덜 수 있게 되었는데, 이 점은 집행임원이 경업피지의무 위반(상 397조) 및 자기거래금지의무 위반(상 398조)의 경우에 손해배상을 청구하는 경우와 구별되는 점이다. 그런데 회사가 그의 사업기회를 이용하여 얻을 수 있었던 일실이익이 집행임원 또는 제3자가 얻은 이익보다 크다는 것을 증명하면 회사는 그의 일실이익을 손해액으로 배상청구할 수 있다고 본다.[185]

집행임원의 회사에 대한 이러한 손해배상책임은 집행임원의 경업피지의무 위반의 경우와 같이 면제될 수 없다고 보며(상 408조의 9, 400조 1항 참조), 또한 감경될 수 없다(상 408조의 9, 397조의 2, 400조 2항 단서).

(ᄡ) **집행임원 등의 자기거래금지의무**   집행임원 등(후술하는 바와 같이 집행임원·주요주주 및 이들의 주변인물을 포함하여 '집행임원 등'으로 한다. 이하 같다)은 회사의 업무집행에 관여하여 그 내용을 잘 아는 자이므로 집행임원 등이 회사와 거래한다면 집행임원 등 또는 제3자의 이익을 위하여 회사의 이익을 희생하기 쉽다.[186] 따라서 상법은 집행임원 등이 자기 또는 제3자의 계산으로 회사와 거래를 하는 것을 원칙적으로 금지하고, 다만 예외적으로 이를 하는 경우에는 이사회의 승인을 받아야 하는 것으로 규정하고 있다(상 408조의 9, 398조 본문). 이 때 원칙적으로 금지되는 집행임원 등과 회사와의 거래는「집행임원 등 또는 제3자의 계산으로」하는 경우이므로, 거래를 누구의 명의로 하느냐는 문제되지 않고 경제상의 이익의 주체가「집행임원 등 또는 제3자」이면 된다.

2011년 개정상법은 회사경영의 투명성을 강화하기 위하여, 이사회의 승인 없이 회사와 하는 거래가 금지되는 범위를 집행임원 본인이 회사와 거래하는 경우뿐만 아니라, 주요주주 및 집행임원의 주변인물이 회사와 거래하는 경우까지 확대하였다(상 408조의 9, 398조). 즉, (i) 집행임원 또는 주요주주, (ii) (i)의 자의 배우자 및 직계존비속, (iii) (i)의 자의 배우자의 직계존비속, (iv) (i)부터 (iii)까지의 자가 단독 또는 공동으로 의결권 있는 발행주식총수의 100분의 50 이상을 가진 회사 및 그 자회사 또는 (v) (i)부터 (iii)까지의 자가 (iv)의 회사와 합하여 의결권 있는 발행주식총수의 100분의 50 이상을 가진 회사가, 자기 또는 제3자의 계산으로 회사와 거래를 하기 위하여는 미리 이사회의 승인을 받아야 한다.

이사회의 승인을 받아야 하는 집행임원 등과 회사와의 거래에는 "집행임원 등

다[정(찬), (상), 1068~1069면].

185) 정(찬), (상), 1069면; 정찬형, 전게 주식회사법대계 Ⅱ(제4판), 1357면.

186) 정(찬), (상), 1069면.

과 회사간의 이익충돌을 생기게 할 염려가 있는 모든 재산상의 법률행위"이고, 이러한 거래이면 거래의 형태가 형식상 집행임원 등과 회사간의 거래이든(직접거래) 회사와 제3자간의 거래이든(간접거래) 불문한다. 이러한 직접거래와 간접거래에는 각각 「자기계약의 형태」와 「쌍방대리의 형태」가 있다.[187]

집행임원 등과 회사간의 행위가 이해충돌을 생기게 할 염려가 있는 재산상의 행위이더라도, 집행임원 등은 이사회의 승인이 있는 때에는 유효하게 그러한 행위를 할 수 있다(상 408조의 9, 398조). 제398조를 강행규정으로 볼 때 승인기관은 「이사회」에 한하고 정관의 규정에 의해서도 주주총회의 결의사항으로 할 수 없으며, 또한 총주주의 동의에 의해서도 이사회의 승인을 갈음할 수 없다고 본다.[188] 그런데 우리 대법원판례는 이사의 회사와의 거래에 관하여 "이사의 회사와의 거래는 정관에 주주총회의 권한사항으로 정해져 있다는 등의 특별한 사정이 없는 한 이사회의 전결사항이다"고 하여 정관으로 이사와 회사와의 거래에 대하여 주주총회의 승인사항으로 규정할 수 있는 취지로 판시하거나,[189] 또는 "상법 제398조의 이사의 자기거래에 해당하는 행위라도 사전에 주주 전원의 동의가 있었다면, 회사는 이사회의 승인이 없었음을 이유로 그 책임을 회피할 수 없다"고 판시하고 있었는데,[190] 이러한 판례는 타당하지 않다고 본다. 승인시기는 「사전」에 하여야 하고, 사후승인(추인)은 인정되지 않는다. 2011년 개정상법 이전의 우리 대법원판례에서는 이사회의 사후승인(추인)을 인정하였는데,[191] 2011년 개정상법은 「미리」이사회의 승인을 받도록 명문규정을 두었다(상 408조의 9, 398조). 승인방법은 집행임원 등이 회사와 거래를 하기 전에 집행임원이 이사회의 회의에서 미리 해당 거래에 관한 중요한 사실을 밝히고 이사회의 승인을 받아야 하는데, 이 경우 이사회의 승인은 이사 3분의 2 이상의 수로써 하여야 하고 그 거래의 내용과 절차는 공정하여야 한다(상 408조의 9, 398조). 따라서 이사회는 집행임원 등과 회사와의 거래의 내용과 절차가 공정한지 여부도 고려하여 승인하여야 한다.[192] 집행임원 등과 회사와의 거래에 대하여 이사회가 승인하면 그 거래가 유효하다는 것이지, 이로 인하여 집행임원의 책임이 면제되는 것은 아니다. 이 경우 집행임원의 귀책사유가 있으면 집행임원은 회사에

---

187) 상법 제398조와 관련하여 이에 관한 상세는 정(찬), (상), 1070~1074면 참조.
188) 정(찬), (상), 1074면, 892~893면; 정찬형, 전게 주식회사법대계 Ⅱ(제4판), 1359면.
189) 대판 2007. 5. 10, 2005 다 4284.
190) 대판 1992. 3. 31, 91 다 16310; 동 2002. 7. 12, 2002 다 20544 외.
191) 대판 2007. 5. 10, 2005 다 4284.
192) 정(찬), (상), 1076면.

대하여 책임을 부담한다고 본다[193](상 408조의 8 1항).

　　집행임원 등이 이사회의 승인 없이 회사와 거래를 한 경우, 그 행위의 사법상 효력은 거래의 안전과 회사의 이익을 고려하여 볼 때 대내적으로는 무효이나 대외적으로는 상대방인 제3자의 악의를 회사가 증명하지 못하면 유효라고 보아야 할 것이다(상대적 무효설).[194] 이 때 거래의 무효를 주장할 수 있는 자는 회사이다.[195] 상대적 무효설에 의할 때 집행임원 등이 거래의 당사자일 때에는 선의의 제3자로서 인정받을 수 없고, 집행임원 등이 거래의 당사자로서 참여하지 않고 회사와 제3자 간에 한 간접거래 또는 집행임원 등이 회사와의 거래로서 취득한 물건을 제3자에게 양도한 거래 등에서 선의의 제3자가 보호될 수 있을 것으로 본다.[196] 이와는 별도로 집행임원은 법령위반의 행위를 한 것이므로 회사에 대하여 손해배상책임을 지고(상 408조의 8 1항), 이 책임은 집행임원의 경업피지의무 위반의 경우와 같이 면제될 수 없다고 보며(상 408조의 9, 400조 1항 참조), 또한 감경될 수 없다(상 408조의 9, 400조 2항 단서).

　　최근 사업연도 말 현재의 자산총액이 2조원 이상의 상장회사의 집행임원, 그 상장회사 계열회사의 집행임원 등(상시 35조 4항·5항, 34조 4항 2호)을 상대방으로 하거나 그를 위하여 회사가 (i) 단일 거래규모가 최근 사업연도 말 현재의 자산총액 또는 매출총액의 100분의 1 이상인 거래(상시 35조 6항)를 하거나 또는 (ii) 해당 사업연도 중에 집행임원 등의 특정인과 해당 거래를 포함한 거래총액이 해당 회사의 최근 사업연도 말 현재의 자산총액 또는 매출총액의 100분의 5(상시 35조 7항) 이상이 되는 경우의 해당 거래(상 542조의 9 1항에 따라 금지되는 거래를 제외한다)를 하려는 경우에는 이사회의 승인을 받아야 한다(상 542조의 9 3항). 이 때「이사회의 승인」은 이사 과반수의 출석과 출석이사의 과반수로 하는데, 정관으로 그 비율을 높게 정할 수 있다(상 391조)(이 점은 398조가 적용되는 경우와 구별된다). 이러한 상장회사는 위의 경우 집행임원 등과 회사와의 거래에 대하여 이사회의 승인을 받으면, 이사회의 승인 결의 후 처음으로 소집되는 정기주주총회에 해당 거래의 목적, 상대방, 그 거래의 내용·날짜·기간 및 조건, 해당 사업연도 중 거래상대방과의 거래유형별 총거래금

---

193) 정(찬), (상), 1077면; 정찬형, 전게 주식회사법대계 II(제4판), 1359면. 동지: 대판 1989. 1. 31, 87 누 760(대표이사와 회사간의 거래에 대하여).

194) 정(찬), (상), 1078~1079면; 정찬형, 상게 주식회사법대계 II(제4판), 1359~1360면. 동지: 정(동), (회), 444면 외.

195) 동지: 서울민사지판 1984. 5. 18, 83 나 292.

196) 정(찬), (상), 1079면; 정찬형, 전게 주식회사법대계 II(제4판), 1360면.

액 및 거래잔액을 보고하여야 한다(상 542조의 9 4항, 상시 35조 8항). 위의 경우에도 불구하고 동 상장회사가 경영하는 업종에 따른 일상적인 거래로서 (ⅰ) 약관에 따라 정형화된 거래로서 「약관의 규제에 관한 법률」 제2조 제1호의 약관에 따라 이루어지는 거래 또는 (ⅱ) 이사회에서 승인한 거래총액의 범위 안에서 이행하는 거래는 이사회의 승인을 받지 아니하고 할 수 있으며, (ⅱ)의 거래에 대하여는 그 거래내용을 주주총회에 보고하지 아니할 수 있다(상 542조의 9 5항, 상시 35조 9항).

(사) 집행임원의 이사회에 대한 보고의무

1) 집행임원의 이사회에 대한 정기보고의무　　집행임원은 이사회로부터 업무집행에 관하여 감독을 받으므로(상 408조의 2 3항 2호), 이사회의 집행임원에 대한 감독의 실효를 위하여 각 집행임원은 3개월에 1회 이상 자기의 업무집행상황을 이사회에 보고하여야 한다(상 408조의 6 1항). 이 점은 집행임원 비설치회사의 경우 (업무담당)이사의 이사회에 대한 보고의무를 규정한 점(상 393조 4항)과 같다. 집행임원은 이사회의 구성원이 아니므로 이사회에 출석할 권한이 없으나, 이 보고를 위하여 이사회로부터 승낙을 받아 이사회에 출석할 수 있다. 이를 위하여 회사는 정관에서 이사회의 소집통지를 집행임원에게도 할 수 있음을 정할 수 있다. 집행임원이 이사의 직을 겸임하는 경우에는 이러한 문제가 없다.[197]

집행임원의 이 보고의무는 집행임원 전원의 의무이고, 각 집행임원은 자기가 맡은 업무집행상황을 각각 보고하는 의무를 부담한다. 집행임원은 자기의 보고의무를 다른 집행임원으로 하여금 대리하여 보고하도록 할 수 있다(日會 417조 4항 2문은 이 점을 명문으로 규정하고 있다). 따라서 대표집행임원은 재무담당 집행임원 등의 업무집행상황의 보고를 대리할 수 있다고 본다.

집행임원의 보고내용은 자기가 맡은 업무집행상황에 관한 것이다. 집행임원 설치회사에서의 이사회는 경영의 기본방향 등에 대하여만 결정하고 업무집행에 관한 의사결정권을 대부분 집행임원에게 위임할 것이므로(상 408조의 2 3항 4호), 집행임원으로부터 이러한 보고를 받는 것은 집행임원의 업무집행에 관한 의사결정이 타당한지 또는 경영의 기본방향과 일치하는지 여부 등을 평가하여 집행임원의 인사와 보수에 반영하게 된다. 그러나 집행임원 비설치회사에서는 업무집행에 관한 의사결정권이 이사회에 있으므로(상 393조 1항) 이사회가 (업무담당)이사 또는 대표이사로부터 업무집행상황의 보고를 받는 것은(상 393조 4항) 대표이사 등이 이사회의 결의사

---

197) 동지: 商事法務(編), 301面.

항을 충실하게 집행하였는지를 확인하기 위한 것이라고 볼 수 있다. 이러한 점에서
도 양자는 구별된다고 본다.[198]

　　2) 집행임원의 이사회에 대한 수시보고의무　　집행임원은 위와 같은 정기보
고의무 외에도 이사회의 요구가 있으면 언제든지 이사회에 출석하여 요구한 사항을
보고하여야 할 의무가 있다(상 408조의 6　2항). 이는 집행임원 비설치회사에서는 없
는 사항이다(상 393조 3항·4항 참조). 이것도 이사회의 집행임원에 대한 감독기능(상
408조의 2　3항 2호)을 원활히 하기 위한 것이다.

　　이사회 요구는 이사회의 결의에 의하고, 이사회 요구의 전달방법은 제한이 없
으며, 이사회가 요구하는 경우에는 보고할 사항을 명시하여 요구하여야 한다고 본
다. 따라서 이러한 경우 요구하는 사항에 관하여 업무를 담당하는 집행임원만이 이
사회에 출석하여 보고할 의무를 부담한다.[199]

　　3) 대표집행임원의 보고의무　　이사는 대표집행임원으로 하여금 다른 집행
임원 또는 피용자의 업무에 관하여 이사회에 보고할 것을 요구할 수 있는데, 대표
집행임원은 이에 따를 의무가 있다(상 408조의 6　3항). 이 점은 집행임원 비설치회
사의 경우 이사가 대표이사에게 요구하는 점과 같다(상 393조 3항).

　　집행임원이 이사회의 요구에 의하여 이사회에 보고하는 것은(상 408조의 6　2
항) 이사회의 결의에 의하여 이사회가 담당집행임원에게 요구하는 것인데, 이 항(상
408조의 6　3항)에서는 이사가 대표집행임원에게 요구하는 것이다. 따라서 어느 집행
임원의 업무집행에 관한 사항에 대하여 의문이 있는 이사는 누구든지 대표집행임원
에게 그러한 집행임원의 업무에 관하여 이사회에 보고할 것을 요구할 수 있다. 상
법 제408조의 6 제2항(이사회의 요구)과의 관계에서 볼 때, 이사는 그러한 집행임원
에게 직접 요구할 수는 없고 대표집행임원에게만 요구할 수 있다고 본다. 그러한
집행임원에게 직접 요구하기 위하여는 이사회 결의에 의한 이사회의 요구가 있어야
한다고 본다(상 408조의 6　2항). 이는 집행임원 상호간의 지휘·명령관계에서 이사
회는 직접 집행임원에게 요구할 수 있으나, 모든 이사는 대표집행임원을 통하여서
만 요구할 수 있도록 한 것으로 보인다. 이사로부터 요구받은 대표집행임원은 자기
가 직접 담당 집행임원(또는 피용자)을 대리하여 이사회에 보고할 수도 있고, 담당
집행임원(또는 피용자)으로 하여금 이사회에 보고하도록 할 수도 있다고 본다.[200]

---

198) 동지: 商事法務(編), 301~302面.

199) 동지: 商事法務(編), 302~303面.

200) 정찬형, 전게 주식회사법대계 Ⅱ(제4판), 1362~1363면.

㈐ 집행임원의 감사(監事)에 대한 보고의무

집행임원 설치회사의 경우 집행임원은 회사에 현저하게 손해를 미칠 염려가 있는 사실을 발견한 때에는 즉시 이를 감사(監事)(감사에 갈음하여 '감사위원회'를 둔 경우에는 감사위원회를 말한다. 이하 같다 - 상 415조의 2 7항)에게 보고할 의무를 부담한다(상 408조의 9, 412조의 2). 집행임원은 원칙적으로 감사에 대하여는 그의 요구가 있는 때에만 보고의무를 부담하는 소극적 보고의무만을 부담하는데(상 408조의 9, 412조 2항),[201] 이에 대한 예외로 '회사에 현저하게 손해를 미칠 염려가 있는 때'에는 감사에 대하여 적극적 보고의무를 부담하도록 한 것이다. 이는 감사(監事)에 의한 감사(監査)의 실시를 용이하게 하고 또한 회사의 손해를 사전에 방지할 수 있도록 함으로써 감사의 실효성을 확보하기 위한 방안의 하나로 인정된 것이다.[202]

(7) 집행임원의 책임

㈎ 집행임원의 회사에 대한 책임

1) 책임의 성질

가) 집행임원은 회사에 대하여 수임인으로서 선관의무를 부담하고(상 408조의 2 2항, 민 681조) 또한 충실의무를 부담하므로(상 408조의 9, 382조의 3) 이에 따른 채무불이행으로 인한 손해배상책임을 부담하는데(민 390조), 상법은 광범위한 권한을 갖고 있는 집행임원에 대하여 이러한 민법상의 일반책임에 대한 특칙으로 집행임원의 책임을 규정하고 있다.[203] 즉, 상법은 "집행임원이 고의 또는 과실로 법령이나 정관을 위반한 행위를 하거나 그 임무를 게을리한 경우에는 그 집행임원은 집행임원 설치회사에 손해를 배상할 책임이 있다"고 규정하고 있다(상 408조의 8 1항). 이러한 집행임원의 책임은 이사의 회사에 대한 책임(상 399조 1항)과 유사한데, 집행임원은 회의체를 구성하지 않고 원칙적으로 각자 업무를 집행하므로 연대책임이 아니고 개별책임인 점에서 이사의 책임과 구별되므로, 상법은 제408조의 9에서 제399조를 준용하지 않고 제408조의 8에서 별도로 규정한 것이다.[204]

나) 비교법적으로 볼 때 미국의 모범사업회사법은 "집행임원이 그의 권한범위 내에서 직무를 집행할 때에는, 충실하게(in good faith), 동일한 직위에 있는 사람이 유사한 환경에서 합리적으로 행사할 주의로써, 집행임원이 회사에 최상의 이익이

---

201) 그러나 집행임원은 감독권이 있는 이사회에 대하여는 정기적인 보고의무인 적극적 보고의무를 부담한다(상 408조의 6 1항).
202) 정(찬), (상), 1082면; 정찬형, 전게 주식회사법대계 Ⅱ(제4판), 1363면.
203) 정(찬), (상), 1088면.
204) 동지: 송(옥), 1120면.

되는 것으로 합리적으로 믿는 방법으로, 행위를 할 의무를 부담한다"고 규정하면서
[MBCA 2016 8.42조 ⒜항], 집행임원의 일정한 보고의무를 이 의무에 포함시키고 있
다[MBCA 2016 8.42조 ⒝항]. 미국의 델라웨어주 회사법은 "일정한 또는 모든 집행임
원은 회사에 대하여 채권(bond) 또는 기타의 방법으로 충실(fidelity)을 담보할 수 있
다"고 규정하고 있다[동법 142조 ⒞항]. 뉴욕주 회사법은 "회사의 이사회는 어느 집
행임원에게 그의 의무를 충실하게 이행하기 위한 담보(security)를 제공할 것을 요구
할 수 있다"고 규정하면서[동법 715조 ⒡항], 또한 "집행임원은, 집행임원으로서 충
실하고(in good faith) 또한 같은 지위에 있는 보통 신중한 사람이면 유사한 환경에
서 하였을 정도의 주의로써, 그의 의무를 이행하여야 한다"고 규정하고 있다[동법
715조 ⒣항].

일본의 회사법에서는 "위원회 설치회사(현재는 지명위원회등 설치회사)와 집행임
원과의 관계는 위임에 관한 규정에 따른다"고 규정하고 있다(日會 402조 3항).

2) 책임의 원인

가) 법령이나 정관을 위반한 행위를 한 경우

⒜ 집행임원이 "고의 또는 과실로 법령에 위반한 행위를 한 경우"란, 예컨대
집행임원이 이사회의 승인 없이 경업피지의무(상 408조의 9, 397조)를 위반한 행위를
하거나 또는 회사기회유용금지의무(상 408조의 9, 397조의 2)를 위반한 행위를 한 경
우 등이다. 집행임원이 "회사의 자금으로 뇌물을 공여한 경우"에도 이에 해당한다
고 본다.[205]

이 때의 "법령"이란 법률과 그 밖의 법규명령으로서의 대통령령·총리령·부
령 등을 의미하고, 예컨대 종합금융회사 업무운용지침·외화자금거래취급요령·종
합금융회사 내부의 심사관리 규정 등은 이에 해당하지 않는다.[206]

집행임원이 법령에 위반한 행위를 한 것에 대한 책임은 상법에 명문으로 규정
하고 있는 바와 같이 과실책임인데, 집행임원이 법령에 위반한 행위를 한 때에는
그 행위 자체가 회사에 대하여 채무불이행에 해당하므로 (집행임원이 특별히 무과실을
증명하지 못하는 한) 이로 인하여 회사에 손해가 발생한 이상 집행임원은 회사에 대
하여 손해배상을 면할 수 없다.[207]

집행임원이 법령에 위반한 행위를 한 때에는 경영판단의 원칙이 적용될 여지

---

205) 동지: 대판 2005. 10. 28, 2003 다 69638(이사의 책임에 대하여).

206) 대판 2006. 11. 9, 2004 다 41651·41668.

207) 대판 2007. 9. 20, 2007 다 25865(이사의 책임에 대하여).

가 없다.[208)]

(b) 집행임원이 "고의 또는 과실로 정관을 위반한 행위를 한 경우"란, 예컨대 정관 소정의 임의적립금을 적립하지 않고 이익배당을 한 경우 등이다.

집행임원이 정관에 위반한 행위를 한 경우에도 법령에 위반한 행위를 한 경우와 같이 과실책임이나, 집행임원이 정관에 위반한 행위를 한 때에는 그 행위 자체가 회사에 대하여 채무불이행에 해당하므로 (집행임원이 특별히 무과실을 증명하지 못하는 한) 이로 인하여 회사에 발생한 손해를 배상하여야 한다고 본다.

집행임원이 정관에 위반한 행위를 한 때에도 경영판단이 원칙이 적용될 여지가 없다.

나) 임무를 게을리한 경우

(a) 집행임원이 "고의 또는 과실로 임무를 게을리한 경우"란, 예컨대 집행임원의 감독불충분으로 지배인이 회사재산을 낭비한 경우, 은행의 집행임원이 돈을 대출하면서 충분한 담보를 확보하지 아니하는 등 그 임무를 게을리하여 대출금을 회수하지 못하여 은행에 손해를 입게 한 경우[209)] 등이다.

집행임원의 이러한 책임은 위임계약의 불이행으로 인한 과실책임이다.

집행임원이 그 임무를 게을리함으로 인하여 손해배상을 청구하는 경우에는 일반원칙에 따라 이를 주장하는 자(회사)가 증명책임을 부담한다.

(b) 집행임원이 임무를 게을리한 경우에는 경영판단과 관련되는데, 집행임원이 단순히 경영상의 판단(business judgment)을 잘못한 것은 그 임무를 게을리한 것(선관주의의무 위반)으로 볼 수 없다.[210)] 그런데 이에 반하여 소유와 경영의 분리가 아닌 소유와 경영의 집중화가 심화된 우리나라의 기업현실에서 경영판단의 원칙을 집행임원에게 그대로 적용한다면 도덕적 해이 내지는 면책수단으로 활용되는 점 등과 같은 부정적인 결과를 초래할 가능성이 매우 크다는 이유로 집행임원의 책임에 대하여는 경영판단의 원칙을 적용하지 않는 것이 바람직하다고 보는 견해도 있으나,[211)] 소유와 경영이 분리되어 있느냐 분리되어 있지 않느냐에 따라 집행임원에게 경영판단의 원칙이 적용되기도 하고 적용되지 않기도 한다고 보는 것은 타당하지 않다고 본다. 따라서 소유와 경영의 분리 여부에 불문하고(소유와 경영이 분리된 것인

208) 동지: 대판 2008. 4. 10, 2004 다 68519(이사의 책임에 대하여).

209) 동지: 대판 2002. 2. 26, 2001 다 76854(상호신용금고에서 대표이사의 책임에 대하여).

210) 정(찬), (상), 1093면; 정찬형, 전게 주식회사법대계 Ⅱ(제4판), 1365면. 동지: 임(재), (회 Ⅱ), 466면.

211) 정준우, 전게논문(한양법학 제35집), 474~475면.

지 여부의 문제도 애매함) 집행임원이 임무를 게을리한 것인지 여부를 판단함에 있어서는 경영판단의 원칙이 적용된다고 본다.[212]

　　다) 인과관계　　집행임원의 "법령·정관에 위반한 행위" 또는 "임무를 게을리한 행위"와 회사의 손해와의 사이에는 상당인과관계가 있어야 한다.[213] 우리 대법원판례도 이사의 책임에 대하여 이와 동지로 "이사의 법령·정관 위반행위 혹은 임무해태행위로 인한 상법 제399조의 손해배상책임은 그 위반행위와 상당인과관계 있는 손해에 한하여 인정되므로, 그 결과로서 발생한 손해와의 사이에 상당인과관계가 인정되지 아니하는 경우에는 이사의 손해배상책임이 성립하지 아니한다"고 판시하고 있다.[214]

　　3) 책임의 부담자　　회사에 대하여 손해배상책임을 부담하는 자는 집행임원(상 408조의 8　1항)과 집행임원에 대한 업무집행지시자 등(상 408조의 9, 401조의 2)이다.

　　가) 집행임원　　행위자인 집행임원이 책임을 지는 것은 당연하다. 그런데 집행임원은 원칙적으로 각자 자기가 맡은 업무를 개별적으로 집행하는 것이므로, 각자 책임을 진다. 따라서 집행임원 비설치회사에서 이사가 연대책임을 지는 점(상 399조 1항)과 구별된다.

　　나) 업무집행지시자 등　　이러한 업무집행지시자 등에는 다음과 같이 세 가지의 유형이 있다(상 408조의 9, 401조의 2　1항).

　　(a) 업무집행지시자　　회사에 대한 자신의 영향력을 이용하여 집행임원에게 업무집행을 지시한 자이다. 지배주주 등이 집행임원을 맡지 않으면서(따라서 등기도 되어 있지 않으면서) 지배주주 등으로서의 인사권 등과 같은 사실상의 힘을 이용하여 집행임원으로 하여금 자신이 의도하는 바대로 업무를 집행하도록 하는 경우이다.

　　(b) 무권대행자　　집행임원이 아니면서 집행임원의 이름으로 직접 업무를 집행한 자이다. 지배주주 등이 집행임원에 대한 지시에 의하여 간접적으로 회사의 업무에 관여하는 것이 아니고, 본인이 직접 명목상의 집행임원의 명의로 업무집행을 하는 것이다[215](위 업무집행지시자와 다른 점).

　　(c) 표현집행임원　　집행임원이 아니면서 명예회장·회장·사장·부사장·전무·상무·이사 기타 회사의 업무를 집행할 권한이 있는 것으로 인식될 만한 명칭

---

212) 정찬형, 전게 주식회사법대계 Ⅱ(제4판), 1365~1366면.
213) 정(찬), (상), 1095면 외.
214) 대판 2007. 8. 23, 2007 다 23425 외.
215) 정(찬), (상), 1099면.

을 사용하여 회사의 업무를 집행하는 자이다. 현재 집행임원으로서 이사회에서 선임되지 않고 또한 등기되지도 않은 자가 회사의 업무를 집행할 권한이 있는 것으로 인정될 만한 명칭을 사용하는 경우인 "사실상 집행임원(비등기임원)"에 대하여는, 이 규정에 의하여 그의 회사 및 제3자에 대한 책임을 물을 수 있을 것이다.[216)

　이 점에 대하여, "집행임원을 도입하지 않더라도 사실상 집행임원에 해당하는 종래의 비등기이사는 상법 제401조의 2 제1항 제3호의 표현이사로서 이사의 책임을 지고 있었다. 집행임원 설치회사에서도 집행임원에 대하여는 상법 제408조의 9에 따라 이사의 책임이 적용되고, 그 이외의 비등기이사는 표현집행임원으로서 같은 법리가 적용된다(상 408조의 9, 401조의 2). 결국 집행임원제도의 도입에 따라 비등기이사의 책임이 실질적으로 달라진 부분은 없다"고 설명하는 견해가 있다.[217) 집행임원 설치회사에서 집행임원에 대하여는 "상법 제408조의 9에 따라 이사의 책임"이 적용되는 것이 아니라, 집행임원의 책임은 앞에서 본 바와 같이 (연대책임이 아닌 점 등에서) 이사의 책임과 구별되므로 상법 제408조의 8에서 별도로 규정하고 있다. 또한 "집행임원을 도입하지 않더라도 사실상 집행임원에 해당하는 종래의 비등기이사는 상법 제401조의 2 제1항 제3호 표현이사로서 이사의 책임을 지고 있었다"는 점에 대하여는, 종래에는 상법에 집행임원에 관한 규정이 전혀 없었으므로 사실상 집행임원(비등기임원)에 대하여 그 책임을 묻기 위하여 무리하게 표현이사에 관한 규정을 유추적용한 점이 있다. 즉, 표현이사 등에 관한 규정은 IMF 경제체제 직후인 1998년 개정상법에서 지배주주가 사실상 경영권을 행사하면서 이사 등으로 등기가 되지 않은 사실상(실질상) 이사(de facto director)가 이사로서 면책되는 것을 방지하기 위하여 독일·영국 등에서 인정하고 있는 제도(shadow director)를 도입하여 업무집행지시자 등의 회사 및 제3자에 대한 책임을 인정한 것이다(상 401조의 2). 그런데 사실상 집행임원(비등기임원)은 대부분 이러한 지배주주(대표이사)에 의하여 업무집행을 위하여 선임된 자로서 위의 업무집행지시자 등과는 반대의 입장이다. 이러한 사실상 집행임원(비등기임원)에 대하여 그의 책임을 묻기 위하여 상법상 업무집행지시자 등의 책임에 관한 규정(상 401조의 2)을 유추적용하는 것은 동 규정의 입법취지에 맞지 않는다.[218) 따라서 집행임원 설치회사에서의 집행임원에 대하여는

---

216) 정찬형, 전게 주식회사법대계 Ⅱ(제4판), 1367면.

217) 송(옥), 1120면.

218) 정찬형, "2007년 확정한 정부의 상법(회사법) 개정안에 대한 의견,"「고려법학」(고려대 법학연구원), 제50호(2008), 390면.

상법 제408조의 8에 의하여 그의 책임을 묻고, 사실상 집행임원(비등기임원)에 대하여는 상법 제409조의 9에서 준용하고 있는 상법 제401조의 2에 의하여 그 책임을 묻도록 하여 법의 미비를 보완한 것이다. 또한 이와 같이 규정함으로써 비등기이사가 아니라도 폭 넓은 사실상 집행임원(비등기임원)에 대하여 표현집행임원에 관한 규정을 준용할 수 있게 되었다. 따라서 "집행임원제도의 도입에 따라 비등기이사의 책임이 실질적으로 달라진 부분은 없다"고 단정할 수는 없고, 집행임원제도의 도입에 따라 사실상 집행임원(비등기임원)에 대하여 적용할 수 있는 법규정이 보다 명확하여졌고 그 대상도 넓게 되었다고 볼 수 있다.[219]

4) 연대책임　　회사에 대하여 손해배상책임을 부담하는 집행임원은 업무집행지시자 등과 연대하여 그 책임을 진다(상 408조의 9, 401조의 2 2항).

5) 책임의 면제·감경

가) 책임의 면제

(a) 적극적 책임면제　　집행임원의 회사에 대한 손해배상책임은 주주 전원의 동의로 면제될 수 있다(상 408조의 9, 400조 1항). 이것은 회사가 적극적으로 집행임원의 책임을 면제하는 방법인데, 주주 전원의 동의는 개별적인 동의도 무방하고,[220] 또한 묵시적인 의사표시의 방법으로도 동의할 수 있다.[221] 이 때의 주주에는 의결권이 없는 종류주식이나 의결권이 제한되는 종류주식을 가진 주주도 포함된다(통설).[222] 이 때 주주 전원의 동의로 면제되는 집행임원의 책임은 상법 제408조 제1항의 집행임원의 회사에 대한 책임에 국한되는 것이고, 집행임원의 회사에 대한 불법행위로 인한 손해배상책임까지 면제되는 것은 아니다.[223]

집행임원이 고의 또는 중과실로 회사에 손해를 발생시킨 경우, 경업피지의무(상 397조) · 회사기회유용금지의무(상 397조의 2) · 자기거래금지의무(상 398조)에 위반하여 회사에 손해를 발생시킨 경우에도 주주 전원이 동의하면 그 책임이 면제된다고 보는 견해가 있으나,[224] 이는 타당하지 않다고 본다. 왜냐하면 이러한 경우는 집행임원의 책임을 감경하지 못하는데(상 400조 2항 단서) 면제할 수 있다고 보는 것

---

219) 정찬형, 전게 주식회사법대계 Ⅱ(제4판), 1367~1368면.

220) 정(찬), (상), 1101면. 동지: 임(재), (회 Ⅱ), 467면 외.

221) 동지: 대판 2002. 6. 14, 2002 다 11441(이사의 책임에 대하여).

222) 정(찬), (상), 1101면 외.

223) 동지: 대판 1989. 1. 31, 87 누 760; 동 1996. 4. 9, 95 다 56316(감사의 회사에 대한 책임에 대하여).

224) 임(재), (회 Ⅱ), 467면.

은 균형을 잃은 것이고, 주주의 이익과 회사의 이익은 구별되는 것이며, 또한 이러한 경우에 책임을 면제하는 것은 신의칙에 반하거나(고의·중과실의 경우) 또는 강행법규(상 397조~398조)에 반하기 때문이다.[225]

　(b) 소극적 책임면제　　집행임원에 대하여 상법 제450조에 의한 소극적 책임면제를 인정할 것인가의 문제가 있다. 상법 제450조에 의한 소극적 책임면제는 주주총회의 재무제표 승인에 따른 효과인데, 집행임원 설치회사에서는 집행임원이 재무제표를 작성하므로(상 447조) 집행임원에 대하여도 그 책임을 해제한 것으로 의제할 필요가 있다. 그런데 현행 상법상 집행임원에 대하여 그 책임을 해제하는 것으로 의제하는 규정을 두고 있지 않으므로 해석론상 집행임원의 회사에 대한 책임을 소극적으로 면제하는 것으로 볼 수는 없으나,[226] 입법론으로는 상법 제450조에 "집행임원"을 추가하든지 또는 상법 제408조의 9에 제450조를 준용하는 규정을 두어서 집행임원의 회사에 대한 책임을 소극적으로 면제하는 규정을 두어야 할 것으로 본다.[227]

　나) 책임의 감경　　회사는 정관으로 정하는 바에 따라 집행임원의 회사에 대한 책임을 집행임원이 그 행위를 한 날 이전 최근 1년간의 보수액(상여금과 주식매수선택권의 행사로 인한 이익 등을 포함한다)의 6배를 초과하는 금액에 대하여 면제할 수 있다(상 408조의 9, 400조 2항 본문). 그러나 집행임원이 고의 또는 중대한 과실로 손해를 발생시킨 경우와, 경업피지의무 위반(상 408조의 9, 397조)·회사기회유용금지의무 위반(상 408조의 9, 397조의 2) 및 자기거래금지의무 위반(상 408조의 9, 398조)의 경우에는 집행임원의 회사에 대한 책임을 감경할 수 없다(상 408조의 9, 400조 2항 단서).

　2011년 개정상법 이전에도 이사의 회사에 대한 손해배상책임액에 대하여 법원은 제반사정을 참작하여 감경한 바 있으나,[228] 위와 같은 상법의 규정에 의하여 법원의 재량에 의한 집행임원의 회사에 대한 손해배상액의 감경에 제한을 받게 되었다.

　6) 책임의 시효기간　　집행임원의 회사에 대한 손해배상책임의 시효기간은 채권의 일반시효기간(민 162조 1항)과 같이 10년이다(통설).[229] 우리 대법원판례도 이와 동지로 이사의 회사에 대한 손해배상책임에 대하여, "이사의 임무해태로 인한

---

225) 정찬형, 전게 주식회사법대계 Ⅱ(제4판), 1369면.

226) 동지: 임(재), (회 Ⅱ), 467면.

227) 정(찬), (상), 1102면; 정찬형, 전게 주식회사법대계 Ⅱ(제4판), 1369~1370면. 동지: 송(옥), 1120면.

228) 대판 2004. 12. 10, 2002 다 60467·60474(이사의 책임에 대하여) 외.

229) 정(찬), (상), 1103면 외.

손해배상책임은 위임관계로 인한 채무불이행책임이므로 그 소멸시효기간은 일반채무와 같이 10년이다"고 판시하고 있다.[230]

또한 상법 제408조의 8 제1항에 기한 손해배상청구의 소를 제기한 것이 일반 불법행위로 인한 손해배상청구권에 대한 소멸시효 중단의 효력은 없다.[231] 이 점은 양자의 권리를 별개로 보는 청구권경합설에서 볼 때 당연하다고 본다.

(나) 집행임원의 제3자에 대한 책임

1) **책임의 성질**   집행임원이 그 임무를 게을리함으로 인하여 제3자에게 손해를 입혔을 경우에는 (회사가 그 집행임원의 행위로 인하여 책임을 지는 것은 몰라도) 집행임원이 개인적으로 직접 제3자에 대하여 책임을 지는 경우는 (민법상 불법행위의 책임을 지는 경우를 제외하고는) 없다. 따라서 상법은 제3자를 보호하고 또 집행임원의 직무집행을 신중하게 하기 위하여, 집행임원이 고의 또는 중대한 과실로 그 임무를 게을리한 경우에는 그 집행임원은 제3자에 대하여 직접 손해배상을 하도록 규정하고 있다[232](상 408조의 8 2항). 따라서 집행임원이 고의 또는 중대한 과실로 그 임무를 게을리하여 제3자에게 직접 또는 간접으로 손해를 입힌 경우에는, 비록 불법행위의 요건을 갖추지 않아도 그 집행임원은 제3자에 대하여 상법 제408조의 8 제2항에 의한 손해배상책임을 부담하는 것이다. 이러한 점에서 볼 때 집행임원의 제3자에 대한 책임의 법적 성질은 민법상 불법행위책임과는 다른 법정책임이라고 보는 것이 타당하다(법정책임설).[233] 이러한 법정책임설에 의하면 이러한 집행임원의 제3자에 대한 손해배상책임은 민법상 불법행위책임(민 750조)과는 별개의 책임으로 보기 때문에, 민법상 불법행위책임과는 경합을 인정하고 있다.

대표집행임원이 제3자에 대하여 그 업무집행으로 인하여 손해를 가한 때에는 회사의 불법행위로서 회사가 제3자에 대하여 손해배상책임을 부담한다(상 408조의 5 2항, 389조 3항, 210조). 이 때 대표집행임원도 개인적으로 제3자에 대하여 민법 제750조에 의한 손해배상책임 또는 상법 제408조의 8 제2항에 의한 책임을 지는데, 대표집행임원이 민법 제750조에 의한 손해배상책임을 지는 경우에는 회사와 부진정연대책임을 부담한다(상 408조의 5 2항, 389조 3항, 210조).

대표집행임원 이외의 집행임원이 그 사무집행에 관하여 제3자에게 손해를 가

---

230) 대판 1985. 6. 25, 84 다카 1954; 동 1969. 1. 28, 68 다 305.

231) 동지: 대판 2002. 6. 14, 2002 다 11441(이사의 책임에 대하여).

232) 정(찬), (상), 1104면 외.

233) 정(찬), (상), 1109~1110면 외.

한 때에는 회사는 민법 제756조에 의하여 책임을 지는데, 그러한 행위를 한 집행임원은 개인적으로 제3자에 대하여 민법 제750조 또는 상법 제408조의 8 제2항에 의한 손해배상책임을 부담한다.

이와 같이 제3자에 대하여 회사도 손해배상책임을 지고(상 408조의 5 2항·389조 3항·210조, 민 756조) 집행임원도 제3자에 대하여 손해배상책임을 지는 경우에(상 408조의 8 2항, 민 750조) 양자는 앞에서 본 바와 같이 부진정연대채무의 관계에 있다. 그런데 양자는 법률적으로 발생원인을 달리하는 별개의 책임이므로, 채권자가 회사에 대한 채권을 타인에게 양도하였다고 하여 집행임원에 대한 채권이 함께 수반되어 양도되는 것은 아니다.[234)]

2) 책임의 원인

가) 집행임원이 "고의 또는 중대한 과실로 그 임무를 게을리한 경우"란 집행임원이 직무상 충실의무 및 선관의무 위반의 행위로서 위법성이 있는 경우를 말한다.[235)] 예컨대, 집행임원이 주식청약서·사채청약서·재무제표 등에 허위의 기재를 하거나 허위의 등기나 공고를 하여 제3자에게 손해를 입힌 경우,[236)] 대표집행임원이 대표집행임원으로서의 업무 일체를 다른 집행임원 등에게 위임하고 대표집행임원으로서의 직무를 전혀 집행하지 않아 제3자에게 손해를 입힌 경우,[237)] 회사의 집행임원이 대규모 분식회계를 하여 그 회사에 대하여 여신을 제공한 금융기관(제3자)에게 손해를 입힌 경우[238)] 등이다.

나) 집행임원의 제3자에 대한 책임은 "고의 또는 중대한 과실로 그 임무를 해태한 경우"에만 지는 책임으로 중과실책임이다. 이 점은 집행임원의 회사에 대한 책임과 구별되는 점이다. 집행임원은 제3자와 법률관계가 없기 때문에 원칙적으로 제3자에 대하여 책임을 지지 않는데, 제3자를 보호하고 집행임원의 직무집행을 신중하게 하도록 하기 위하여 법정책임으로 집행임원의 제3자에 대한 책임을 규정한 것이므로, 이를 경과실책임으로 규정하면 집행임원에게 너무 가혹하므로 중과실책임으로 규정한 것이다. 따라서 집행임원이 경과실로 임무를 게을리하여 제3자에게

---

234) 동지: 대판 2008. 1. 18, 2005 다 65579(이사의 제3자에 대한 책임에 대하여).

235) 동지: 대판 2003. 4. 11, 2002 다 70044(이사의 제3자에 대한 책임에 대하여) 외.

236) 일본 회사법 제429조 제2항 제1호는 이러한 사항이 집행임원의 제3자에 대한 책임의 예시로서 규정하고 있다.

237) 동지: 대판 2003. 4. 11, 2002 다 70044; 동 2006. 9. 8, 2006 다 21880(대표이사의 제3자에 대한 책임에 대하여) 외.

238) 동지: 대판 2008. 1. 18, 2005 다 65579(이사의 제3자에 대한 책임에 대하여).

손해가 발생한 경우에는 집행임원은 제3자에 대하여 손해배상책임을 지지 않는다. 예컨대, 집행임원의 경영상 판단에 경과실로 인한 과오가 있고 이로 인하여 제3자에게 손해가 발생한 경우에도 집행임원은 그러한 제3자에게 상법 제408조의 8 제2항에 의한 손해배상책임을 부담하지 않는다.[239]

　　3) 책임의 부담자

　　가) 제3자에 대하여 손해배상책임을 부담하는 자는 고의 또는 중대한 과실로 그 임무를 게을리한 집행임원(상 408조의 8 2항) 및 집행임원에게 그러한 행위를 하도록 지시한 업무집행지시자 등(상 408조의 9, 401조의 2 1항)이다. 이에 관하여는 집행임원의 회사에 대한 책임과 같다.

　　나) 제3자에 대하여 손해배상책임을 부담하는 집행임원은 업무집행지시자 등도 책임을 지는 경우에는 업무집행지시자 등과 연대하여 그 책임을 진다(상 408조의 9, 401조의 2 2항).

　　4) 책임의 면제·감경　　집행임원의 제3자에 대한 책임은 주주 전원의 동의로 면제될 수 없고, 또한 회사에 의하여 감경될 수 없다. 채권자인 제3자에 의해서만 면제되거나 감경될 수 있는데, 이로 인하여 정당한 이익을 가진 자에게 대항하지 못한다(민 506조).

　　5) 제3자의 범위　　집행임원이 제3자에 대하여 손해배상책임을 지는 경우, 제3자의 범위에 주주(또는 주식인수인)가 포함되는가의 문제가 있다. 이에 대하여 우리 대법원판례는 대표이사의 제3자에 대한 책임에서 주주가 직접손해를 입은 경우에는 제3자의 범위에 주주가 포함되나, 회사가 손해를 입음으로써 주주가 간접손해를 입은 경우에는 회사가 손해의 배상을 받음으로써 주주의 손해는 간접적으로 보상되는 것이므로(만일 이 때 제3자의 범위에 주주를 포함시키면 주주가 회사채권자에 우선하여 변제를 받는 결과가 되므로) 제3자의 범위에 주주가 포함되지 않는다고 보고 있다.[240] 그러나 주주는 언제나 제3자의 범위에 포함된다고 본다.[241] 그러나 이 경우 주주가 입은 간접손해(예컨대, 집행임원이 회사재산에 대하여 손해를 가하였기 때문에 이익배당을 받지 못한 주주가 입은 손해)에 대하여는, 주주는 그 집행임원에게 자기에 대하

---

239) 정(찬), (상), 1108~1109면.

240) 대판 1993. 1. 26, 91 다 36093(대표이사가 회사재산을 횡령하여 회사재산이 감소함으로써 회사가 손해를 입고 결과적으로 주주의 경제적 이익이 침해되는 손해와 같은 간접손해는 상법 제401조 제1항에서 말하는 손해의 개념에 포함되지 아니하므로 주주는 상법 제401조에 의한 손해배상을 청구할 수 없다); 동 2003. 10. 24, 2003 다 29661.

241) 정(찬), (상), 1110면.

여 직접 손해배상할 것을 청구할 수는 없고 회사에 대하여 손해배상할 것을 청구할 수 있다. 그런데 이 경우 제3자의 범위에 주주가 포함되지 않는다고 보면 주주는 이러한 청구를 대표소송(상 403조)에 의해서만 청구할 수 있다. 그러나 이 경우 제3자의 범위에 주주를 포함시키면 주주는 대표소송의 요건을 구비하지 않은 경우에도 집행임원에 대하여 회사에게 손해배상을 할 것을 청구할 수 있다.[242] 이 점이 주주가 입은 간접손해에 대하여도 주주를 상법 제408조의 8 제2항의 제3자의 범위에 포함시키는 실익이다.

그러나 제3자의 범위에 공법관계인 국가와 지방자치단체는 포함되지 않는다.[243]

6) **책임의 시효기간**   집행임원의 제3자에 대한 책임의 법적 성질을 법정책임으로 보는 경우, 집행임원의 제3자에 대한 손해배상책임의 소멸시효기간은 일반 채권과 같이 10년으로 본다.[244] 우리 대법원판례도 이와 동지로 이사의 제3자에 대한 책임에서 "상법 제401조에 기한 이사의 제3자에 대한 손해배상책임이 제3자를 보호하기 위하여 상법이 인정하는 특수한 책임이라는 점을 감안할 때, 일반 불법행위책임의 단기소멸시효를 규정한 민법 제766조 제1항은 적용될 여지가 없고, 일반 채권으로서 민법 제162조 제1항에 따라 그 소멸시효기간은 10년이다"고 판시하고 있다.[245]

㈐ **다른 집행임원 등과의 연대책임**   집행임원은 각자 자기의 업무에 관하여 (이사회로부터 위임받은 사항에 대하여는 의사를 결정하여) 집행을 하는 것이지 이사회와 같은 집행임원회도 없으므로 이사가 이사회의 결의와 관련하여 부담하는 연대책임(상 399조 2항·3항, 401조 2항)과 같은 연대책임은 없다.

그러나 집행임원의 업무집행과 관련하여 귀책사유가 있는 다른 집행임원·이사 또는 감사도 그 책임이 있으면 집행임원은 그 다른 집행임원·이사 또는 감사와 연대 책임을 지도록 한 것이다(상 408조의 8 3항). 이러한 집행임원의 연대책임을 내부통제 시스템 하에 연결되어 있는 책임이며 집행임원의 책임을 강화하기 위한 책임으로 보는 견해가 있는데,[246] 집행임원의 이러한 책임은 내부통제시스템 하에 연결되어 있는 책임으로서 연대책임은 아니고 동일 또는 유사업무의 집행에서 귀책사유가 있는

---

242) 정(찬), (상), 1111면.
243) 동지: 대판 1982. 12. 14, 82 누 374(이사의 제3자에 대한 책임에 대하여) 외.
244) 정(찬), (상), 1110면.
245) 대판 2006. 12. 22, 2004 다 63354 외.
246) 정준우, 전게논문(한양법학 제35집), 473면.

다른 집행임원·이사 및 감사에 대하여 연대책임을 지도록 한 것이고 또한 이는 집행
임원의 책임을 강화한다기보다는 손해를 입은 제3자를 보호하기 위하여 연대책임으
로 규정한 것으로 볼 수 있다. 따라서 회계업무를 담당하는 집행임원들이 분식회계
를 한 경우에는 회계업무를 담당하는 집행임원들 또 이러한 사실을 알고 이사회에서
승인한 이사 및 이러한 사실을 알면서 지적하지 않은 감사가 연대책임을 지는 것이
지, 다른 업무로 귀책사유가 있는 법무담당 집행임원 등과는 연대책임을 지는 것이
아니다. 또한 일정한 업무에 관하여 지휘·명령관계에 있는 집행임원들이 있으면 그
들은 연대책임을 질 것이고, 어떤 업무에 대하여 (상법에는 규정이 없으나) 임의로 설
치한 집행임원회의 결의에 의하여 집행하여 회사 또는 제3자에게 손해를 가한 경우
에는 그러한 결의에 찬성한 집행임원들은 연대책임을 부담하여야 할 것이다.[247]

5. 집행임원에 대한 주주의 직접감독권과 감사(監事)의 감사

(1) 집행임원에 대한 주주의 직접감독권

집행임원에 대한 주주의 직접감독권으로는 사전의 조치로서 집행임원의 위법행
위에 대한 유지청구권과 사후의 조치로서 집행임원의 책임을 추궁하는 대표소송권
또는 다중대표소송권이 있다. 이하에서 주주의 이러한 권리에 대하여 살펴보겠다.

(가) **집행임원의 위법행위에 대한 유지청구권**　　집행임원 설치회사의 경우 회
사의 업무집행권이 집행임원에게 있고(상 408조의 4), 주주는 회사의 구성원으로서
집행임원의 회사의 업무집행에 관하여 이해관계가 크므로 집행임원의 업무집행을
직접 감독할 권한을 갖는다. 주주는 이러한 감독권을 주주총회에서 또는 이사회를
통하여(상 408조의 2 3항) 간접적으로 행사하는 것이 원칙이지만, 일정한 경우에는
소수주주를 통하여 직접적으로 행사할 수 있다. 따라서 상법은 집행임원의 위법행
위에 대한 주주의 이러한 직접감독권의 하나로 사전의 조치로서 위법행위 유지청구
권을 규정하고 있는 것이다.[248]

주주의 집행임원의 위법행위 유지청구권이란 "집행임원이 법령 또는 정관에
위반한 행위를 하여 이로 인하여 회사에 회복할 수 없는 손해가 생길 염려가 있는
경우에는 감사(監事)나 감사위원회 또는 소수주주[비상장회사의 경우에는 발행주식총수
의 100분의 1 이상에 해당하는 주식을 가진 소수주주이고, 상장회사의 경우는 발행주식총수의
100분의 1 이상에 해당하는 주식을 가진 소수주주 또는 6개월전부터 계속하여 상장회사 발행

247) 정찬형, 전게 주식회사법대계 Ⅱ(제4판), 1374~1375면.
248) 정(찬), (상), 1112면.

주식총수의 100,000분의 50 이상에 해당하는 주식을 보유한 소수주주(최근 사업연도 말 자본금이 1,000억원 이상인 상장회사의 경우는 6개월 전부터 계속하여 상장회사 발행주식총수의 100,000분의 25 이상에 해당하는 주식을 보유한 소수주주)]가 회사를 위하여 그 집행임원에 대하여 그 행위를 유지(留止)할 것을 청구할 수 있는 권리"이다(상 408조의 9, 402조, 415조의 2 7항, 542조의 6 5항·10항, 상시 32조). 이러한 집행임원의 「행위」는 불법행위는 물론 법률행위나 준법률행위 나아가서 사실행위도 포함하고, 「회사에 회복할 수 없는 손해」인지 여부는 사회통념에 따라 판단되는데 반드시 법률적으로 불가능한 것만을 의미하는 것이 아니다.[249]

위의 요건이 충족된 경우에 주주(소수주주)가 유지청구권을 행사할 것인지 여부는 임의이지만, 감사(監事) 또는 감사위원회는 반드시 이를 행사하여야 하고 이를 행사하지 않으면 임무를 게을리한 것이 된다.[250]

감사(監事)나 감사위원회 또는 소수주주는 집행임원이 그 행위를 하기 전에 유지청구권을 행사하여야 하고, 행사의 방법은 소(訴)에 의하여 할 수 있고(이 경우에는 그 소를 본안으로 하여 가처분으로 그 행위를 유지시킬 수도 있다 – 민집 300조) 소 이외의 방법(의사표시)에 의하여 할 수도 있다. 주주 등이 집행임원의 위법행위 유지청구를 하면, 그 집행임원은 그 행위를 중지하여야 한다. 그런데 그 집행임원이 주주 등의 유지청구에도 불구하고 그 행위를 하였다면, 유지청구가 그 행위의 사법상의 효력에는 영향이 없고,[251] 그 집행임원은 법령 또는 정관에 위반한 행위를 하였음이 나중에 확정된 경우에 한하여 책임을 진다(상 408조의 8 1항). 그런데 집행임원의 이러한 책임은 주주 등이 유지청구권을 행사하였는지 여부에 불문하고 생기는 것이므로, 이러한 책임이 유지청구권의 효과라고 볼 수도 없다. 그러나 집행임원의 그러한 행위가 그 후에 법령 또는 정관에 위반한 행위로 확정되면, 그러한 집행임원은 중과실로 의제되어 언제나 상법 제408조의 8 제1항에 의하여 회사에 대한 손해배상책임을 부담한다고 본다.[252] 이러한 점에서 주주 등의 유지청구권의 행사가 전혀 의미가 없다고 볼 수는 없다.[253]

(바) 집행임원의 책임을 추궁하는 대표소송권   집행임원 설치회사의 경우 회

---

249) 정(찬), (상), 1114면 외.
250) 정(찬), (상), 1115면 외.
251) 동지: 정(동), (회), 464면.
252) 정(찬), (상), 1115~1116면.
253) 정찬형, 전게 주식회사법대계 Ⅱ(제4판), 1377면.

사의 업무집행권이 집행임원에게 있고(상 408조의 4) 주주는 회사의 구성원으로서 집행임원의 회사의 업무집행에 관하여 이해관계가 크므로, 집행임원의 업무집행에 대한 직접감독권의 하나로 소수주주에게 사전의 조치로서 앞에서 본 바와 같이 유지청구권이 인정되고, 사후의 조치로서 대표소송권이 인정되어 있다.

주주의 대표소송권이란 "소수주주(비상장회사의 경우에는 발행주식총수의 100분의 1 이상에 해당하는 주식을 가진 주주이고, 상장회사의 경우는 발행주식총수의 100분의 1 이상에 해당하는 주식을 가진 주주 또는 6개월 전부터 계속하여 상장회사 발행주식총수의 10,000분의 1 이상에 해당하는 주식을 보유한 주주이다)가 회사를 위하여 집행임원(집행임원에 대한 업무집행지시자 등을 포함한다)의 책임을 추궁하기 위하여 제기하는 소송"을 말한다(상 408조의 9, 403조 1항, 542조의 6 6항·10항, 401조의 2 1항). 이러한 소수주주의 대표소송은 소수주주가 회사의 이익을 위하여 회사의 대표기관적 자격에서 소송을 수행하는 것이므로 「제3자의 소송담당」에 해당한다.[254] 따라서 판결의 효력은 당연히 회사 및 다른 주주에게 미치고(민소 218조 3항), 소수주주의 이 권리는 공익권의 일종이라고 볼 수 있다.[255]

집행임원 설치회사의 경우 집행임원과 집행임원설치회사간의 소송에 관하여는 이사회가 회사를 대표할 자를 선임하는데(상 408조의 2 3항 3호), 소수주주가 회사에 대하여 그 이유를 기재한 서면(이 서면에는 책임추궁 대상 집행임원의 성명과 책임발생 원인사실에 관한 내용이 기재되어야 함 - 대판 2021. 5. 13, 2019 다 291399)에 의하여 집행임원의 책임을 추구할 소의 제기를 청구한 경우(상 408조의 9, 403조 1항·2항), 회사가 이에 응하여 집행임원의 책임을 추궁하는 소를 제기하는 경우 회사를 대표할 자는 이사회에 의하여 선임된 회사를 대표할 자이다(상 408조의 2 3항 3호). 그런데 소수주주의 이러한 청구에도 불구하고 회사가 그 청구를 받은 날부터 30일 내에 소를 제기하지 아니한 때에는 소의 제기를 청구한 소수주주가 직접 소를 제기할 수 있다(상 408조의 9, 403조 3항). 그런데 30일의 경과로 인하여 회사에 회복할 수 없는 손해가 생길 염려가 있는 경우에는 소수주주는 회사에 청구할 필요 없이 즉시 직접 소를 제기할 수 있다(상 408조의 9, 403조 4항).

소수주주가 이와 같이 직접 소를 제기한 경우에는 제소주주의 주식보유비율(비상장회사의 경우에는 발행주식총수의 100분의 1이고, 상장회사의 경우에는 발행주식총수의 100분의 1 또는 6개월 전부터 계속하여 상장회사 발행주식총수의 10,000분의 1이다) 미만으

254) 정(찬), (상), 1117면; 정(동), (회), 446면(이사의 위법행위에 대한 대표소송에 관하여) 외.
255) 정(찬), (상), 1117면.

로 감소한 경우(발행주식을 보유하지 아니하게 된 경우를 제외한다)에도 제소의 효력에는 영향이 없다(상 408조의 9, 403조 5항). 이는 대표소송의 제기를 쉽게 하고 또한 이러한 소를 가능한 한 유지시킴으로써 소수주주권을 강화하여 주주들의 효율적인 경영감시를 유도하며 또한 기업경영의 투명성을 보장하기 위하여 1998년 개정상법이 신설한 것이다.[256)

소수주주의 청구에 의하여 회사가 소를 제기하거나 또는 소수주주가 직접 대표소송을 제기하는 경우 당사자는 법원의 허가를 얻지 아니하고는 소의 취하·청구의 포기·인낙[257)·화해를 할 수 없다(상 408조의 9, 403조 6항). 소수주주의 대표소송은 소수주주가 회사의 이익을 위하여 제기하는 것이므로 회사 또는 제소주주가 쉽게 소의 취하·화해 등을 하는 것은 곤란하지만, 소송수행중 부득이하게 소의 취하·화해 등을 할 필요성도 있으므로, 이 양자를 조화하여 1998년 개정상법은 이 경우 「법원의 허가」를 받아 소의 취하 등을 할 수 있도록 한 것이다.[258)

주주의 대표소송의 대상이 되는 집행임원의 책임범위는 집행임원이 제408조의 8 제1항에 의하여 회사에 대하여 부담하는 책임뿐만 아니라, 집행임원이 회사에 대하여 부담하는 모든 책임(예컨대, 집행임원이 회사와의 거래에서 부담하는 모든 거래상의 채무 및 손해배상책임, 집행임원으로 취임하기 전에 회사에 대하여 부담하는 채무, 상속 또는 채무인수에 의하여 승계취득한 채무 등)을 포함한다고 본다.[259)

회사가 파산절차중에는 주주가 집행임원의 책임을 추궁하는 이러한 대표소송을 제기하지 못한다.[260)

집행임원의 책임을 추궁하는 소는 회사 본점소재지의 지방법원의 전속관할이고(상 408조의 9, 403조 7항, 186조), 소수주주가 악의(집행임원을 해한다는 것을 아는 것)로 대표소송을 제기하는 경우 피고인 집행임원은 원고인 소수주주의 악의를 소명하여 소수주주에게 상당한 담보를 제공하게 할 것을 법원에 청구할 수 있다(상 408조의 9, 403조 7항, 176조 3항·4항). 이것은 대표소송의 남용을 방지하기 위한 것이다.[261)

---

256) 정(찬), (상), 1118~1119면.
257) 청구의 「인낙」은 집행임원이 하는 것으로서 이를 금할 이유가 없으므로 이를 규정한 것은 입법의 착오라는 견해가 있다[이(철), (회), 841면].
258) 정(찬), (상), 1121~1122면.
259) 정(찬), (상), 1117~1118면; 동, 전게 주식회사법대계 II(제4판), 1379면. 동지: 정(동), (회), 467면(이사의 위법행위에 대한 대표소송에 관하여) 외.
260) 대판 2002. 7. 12, 2001 다 2617(이사의 책임에 대하여).

소수주주가 직접 제소한 경우에 회사는 그 소송에 참가할 수 있는데(상 408조
의 9, 404조 1항), 이를 위하여 소를 직접 제기한 소수주주는 소를 제기한 후 지체
없이 회사에 대하여 그 소송의 고지를 하여야 한다(상 408조의 9, 404조 2항). 판결이
확정되면 기판력이 생겨 그 집행임원의 회사에 대한 책임을 또 다시 문제삼을 수
없게 되므로 소수주주가 직접 대표소송을 제기한 경우에 회사에게 소송참가의 기회
를 준 것이다.[262]

집행임원의 책임을 추궁하는 소가 제기된 경우에 원고와 피고의 공모로 인하
여 소송의 목적인 회사의 권리를 사해(詐害)할 목적으로 판결을 하게 한 때에는 회
사(소수주주가 원고인 경우) 또는 주주(회사가 원고인 경우인데, 이 경우의 주주는 소수주주
에 한하지 않는다)는 확정된 종국판결에 대하여 재심의 소를 제기할 수 있다(상 408조
의 9, 406조 1항). 민사소송법에도 재심의 소에 관한 규정이 있으나(민소 451조), 상법
상 대표소송에서는 원고와 피고와의 공모에 의하여 불공정한 결과가 발생할 우려가
크므로 상법은 이에 관한 특칙을 두고 있다.[263] 재심의 소는 당사자가 확정판결 후
재심의 사유를 안 날부터 30일 내에 제기하여야 하고, 판결확정 후 5년을 경과한
때에는 재심의 소는 제기하지 못한다(민소 456조). 이 재심의 소를 제기한 주주가 승
소한 경우에는 회사에 대하여 소송비용 및 그 밖에 소송으로 인하여 지출한 비용중
상당한 금액의 청구권을 갖고, 패소한 경우에는 악의가 없는 한 책임이 없다(상 408
조의 9, 406조 2항, 405조).

대표소송은 제3자의 소송담당의 한 경우이므로, 원고인 소수주주가 받는 판결
의 효력(승소이든 패소이든)은 당연히 회사에 미치게 되고(민소 218조 3항), 다른 주주
도 동일한 주장을 하지 못한다. 대표소송에서 원고인 소수주주가 승소하면 그 주주
는 회사에 대하여 소송비용 및 그 밖에 소송으로 인하여 지출한 비용 중 상당한 금
액의 지급을 청구할 수 있는데, 이 경우 소송비용을 지급한 회사는 집행임원 또는
감사에 대하여 구상권이 있다(상 408조의 9, 405조 1항). 대표소송을 제기한 소수주주
가 회사로부터 이러한 소송비용 등을 지급받을 수 있도록 한 것은, 소수주주의 이
러한 소송으로 인하여 이익을 받게 되는 자는 회사와 다른 주주들도 해당되므로,
회사가 이러한 비용을 모두 부담하도록 하고 다만 소송비용은 패소한 집행임원 또
는 감사에게 구상하도록 한 것이다. 상법이 「그 밖에 소송으로 인하여 지출한 비용

---

261) 정(찬), (상), 1120~1121면.
262) 정(찬), (상), 1121면.
263) 정(찬), (상), 1122면.

중 상당한 금액」으로 규정한 것은 변호사비용 등이 부당하게 다액으로 약정되는 폐해를 방지하기 위한 것이다.[264] 원고인 소수주주가 직접 대표소송을 제기하여 패소한 때에는 그가 악의인 경우 외에는 과실이 있다 하더라도 회사에 대하여 손해배상의 책임을 지지 아니한다(상 408조의 9, 405조 2항). 이것은 원고인 소수주주가 패소를 두려워하여 대표소송제도의 이용을 기피하는 것을 방지하기 위한 것이다.[265]

대표소송에 관하여 부정한 청탁을 받고 재산상의 이익을 수수·요구 또는 약속한 자는 1년 이하의 징역 또는 300만원 이하의 벌금의 처벌을 받는다(상 631조 1항 2호).

(다) **집행임원의 책임을 추궁하는 다중대표소송권**　　2020년 개정상법(2020. 12. 29. 공포, 법률 제17764호)은 다중대표소송을 상법에 신설하면서(상 406조의 2) 이를 집행임원에 대하여도 준용하는 것으로 규정하였다(상 408조의 9). 따라서 다중대표소송의 입법 이전에 모회사의 소수주주가 자회사의 집행임원의 위법행위에 대하여 자회사를 대위하여 이중(다중)대표소송을 제기할 수 있는지 여부에 대한 논의는 입법적으로 해결되었고, 이때 이중대표소송을 부정한 대법원판례[266]는 다중대표소송의 입법 이후에는 의미가 없게 되었다.

2020년 개정상법상 인정되고 있는 다중대표소송(관련회사가 2개인 경우에는 이중대표소송이고, 관련회사가 3개 이상인 경우는 다중대표소송임)은 "모회사 발행주식총수의 100분의 1 이상에 해당하는 주식을 주주(상장회사의 경우는 이 경우뿐만 아니라, 6개월 전부터 계속하여 모회사 발행주식총수의 1만분의 50 이상에 해당하는 주식을 보유한 주주)가 자회사(의제자회사 포함-상 342조의 2 3항)의 집행임원의 책임을 추궁하는 소송"을 말한다(상 406조의 2 1항, 542조의 6 7항·10항). 이러한 다중대표소송(이중대표소송) 제도의 도입으로 종속회사의 집행임원의 위법행위에 대하여 종속회사 또는 그 주주인 지배회사가 종속회사의 집행임원의 책임을 추궁하지 않는 경우에는 실질적인 이해관계를 갖는 지배회사의 소수주주에게 종속회사를 대위하여 종속회사의 집행임원의 책임을 물을 수 있게 되었다.[267] 다중대표소송에 대하여는 대표소송에 관한 규정을 많이 준용하고 있으므로(상 406조의 2 3항) 이러한 범위 내에서는 대표소송의 경우와 같다. 따라서 이하에서는 다중대표소송과 대표소송이 같은 부분은 대표소송

---

264) 정(찬), (상), 1122~1123면.
265) 정(찬), (상), 1123면.
266) 대판 2004. 9. 23, 2003 다 49221.
267) 정(찬), (상), 1125~1126면.

에 관한 부분의 설명으로 갈음하고, 다중대표소송에 특유한 사항에 대해서만 간단
히 살펴본다.

다중대표소송의 경우에는 모회사의 소수주주가 자회사 집행임원의 책임을 추
궁하는 소이기 때문에 소 제기 이후 모자회사관계의 변동이 이 소에 어떠한 영향을
미치는지가 문제된다. 이에 대하여 상법은 특별히 규정하고 있다. 즉, 모회사의 소
수주주가 자회사에 대하여 자회사 집행임원의 책임을 추궁할 '소의 제기를 청구한
후' 모회사가 보유한 자회사의 주식이 자회사 발행주식총수의 100분의 50 이하로
감소한 경우(발행주식을 보유하지 아니하게 된 경우를 제외한다)에도 자회사에 대하여 자
회사 집행임원의 책임을 추궁할 소의 제기의 청구(상 406조의 2 1항)와 자회사를 위
한 제소(상 406조의 2 2항)의 효력에는 영향이 없다(상 408조의 9, 406조의 2 4항). 다
시 말하면 다중대표소송에서 모자회사관계는 모회사의 소수주주가 자회사에 대하여
자회사 집행임원의 책임을 추궁할 '소의 제기를 청구한 때'에만 유지되면 되는 것이
다(그러나 다중대표소송에서 모회사 소수주주가 보유하여야 할 주식의 비율은 '소 제기시'에
만 유지되면 된다).[268]

다중대표소송을 제기하기 위하여는 모회사의 주주가 먼저 자회사에 대하여 그
이유를 기재한 서면으로 자회사 집행임원의 책임을 추궁할 소의 제기를 청구하여야
하고(상 408조의 9, 406조의 2 1항·3항), 자회사가 이러한 청구를 받은 날부터 30일
내에 소를 제기하지 아니한 때에는(다만 이러한 30일의 경과로 인하여 자회사에 회복할
수 없는 손해가 생길 염려가 있는 경우에는 예외적으로 30일의 경과 전에도) 즉시 자회사를
위하여 소를 제기할 수 있는데(상 408조의 9, 406조의 2 2항·3항), 이러한 점은 대표
소송의 경우(상 403조 1항~4항)와 같다. 그러나 다중대표소송은 해석상 자회사의 주
주가 대표소송을 제기하지 않은 경우에 모회사의 주주(소수주주)가 다중대표소송을
제기할 수 있다고 본다. 왜냐하면 자회사 집행임원의 책임을 추궁하는 소는 모두
동일한 소송이므로, 자회사가 그의 집행임원의 책임을 추궁하지 않는 경우 자회사
의 주주(소수주주)에게 대표소송을 인정하고(상 408조의 9, 403조), 자회사의 주주(소
수주주)가 대표소송을 제기하지 않는 경우에 그 자회사의 모회사의 주주(소수주주)에
게 다중대표소송이 인정되는 것으로 해석하여야 할 것이기 때문이다(상 408조의 9,
403조 1항 및 406조의 2 1항 취지 참조).[269]

(2) 집행임원의 업무집행에 대한 감사(監事)의 감사

---

268) 정(찬), (상), 1127면.
269) 정(찬), (상), 1128면.

집행임원 설치회사의 경우 감사(監事)(감사에 갈음하여 '감사위원회'를 둔 경우에는 감사위원회를 말한다. 이하 같다 – 상 415조의 2 7항)는 집행임원의 직무집행을 감사할 권한을 갖는다(상 408조의 9, 412조 1항). 이는 감사가 집행임원의 업무집행에 관하여 회계감사 및 업무집행 전반을 감사할 권한을 갖는다는 것을 의미한다.[270] 감사의 이러한 업무감사권은 이사회의 업무감독권(상 408조의 2 3항 2호)과 구별된다. 즉, 이사회의 업무감독권은 상하관계에서 행사되는 것이고 또 타당성(합목적성) 감사에도 미치나, 감사의 감사권은 수평관계에서 행사되는 것이고 또 상법에 명문규정이 있는 경우를 제외하고는 위법성 감사만을 할 수 있는 점에서 양자는 구별된다.[271]

감사는 집행임원의 업무집행에 대한 감사권이 있는 점에서, 감사는 언제든지 집행임원에 대하여 영업에 관한 보고를 요구하거나 회사의 업무와 재산상태를 조사할 수 있다(상 408조의 9, 412조 2항). 집행임원은 업무집행에 대한 감독권이 있는 이사회에 대하여는 3개월에 1회 이상 업무의 집행상황을 정기적으로 보고하여야 할 의무가 있고(상 408조의 6 1항) 또한 이사는 대표집행임원으로 하여금 다른 집행임원 또는 피용자의 업무에 관하여 이사회에 보고할 것을 요구하면 대표집행임원은 이에 따라 보고할 의무가 있는데(상 408조의 6 3항), 감사에 대하여 (대표)집행임원은 이러한 의무가 없다.

6. 입법론상 상법에 '집행임원'을 추가하여야 할 조문

입법론상 상법에 '집행임원'을 추가하여야 할 조문에 대하여는 이미 본문 또는 주에서 부분적으로 언급하였는데, 이를 이곳에서 통일하여 정리하여 보면 다음과 같다.[272]

(1) 상법 제17조 제1항 후단은 상업사용인이 겸직금지의무를 부담하는 대상을 「회사의 무한책임사원, 이사 또는 다른 상인의 사용인」으로 규정하고 있는데, 2011년 개정상법에 의하여 유한책임회사의 '업무집행자'가 있고(상 287조의 12) 또한 집행임원 설치회사(주식회사)의 '집행임원'이 있으므로(상 408조의 4) 이러한 업무집행자와 집행임원이 추가되어야 할 것으로 본다. 따라서 상법 제17조 제1항 후단은 「회사의 무한책임사원, 업무집행자, 이사, 집행임원 또는 다른 상인의 사용인」

---

270) 정(찬), (상), 1137면; 정(동), (회), 478면(감사의 이사의 직무집행에 대한 감사에 대하여) 외.

271) 정(찬), (상), 1005면, 1137면.

272) 정찬형, 전게 주식회사법대계 II(제4판), 1383~1388면.

으로 개정되어야 할 것이다.

(2) 상법 제89조 제1항 후단의 대리상의 겸직금지의무의 대상에도 위에서 본 바와 같은 이유로 유한책임회사의 '업무집행자'와 집행임원 설치회사(주식회사)의 '집행임원'이 추가되어야 할 것으로 본다. 따라서 상법 제89조 제1항 후단은 「동종영업을 목적으로 하는 회사의 무한책임사원, 업무집행자, 이사 또는 집행임원이 되지 못한다」로 개정되어야 할 것이다.

(3) 상법 제198조 제1항 후단의 합명회사 사원의 겸직금지의무의 대상에도 위에서 본 바와 같은 이유로 유한책임회사의 '업무집행자'와 집행임원 설치회사(주식회사)의 '집행임원'이 추가되어야 할 것으로 본다. 따라서 상법 제198조 제1항 후단은 「동종영업을 목적으로 하는 다른 회사의 무한책임사원, 업무집행자, 이사 또는 집행임원이 되지 못한다」로 개정되어야 할 것이다.

(4) 합자회사의 유한책임사원은 겸직금지의무를 부담하고 있지 않은데, 이에 대하여 상법 제275조 후단은 「동종영업을 목적으로 하는 다른 회사의 무한책임사원 또는 이사가 될 수 있다」고 규정하고 있다. 이는 위에서 본 바와 같은 이유로 「동종영업을 목적으로 하는 다른 회사의 무한책임사원, 업무집행자, 이사 또는 집행임원이 될 수 있다」로 개정되어야 할 것으로 본다.

(5) 상법 제397조 제1항 후단은 이사가 겸직금지의무를 부담하는 대상을 「동종영업을 목적으로 하는 다른 회사의 무한책임사원이나 이사」로 규정하고 있다. 여기에도 위에서 본 바와 같은 이유로 유한책임회사의 '업무집행자'와 집행임원 설치회사(주식회사)의 '집행임원'이 추가되어야 할 것으로 본다. 따라서 상법 제397조 제1항 후단은 「동종영업을 목적으로 하는 다른 회사의 무한책임사원, 업무집행자, 이사 또는 집행임원이 되지 못한다」로 개정되어야 할 것이다. 상법 제408조의 9가 동제397조를 준용하는 것은 겸직금지의무를 부담하는 주체에 관한 것이고 위와 같이 변경하는 것은 겸직금지의 대상(객체)에 관한 것이므로, 양자는 상호 상충되지 않는다. 만일 상법 제397조 제1항 후단을 위와 같이 개정하지 않으면, 집행임원은 다른 회사인 합명회사·합자회사의 무한책임사원이나 주식회사·유한회사의 이사가 되지 못하나(상 408조의 9, 397조), 집행임원은 다른 회사인 유한책임회사의 업무집행자나 주식회사의 집행임원이 될 수 있게 되는 모순이 발생한다.

(6) 집행임원 설치회사에서 집행임원은 주주총회에 출석하여 주주들에게 회사의 업무집행에 관한 사항을 설명할 의무를 부담한다고 볼 수 있으므로, 주주총회의 의사록에 기명날인 또는 서명하도록 하여야 할 것이다. 따라서 상법 제373조 제2항

후단은 「의장과 출석한 이사 및 집행임원이 기명날인 또는 서명하여야 한다」로 개정되어야 할 것으로 본다.

(7) 주식회사는 해당 영업년도의 결산기에 배당가능이익이 없을 우려가 있는 경우에는 자기주식을 취득할 수 없는데(상 341조 3항), 이에 위반하여 자기주식을 취득하는 자는 집행임원 설치회사의 경우 '집행임원'일 것이므로, 이에 따른 귀책도 집행임원에 대하여 하여야 할 것이다. 따라서 상법 제341조 제4항에서 「이사」는 「이사 또는 집행임원」으로 개정되어야 할 것으로 본다.

(8) 주식교환서 등의 공시의무를 부담하는 자는 집행임원 설치회사의 경우 '집행임원'일 것이므로, 상법 제360조의 4 제1항의 「이사」는 「이사 또는 집행임원」으로 개정되어야 할 것으로 본다.

주식교환사항을 기재한 서면의 사후공시에 대하여도 이러한 공시의무를 부담하는 자는 집행임원 설치회사의 경우 '집행임원'일 것이므로, 상법 제360조의 12 제1항의 「이사」는 「이사 또는 집행임원」으로 개정되어야 할 것으로 본다.

주식이전계획서 등의 공시의무를 부담하는 자도 집행임원 설치회사의 경우 '집행임원'일 것이므로, 상법 제360조의 17 제1항의 「이사」도 「이사 또는 집행임원」으로 개정되어야 할 것으로 본다.

(9) 집행임원 설치회사의 경우 주주총회는 '집행임원'이 제출한 서류를 조사하게 하기 위하여 검사인을 선임할 수 있을 것이므로, 상법 제367조 제1항에서의 「이사」는 「이사 또는 집행임원」으로 개정되어야 할 것으로 본다.

(10) 자본금 총액이 10억원 미만인 주식회사로서 이사가 1명 또는 2명인 주식회사에는(상 383조 1항 단서) 이사회가 없으므로, 이사회에서 집행임원을 선임·해임하고 집행임원의 업무집행에 대하여 이사회가 감독하는 것을 핵심으로 하는 집행임원 설치회사가 있을 수 없다. 따라서 상법 제383조 제5항에서는 그러한 회사에 대하여 집행임원에 관한 일부의 규정만 배제하는 것으로 규정하고 있는데, 집행임원에 관한 규정의 전부(즉, 상법 408조의 2부터 408조의 9까지)를 배제하는 것으로 개정되어야 할 것으로 본다.

(11) 이사 결원의 경우 새로 선임된 이사가 취임할 때까지 이사의 권리의무가 있고 또한 필요한 경우 임시이사를 선임하도록 하는 것은, 집행임원의 수가 정관에 의하여 정하여지는 경우에도 동일하므로, 상법 제386조 제1항 및 제2항에서의 「이사」는 「이사 또는 집행임원」으로 개정되어야 할 것으로 본다.

(12) 집행임원 설치회사에서 정관으로 집행임원이 가질 주식의 수를 정한 경우

에 다른 규정이 없는 때에는 집행임원은 그 수의 주권을 감사(監事)에게 공탁하도록
하여야 할 것이므로, 상법 제387조에서의 「이사」는 「이사 또는 집행임원」으로 개
정되어야 할 것이다.

참고로 일본 회사법은 "주식회사는 집행임원이 주주이어야 한다는 취지를 정
관으로 정할 수 없다. 그러나 공개회사가 아닌 위원회 설치회사(현재는 지명위원회등
설치회사)에 관하여는 그러하지 아니하다"로 규정하고 있어(日會 402조 5항), 공개회
사가 아닌 위원회 설치회사(현재는 지명위원회등 설치회사)는 정관으로 집행임원이
주주이어야 한다는 취지를 정할 수 있는 것으로 규정하고 있다. 이에 반하여 우리
상법은 이에 관하여 현재 아무런 규정이 없으나, 상법 제387조에 '집행임원'을 추
가하면 종래의 이사의 경우와 같이 정관으로 집행임원은 주주임을 규정할 수 있게
된다.

(13) 집행임원 설치회사의 경우 감사(監事)는 '집행임원'이 법령 또는 정관에 위
반한 행위를 하거나 그 행위를 할 염려가 있다고 인정한 때에 이사회에 이를 보고
할 의무를 부담하는 것이므로, 상법 제391조의 2 제2항의 「이사」는 「이사 또는 집
행임원」으로 개정되어야 할 것으로 본다.

(14) 집행임원 설치회사의 경우 감사(監事)는 회사 및 자회사의 집행임원을 겸할
수 없도록 하여야 할 것이므로, 상법 제411조의 「이사」는 「이사·집행임원」으로 개
정되어야 할 것으로 본다.

(15) 집행임원 설치회사의 경우 감사(監事)는 집행임원이 주주총회에 제출할 의
안 및 서류를 조사할 것이므로, 상법 제413조의 「이사」는 「이사 또는 집행임원」으
로 개정되어야 할 것으로 본다.

(16) 감사(監事)가 회사 또는 제3자에 대하여 손해를 배상할 책임이 있는 경우에
이사·집행임원도 책임이 있으면 감사는 이사·집행임원과 연대하여 배상할 책임이
있으므로(상 408조의 8 3항 참조), 상법 제414조 제3항에서 「이사」는 「이사 또는 집
행임원」으로 개정되어야 할 것으로 본다. 이는 상법 제408조의 8 제3항과의 균형을
위해서도 필요하다.

(17) 집행임원 설치회사에서는 '집행임원'이 주식청약서 및 사채청약서를 작성
할 것이므로, 상법 제420조 및 제474조 제2항에서 「이사」는 「이사 또는 집행임원」
으로 개정되어야 할 것으로 본다. 이 때 '이사'는 대표이사를 의미하고 이는 상법
제408조의 5 제2항에 의하여 '대표집행임원'을 의미하는 것으로 해석할 수도 있으
나, 명확하게 규정하는 것이 법적용의 혼란을 방지할 수 있을 것으로 본다.

⒅ 집행임원 설치회사에서는 신주발행에 관한 업무를 '집행임원'이 하고 또한 불공정한 가액의 통모인수인은 신주를 발행하는 업무를 담당하는 '집행임원'과 통모할 것이므로, 상법 제424조의 2 제1항 및 제3항에서 「이사」는 「이사 또는 집행임원」으로 개정되어야 할 것으로 본다.

⒆ 집행임원 설치회사에서는 신주발행으로 인한 변경등기를 '집행임원'이 할 것이므로, 이러한 집행임원의 부실등기에 대하여는 그 집행임원에게 자본충실의 책임을 지워야 할 것이다. 따라서 상법 제428조 제1항 및 제2항에서 「이사」는 「이사 또는 집행임원」으로 개정되어야 할 것으로 본다.

⒇ 집행임원 설치회사에서는 '집행임원'이 재무제표 및 연결재무제표를 작성하므로, 상법 제447조 제1항 및 제2항에서 「이사」는 「이사 또는 집행임원」으로 개정되어야 할 것으로 본다.

상법 제447조 제1항·제2항, 후술하는 상법 제447조의 2 제1항·제447조의 3·제447조의 4 제1항 및 제449조 제1항부터 제3항까지에서의 '이사'는 대표이사를 의미하고 이는 상법 제408조의 5 제2항에 의하여 '대표집행임원'을 의미하는 것으로 해석할 수도 있으나, 명확하게 규정하는 것이 법적용의 혼란을 방지할 수 있을 것으로 본다.

⑵⑴ 집행임원 설치회사에서는 '집행임원'이 영업보고서를 작성하므로, 상법 제447조의 2 제1항에서 「이사」는 「이사 또는 집행임원」으로 개정되어야 할 것으로 본다.

⑵⑵ 집행임원 설치회사에서는 '집행임원'이 재무제표 및 영업보고서를 감사(監事)에게 제출하므로, 상법 제447조의 3에서 「이사」는 「이사 또는 집행임원」으로 개정되어야 할 것으로 본다.

⑵⑶ 집행임원 설치회사에서는 감사(監事)가 감사보고서를 '집행임원'에게 제출하므로, 상법 제447조의 4 제1항에서 「이사」는 「이사 또는 집행임원」으로 개정되어야 할 것으로 본다.

⑵⑷ 집행임원 설치회사에서는 재무제표를 정기총회에 제출하여 그 승인을 요구하고 영업보고서를 정기주주총회에 제출하여 그 내용을 보고하며 대차대조표를 공고하여야 하는 자는 '집행임원'이므로, 상법 제449조 제1항부터 제3항까지의 「이사」는 「이사 또는 집행임원」으로 개정되어야 할 것으로 본다.

⑵⑸ 집행임원 설치회사에서는 재무제표를 집행임원이 작성하므로 정기주주총회에서 재무제표가 승인됨에 따라 그 책임이 해제된 것으로 보게 되는 자는 '집행

임원'이므로, 상법 제450조에서 「이사와 감사」는 「이사 또는 집행임원과 감사」로 개정되어야 할 것으로 본다.

(26) 집행임원 설치회사의 경우 당해 결산기에 배당가능이익이 없음에도 불구하고 중간배당안을 이사회에 제출하는 자는 '집행임원'이므로 이에 따른 책임도 집행임원이 부담하여야 할 것이다. 따라서 상법 제462조의 3 제4항의 「이사」는 「이사 또는 집행임원」으로 개정되어야 할 것으로 본다. 집행임원의 책임은 원칙적으로 연대책임이 아니고 또 그 책임의 면제 및 감경에 관하여는 상법 제408조의 9에서 제400조를 준용하고 있으므로, 상법 제462조의 3 제6항의 「이사」에서는 집행임원을 추가할 필요가 없다고 본다.

(27) 집행임원 설치회사에서는 사채인수인에 대하여 각 사채의 납입을 시키는 자는 '집행임원'이므로, 상법 제476조 제1항의 「이사」는 「이사 또는 집행임원」으로 개정되어야 할 것으로 본다.

(28) 집행임원 설치회사의 경우 신주인수권증권의 발행시 이 증권에 기명날인 또는 서명할 자는 '집행임원'이므로, 상법 제516조의 5 제2항에서 「이사」는 「이사 또는 집행임원」으로 개정되어야 할 것으로 본다.

이 때 '이사'는 대표이사를 의미하고 이는 상법 제408조의 5 제2항에 의하여 '대표집행임원'을 의미하는 것으로 해석할 수도 있으나, 명확하게 규정하는 것이 법적용의 혼란을 방지할 수 있을 것으로 본다.

(29) 흡수합병에서 보고총회를 소집하고 합병에 관한 사항을 보고하는 자는 존속회사가 집행임원 설치회사의 경우 '집행임원'이므로, 상법 제526조 제1항의 「이사」는 「이사 또는 집행임원」으로 개정되어야 할 것으로 본다.

(30) 합병에 관한 서류에 대하여 사후공시의 의무를 부담하는 자는 집행임원 설치회사의 경우 '집행임원'이므로, 상법 제527조의 6 제1항에서 「이사」는 「이사 또는 집행임원」으로 개정되어야 할 것으로 본다.

(31) 주식회사를 유한회사로 조직변경하는 경우 회사에 현존하는 순재산액이 자본금의 총액에 부족한 때에 이 부족액에 대하여 연대책임을 지는 자에는 집행임원 설치회사의 경우 이러한 업무를 집행한 '집행임원'이 포함되어야 할 것이므로, 상법 제605조 제1항에서 「주주총회결의 당시의 이사와 주주」는 「주주총회결의 당시의 이사 또는 집행임원과 주주」로 개정되어야 할 것으로 본다.

II. 우리 상법상 집행임원제도의 도입과정과 문제점 및 개선방안

1. 우리 상법상 집행임원제도의 도입과정과 문제점[273]

(1) 우리 상법상 주식회사의 지배구조

우리 상법상 주식회사의 지배구조는 상법(이하 조문 인용에서는 '상'으로 약칭함) 제정(1962. 1. 20, 법 1000호, 시행일자: 1963. 1. 1.)시부터 일본의 그것과 같이 업무집 행기관으로 이사회(및 대표이사)[274]와 감사(監査)기관으로 감사(監事)가 있었다. 다만 일본의 경우와 다른 점은 감사(監事)의 선임에서 대주주의 의결권을 제한한 점이다 (상 409조 2항, 542조의 12 7항). 상법상 주식회사의 업무집행기관이 업무집행에 관 한 의사결정기관인 이사회(상 393조 1항)(참여형 이사회)와 이의 집행기관인 대표이사 (상 389조)로 나뉘어 있지만, 사실상 이사회가 대표이사에 종속되어 업무집행기관은 대표이사라고 볼 수 있다. 이러한 대표이사가 전횡하는 업무집행에 대하여 이사회 는 사실상 (업무집행에 관한 의사결정에 있어서나 업무감독에 있어서) 거의 이의를 제기 하지 못한다. 상법상 이사회가 업무집행에 관한 의사를 회의를 통하여 다수의 중지 를 모아 의결하도록 되어 있으나, 실무에서 모든 업무집행에 관한 사항을 이사회에 부의할 수도 없고, 중요한 안건에 대하여 대표이사가 이사회에 부의한 안건에 대하 여 이사회에서 이에 문제를 제기하거나 반대하는 이사도 거의 없다(반대하는 이사는 대표이사로부터 향후 많은 불이익을 받을 수 있다). 또한 상법상 이사회가 대표이사를 포 함한 이사의 직무집행을 감독할 수 있도록 규정하고 있지만(상 393조 2항), 이는 자

---

273) 이에 관하여는 정찬형, 전게논문(금융법연구 제19권 제3호), 182~193면 참조.

274) 주식회사의 지배구조에서 가장 중요한 기관은 업무집행기관인데, 우리 제정상법은 (참여형 이 사회제도 또는 집행임원 비설치회사의 경우) 업무집행에 관한 의사결정기관으로 '이사회'를 규정 하고(상 393조 1항), 회사의 대표기관으로 '대표이사'에 대하여만 규정하고 있다(상 389조). 즉, 주주총회 및 이사회가 결의한 사항을 집행하는 기관에 대하여는 상법이 규정하고 있지 않다. 따라 서 이의 집행기관은 대표이사라고 해석하고 있는데[정(찬), (상), 1022면], 이는 상법의 규정에 의 한 것이 아니라 대표이사의 해석에 의한 것이다. 또한 사내이사(업무담당이사, 상근이사)의 업무집 행권은 상법의 규정에 의한 것이 아니라 정관 등의 규정에 의하여 업무집행권이 부여된다[정(찬), (상), 1023면]. 입법론적으로 주식회사의 (업무집행에 관한 의사결정기관이 아닌) 업무집행기관에 대하여 명문의 규정을 두어야 할 것으로 본다(집행임원 설치회사의 경우 상 408조의 4 1호 참조). 이는 합명회사의 경우 업무집행기관(상 200조 1항, 201조 1항)과 대표기관(상 207조)을 별도 로 구분하여 규정하고 있는 점, 합자회사의 경우 업무집행기관(상 273조, 278조 전단)과 대표기관 (상 269조·207조 , 278조 후단)을 별도로 구분하여 규정하고 있는 점, 유한책임회사의 경우 업무 집행기관(상 287조의 3 4호)과 대표기관(상 287조의 19 1항·2항)을 별도로 구분하여 규정하고 있는 점과 다르다.
　일본의 회사법도 (집행임원 비설치회사의 경우) 주식회사의 업무집행기관(日會 348조 1항, 363 조 1항)과 대표기관(日會 349조 1항, 362조 3항)을 구분하여 규정하고 있다.

기감독이 될 뿐만 아니라 대표이사의 업무집행을 이사들이 사실상 감독하거나 이의를 제기할 수 없기 때문에 사문화된 규정이라고 볼 수 있다. 따라서 우리 상법상 주식회사의 지배구조에서 대표이사는 업무집행권을 전횡하면서 아무런 (내부적) 감독을 받지 않았다. 이러한 문제가 있는 지배구조에 대하여 국내에서는 근본적인 문제점이 있음을 지적하거나 이의를 제기하는 일이 거의 없었고, 상법 개정시마다 거의 의미 없는 감사(監事)에 관한 규정만 개정하였다. 그러던 중 1997년 말 IMF 사태가 발생하여 IMF 경제체제에 돌입하게 되니 외국기관에서 한국에 돈을 빌려주면서 채권자로서 한국 주식회사의 지배구조에 문제가 있음을 지적하고 국제기준에 맞게 개선(이사회에 사외이사를 두어라, 감사 대신에 사외이사 중심의 감사위원회를 두어라고 하는 등)하라고 한 것이다.

(2) 사외이사의 도입

이에 우리 정부(김대중 정부)는 1998년 2월 6일 경제위기를 극복하고 회사의 경영투명성 제고를 위하여 발표한 회사 구조조정 추진방안에서 주권상장법인에 대하여 전격적으로 사외이사의 선임을 의무화하기로 정하였다. 이에 따라 1998년 2월 20일 유가증권상장규정을 개정하여 주권상장법인은 (회사경영의 공정과 투자자의 보호를 위하여) 이사총수의 4분의 1(최소 1인) 이상의 사외이사를 의무적으로 두도록 하였고(동 규정 48조의 5), 2000년 1월 21일(법 6176호) 증권거래법이 개정되어 사외이사에 관하여 "주권상장법인은 사외이사를 이사총수의 4분의 1 이상이 되도록 하여야 한다. 다만, 대통령령이 정하는 주권상장법인의 사외이사는 3인 이상으로 하되, 이사총수의 2분의 1 이상이 되도록 하여야 한다"고 규정하였고(동법 191조의 16 1항), 그 후 동법이 2003년 12월 31일(법 7025호) 다시 개정되어 (이사총수의 2분의 1 이상에서) 과반수로 상향하였다(동법 191조의 16 1항 단서).

이러한 증권거래법상의 사외이사에 관한 규정의 내용은 2009년 1월 30일(법 9362호) 개정상법에 의하여 신설된 상장회사에 대한 특례규정에서 규정되고 있다.[275]

위에서 본 바와 같이 미국에서는 업무집행기관으로 집행임원(국가의 경우 행정부에 해당)이 있고 이의 감독기관으로 이사회(국가의 경우 국회에 해당)(감독형 이사회)가 있는데, 이사회의 감독기능(사외이사 중심의 이사회내 위원회의 하나인 감사위원회를 포함하여)을 강화하기 위하여 이러한 감독형 이사회에 사외이사를 두도록 장려하는 것이다. 그런데 이 당시의 우리 주식회사의 지배구조는 미국과는 달리 업무집행기

---

275) 정(찬), (회), 692면 주 1); 정(찬), (상), 967면 주 1).

관으로서 집행임원이 별도로 없고, 이사회(참여형 이사회)가 업무집행기관이었다(상법상 '이사회가 이사의 직무의 집행을 감독한다'고 규정하고 있으나, 이는 위에서 본 바와 같이 자기감독으로 실효성이 없는 규정임). 사외이사와 관련된 문제는 주식회사의 지배구조의 근본적인 변경이므로(즉, 업무집행기관인 이사회를 업무감독기관으로 변경하고 업무집행기관인 집행임원을 별도로 두어야 하는 문제이므로), 충분한 연구의 결과가 있어야 하고 또한 광범위한 중지를 모아야 하였다. 그런데 정부는 IMF의 요구라고 하여 또는 사외이사만 도입하면 기업경영이 투명성이 담보되는 것으로 오판하여, 위에서 본 바와 같이 상장회사는 (이사회와 구별되는 업무집행기관인 집행임원을 별도로 두고, 이사회를 업무집행기관에서 업무감독기관으로 변경하는 입법을 먼저 하지 않고) 업무집행기관인 이사회에 무조건 사외이사를 두도록(자산총액 2조원 이상인 대규모 상장회사는 사외이사를 3인 이상 및 이사총수의 과반수를 의무적으로 두도록) 증권거래법을 개정하였다(이때 이를 주관하는 재경부와 이를 담당하는 국회 상임위원회는 이것이 주식회사의 지배구조를 근본적으로 변경하는 중대한 문제임을 인식하고 법무부 등 유관기관 및 전문가와 충분한 논의를 하였는지 여부가 의문이다). 이의 결과 기업경영의 투명성이 전보다 훨씬 증대하였고, 글로벌 스탠더드에 맞는 지배구조가 되었는가? 또는 IMF의 원래의 취지에 맞는 지배구조가 되었는가? 결과는 반대라고 본다. 위에서 본 바와 같이 먼저 이사회와는 분리되는 별도의 집행임원을 두는 입법과 기존의 업무집행기능을 담당하는 이사회(참여형 이사회)를 업무집행기관(집행임원)에 대한 감독을 담당하는(이와 함께 회사의 중요사항에 대하여만 의사를 결정하는) 이사회(감독형 이사회)로 변경하지 않고, 상장회사의 업무집행기관인 이사회(참여형 이사회)에 사외이사를 두는 것을 강제함으로써, 상장회사는 사외이사를 두는 것을 최소화할 목적으로 이사회에 이사의 수를 대폭 축소하고(이로 인하여 이사회의 업무집행기능을 대폭 축소하여 형해화함), 회사는 정관·내규에 의하여 또는 대표이사에 의하여 선임된 (사실상의) 집행임원(비등기임원)을 두고(이러한 사실상의 집행임원은 그 당시 상법에 규정이 없었으므로 상법상 규제를 받지 않는 사실상의 업무집행기관임) 회사의 업무집행은 실제로 대표이사와 이러한 (사실상의) 집행임원에 의하여 수행되어 오고 있다. 상장회사가 이와 같이 사외이사를 두는 것을 최소화하는 것은 업무집행기관인 이사회(참여형 이사회)제도에서 사외이사가 회사의 업무집행에 관한 의사를 결정하는 이사회에 매번 참여함으로써 사외이사의 기업정보에 대한 대외유출을 우려하고, 사외이사로 인한 이사회의 의사결정의 지연 및 비용부담의 증가를 우려하기 때문이다. 또한 이러한 (사실상의) 집행임원은 상법에 규정되지 않았으므로 비등기임원으로 불리우고, 실제로 (사외이사를 강제하기 전에) 등기이사가 하였던 직무를 담당하고 이로 인하여 보수 등에서도 등기이사와 거의 동등한 대우를 받고 있으면서도 상법상 규정이 없으므로 등기의무도 없어 공시되지도 않고 그의 지위·권한·의무·책임에 대하여도 상법상 규정이 없어 그와 거래하는 제3자의 보호에 큰 문제가 발생하게 되었다.[276] 사외이사를 강제하기 전에는 이사회(대표이사 및 사내이사)가 적어도 업무집행기능에는 (비록 대표이사 중심으로 하였다고 하더라도) 효율적으로 하였다고 볼 수 있는데, 사외이사를 강제한 후에는 (이사회를 대폭 축소한 결과 발생한) (사실상) 집행임원의 출현과 업무집행기관에 정보·지식 및 시간 등이 제한된 사외이사의 참여로 이사회의 업무집행기능의 효율성은 크게 감소하였다고 볼 수 있다.[277] 또한 (사실상) 집행임원을 법률상 규정하지 못함으로 인하여 제3자 보호의 문제 등 많은 문제가 발생하였다.[278] 그러면 이러한 이사회(참여형 이사회)에 사외이사가 참여하여 이사회의 업무집행기관(대표이사 및 사실상 집행임원)에 대한 감독권은 증대되었는가? 업무집행기관(이사회)에 참여한 사외이사가 다시 자기를 감독한다는 것은 자기감독의 모순이 있을 뿐만 아니라 실효성이 없고, 또한 사실상 사외이사도 자기를 사외이사에 추천한 대표이사를 감독하는 것이 현실적으로 불가능하다(이러한 점은 사외이사를 강제하기 전과 같음). 특히 중요한 것은 참여형 이사회는 (사실상) 집행임원이 이사가 아닌 점에서 (사실상) 집행임원에 대한 감독권을 갖고 있지 않다(상 393조 2항 참조).[279] 결과적으로 이사회와 분리된 집행임원을 별도로 두지 않고 업무집행기관인 이사회(참여형 이사회)에 사외이사를 강제로 두도록 함으로써, 이사회의 업무집행기능을 떨어뜨리고, 이사회의 업무집행기관에 대한 감독기능을 더 떨어뜨리는 결과가 되었다. 또한 법률상 근거도 없는 (사실상) 집행임원(비등기임원)을 대표이사(또는 회장)가 마음대로 선임·해임 등을 하면서 회사경영의 투명성과는 더욱 거리가 멀고, 황제경영만 강화한 결과가 되었다. 대표이사(또는 회장)는 일반적으로 사외이사로부터 견제를 받고 감독을 받는 것이 아니라, 오히려 대표이사(또는 회장)가 사외이사를 회사를 위한 로비스트 등으로 활용하기 위하여 선임하는 것이 일반적이다. 이러한 점에서 사외이사에 대하여 회의를 느끼거나 의문을 제기하는 분이 많은데, 이는 사외이사가 제도적으로 감독기능

---

276) 정(찬), (회), 692면 및 같은 면 주 2), 694면; 정(찬), (상), 967면 및 같은 면 주 2), 968~969면. 동지: 이수진, "사외이사에 관한 연구－사외이사의 선임을 중심으로－," 법학박사학위논문(고려대, 2023. 2), 100~101면.

277) 동지: 이수진, 상계 박사학위논문, 97~99면.

278) 동지: 이수진, 상계 박사학위논문, 100~101면.

279) 동지: 이수진, 상계 박사학위논문, 99~100면.

을 수행할 수 없도록 상법이 규정하고 있는 점에 제1차적인 원인이 있다고 본다.

(3) 감사위원회의 도입

위에서 본 바와 같이 IMF 경제체제에서 우리 상법은 다시 개정되어(1999. 12. 31, 법 6086호, 시행일자: 1999. 12. 31.), 감사(監事)에 갈음하여 이사회내 위원회의 하나로서 감사위원회를 둘 수 있는 것으로 규정하면서(상 415조의 2 1항), 감사위원회는 3명 이상의 이사로 구성하되 사외이사가 위원의 3분의 2 이상이 되도록 하였다(상 415조의 2 2항). 또한 자산총액 2조원 이상인 대규모 상장회사는 의무적으로 이러한 감사위원회를 두도록 하였다(원래는 증권거래법에서 규정하였는데, 2009년 1월 30일 법 9362호로 개정된 상 542조의 11 1항). 그런데 감사위원회는 원래 업무집행기관(집행임원)과 업무감독기관(감독형 이사회)이 분리된 지배구조에서 감사(監査)의 실효를 거두기 위한(이의 결과 감독형 이사회의 감독의 실효를 거두기 위한) 제도이다. 이는 이사회가 업무집행기능을 담당하는 참여형 이사회제도에서는 감사(監事)에 갈음할 수 없는 제도이다.[280] 다시 말하면 일본과 이를 따른 우리의 주식회사의 지배구조(이사회 + 감사)에서는 감사(監事)를 폐지하고 그 대신 업무집행기관인 이사회에 감사위원회를 둘 수 없는 구조이다. 즉, 참여형 이사회(집행임원 비설치회사)에서 감사에 갈음하여 감사위원회를 두도록 하거나 둘 수 있도록 하면 이사회가 업무집행권·업무감독권 및 업무감사권을 모두 갖게 되어(다시 말하면 외부의 감독기관 및 감사기관이 전혀 없게 되어), 업무감독기관 및 업무감사기관의 독립성에 문제가 있을 뿐만 아니라 자기감독 및 자기감사가 되어 감독 및 감사의 실효성에서도 문제가 있게 된다.[281] 그런데 우리 상법(및 과거의 증권거래법)은 (위에서 본 사외이사의 도입의 경우와 같이) 지배구조를 업무집행기관(집행임원)과 업무감독기관(감독형 이사회)으로 분리하지 않고, 업무집행기관인 이사회(참여형 이사회)의 하위기관인 위원회의 하나인 감사위원회를 감사(監事)에 갈음하여 둘 수 있거나 또는 의무적으로 두도록 규정한 것이다. 이러한 입법도 우리 주식회사 지배구조 체계를 충분히 검토하지 않고 IMF의 요청사항이라 하여, (그 당시) 우리의 주식회사의 지배구조 체계에 맞지도 않는 감사위원회 제도를 '감사(監査)를 한다'는 기능면에서만 보고(감사기관의 독립성, 감사의 효율성, 소수주주 의견의 반영 등의 문제는 전혀 검토하지 않고) 두 제도가 동일하거나 유사하다고 착각하여 성급하고 무리하게 잘못 입법한 것의 하나라고 볼 수 있다. 이로 인하여 업무집행에 관한 의사결정에 참여한 이사가 다시 감사위원회 위원으로서 업무

---

280) 정(찬), (회), 944~945면; 정(찬), (상), 1145면.

281) 동지: 이수진, 전게 박사학위논문, 102~103면.

집행을 담당한 이사의 직무를 감사하는 것이 되어, 자기감사의 모순이 발생하고 또한 이는 종래의 감사(監事)보다도 그 지위의 독립성과 감사(監査)의 실효성에 더 큰 문제가 발생하게 되었다.[282] 집행임원이 별도로 있는 감독형 이사회인 경우, 이러한 이사회내의 위원회의 하나인 감사위원회가 이사회의 통제를 받는 것은 당연하므로, 감독형 이사회내의 감사위원회는 결의된 사항을 각 이사에게 통지하고 이 경우 통지받은 각 이사는 이사회의 소집을 요구할 수 있고 이사회는 (업무집행기관에 대한 감독의 차원에서) 감사위원회가 결의한 사항에 대하여 다시 결의할 수 있는 것이다 (상 393조의 2 4항). 그런데 우리 상법이 업무집행기관(집행임원)과 업무감독기관(감독형 이사회)을 분리하지 않고 업무집행기관인 이사회내의 위원회의 하나를 감사위원회로 하니까 감사를 받는 이사들이 구성원인 이사회가 감사위원회가 감사한 결과를 다시 결의하도록 하는 것은 이상하다(모순된다)고 하여 2009년 1월 30일 상법개정시에 그 규정을 배제하는 규정을 두게 된 것이다(상 415조의 2 6항). 이는 우리 주식회사의 지배구조 체계를 변경하지 않고 기존 지배구조 체계에 맞지도 않는 감사위원회를 감사(監事)에 갈음하여 두도록 하거나 또는 둘 수 있도록 무리하게 규정하여 발생하는 문제인데, 근본적인 지배구조 체계를 변경하지는 않고 문제가 발생하면 땜질처방하는 것으로 이와 같이 부분적으로 개정하는 것은 매우 적절하지 않다고 본다.

대규모 상장회사의 경우 업무집행기관(집행임원)과 업무감독기관(감독형 이사회)을 분리하지 않고(즉, 지배구조 체계를 변경하지 않고), 업무집행기관인 이사회내의 위원회의 하나인 감사위원회를 종래의 감사(監事)에 갈음하여 의무적으로 두도록 하니, 감사기관의 독립성 등에서 더욱 많은 문제점이 발생하고 있다. 감사위원회는 이사회내 위원회의 하나이므로 감사위원회 위원은 이사회에 의하여 선임·해임된다 (상 393조의 2 2항 3호). 그런데 지배구조 체계를 변경하지 않고 업무집행기관인 참여형 이사회내에 무리하게 감사위원회를 의무적으로 설치하도록 하니까, 감사를 받는 자가 감사기관을 선임·해임하는 모순 등 더욱 많은 문제점이 발생하는 것이다. 그런데 정부와 국회는 주식회사의 지배구조 체계를 변경하는 근본적인 문제는 건드리지 않고, 종래의 지배구조 체계내에서 감사위원회를 무리하게(맞지 않게) 업무집행기관인 이사회(참여형 이사회)에 의무적으로 설치하도록 한 점에서 발생하는 모순과 문제점만을 반복적으로 땜질식으로 개정하고 있다. 즉, 감사위원회 위원을 업무집

---

282) 정(찬), (회), 945면; 정(찬), (상), 1145면.

행기관인 (참여형) 이사회가 선임·해임할 수 있도록 하면 감사를 받는 이사로 구성
되는 이사회가 감사를 하는 감사위원회 위원을 선임·해임하는 것이 되어 모순이고
감사기관의 독립성에 문제가 있으며 또한 감사(監事)의 선임·해임과도 불균형하다
고 하여, 대규모 상장회사의 경우는 이사회내 위원회에 관한 규정(상 393조의 2)에도
불구하고 감사위원회 위원의 선임·해임권을 주주총회에 부여하는 특칙을 두고 있
다(상 542조의 12 1항). 이로 인하여 감사위원회 위원의 선임·해임의 권한이 이원화
되는(대규모 상장회사의 경우는 주주총회, 그 이외의 회사는 이사회) 별도의 문제가 발생
하게 되었다.

　　또한 감사(監事)의 경우 주주총회에서 감사를 선임하는 경우 대주주의 의결권
이 제한되어 소수주주의 의견을 반영하는데(상 409조 2항), 대규모 상장회사의 경우
이와 균형을 맞추어 주주총회에서 감사위원회 위원을 선임하는 경우에도 대주주의
의결권을 제한할 수 있는가의 문제가 있다. 그런데 감사(監事)와는 달리 주주총회에
서 감사위원회 위원이 되는 이사의 선임에 주주의 의결권을 제한할 수는 없다(자본
다수결의 원칙). 그래서 고안된 것이 주주총회에서 이사를 선임할 때에는 주주의 의
결권이 제한되지 않으나, 선임된 이사중에서 감사위원회 위원을 선임할 때에(일괄선
출방식)(상 542조의 12 2항 본문) 주주의 의결권을 제한하는 것으로 하였다(상 542조의
12 4항). 그런데 이는 감사(監事)의 선임에서 소수주주의 의견을 반영하고자 하는 입
법취지를 전혀 반영하지 못하여 아무런 의미가 없는 규정이 되었다. 또한 기존 지
배구조 체제인 참여형 이사회제도에서의 감사위원회는 그의 독립성에서 감사(監事)
보다도 못하고 자기감사의 결과가 되어 감사(監査)의 효율성에서도 감사(監事)보다
도 못하게 되었다. 따라서 대규모 상장회사의 지배주주는 감사기관의 선임시 그의
의결권의 행사가 제한되는 감사(監事)보다는 감사위원회를 선호하고(그런데 상법에서
이러한 감사위원회를 의무적으로 두도록 하였으니 너무나 감사하고), 이와 함께 감사위원
회의 감사기관으로서의 독립성이 떨어지고 자기감사로서 감사(監査)의 효율성이 떨
어지는 (상법상 집행임원을 두지 않는) 참여형 이사회(기존의 지배구조 체계)를 선호하
여, 우리나라의 대규모 상장회사는 거의 전부 이러한 지배구조를 취하고 있다.[283]

　　이와 같이 주주총회에서 일괄선출방식에 의하여 감사위원회 위원을 선출하는
경우 감사(監事)의 선임에서와 같은 소수주주의 의견이 반영되지 못하므로, 2020년
개정상법은 주주총회에서 감사위원회 위원의 선임시 소수주주의 의견을 반영하기

---

[283] 정(찬), (회), 948면; 정(찬), (상), 1148면 주 1).

위하여 예외적으로 감사위원회 위원 중 1명(정관에서 2명 이상으로 정할 수 있음)에 대하여 (다른 이사들과 분리하여 감사위원회 위원이 되는 이사로 선임하는) 분리선출방식을 도입하였다(상 542조의 12 2항 단서). 그런데 이는 이사(비록 감사위원회 위원이 되는 이사라고 하더라도)의 선임에 주주의 의결권을 제한하는 것으로(자본다수결의 원칙에 반함) 감사(監事)의 선임에 의결권을 제한하는 것과는 완전히 다른 문제점이 발생하는 등 많은 문제가 있다고 본다.[284]

결국 우리 상법이 주식회사의 지배구조 체계를 업무집행기관(집행임원)과 업무감독기관(감독형 이사회)으로 분리(변경)하지 않고 기존의 지배구조 체계인 업무집행기관인 참여형 이사회내에 감사위원회를 두고 기존 감사(監事)를 폐지하는 것은 위에서 본 바와 같이 많은 문제점과 모순이 있으므로, 기존의 지배구조 체계인 참여형 이사회에서는 감사위원회는 매우 부적절하고 감사(監事)를 그대로 두도록 하여야 할 것이다.[285]

참고로 2017년 12월 법무부의 상법개정안에서는 대규모 상장회사는 의무적으로 상법상 집행임원을 두도록 하면서(동 개정안 408조의 2 1항 1문), 감사위원회의 위원 중 사외이사 1명(정관으로 이보다 많은 수를 정할 수 있음)은 상법 제393조의 2에도 불구하고 주주총회에서 선임(해임)하고, 그 이외의 감사위원회 위원은 이사회에서 선임(해임)하는 것으로 하였다(동 개정안 542조의 12 1항). 또한 주주총회에서 선임(해임)되는 감사위원회 위원은 주주총회의 보통결의로 다른 이사들과 분리하여 '감사위원회 위원이 되는 이사'로 선임되고(분리선출방식)(동 개정안 542조의 12 2항), 주주총회의 특별결의로 해임할 수 있도록 하였다(동 개정안 542조의 12 3항). 이러한 감사위원회 위원의 선임(해임)시에는 감사의 선임의 경우와 같이 주주의 의결권을 제한하였다(동 개정안 542조의 12 4항). 이는 대규모 상장회사의 지배구조를 업무집행기관(집행임원)과 업무감독기관(감독형 이사회)으로 분리하여 감사위원회가 독립성과 효율성을 갖도록 한 것인데, 이러한 개정안이 정부 및 국회에서 채택되지 않은 것을 아쉽게 생각한다.[286]

(4) 집행임원제도의 도입

앞에서 본 바와 같이 집행임원제도는 우리 상법상 주식회사의 지배구조를 변경하는 문제로서 사외이사 및 감사위원회와 함께 도입되었어야 했는데, 그

---

284) 이러한 문제점에 관한 상세는 정(찬), (회), 949~950면; 정(찬), (상), 1148면 주
285) 정(찬), (회), 949면; 정(찬), (상), 1148면 주 2) ①. 동지: 이수진, 전게 박사학위
286) 정찬형, 전게논문(금융법연구 제19권 제3호), 190면.

못하고 2011년 4월 개정상법(2011. 4. 14, 법 10600호, 시행일자: 2012. 4. 15.)에 의하여 처음으로 상법에 규정되었다. 우리 상법 제정 이후 주식회사의 지배구조는 업무집행기관[287]과 업무감독기관이 분리되지 못한 이사회(참여형 이사회)(상 393조 1항 및 2항)와, 업무집행기관에 대한 감사기관으로 감사(監事)가 있다(상 412조 1항). 그런데 집행임원제도를 도입하면 이사회로부터 업무집행기능을 분리하여 별도의 기구인 집행임원에게 맡기고, 이사회는 업무집행기관(집행임원)에 대한 감독을 주로 하고 (필요한 경우) 회사의 중요한 사항에 대하여 의사를 결정하는 기능을 담당하는 것이다(감독형 이사회). 우리 상법은 집행임원을 둔 회사를 '집행임원 설치회사'라고 부르고,[288] 집행임원 설치회사는 대표이사를 두지 못하는 것으로 규정하고 있다[289](상 408조의 2 1항 2문). 이와 함께 집행임원 설치회사의 이사회(감독형 이사회)의 권한을 별도로 규정하고 있고(상 408조의 2 3항), 집행임원 설치회사의 이사회 의장은 (대표집행임원이 당연히 되는 것이 아니라) 정관의 규정이 없으면 이사회의 결의로 선임하도록 하고 있다(상 408조의 2 4항). 이는 참여형 이사회의 권한과 구별되고 있다(상 393조 1항 및 2항).

그런데 우리 상법은 집행임원제도 및 감독형 이사회제도를 상법상 규정하면서, 이는 회사의 선택사항으로 규정하였다(상 408조의 2 1항 1문). 원래 법무부안은 대규모 상장회사에 대하여만 (의무적인 사외이사 중심의 이사회 및 감사위원회와 균형이 맞도록 하기 위하여) 집행임원제도를 의무적으로 도입하고자 하였으나 경제계의 강력한 반발로 임의규정으로 규정하게 되었고, 그 후 다시 감사위원회(및 사외이사)와 연계하여 감사위원회를 의무적으로 두도록 한 회사는 집행임원도 의무적으로 두도록 하였으나[2013년 7월 16일 정부(법무부)의 "상법 일부 개정(안) 입법예고"(법무부 공고 제2013-162호) 415조의 2 1항 2문 후단] 경제계의 강력한 반발로 무산되었다. 이러한

---

287) 업무집행기관으로 이사회뿐만 아니라 대표이사도 있는데(상 389조), 이러한 대표이사는 이사회의 구성원으로서 이사회가 업무집행에 관하여 결의한 사항을 집행할 뿐이므로 넓게 보면 이사회에 속한다고 볼 수 있다.

288) 따라서 종래의 주식회사의 지배구조는 집행임원의 면에서 보면 '집행임원 비설치회사'이고 이사회의 면에서 보면 이사회가 주로 업무집행기능을 담당하므로 '참여형 이사회'이다. 그런데 집행임원제도를 채택한 지배구조는 집행임원의 면에서 보면 '집행임원 설치회사'이고 이사회의 면에서 보면 이사회가 주로 업무집행기관(집행임원)에 대한 감독기능을 담당하므로 '감독형 이사회'라고 볼 수 있다.

289) 집행임원은 종래의 참여형 이사회제도에서 대표이사에 해당하는 업무만을 하는 것이 아니라 정관이나 이사회의 결의에 의하여 위임받은 업무집행에 관한 의사결정을 하는 점(상 408조의 4 2호), 감독형 이사회와는 독립된 기관인 점 등 많은 차이가 있다. 이에 관한 상세는 정(찬), (회), 818면 주 1); 정(찬), (상), 1048면 주 1) 참조.

선택규정으로 인하여 집행임원제도를 선택한 회사는 거의 없고, 대규모 상장회사는 더욱 그러하다. 대규모 상장회사는 위에서 본 바와 같이 사외이사를 의무적으로 업무집행기관인 이사회(참여형 이사회)에 두도록 규정하니까 이사회를 최소화하여 무력화시키고, 대표이사(또는 회장)는 법에 규정이 없는 (사실상) 집행임원(비등기임원)과 함께 일반적으로(또는 거의) 회사의 업무를 집행하고(결과적으로 황제경영이 강화되고) 사외이사는 (종종 정부의 공무원이었거나 법조인이었던 자 등을 선임하여) 회사의 로비스트 등으로 활용하니, 대표이사(또는 회장)의 입장에서는 오히려 이전보다 더 잘된 일이다. 또한 업무집행기관인 이사회(참여형 이사회)내에 의무적으로 감사(監事)에 갈음하여 감사위원회를 두라고 하니, 감사(監事)의 선임에서와 같은 대주주의 의결권 제한에 대하여 신경쓸 필요가 없고, 또 감사위원회는 감사(監事)보다 이사회(참여형 이사회)에 종속되어 그의 독립성 등이 떨어지고 이사회(참여형 이사회)는 상법상 (사실상) 집행임원(비등기임원)을 감독할 수도 없게 되었으니(상 393조 2항 참조), 대표이사(또는 회장)의 입장에서는 오히려 이전보다 더 잘된 일이다. 그러니 선택적으로 규정한 집행임원제도를 선택할 리가 없다. 정부와 국회에 묻고 싶다. 무슨 입법이 이러한가? 대규모 상장회사가 이렇게 하도록 할 목적으로 입법한 것인가? 이러한 입법에는 논리성도 없다. 이러한 입법의 목적으로 '기업경영의 투명성과 효율성을 높이기 위하여' 또한 '기존의 (사실상) 집행임원(비등기임원)에 대하여 법상 근거를 마련하기 위하여'라고 했는데, 그러한 목적을 달성하였는지 검토는 하여 보았는가?

앞에서 본 바와 같이 우리 상법은 사외이사·감사위원회 및 집행임원을 한 세트로 도입하지 않고(즉, 업무집행기관인 이사회로부터 업무집행기능을 분리하여 신설되는 집행임원에게 맡기고, 이사회를 업무집행기관에 대한 감독을 주로 하는 감독형 이사회로 개편하며, 감사(監事)에 갈음하여 감독형 이사회내에 감사위원회를 설치하도록 하면서, 이러한 감독형 이사회와 감사위원회의 기능을 활성화하기 하기 위하여 사외이사 중심으로 구성하도록 하지 않고), 각각 개별적으로 도입하면서 (대규모 상장회사의 경우) 업무집행기관인 이사회(참여형 이사회)에 사외이사를 이사총수의 과반수가 되도록 의무적으로 두도록 하고 또한 이러한 참여형 이사회에 감사(監事)에 갈음하여 감사위원회를 의무적으로 두도록 하면서 이러한 회사가 집행임원제를 도입하는 것은 회사의 선택에 의하여 하도록 하였다. 이와 같이 3자(집행임원제도, 사외이사 중심의 이사회제도, 사외이사 중심의 감사위원회제도)가 밀접한 관련이 있어 이를 한 세트로 입법하여 새로운 지배구조체제를 만들어야 하는데, 이를 개별적으로 도입하면서 상호 연관성을 절단시켜(임의로 규정할 것은 의무로 규정하고 의무로 규정할 것은 임의로 규정하거나, 통일하여 임의

규정 또는 의무규정으로 규정하지 않아) 각각의 기능을 소멸시켜, 주식회사 기업지배구
조의 개선이나 기업경영의 투명성과 효율성을 증대시키기는 고사하고 종래의 지배
구조보다 훨씬 그 효력이 떨어지는 지배구조가 되었고 또한 국제사회에서도 거의
없는 이상한 지배구조가 되었다. 외형상으로 보면 우리도 집행임원제·사외이사제
도 및 감사위원회제도를 도입하여 글로벌 스탠더드에 맞는 지배구조를 가졌다고 말
할 수 있을지 모르나, 이러한 3자가 상호 연결되지 않아 그 효력은 전혀 없고 단지
그 '용어'만 도입한 것으로 볼 수 있다. 그래서 이제는 '용어'만의 도입으로 만족할
것이 아니라, 이 3자(집행임원, 사외이사, 감사위원회)를 잘 연결하여 실질적인 지배구
조의 개선(견제와 균형의 지배구조)에 노력하여야 할 것으로 본다. 이제는 우리 모두
가 이념과 개별적인 이해관계를 떠나서 앞으로 진정으로 기업경영의 효율성과 투명
성을 가져오는 회사지배구조와 글로벌 스탠더드에 맞는 회사지배구조를 만들어, 지
배주주만의 이익이 아니라 모든 주주의 이익을 위하고 또한 회사 자체의 발전에 기
여하여야 할 것이다.

2. 우리 상법상 집행임원제도에 대한 개선방안

(1) 우리 상법상 집행임원제도에 대한 해석론의 사견

앞에서 본 바와 같이 우리 상법은 주식회사(특히 대규모 상장회사)의 경영의 투
명성과 효율성을 높이기 위하여 기존의 지배구조(참여형 이사회제도)와는 다른 지배
구조(집행임원과 감독형 이사회제도)인 집행임원제도를 도입하였는데(상 408조의 2~408
조의 9), 이를 회사가 선택할 수 있도록 규정하고(상 408조의 2 1항 1문) 거의 모든 회
사(특히 대규모 상장회사)가 집행임원제도를 채택하고 있지 않음으로 인하여, 이러한
규정은 거의 사문화가 되어 가고 있다.[290]

대부분의 대규모 상장회사는 (사실상) 집행임원(비등기임원)을 두고 이를 중심으
로 회사의 업무집행을 하고 있음에도 불구하고, 이러한 (사실상) 집행임원(비등기임
원)은 상법상 집행임원(상 408조의 2~408조의 9)이 아니라고 하여 상법상 아무런 공
시·의무·책임 등의 규제도 받지 않는다. 상법상 집행임원에 관한 규정이 없었던
2011년 4월 상법개정 이전에는 몰라도, 집행임원이 상법에 규정된 2011년 4월 개
정상법이 시행된 이후에도(더구나 이러한 개정상법이 시행된 지 10여 년이 지난 후에도)
이러한 주장을 하며 (사실상) 집행임원(비등기임원)을 치외법권으로 방치하도록 하는

---

290) 동지: 이수진, 전게 박사학위논문, 97면.

것이 타당한가? 2011년 4월 개정상법은 집행임원제도를 도입하면서 법의 규제에서
방치된 이러한 (사실상) 집행임원(비등기임원)을 법에서 규제하기 위하여 집행임원제
를 도입한다고 하였는데, 이러한 입법목적에 반하는 상태를 정부와 국회는 언제까
지 방치할 것인가? 대규모 상장회사의 이러한 (사실상) 집행임원(비등기임원)에 대하
여는 해석에 의하여도 상법상 집행임원에 관한 규제를 받도록 하여야 할 것이다.
또한 대규모 상장회사는 이미 의무적으로 이사회가 이사총수의 과반수인 사외이사
로 구성되고(상 542조의 8 1항 단서) 또한 감사(監事)에 갈음하여 이사회내 위원회의
하나인 감사위원회를 의무적으로 두도록 하고 있으므로(상 542조의 11 1항), 이러한
이사회는 업무집행기관으로서의 이사회(참여형 이사회)가 될 수 없고 업무집행기관을
감독하는 이사회(감독형 이사회)라고 볼 수 있다. 따라서 해석상 이러한 이사회에는
상법상 업무집행기관에 적용되는 이사회에 관한 규정(상 393조 1항)을 적용할 것이
아니라, 업무감독기관에 적용되는 이사회에 관한 규정(상 408조의 2 3항)을 적용하여
야 할 것으로 본다. 이와 함께 현재 대규모 상장회사에서 시행하고 있는 (사실상) 집
행임원(비등기임원)을 (정관 등에 의하여) 상법상 집행임원으로 전환하여 상법의 규제
를 받도록 하면서 기존의 대표이사는 상법상 대표집행임원으로 변경하여야 할 것이
다. 이를 위하여 법무부 등에서는 적극적으로 이와 같이 유권해석을 하여 기업이
합리적으로 법적용을 할 수 있도록 유도하여야 할 것으로 본다.

(2) 우리 상법상 집행임원제도에 대한 입법론의 사견

(가) 앞에서 본 바와 같이 기존의 업무집행기관인 이사회(참여형 이사회)[291]에서
업무집행권을 분리하여 새로운 업무집행기관인 집행임원에게 맡기고, 이사회는 업
무집행기관(집행임원)에 대한 감독업무를 주로 하도록 하여 업무집행과 업무감독의
효율성을 도모하고자 하는 새로운 지배구조체계(집행임원제도)는 특히 대규모 상장
회사에 필요한 것이다.[292]

우리 상법은 앞에서 본 바와 같이 이미 개별적으로 사외이사제도와 감사위원
회제도를 도입하였으므로(집행임원제도와 상호 연결이 안되어 비록 부작용이 많이 발생하
였을지라도), 이에 집행임원제도를 연결하기만 하면 된다. 따라서 정부와 국회가 이

---

291) 이는 더 구체적으로 말하면 이사회의 업무집행에 관한 의사결정권한과 이를 집행하는 대표이
    사의 권한을 말한다.
292) 주주들이 업무집행기관을 직접 감독할 수 있는 중·소규모의 주식회사의 경우에는 복잡하고
    비용이 많이 드는 집행임원제도가 사실상 필요하지 않다. 대규모 상장회사는 주주들이 직접 업무
    집행기관을 감독하는 것이 사실상 불가능하기 때문에 이를 감독형 이사회에 맡겨 실효를 거두고자
    하는 것이다.

러한 문제점을 인식하고 의지만 있으면 그 방법은 매우 간단하다.

　대규모 상장회사는 이미 의무적으로 이사회가 이사총수의 과반수인 사외이사로 구성되고(상 542조의 8 1항 단서) 또한 감사(監事)에 갈음하여 이사회내 위원회의 하나인 감사위원회를 의무적으로 두도록 하고 있으므로(상 542조의 11 1항), 이러한 이사회는 업무집행기관으로서의 이사회(참여형 이사회)가 될 수 없고 업무집행기관(집행임원)에 대한 감독을 주업무로 하는 이사회(감독형 이사회)를 전제로 한다. 따라서 이러한 회사는 업무집행기관인 이사회(참여형 이사회)로부터 업무집행기능을 분리하여 별도의 기관(집행임원)에 맡길 필요가 있다. 이를 위하여는 상법상 집행임원을 의무적으로 두도록 하여야 할 것이다.[293] 이의 방법으로는 사외이사(상 542조의 8 1항 단서) 및 감사위원회(상 542조의 11 1항)에 관한 규정과 같이 상법 제408조의 2 제1항 제1문 다음에 "다만, 자산 규모 등을 고려하여 대통령령으로 정하는 상장회사의 경우에는 그러하지 아니하다."를 추가할 수도 있다. 그러나 3자(사외이사 중심의 이사회, 감사위원회 및 집행임원)를 잘 연결시키기 위하여는 상법 제408조의 2 제1항 제1문을 "제542조의 8 제1항 단서의 회사는 집행임원을 두어야 하고, 그 이외의 회사는 제542조의 8 제1항 단서의 사외이사를 둔 경우에 집행임원을 둘 수 있다."고 개정하고(2017년 12월 법무부 상법개정안 408조의 2 1항 1문 참조), 이와 함께 상법 제415조의 2 제1항 제1문의 "회사"는 "집행임원 설치회사"로 수정되어야 할 것이다.[294]

　㈏ 만일 경제계의 거센 반발로 집행임원제도를 선택적으로 할 수밖에 없다면, 현재와 같이 집행임원만을 선택적으로 하면 안 되고, 일본에서와 같이 집행임원·사외이사 및 감사위원회를 한 세트로 묶어 선택적으로 해야 할 것이다.

　앞에서 본 바와 같이 사외이사 중심의 이사회제도는 업무집행기관인 집행임원이 별도로 있고 업무집행기관(집행임원)을 감독하는 감독형 이사회에 필요한 제도이지, 업무집행기관인 기존의 이사회(참여형 이사회)에는 (논리적으로나 실무적으로) 전혀 맞지 않는 제도이다(참여형 이사회를 가진 상장회사의 기존의 이사회에 사외이사를 의무적으로 두도록 하는 것도 전혀 맞지 않는 제도이다).[295] 그런데 우리 상법이 이러한 기존의 참여형 이사회에 무리하게 사외이사를 의무적으로 두도록 한 결과, 앞에서 본 바와 같이 (참여형) 이사회가 업무집행기능에도 충실하지 못하고 법에도 없는 (사실

293) 동지: 이수진, 전게 박사학위논문, 128~132면.
294) 정(찬), (회), 820면; 정(찬), (상), 1049~1050면 참조.
295) 동지: 이수진, 전게 박사학위논문, 101~102면.

상) 집행임원(비등기임원)만 양산하는 부작용을 가져왔다. 따라서 참여형 이사회에 의무적으로 사외이사를 두도록 한 규정은 이를 폐지하고, 그 대신 집행임원제도를 선택한 회사에 대하여만 (감독형) 이사회에 사외이사를 이사총수의 과반수 두도록 규정하여야 할 것이다. 이를 위하여는 상법 제542조의 8 제1항 본문은 폐지하고, 동조 단서는 집행임원제도를 선택한 상장회사에 대하여만 적용하는 것으로 개정하여야 할 것이다.

감사위원회제도는 업무집행기관인 집행임원이 별도로 있고 업무집행기관(집행임원)을 감독하는 감독형 이사회에서 이사회내 위원회의 하나로서 업무집행기관(집행임원)에 대한 감사기관이므로, 이를 두기 위하여는 먼저 집행임원제도와 감독형 이사회제도가 전제된다. 그런데 우리 상법이 집행임원제도와 감독형 이사회제도가 도입되지도 않은 상태에서 무리하게 업무집행기능을 담당하는 참여형 이사회제도에서 그 이사회내 위원회의 하나인 감사위원회를 두어(또는 의무적으로 두도록 하여) 기존 감사(監事)제도에 갈음할 수 있도록 한 것은 (논리적으로나 실무적으로) 전혀 맞지 않는다. 그런데 우리 상법이 이러한 기존의 참여형 이사회제도에서 이사회내 위원회의 하나인 감사위원회를 두어(또는 의무적으로 두도록 하여) 기존 감사(監事)에 갈음하도록 하였으니, 앞에서 본 바와 같이 감사기관의 선임에서 소수주주의 의견이 반영되지 못하고 자기감사의 모순 등 많은 문제점이 발생하고 종래의 감사(監事)보다 그의 독립성 등이 오히려 떨어지는 결과가 된 것이다. 따라서 참여형 이사회를 둔 회사에서는 기존과 같이 감사(監事)를 두도록 하고, 집행임원제도와 감독형 이사회제도를 선택한 회사에서만 (감독형) 이사회내 위원회의 하나인 감사위원회가 기존 감사(監事)에 갈음할 수 있도록 하여야 할 것이다.[296] 이를 위하여는 상법 제542조의 11 제1항은 집행임원 설치회사 중 대규모 상장회사에 적용되는 것으로 개정하고, 상법 제415조의 2 제1항은 집행임원 설치회사만이 감사위원회를 둘 수 있는 것으로 개정하여야 할 것이다.

㈐ 참고로 일본은 앞에서 본 바와 같이 2002년 5월 상법에 (미국의) 집행임원제도를 도입하면서, 기존의 지배구조 체계[업무집행기관으로서의 이사회제도 + 감사(監事)제도(대규모 회사는 3인의 감사를 두어야 하고, 그 중 과반수는 외부감사이어야 한다고 개정함)]와 새로운 지배구조 체계[집행임원 + 사외이사가 있는 감독형 이사회 + 사외이사 중심의 감사위원회(및 지명위원회와 보수위원회)] 중 하나를 선택하도록 하였다. 따라서

---

296) 동지: 이수진, 상게 박사학위논문, 133~135면.

우리가 업무집행기관인 기존의 이사회(참여형 이사회)에 (상장회사의 경우) 무리하게 사외이사를 의무적으로 두도록 하고, 또 이러한 기존의 참여형 이사회제도에서 이사회내 위원회의 하나인 감사위원회를 두어(또는 의무적으로 두도록 하여) 이러한 감사위원회가 기존의 감사(監事)에 갈음할 수 있도록 함으로써 발생하는 논리적 모순이나 부작용은 발생할 여지가 없다.

3. 소   결

우리 상법은 제정시(1962. 1. 20.)부터 현재까지 주식회사의 지배구조에서 일본의 그것을 따라 시행하고 있다. 즉, 업무집행기관으로서 이사회(및 대표이사)와 업무집행기관(이사)에 대한 감사기관으로 감사(監事)를 두고 있다. 그런데 업무집행기관으로서의 이사회는 사실상 대표이사에 종속되고 감사(監事)는 (대표)이사에 대한 실효성 있는 감사를 하지 못하여 대표이사는 회사의 업무집행권을 전횡하면서 실질적인 내부의 감독이나 감사를 받지 않음으로 인하여 황제경영을 하였다. 이러한 지배구조는 업무집행기관에 대한 실질적인 감독을 하면서 책임을 묻는 미국이나 독일 등의 지배구조와는 다른 일본만의 독특한 지배구조이다. 그런데 일본에서도 경기침체 후 이러한 지배구조가 문제가 있다고 하여 2002년 5월에 상법을 개정하여 미국의 집행임원제도(및 감독형 이사회제도)를 (선택적으로나마) 도입하여 업무집행기관에 대한 실질적인 감독과 책임추궁이 가능하도록 하였다.

그런데 우리나라는 이러한 주식회사 지배구조의 문제점에 대하여 1997년 말부터 있었던 IMF 경제체제에서 외부기관인 IMF 등으로부터 지적을 받고 사외이사제도와 감사위원회제도를 (업무집행기관인 집행임원을 별도로 규정하고 이사회를 감독형 이사회로 개편하지 않은 채) 업무집행기관인 기존의 이사회(참여형 이사회)에 (사외이사는 모든 상장회사에, 감사위원회는 대규모 상장회사에) 의무적으로 두도록 함으로써 업무집행기관에 대한 감독(감사)의 실효성은 고사하고 많은 부작용만 초래하고 세계에서 유래가 없는 이상한 지배구조가 되었다. 따라서 조속히 이것을 정상화하고 글로벌 스탠더드에 맞는 지배구조를 만드는 것이 절대로 필요하다. 이를 위하여는 이념과 개별적인 이해관계를 초월하여 모든 당사자들이 한 마음으로 협력하여야 할 것이다. 제1차적으로 정부와 국회가 이러한 점을 깊이 인식하고 향후의 기업과 국가의 발전을 위하여 적극 나서야 할 것으로 본다.

우리의 경제가 세계 10위권 내외에 있는 오늘의 현실에서 우리도 이제는 낡은 일본의 제도에 대한 집착을 과감히 버리고 글로벌 스탠더드에 맞는 주식회사의 지배구조에 동참할 때가 되었다고 본다. 국가의 구조와 유사하게 회사의 지배구조에서도 견제와 균형을 전제로 한 지배구조, 글로벌 스탠더드에 맞는 지배구조, 모범적인 지배구조를 만들어 기업과 국가의 발전에 기여하고 후손에게도 물려주는 지배구조가 되기를 바란다. 이를 위하여는 먼저 정부와 국회가 위에서 본 바와 같은 현재 우리 주식회사 지배구조의 문제점을 깊이 인식하고 앞장서서 이의 개선에 주도적으로 나서야 할 것으로 본다.

Ⅲ. 우리 금융회사 지배구조법의 내용과 문제점

2013년 3월 KB금융지주 경영진과 사외이사들 간의 불협화음이 언론에 많이 보도되었고,[297] 그 당시 이를 염두에 둔 금융위원장은 사외이사들이 이사회에서 경영진의 거수기 역할을 하거나 반대로 경영진과 맞서며 독주하는 상황을 모두 개선하기 위한 방안으로 금융회사 지배구조를 개편할 것을 예고하였다.

금융회사의 건전한 지배구조는 경영의 건전성, 금융소비자의 보호, 전체 금융시스템의 안정 등을 위하여 매우 중요한 문제이다. 우리나라의 경우 2012년부터 "금융회사의 지배구조에 관한 법률안(정부안)"이 논의되기 시작하였다. 즉, 금융회사의 지배구조에 관한 법률안(정부안)(이하 "금융회사 지배구조법안"으로 약칭함)이 2012년 6월 18일 국회에 제출되었고, 동 안은 2012년 8월 28일 국회 정무위원회에 상정되어, 2012년 9월 26일 국회 정무위원회에서 대체 토론을 하고 소위원회에 회부되었다. 금융회사 지배구조법안은 "글로벌 금융위기 이후 전 세계적으로 금융회사의 바람직한 지배구조에 관한 중요성이 강조되고 있고 금융회사의 이사회와 감사위원회의 역할 강화 등 금융회사의 지배구조에 관한 규율을 강화할 필요성이 제기됨에 따라, 이사회의 사외이사 비율·임원의 자격요건 등 개별 금융업권별로 차이가 나는 지배구조에 관한 사항을 통일적이고 체계적으로 규정하여 금융업 간의 형평성을 제고하는 한편, 이사회와 감사위원회의 기능을 강화하고 위험관리위원회와 위험관리책임자를 두도록 함으로써 금융회사의 책임성을 높이고 건전한 경영을 유도하여 금융시장의 안정성을 유지하기 위한 제도적 기반을 마련하려는 것임"을 제안이유로 하고 있다.

금융회사 지배구조법안은 2015년 7월 6일 국회 본회의를 통과하고, 2015년 7

---

297) 조선일보, 2013. 3. 23자 A12면; 매일경제, 2013. 3. 23자 A10면.

월 31일 법률 제13453호로 공포되었으며, 공포 후 1년 후인 2016년 8월 1일부터 시행되고 있다. 동 법률은 그 후 2016년 5월 29일 법률 제14271호(시행: 2016년 8월 1일) 및 2017년 4월 18일 법률 제14818호(시행: 2017년 10월 19일)로 두 차례 개정되었다. 그 후 동 법률은 타법개정에 따라 2020년 12월 29일 법률 제17799호(시행: 2021년 12월 30일)로 개정되었다.

그러면 이러한 금융회사의 지배구조에 관한 법률(이하 "금융회사 지배구조법"으로 약칭함)의 제정으로 우리 금융회사의 지배구조에 관한 문제는 완전히 해결되었는가? 금융회사 지배구조법은 회사에 관한 기본법인 상법(회사편)과 조화하지 못하는 문제, 또한 금융회사 지배구조법 자체 내에서도 모순되거나 모호한 규정이 있는 문제, 사업의 내용과 규모 등이 다른 금융회사를 모두 동일한 지배구조의 틀에서 규정함으로써 경영 효율성과 경쟁력을 하락시킬 수 있는 문제 등 많은 문제점을 갖고 있다.

따라서 이하에서는 금융회사 지배구조법상 금융회사 지배구조에 관한 내용 및 문제점을 살펴본 후, 금융회사 지배구조법의 개선방안을 제시하여 보고자 한다.[298]

1. 금융회사 지배구조법상 금융회사의 지배구조에 관한 내용 및 문제점[299]

금융회사 지배구조법은 금융회사의 업무집행기관에 대하여 업무집행책임자, 업무집행기관에 대한 감독기관으로서 이사회, 업무집행기관에 대한 감사기관으로서 감사위원회 또는 상근감사에 관한 특칙 등을 규정하고 있으므로, 이를 중심으로 살펴보고자 한다.

(1) 업무집행책임자

(가) 금융회사 지배구조법의 내용   금융회사 지배구조법에 의하면 '업무집행책임자'를 상법상의 집행임원과 구별하여 임원의 범위에 포함시키고(동법 2조 2호), 업무집행책임자란 "이사가 아니면서 명예회장·회장·부회장·사장·부사장·행장·부행장·부행장보·전무·상무·이사 등 업무를 집행할 권한이 있는 것으로 인정될 만한 명칭을 사용하여 금융회사의 업무를 집행하는 사람을 말한다"고 규정하고 있다(동법 2조 5호). 이는 상법상 업무집행지시자 중의 하나인 표현이사(표현집행

298) 이에 관하여는 정찬형, "금융회사 지배구조법에 관한 일고(一考)," 「기업법연구」(한국기업법학회), 제31권 제4호(2017. 12.), 9~45면; 금융법강의 제2판, 87~112면 참조.
299) 금융회사의 지배구조에 관한 법률(안)에 대한 평가에 관하여는 정찬형, "금융기관 지배구조 개선을 통한 금융안정 강화 방안," 「금융법연구」(한국금융법학회), 제10권 제1호(2013), 23~32면 참조.

임원)와 유사한 내용으로 규정하고 있다(상 401조의 2 1항 3호, 408조의 9 참조).

이러한 업무집행책임자 중 경영전략 수립 등 전략기획업무, 재무 · 예산 및 결산 회계 등 재무관리업무, 자산의 운용 등에 대한 위험관리업무의 어느 하나에 해당하는 주요업무를 집행하는 업무집행책임자를 '주요업무집행책임자'라고 하여(동법 8조 1항 전단, 동법 시행령 9조), 이들의 임면 · 임기 · 지위 · 의무에 대하여 별도로 규정하고 있다. 즉, 주요업무집행책임자는 이사회의 의결에 의하여 임면되고(동법 8조 1항 후단, 동법 시행령 9조), 임기는 정관에 다른 규정이 없으면 3년을 초과하지 못하며(동법 8조 2항), 주요업무집행책임자와 해당 금융회사의 관계는 위임관계이고(동법 8조 3항), 주요업무집행책임자는 이사회의 요구가 있으면 언제든지 이사회에 출석하여 요구한 사항을 보고하여야 할 의무를 부담한다(동법 9조).

(나) 문 제 점   금융회사 지배구조법상의 업무집행책임자에 관한 규정은 다음과 같은 문제점이 있다.

1) 금융회사 지배구조법이 규정하고 있는 금융회사의 업무집행기관인 업무집행책임자는 금융회사가 상법상 집행임원 비설치회사(이사회를 기준으로 보면 참여형 이사회제도)인가 또는 집행임원 설치회사(이사회를 기준으로 보면 감독형 이사회제도)인가에 따라 다음과 같은 문제점이 있다.

가) 금융회사가 집행임원 비설치회사인 경우에는 금융회사 지배구조법상의 업무집행책임자는 회사법상 (강학상) 이른바 '사실상 집행임원'(비등기임원)을 의미하는 것으로 보인다.[300] 금융회사 지배구조법은 업무집행책임자가 임원에 포함된다는 점과(동법 2조 2호) 용어의 뜻(동법 2조 5호)에 대하여만 규정하고 있지, (주요업무집행책임자를 포함한 업무집행책임자에 대하여는) 가장 중요한 공시(등기), 의무(경업금지, 회사의 기회 및 자산의 유용금지, 회사와의 거래금지 등), 책임(회사에 대한 책임 및 제3자에

---

300) 동지: 금융법강의 제2판, 89면; 도제문, "금융회사지배구조법상 업무집행자에 관한 일고(一考) ― 은행의 경우를 중심으로," 「금융법연구」(한국금융법학회), 제13권 제3호(2016. 12), 107~108면[금융회사 지배구조법상 업무집행책임자는 집행임원 비설치회사(우리나라의 모든 은행)에서 운용하고 있는 이른바 「사실상 집행임원」(비등기 경영임원)에 법적인 이름표를 달아준 것으로 보인다. 이러한 업무집행책임자제도는 「사이비 임원현상」을 더욱 복잡화하며, 사실상 집행임원(비등기임원) 현상을 제도화 · 고착화시키는 장치로 보인다. 또한 이들을 업무집행책임자로 이름만 바꾸어 그 임면절차에서 이사회 의결조차 필요 없도록 한 규정은 이른바 황제경영을 더욱 심화시킬지 모른다는 우려를 갖게 한다]; 정경영, "회사법의 관점에서 본 금융회사 지배구조에 관한 법률의 의의와 쟁점," 「금융법연구」(한국금융법학회), 제13권 제3호(2016. 12), 79~80면(금융회사 지배구조법상 업무집행책임자는 회사법상의 지배구조와는 구별되는 특수한 지위이다. 일반 주식회사의 실무에서 이와 유사한 지위를 찾자면 비등기이사에 유사한 지위라 할 수 있다. … 이사와 유사한 업무를 담당하는 비등기이사를 업무집행책임자라는 명칭으로 도입했다고 이해된다).

대한 책임) 등에 대하여는 전혀 규정하고 있지 않고 또한 준용규정도 없다. 금융회사
지배구조법은 업무집행책임자 중 주요업무집행책임자에 대하여는 임면기관(동법 8
조 1항)·임기(동법 8조 2항)·지위(동법 8조 3항) 및 이사회에 대한 보고의무(동법 9조)
에 대하여 특칙을 두고 있지만, 그 이외의 업무집행책임자에 대하여는 이러한 점에
대한 규정도 없다.

　　사실상 집행임원(비등기임원)제도는 IMF 경제체제 이후 2011년 4월 개정상법
이전에 사외이사를 강제하는 법률로 인하여 사외이사를 최소화하기 위하여 이사수
를 대폭 축소함으로써(따라서 업무를 집행할 사내이사가 대폭 축소함으로써) 발생한 새로
운 기업에서의 현상으로서 법률이 미처 이를 규정한지 못한 점에서 발생한 특수한
현상(법률상 미아 현상)이었다. 즉, 2011년 4월 개정상법 이전에 사외이사를 강제하
는 법률에서 집행임원에 대하여는 규정을 두지 않음으로써, 사실상 종래의 이사(사
내이사)의 업무를 수행하는 사실상 집행임원(비등기임원)에 대하여는 그 설치근거도
법률에 없었을 뿐 아니라 그의 지위·권한·의무·책임·공시(등기) 등에 대하여도
법률에 규정이 없었다. 따라서 이로 인하여 많은 문제점이 발생하게 되었는데, 대표
적인 예로 상법은 지배인에 대하여는 등기의무를 규정하면서(상 13조) 그보다 훨씬
상급자인 사실상 집행임원(비등기임원)인 사장·전무 등에 대하여는 등기(공시)가 되
지 않아 사실상 집행임원(비등기임원)과 거래하는 제3자의 보호에 문제점이 발생하
는 등 많은 문제점이 발생하게 되었다.[301]

　　이러한 사실상 집행임원(비등기임원)에 대한 법의 미비를 해결하기 위하여
2011년 4월 개정상법은 집행임원에 관한 규정을 신설하여(집행임원 설치회사), 집행
임원의 지위·임면·임기·권한·의무·책임 및 공시(등기) 등에 대하여 규정하였다
(상 408조의 2~408조의 9, 317조 2항 8호). 그런데 상법상 집행임원제도를 채택할 것
인지 여부에 대하여는 회사의 자율에 맡기고 있다(상 408조의 2 1항 1문). 이로 인하
여 대규모 상장회사나 금융회사는 거의 전부 사실상 집행임원(비등기임원)을 두고
있으면서 상법상 집행임원제도로 전환하지 않고, 이러한 사실상 집행임원(비등기임
원)은 상법상 집행임원과는 다르다고 (억지) 주장을 한다. 이는 사실상 탈법행위라고
볼 수 있다. 대규모 상장회사나 금융회사 등이 상법상 집행임원제도로 전환하는 것
을 꺼리는 이유는 주로 지배주주(회장)가 사실상 집행임원(비등기임원)을 독단적으로
선임하고 언제든지 해임할 수 있으며 또한 등기(공시)도 할 필요가 없었는데(즉, 황

---

301) 정(찬), (상), 967~969면.

제경영이 가능하였는데), 상법상 집행임원제도로 전환하면 이러한 혜택을 누릴 수 없기 때문이다.[302]

　금융회사 지배구조법이 집행임원 비설치회사에서 사실상 집행임원(비등기임원)인 업무집행책임자에 대하여 규정하면서 그의 의무·책임·공시(등기) 등에 대하여는 전혀 규정하지 않은 것은 금융회사의 사실상 탈법행위를 합리화하고, 상법이 업무집행기관과 업무감독기관을 분리하는 집행임원제도를 통하여 실현하고자 하는 실효성 있는 견제받는 경영(투명경영)에 역행한다고 본다. 또한 금융회사 지배구조법상 이러한 업무집행책임자는 (사외이사가 과반수 있는) 이사회의 감독을 받지 않고(동법 15조 1항, 상 393조 2항 참조) 실제로 (그에 대한 임면권이 있는) 회장에 의한 감독만을 받으므로 회장에 의한 황제경영을 고착화·합리화하여 준다고 볼 수 있다. 따라서 금융회사 지배구조법상 이러한 업무집행책임자에 관한 규정은 동법의 입법목적인 금융회사의 건전한(투명한) 경영에 반하는 규정으로 반드시 시정되어야 할 것으로 본다.

　금융회사 지배구조법상 업무집행책임자 중 주요업무집행책임자에 대하여는 그의 임면권을 이사회에 부여하여(동법 8조 1항) 어느 정도 이사회에 의한 사실상 감독을 받는다고도 볼 수 있으나,[303] 이러한 주요업무집행책임자의 업무집행에 관한 감독권에 대하여는 동법 제15조의 이사회의 권한에도 없고, 또한 상법 제393조 제2항의 이사회의 권한에도 없다(집행임원 설치회사에서는 상 408조의 2 3항 2호에서 명문으로 규정함). 따라서 이러한 주요업무집행책임자의 감독권도 실제로는 회장에게 있다고 볼 수 있어, 황제경영을 고착화·합리화하는 결과에 대해서는 큰 차이가 없다고 본다. 또한 금융회사 지배구조법에서 업무집행책임자를 이와 같이 주요업무집행책임자와 그 이외의 업무집행책임자로 나누어 임면권자를 달리하는 것은, 양자의 구별기준(주요업무의 기준)도 문제가 있을 뿐만 아니라 지배주주가 없는 은행 등의 경우 회장과 사외이사간의 갈등의 소지도 있어 문제가 많다고 본다.[304]

　나) 금융회사가 상법상 집행임원 설치회사인 경우에는,[305] 업무집행책임자 및

302) 정찬형, "나의 상법학 이해 30년 – 입법 및 판례와 관련한 연구를 중심으로," 「고려법학」(고려대 법학연구원), 제70호(2013. 9), 20~21면.
303) 금융회사 지배구조법상 업무집행책임자와 주요업무집행책임자를 구별하여 임면권자를 달리하게 된 사정은 업무집행책임자 전원을 회장(대표이사 또는 은행장)이 임면하거나 반대로 사외이사가 과반인 이사회에서 전원을 임면하게 되는 극단의 현상을 피하고자 하였던 타협책이었다고 한다(금융회사 지배구조법안에 관한 국회 정무위원회 검토보고서 참조); 도제문, 전게논문(금융법연구 제13권 제3호), 111면, 118~119면.
304) 동지: 도제문, 상게논문, 119면.
305) 금융회사 지배구조법은 상법에 따른 집행임원을 둔 경우 집행임원을 임원의 개념에 포함시키

주요업무집행책임자의 용어는 상법상 집행임원의 용어로 대체되어야 하고,[306] 상법의 규정과 중복되는 이에 관한 규정은 의미가 없으므로 삭제되어야 할 것으로 본다.

2) 금융회사 지배구조법에서 상법상 표현이사(표현집행임원)의 개념을 차용하여 업무집행책임자라는 용어를 정의하는 것은 매우 적절하지 않다고 본다. 상법상 표현이사(표현집행임원)라는 용어는 그러한 자가 실제는 업무집행할 권한이 없는데 그 명칭 자체가 업무를 집행할 권한(영향력)의 근거가 된다고 하여 그러한 자의 회사 및 제3자에 대한 책임을 인정하고자 하는 것이므로,[307] 금융회사에서 실제로 업무를 집행하는 자에 대하여 굳이 표현이사(표현집행임원)에서 그 용어를 차용하여 업무집행책임자라고 표현하는 것은 매우 적절하지 않다고 본다. 즉, 금융회사 지배구조법상 업무집행책임자는 상법상 집행임원과 같이 (정당한) 업무집행기관이므로 동법에서 그의 지위·권한·의무·책임 및 공시(등기) 등을 규정하여야 하는 것이지, 이사(집행임원)가 아닌 자를 이사(집행임원)로 의제하여 그의 책임을 묻기 위한 것이 아니다.[308] 따라서 금융회사 지배구조법은 업무집행책임자의 책임에 관하여 동법에서 명확히 규정하여야 하는데, 이를 규정하지 않고 성질이 다른 표현이사(표현집행임원)에 관한 상법의 규정을 유추적용하도록 하는 것은 매우 적절하지 않다고 본다.

(2) 이 사 회

(가) 금융회사 지배구조법의 내용

1) 이사회 및 이사회내 위원회의 구성 등

가) 이사회의 구성

(a) 금융회사 지배구조법상 금융회사는 이사회에 사외이사를 3명 이상 및 이사 총수의 과반수가 되도록 두어야 한다(동법 12조 1항·2항 본문). 다만 대통령령으로 정하는 금융회사의 경우는 이사 총수의 4분의 1 이상을 사외이사로 하여야 한다(동법 12조 2항 단서). 이때 '대통령령으로 정하는 금융회사'는 비상장 금융회사인 경우 최근 사업연도 말 현재 자산총액을 기준으로 상호저축은행은 3천억원 이상 7천억원 미만이고, 금융투자업자 또는 종합금융회사는 3천억원 이상 5조원 미만이며, 보험

고 있는 점에서(동법 2조 2호), 상법상 집행임원 설치회사를 채택한 금융회사를 예상하고 있다고 볼 수 있다.

306) 동지: 금융법강의 제2판, 89면.
307) 정(찬), (상), 1097~1100면 참조.
308) 동지: 금융법강의 제2판, 88면; 정경영, 전게논문(금융법연구 제13권 제3호), 79면(금융회사 지배구조법상 업무집행책임자제도는 행위자의 책임을 묻기 위한 제도가 아니라, 금융회사 내부의 일정한 업무집행의 권한과 의무를 부담하는 기관을 명시한 것이다. 즉, 책임구조가 아니라 지배구조에 해당하는 개념이다); 도제문, 전게논문(금융법연구 제13권 제3호), 125면.

회사는 3천억원 이상 5조원 미만이고, 여신전문금융회사는 3천억원 이상 5조원 미만이다(금융회사 지배구조법 시행령 12조 2호~5호, 6조 3항). 주권상장법인의 경우에는 자산총액이 위 최저액에 미달하는 경우에도 이에 해당한다(금융회사 지배구조법 시행령 12조 1항, 6조 3항).

금융회사는 사외이사의 사임·사망 등의 사유로 사외이사의 수가 금융회사 지배구조법 제12조 제1항 및 제2항에 따른 이사회의 구성요건에 미치지 못하게 된 경우에는 그 사유가 발생한 후 최초로 소집되는 주주총회(상호회사인 보험회사의 경우 사원총회를 포함함)에서 동법 제12조 제1항 및 제2항에 따른 요건을 충족하도록 조치하여야 한다(금융회사 지배구조법 12조 3항).

(b) 금융회사 지배구조법상 금융회사의 이사회는 매년 원칙적으로 사외이사 중에서 이사회 의장을 선임해야 하는데(동법 13조 1항), 예외적으로 사외이사가 아닌 자를 이사회 의장으로 선임하는 경우에는 이사회는 그 사유를 공시하고 사외이사를 대표하는 자(선임사외이사)를 별도로 선임하여야 한다(동법 13조 2항). 선임사외이사는 사외이사 전원으로 구성되는 사외이사회의의 소집 및 주재, 사외이사의 효율적인 업무수행을 위한 지원 및 사외이사의 책임성 제고를 위한 지원의 업무를 수행한다(금융회사 지배구조법 13조 3항). 금융회사 및 그 임직원은 선임사외이사가 이러한 업무를 원활하게 수행할 수 있도록 적극 협조하여야 한다(금융회사 지배구조법 13조 4항).

나) 이사회내 위원회의 구성

(a) 금융회사 지배구조법상 금융회사는 상법 제393조의 2에 따른 이사회내 위원회로서 임원후보추천위원회·감사위원회·위험관리위원회 및 보수위원회를 설치하여야 하는데(동법 16조 1항), 금융회사의 정관에서 정하는 바에 따라 감사위원회가 보수에 관한 사항(동법 22조 1항)을 심의·의결하는 경우에는 보수위원회를 설치하지 아니할 수 있다(동법 16조 2항 본문). 이러한 위원회의 과반수는 사외이사로 구성하고(동법 16조 3항), 위원회의 대표는 사외이사로 한다(동법 16조 4항).

(b) 금융회사 지배구조법상 금융회사의 임원후보추천위원회는 임원(사외이사, 대표이사, 대표집행임원, 감사위원에 한정함) 후보를 추천한다(동법 17조 1항). 임원후보추천위원회는 3명 이상의 위원으로 구성한다(동법 17조 2항). 그러나 임원후보추천위원회는 3명 이상의 위원으로 구성하여야 하는 사항(동법 17조 1항)과 위원회의 과반수는 사외이사로 구성하고(동법 16조 3항) 위원회의 대표는 사외이사이어야 한다는 사항(동법 16조 4항)은, 최초로 3명 이상의 사외이사로 이사회를 구성하는 금융회사가

그 임원을 선임하는 경우에는 적용하지 아니한다(동법 17조 6항).

금융회사는 주주총회 또는 이사회에서 임원을 선임하려는 경우 임원후보추천위원회의 추천을 받은 사람 중에서 선임하여야 하는데(동법 17조 3항), 이 경우 임원후보추천위원회가 사외이사 후보를 추천하는 경우에는 주주제안권을 행사할 수 있는 요건을 갖춘 소수주주가 추천한 사외이사를 포함시켜야 한다(동법 17조 4항).

임원후보추천위원회의 위원은 본인을 임원 후보로 추천하는 임원후보추천위원회 결의에 관하여 의결권을 행사하지 못한다(동법 17조 5항).

(c) 금융회사 지배구조법상 이사회내 위원회의 하나인 감사위원회에 대하여는 후술하고, 위험관리위원회 및 보수위원회에 관한 설명은 생략한다.

다) 기   타

(a) 금융회사 지배구조법상 금융회사는 사외이사의 원활한 직무수행을 위하여, 사외이사가 회사의 경영실태를 원활히 파악할 수 있도록 영업·재무·그 밖의 업무집행 상황 등에 관한 자료나 정보를 연 1회 이상 정기적으로 제공하고, 사외이사가 원활한 직무수행을 위하여 이사회 의장 또는 선임사외이사를 통하여 해당 금융회사에 대하여 자료나 정보의 제공을 요구하는 경우 금융회사는 정당한 사유가 없으면 요구받은 자료나 정보를 지체 없이 제공하여야 하며, 이사회 및 이사회내 위원회의 회의자료를 회의 개최 2주일(해당 금융기관의 정관 또는 이사회규정 등에서 이 기간을 달리 정할 수 있음) 전까지 제공하여야 한다(동법 18조 1항, 동법 시행령 15조). 또한 사외이사는 해당 금융회사에 대하여 그 직무를 수행할 때 필요한 자료나 정보의 제공을 요청할 수 있는데, 이 경우 금융회사는 특별한 사유가 없으면 이에 따라야 한다(동법 18조 2항).

(b) 금융회사 지배구조법상 금융지주회사가 발행주식 총수를 소유하는 자회사 및 그 자회사가 발행주식 총수를 소유하는 손자회사(손자회사가 발행주식 총수를 소유하는 증손회사를 포함한다. 이하 이 조에서 '완전자회사 등'이라 한다)는 경영의 투명성 등 대통령령으로 정하는 요건에 해당하는 경우에는 사외이사를 두지 아니하거나 이사회내 위원회를 설치하지 아니할 수 있다(동법 23조 1항). 이때 '경영의 투명성 등 대통령령으로 정하는 요건'이란 금융지주회사의 이사회가 완전자회사 등에 대하여 조언·시정권고 및 이에 필요한 자료의 제출을 요구하는 경우 완전자회사 등은 특별한 사정이 없으면 요구에 성실히 응하여야 하고, 금융지주회사의 감사위원회가 완전자회사 등에 대하여 그 업무·재무구조 등에 대한 감사 및 이에 필요한 자료의 제출을 요구하는 경우 완전자회사 등은 특별한 사정이 없으면 요구에 성실히 응하

여야 하는 것을 말한다(동법 시행령 18조).

완전자회사 등이 감사위원회를 설치하지 아니할 때에는 상근감사를 선임하여야
하고(동법 23조 2항), 이러한 상근감사의 자격요건은 사외이사의 자격요건과 같다(동법
23조 3항 본문). 다만 해당 완전자회사 등의 상근감사 또는 사외이사가 아닌 감사위원
으로 재임중이거나 재임하였던 사람은 상근감사가 될 수 있다(동법 23조 3항 단서).

2) 이사회의 운영 및 권한

가) 이사회의 운영(지배구조내부규범)

(a) 금융회사 지배구조법상 금융회사는 주주와 예금자·투자자·보험계약자·
그 밖의 금융소비자의 이익을 보호하기 위하여 그 금융회사의 이사회의 구성과 운
영, 이사회내 위원회의 설치, 임원의 전문성 요건, 임원 성과평가 및 최고경영자의
자격 등 경영승계에 관한 사항 등에 관하여 지켜야 할 구체적인 원칙과 절차(이하
'지배구조내부규범'이라 함)를 마련하여야 하는데(동법 14조 1항), 지배구조내부규범에
규정하여야 할 세부적인 사항과 그 밖에 필요한 사항은 대통령령으로 정한다(동법
14조 2항). 이에 따라 금융회사 지배구조법 시행령에서는 지배구조내부규범에 포함
되어야 할 사항으로, 이사회의 구성과 운영에 관한 사항, 이사회내 위원회의 설치와
운영에 관한 사항, 임원에 관한 사항 및 최고경영자(대표이사 또는 대표집행임원을 말
함)의 자격 등 경영승계에 관한 사항에 관하여 상세하게 규정하고 있다(동법 시행령
13조 1항).

또한 금융지주회사는 이사회의 심의·의결을 거쳐 소속 자회사 등이 지배구조
내부규범에 반영하여야 할 원칙과 절차 등을 정할 수 있다(동법 시행령 13조 2항).

(b) 금융회사 지배구조법상 금융회사는 (ⅰ) 지배구조내부규범을 제정하거나
변경한 경우 그 내용, (ⅱ) 금융회사가 매년 지배구조내부규범에 따라 이사회 등을
운영한 현황을, 금융위원회가 정하는 바에 따라 인터넷 홈페이지 등에 공시하여야
한다(동법 14조 3항).

나) 이사회의 권한

(a) 금융회사 지배구조법상, 금융회사의 (ⅰ) 경영목표 및 평가에 관한 사항,
(ⅱ) 정관의 변경에 관한 사항, (ⅲ) 예산 및 결산에 관한 사항, (ⅳ) 해산·영업양도
및 합병 등 조직의 중요한 변경에 관한 사항, (ⅴ) 내부통제기준 및 위험관리기준의
제정·개정 및 폐지에 관한 사항, (ⅵ) 최고경영자의 경영승계 등 지배구조 정책 수
립에 관한 사항, (ⅶ) 대주주·임원 등과 회사 간의 이해상충행위 감독에 관한 사항
은, 이사회의 심의·의결을 거쳐야 한다(동법 15조 1항).

(b) 이사회의 심의·의결사항은 정관으로 정하여야 하고(동법 15조 2항), 상법 제 393조 제1항에 따른 이사회의 권한 중 지배인의 선임 또는 해임과 지점의 설치·이전 또는 폐지에 관한 권한은 정관에서 정하는 바에 따라 위임할 수 있다(동법 15조 3항).

(나) **문 제 점**   금융회사 지배구조법상의 이사회 및 이사회내 위원회에 관한 규정은 다음과 같은 문제점이 있다.

1) 금융회사 지배구조법이 규정하고 있는 금융회사의 이사회 및 이사회내 위원회는 금융회사가 상법상 집행임원 비설치회사(이사회를 기준으로 보면 참여형 이사회제도)인가 또는 집행임원 설치회사(이사회를 기준으로 보면 감독형 이사회제도)인가에 따라 다음과 같은 문제점이 있다.

가) 금융회사가 집행임원 비설치회사(참여형 이사회제도)인 경우에는 다음과 같은 문제점이 있다.

(a) 금융회사가 집행임원 비설치회사(참여형 이사회제도)인 경우에는,[309] 상법상 금융회사의 업무집행기관은 이사회(상 393조 1항)와 대표이사(상 389조)이고, 업무집행기관(이사 및 대표이사)에 대한 감독기관은 이사회이다(상 393조 2항). 금융회사 지배구조법상 금융회사의 지배구조에 관하여 동법에 특별한 규정이 없으면 상법이 적용되는데(동법 4조 2항), 동법은 이러한 상법의 기본규정과 다른 특칙을 규정하고 있다고 볼 수 없으므로 집행임원 비설치회사를 선택한 금융기관에 대하여는 이러한 상법의 규정이 적용된다. 이 경우 업무집행기관과 이에 대한 감독기관이 중복되어 (또는 자기감독이 되어) 모순될 뿐만 아니라, 처음부터 제도적으로 감독기관(이사회)의 감독을 불가능하게 하고 있다.[310] 따라서 집행임원 비설치회사인 금융회사에서는 이사회에 의한 업무집행기관(이사회 및 대표이사)에 대한 감독기능은 제도상 처음부터 불가능하여 이사회에 의한 감독은 사실상 없는 것과 같게 되었다.

금융회사 지배구조법은 금융회사의 이사회를 (대통령령으로 정하는 금융회사를 제외하고) 사외이사 중심으로 구성하도록 하여(사외이사를 3명 이상 및 이사 총수의 과반수 두도록 하여)(동법 12조 1항~2항)[311] 형식적(외관상)으로는 사외이사 중심의 이사회가

---

309) 금융회사가 상법상 집행임원제도(상 408조의 2~408조의 9)를 명백히 채택하지 않은 경우나 또는 대표이사제도를 채택한 경우에는(상 408조의 2 1항 2문 참조) 모두 집행임원 비설치회사(참여형 이사회제도)를 채택한 금융회사라고 볼 수 있다. 현재 우리나라의 금융회사는 거의 전부 이에 해당한다[동지: 도제문, 전게논문(금융법연구 제13권 제3호), 122면].

310) 동지: 정찬형, "우리 주식회사 지배구조의 문제점과 개선방안," 「상사법연구」(한국상사법학회), 제34권 제2호(2015. 8), 25면.

311) 이는 대규모 상장회사(최근 사업연도 말 현재의 자산총액이 2조원 이상인 상장회사를 말한다. 이하 같음)의 경우와 같다(상 542조의 8 1항 단서, 상시 34조 2항).

업무집행기관에 대한 실효성 있는 감독을 할 수 있는 것 같이(즉, 이사회의 감독권을 강화하는 것 같이) 규정하고 있으나, 업무집행기관과 업무감독기관을 분리하지 않고 (즉, 감독형 이사회제도를 채택하지 않고) 다시 참여형 이사회 제도를 채택하여(즉, 이사회에 다시 업무집행권을 부여하여) 사외이사를 다시 업무집행기관(이사회)에 참여시키는 것은 그 자체로 제도상 모순이라고 본다. 또한 이러한 사외이사 중심의 참여형 이사회제도는 업무집행의 효율성을 크게 떨어뜨릴 뿐만 아니라, 업무집행기관에 대한 감독의 면에서도 자기감독이 되어 업무집행기관에 대한 감독은 거의 없게 된다. 따라서 이러한 사외이사 중심의 이사회는 실제로 업무집행의 면에서나 업무집행기관에 대한 감독의 면에서나 그 기능을 발휘하지 못하여 유명무실하고, 금융회사의 업무집행은 아무런 감독(견제)을 받지 않는 사실상 집행임원(금융회사 지배구조법상은 업무집행책임자)과 대표이사(회장)가 거의 전횡하게 되어, 대표이사(회장)에 의한 황제경영을 강화하는 결과가 된다.[312] 이는 또한 사외이사의 원래의 도입취지(감독기관에 참여시켜 감독기능을 강화하고자 하는 것)에도 반하고, 사외이사를 유명무실하게 하거나 사외이사가 그의 권한을 남용하는 문제점을 발생시키고 있다.

  금융회사 지배구조법은 업무집행기관으로 '업무집행책임자'에 대하여 규정하면서, 이러한 업무집행책임자에 대한 감독기관(이사회 등)에 대하여는 전혀 규정을 두고 있지 않다. 또한 금융회사 지배구조법상 업무집행책임자는 이사가 아니므로 (동법 2조 5호) 상법 제393조 제2항에 의하여도 이사회의 감독을 받지 않는다. 따라서 금융회사의 업무집행기관인 업무집행책임자에 대하여는 금융회사 지배구조법상 및 상법상 감독기관이 없다. 이것은 매우 중대한 입법의 미비이며, 이사회의 업무집행기관에 대한 감독기능을 더욱 유명무실화시키는 요인의 하나가 되고 있다.[313] 금융회사 지배구조법은 그 제안이유 중의 하나로 "이사회와 감사위원회의 기능을 강화하여 금융회사의 건전한 경영을 유도한다"고 하고, 또한 동법의 입법 목적 중의 하나로 "금융회사의 건전한 경영"을 들고 있는데, 입법의 내용은 위에서 본 바와 같이 업무집행기관에 대한 감독기관이 없거나 자기감독의 제도적 모순을 그대로 두어 대표이사(회장)에 의한 황제경영을 강화시키는 것은 동법의 제안이유나 목적에 반대되는 입법이라고 본다.

  (b) 금융회사의 지배구조법이 이사회 의장을 원칙적으로 사외이사로 하도록 한 점(동법 13조 1항), 이사회내 위원회로서 임원후보추천위원회·감사위원회·위험관리

---

312) 동지: 정찬형, 전게논문(상사법연구 제34권 제2호), 26면.
313) 동지: 금융법강의 제2판, 104면.

위원회 및 보수위원회를 의무적으로 두도록 하고(동법 16조 1항) 동 위원회 위원의 과반수는 사외이사로 하며(동법 16조 3항) 동 위원회의 대표를 사외이사로 하도록 한 점(동법 16조 4항) 등은 업무집행기관과 감독기관이 분리된 감독 형 이사회(집행임원 설치회사)에서 이사회의 업무집행기관에 대한 감독의 효율성을 기하기 위한 것이다 (이사회 의장에 관하여는 상 408조의 2 4항 참조). 참고로 일본 회사법상 위원회 설치회사(현재는 지명위원회등 설치회사)는 이사회에 지명위원회·감사위원회 및 보수위원회를 둔 회사를 말하고, 각 위원회의 위원의 과반수는 사외이사이어야 하는데, 이러한 위원회 설치회사는 집행임원을 의무적으로 두어야 하므로, 위원회 설치회사(현재는 지명위원회등 설치회사)는 업무집행기관과 감독기관이 분리된 집행임원 설치회사를 전제로 하고 있다고 볼 수 있다(日會 400조~422조 참조). 또한 「유럽에서의 회사법 지배구조에 관한 보고서」에서도 회사의 업무를 집행하는 집행임원(사내이사)은 과반수가 독립적인 사외이사로 구성되는 이사회내의 지명위원회에 의하여 선임되고, 그의 보수는 과반수가 독립적인 사외이사로 구성되는 보수위원회에서 결정되며, 그의 업무에 대한 (회계)감사는 과반수가 독립적인 사외이사로 구성되는 감사위원회에 의하여 수행되어야 한다고 한다. 이는 간접적으로 업무집행기관과 감독기관은 분리되어야 함을 전제로 하고 있다.[314] 이러한 점에서 보면 금융회사 지배구조법이 업무집행기관과 업무감독기관이 분리된 집행임원 설치회사를 전제로 하지 않고 이사회 의장을 원칙적으로 사외이사로 하도록 하거나, 이러한 이사회내 위원회에 관한 규정을 둔 것은, 입법의 미비 또는 글로벌 스탠더드에 맞지 않는 입법이라고 본다. 즉, 집행임원 비설치회사(참여형 이사회)에서 대표이사가 아닌 사외이사를 이사회 의장으로 하면 업무집행의 효율성을 크게 떨어뜨리고 업무감독에서도 자기감독이 되어 실효성을 발휘할 수 없다. 또한 집행임원 비설치회사(참여형 이사회)에서 사외이사를 (이사회를 통하여) 업무집행에 참여시키면서 다시 이러한 이사회내 위원회에서 활동하도록 하는 것은 자기감독(감사)이 되어 실효성 있는 감독(감사) 내지 견제가 되지 못하는 것은 자명하다고 본다.

    (c) 금융회사 지배구조법상 금융회사의 임원후보추천위원회의 구성은 대규모 상장회사의 사외이사 후보추천위원회와 유사하다(상 542조의 8 4항). 다만 금융회사 지배구조법상 임원후보추천위원회의 경우 사외이사를 임원후보추천위원회의 대표로 하도록 한 점(동법 16조 4항), 3명 이상의 위원으로 구성하도록 한 점(동법 17조 2

---

314) 정찬형, 전게논문(상사법연구 제28권 제3호), 16~17면 참조.

항) 등은 상법상 사외이사 후보추천위원회(상 542조의 8 4항)와 다르다. 금융회사 지
배구조법상 임원후보추천위원회는 상법상 대규모 상장회사에서의 사외이사 후보추
천위원회보다는 진일보한 규정인데, 외국 입법례에서의 지명위원회와 같이 후보 추
천대상을 사외이사·대표이사·대표집행임원·감사위원에 한정하지 말고 명칭에 맞
게 전 임원으로 확대하여야 할 것으로 본다. 이와 같이 하는 것이 대표이사(회장)의
전횡에 의한 인사권을 어느 정도 견제할 수 있을 것으로 본다.

　　금융회사 지배구조법상 금융회사가 주주총회에서 사외이사를 선임하려는 경우
임원후보추천위원회의 추천을 받은 사람 중에서 선임하여야 하는 점(동법 17조 3항)
등은 상법상 대규모 상장회사의 그것과 같은데(상 542조의 8 5항), 다만 금융회사
지배구조법이 임원후보추천위원회의 위원은 본인을 임원 후보로 추천하는 임원후보
추천위원회 결의에 관하여 의결권을 행사하지 못하도록 한 점(동법 17조 5항)은 이러
한 규정이 없는 상법상 대규모 상장회사에서의 사외이사 후보추천위원회의 경우와
다르다. 이 경우 금융회사 지배구조법은 본인은 의결권을 행사하지 못하도록 할 것
이 아니라, 최소한도 자기를 후보로 추천하는 후보추천위원회의 위원이 될 수 없도
록 하여야 할 것으로 본다.

　　(d) 금융회사 지배구조법에서 이사회의 권한에 관하여 특별히 규정하고 있다
(동법 15조). 이는 참여형 이사회제도(집행임원 비설치회사)를 채택한 금융회사에 대하
여는 상법 제393조 제1항에 대한 특칙이라고 볼 수 있다.

　　참여형 이사회제도에서는 회사의 업무집행에 관한 의사결정권이 이사회에 있
는데(상 393조 1항), 금융회사 지배구조법은 이에 관하여는 특별한 규정을 두고 있지
않다. 따라서 참여형 이사회제도를 채택한 금융회사에서는 상법 제393조 제1항에
의하여 업무집행에 관한 의사결정권이 이사회에 있다고 보아야 할 것이다(금융회사
지배구조법 4조 2항).[315]

　　금융회사 지배구조법이 이사회 권한사항으로 규정한 사항 중 정관의 변경에
관한 사항(상 434조), 해산에 관한 사항(상 518조), 영업의 전부 또는 중요한 일부의
양도에 관한 사항(상 374조 1항 1호), 합병에 관한 사항(상 522조 3항), 분할 또는 분
할합병에 관한 사항(상 530조의 3 2항)은 주주를 보호하기 위하여 상법상 주주총회
의 특별결의에 의한 승인을 받도록 하고 있다. 또한 주식회사를 유한회사로 조직변
경을 하고자 하면 총주주의 일치에 의한 총회의 결의를 받도록 하고 있다(상 604조

---

315) 동지: 정경영, 전게논문(금융법연구 제13권 제3호), 71면.

1항). 또한 이러한 상법의 규정은 강행법규라고 볼 수 있다. 상법상 이러한 사항을 주주총회에 상정하기 위하여는 당연히 이사회 결의를 거쳐야 한다. 따라서 이러한 사항을 금융회사 지배구조법이 이사회 권한사항으로 규정한 것은 특별규정으로서 의미가 없다고 본다.

금융회사 지배구조법 제15조 제2항은 "이사회의 심의·의결사항은 정관으로 정하여야 한다"고 하여, (상법 또는 금융회사 지배구조법이나) 정관에 규정이 없는 사항은 이사회 결의사항이 아닌 취지로 규정하고 있다. 그런데 참여형 이사회제도에서는 위에서 본 바와 같이 회사의 업무집행에 관한 의사결정권은 (정관에 규정이 없는 경우에도) 이사회에 있다(상 393조 1항). 따라서 금융회사 지배구조법 제15조 제2항은 상법 제393조 제1항과 상충된다. 금융회사 지배구조법의 규정이 상법의 특칙으로서 먼저 적용되는 것으로 보면(동법 4조 2항), 정관에 규정이 없는 사항에 대하여는 누가 의사결정권을 갖는가가 문제된다. 정관에 이에 관한 위임규정이 있으면 문제가 되지 않지만, 정관에 규정이 없으면 누가 의사결정권을 가지며 그 근거는 무엇인가의 문제가 있다. 따라서 금융회사 지배구조법이 제15조 제2항에 의하여 이사회의 권한을 축소하고자 하면 위와 같은 문제에 관하여 명확한 규정을 두어야 할 것으로 본다. 이는 또한 대단히 중요한 문제이다. 이에 관하여 지배구조내부규범에 규정하도록 하고자 한다면 금융회사 지배구조법에서 반드시 그 근거규정을 두어야 할 것으로 본다.

또한 금융회사 지배구조법 제15조 제3항은 "상법 제393조 제1항에 따른 이사회의 권한 중 지배인의 선임 또는 해임과 지점의 설치·이전 또는 폐지에 관한 권한은 정관에서 정하는 바에 따라 위임할 수 있다"고 규정하고 있는데, 이는 상법 제393조 제1항에 대한 금융회사 지배구조법상 특별규정이라고 볼 수도 있다. 만일 상법 393조 제1항의 이러한 권한을 이사회의 고유권한으로 보면 상법상 이사회의 고유권한을 주주총회의 권한(정관의 규정)으로 옮길 수 있는지의 문제가 있고, 또한 상법상 이사회의 고유권한을 정관에서 정하는 바에 따라 대표이사 등에게 위임할 수 있는지 여부도 문제가 된다. 주식회사의 각 기관의 권한에 관한 상법의 규정은 입법정책의 문제로서 전부 강행규정으로 본다면, 상법 제393조 제1항에 반하는 정관의 규정은 효력이 없는 것으로 볼 수도 있다.[316)]

나) 금융회사가 집행임원 설치회사(감독형 이사회제도)인 경우에는 다음과 같은 문제점이 있다.

---

316) 정(찬), (상), 892~893면 참조.

(a) 상법 제393조는 원래 집행임원 비설치회사(참여형 이사회제도)를 전제로 한 규정이므로, 이는 집행임원 설치회사(감독형 이사회제도)에 대하여는 적용되지 않는다고 본다. 즉, 상법 제393조 제1항은 집행임원 설치회사에서는 그 성질상 적용될 여지가 없고, 동조 제2항은 집행임원 설치회사에서는 제408조의 2 제3항에서 구체적으로 규정하고 있으며, 동조 제3항 및 제4항은 집행임원 설치회사에서는 제408조의 6에서 규정하고 있다.[317] 따라서 금융회사 지배구조법 제15조(이사회의 권한)는 집행임원 설치회사에서의 이사회의 권한(상 408조의 2 3항)과 상충되므로 폐지되거나 상충되지 않는 범위내에서만 특칙규정을 두어야 할 것으로 본다.

(b) 금융회사 지배구조법상 사외이사 중심의 이사회 구성에 관한 규정(동법 12조), 원칙적으로 사외이사 중에서 이사회 의장을 선임하도록 한 규정(동법 13조), 사외이사 중심의 이사회내 위원회에 관한 규정(동법 16조~22조) 등은 감독형 이사회에 적합한 규정으로, 집행임원 설치회사에서 감독형 이사회와 분리된 업무집행기관(집행임원)을 감독형 이사회가 실효성 있게 감독하는데 크게 기여할 것으로 본다. 또한 이 경우 사외이사도 금융회사의 업무집행기관(집행임원)에 대한 감독 및 감사업무에만 참여하고 금융회사의 업무집행에 관한 의사결정에는 참여하지 않으므로, 이에 따른 책임부담의 두려움에서 벗어나 그의 능력을 최대한 발휘할 수 있어 원래의 사외이사의 도입취지에도 맞고 또한 글로벌 스탠더드에도 맞는 지배구조가 된다.[318]

2) 대규모 상장회사인 금융회사인 경우에는 상법상 상장회사에 대한 특례규정이 적용되는데, 이에 다시 금융회사 지배구조법에서 상법과 동일 내용을 규정 하는 것은 의미가 없다고 본다. 따라서 이에 관하여는 상법의 상장회사에 대한 특례규정을 적용하면 충분하다고 본다.

또한 같은 금융회사라고 하더라도 업종이 다르고 규모도 다른데 금융회사 지배구조법에서 이와 같이 (특히, 사외이사 중심의 이사회 및 이사회내 위원회 등에서) 통일적으로 규정하여야 할 필요가 있는지는 극히 의문이다. 이는 각 금융회사의 특성과 자율성을 무시한 것으로 문제가 있다고 본다. 따라서 금융회사의 지배구조에 대하여는 원칙적으로 상법의 적용을 받도록 하고, 각 금융회사의 특성상 상법에 대한 특칙을 규정할 필요가 있으면 각 금융회사의 특별법에서 필요한 내용에 대하여 최소한도만 규정하면 충분할 것으로 본다.

3) 금융회사 지배구조법상 금융회사의 사외이사에 대한 자료 · 정보의 제공의

---

317) 정(찬), (상), 1006면.

318) 동지: 정찬형, 전게논문(상사법연구 제34권 제2호), 27면.

무와 금융회사 사외이사의 금융회사에 대한 자료·정보제공 요청권에 관한 규정(동법 18조)은 금융회사가 집행임원 비설치회사인가 또는 집행임원 설치회사인가에 따라 그 내용 및 정도가 다르겠으나, 금융회사에 대한 특칙규정으로서의 의미는 있다고 본다. 그러나 이러한 규정의 내용은 금융회사에만 한하는 것이 아니라 사외이사를 둔 모든 회사에 공통적으로 해당되는 것이므로, 입법론상으로는 상법에서 규정하는 것이 더 적절하다고 본다.

    4) 금융회사 지배구조법상 금융회사에서 완전자회사 등은 사외이사를 두지 않을 수 있고 또한 감사위원회 등 이사회내 위원회를 두지 않을 수 있는데, 이때에는 상근감사를 둘 수 있도록 한 점은(동법 23조) 매우 의미가 있다고 본다. 이 경우 금융지주회사(이사회)는 완전자회사(은행 등)의 감독기관으로서 집행임원 설치회사에서 감독형 이사회에 해당한다고 볼 수 있다. 따라서 완전자회사 등인 은행(일반적으로 비상장회사)은 사외이사 및 감사위원회 등 이사회내 위원회를 둘 필요가 없을 뿐만 아니라, 불필요한 사실상 집행임원(금융회사 지배구조법상 업무집행책임자)을 둘 필요도 없다. 그러므로 이 경우 완전자회사인 은행은 (사외이사를 축소하기 위하여 이사의 수를 축소해야 하는 부담이 없으므로) IMF 경제체제 이전과 같이 이사(사내이사 및 등기이사)를 중심으로 은행을 경영하면 된다. 즉, (자회사의) 이사회 및 대표이사(은행장)가 업무집행기관이고(상 393조 1항, 389조), 이러한 업무집행기관에 대한 실질적인 감독기관은 모회사의 이사회이며, 이러한 업무집행기관에 대한 감사기관은 (자회사의) (상근)감사이다(상 409조 이하, 금융회사 지배구조법 23조 2항). 이때 이러한 업무집행기관에 대한 자회사의 이사회의 감독은 자기감독이 되어 거의 의미가 없으나(상 393조 2항), 그 대신 주주이며 감독기관인 금융지주회사의 (이사회에 의한) 실효성 있는 감독을 받으므로 이는 큰 문제가 되지 않는다고 본다.

    또한 금융회사 지배구조법상 금융지주회사의 임직원은 해당 금융지주회사의 자회사 등의 임직원을 겸직할 수 있도록 하고 있다(동법 10조 4항 1호). 따라서 금융지주회사의 회장이 완전자회사인 은행의 행장을 겸직할 수도 있는데, 이는 집행임원 설치회사에서 감독형 이사회의 의장이 대표집행임원을 겸하는 것과 같다고 볼 수 있다. 따라서 이는 감독기관의 감독의 효율성을 크게 저하시키는 것으로 볼 수 있다. 이러한 점에서 금융회사 지배구조법도 이사회 의장을 원칙적으로 업무를 담당하지 않는 사외이사 중에서 선임하도록 규정하고 있다고 볼 수 있다(동법 13조 1항). 따라서 금융회사 지배구조법상 금융지주회사의 임직원이 자회사 등의 임직원을 겸할 수 있도록 한 규정(동법 10조 4항 1호)은 동법 제13조의 취지와 상충하고 또

한 금융지주회사의 자회사 등에 대한 감독의 효율성 증진 등에서 볼 때, 삭제되거
나 오히려 겸직금지의 내용으로 규정되어야 할 것으로 본다.[319]

5) 금융회사 지배구조법상 지배구조내부규범에 관한 규정은 이에 관한 2015년
7월 31일 개정 전 은행법상의 규정(은행 23조의 4)과 아주 유사한데, 이는 은행을 제
외한 다른 금융기관의 경우에는 그 성격이 같지 않은데 일률적으로 은행과 같은 규
정을 적용하도록 하는 점은 문제라고 본다.

(3) 감사위원회

(개) 금융회사 지배구조법의 내용

1) 금융회사 지배구조법상 감사위원회는 3명 이상의 이사로 구성하는데, 사외
이사가 감사위원의 3분의 2 이상이어야 하고, 위원 중 1명 이상은 공인회계사 자격
을 취득한 후 그 자격과 관련된 업무에 5년 이상 종사한 경력이 있는 자 등 대통령
령으로 정하는 회계 또는 재무 전문가이어야 한다(동법 19조 1항·2항, 동법 시행령 16
조 1항).

2) 금융회사는 감사위원의 사임·사망 등의 사유로 감사위원의 수가 감사위원
회의 구성요건에 미치지 못하게 된 경우에는, 그 사유가 발생한 후 최초로 소집되
는 주주총회에서 이러한 요건에 충족하도록 조치하여야 한다(동법 19조 3항).

3) 감사위원 후보는 임원후보추천위원회에서 추천하는데, 이 경우 위원 총수
의 3분의 2 이상의 찬성으로 의결한다(동법 19조 4항).

4) 금융회사는 감사위원이 되는 사외이사 1명 이상에 대해서는 다른 이사와
분리하여 선임하여야 한다(동법 19조 5항). 감사위원을 선임하거나 해임하는 권한은
주주총회에 있는데, 이 경우 감사위원이 되는 이사의 선임에 관하여는 상법 제409
조 제2항을 준용한다(단순 3% rule)(동법 19조 6항). 최대주주, 최대주주의 특수관계
인, 그 밖에 대통령으로 정하는 자(최대주주 또는 그 특수관계인의 계산으로 주식을 보유
하는 자, 또는 최대주주 또는 그 특수관계인에게 의결권을 위임한 자)가 소유하는 금융회사
의 의결권 있는 주식의 합계가 그 금융회사의 의결권 없는 주식을 제외한 발행주식
총수의 100분의 3을 초과하는 경우(금융회사는 정관으로 100분의 3보다 낮은 비율을 정
할 수 있음) 그 주주는 100분의 3을 초과하는 주식에 관하여 감사위원이 되는 이사

---

[319] 이러한 점에서 우리금융지주회사의 경우 지주회사의 회장이 은행장을 겸하는 것은 적절하지
않고, KB금융지주회사의 경우 자회사인 국민은행장이 지주회사의 이사회에서 배제된 것은 바람직
하다고 본다. 지주회사와 은행장의 관계에 관한 규정의 도입이 필요하다는 견해가 있는데[정경영,
전게논문(금융법연구 제13권 제3호), 97면], 이는 앞에서 본 바와 같이 집행임원 설치회사에서 감
독형 이사회와 집행임원에 준하는 관계로 보면 될 것으로 생각한다.

를 선임하거나 해임할 때에는 의결권을 행사하지 못한다(합산 3% rule)(동법 19조 7
항, 동법 시행령 16조 2항).

5) 자산규모 등을 고려하여 대통령령이 정하는 금융회사(원칙적으로 최근 사업연
도 말 현재 자산총액이 1천억원 이상인 금융회사)는 상근감사를 1명 이상 두어야 하는데,
금융회사 지배구조법에 따른 감사위원회를 설치한 경우에는 그러하지 아니하다(동
법 19조 8항, 동법 시행령 16조 3항). 상근감사의 선임에는 상법 제409조 제2항에 따른
의결권 제한과 최대주주에 대한 의결권 제한(동법 19조 7항)에 관한 규정이 준용된다
(동법 19조 9항).

6) 상근감사 및 상임감사위원의 자격요건은 사외이사의 자격요건과 같은데,
해당 금융회사의 상근감사 또는 상임감사위원으로 재임중이거나 재임하였던 사람은
상근감사 또는 상임감사위원이 될 수 있다(동법 19조 10항).

7) 감사위원회 또는 감사는 금융회사의 비용으로 전문가의 조력을 구할 수 있
고(동법 20조 1항), 금융회사는 감사위원회 또는 감사의 업무를 지원하는 담당부서를
설치하여야 한다(동법 20조 2항). 금융회사는 감사위원회 또는 감사의 업무내용을 적
은 보고서를 정기적으로 금융위원회가 정하는 바에 따라 금융위원회에 제출하여야
한다(동법 20조 3항). 감사위원(또는 감사)에 대하여는 사외이사와 같은 금융회사의
정보제공의무 및 금융회사에 대한 정보제공요청권이 인정된다(동법 20조 4항).

(내 문 제 점   금융회사 지배구조법상의 감사위원회에 관한 규정은 다음과
같은 문제점이 있다.

1) 금융회사 지배구조법이 규정하고 있는 금융회사의 감사위원회는 금융회사
가 상법상 집행임원 비설치회사(이사회를 기준으로 보면 참여형 이사회제도)인가 또는
집행임원 설치회사(이사회를 기준으로 보면 감독형 이사회제도)인가에 따라 다음과 같은
문제점이 있다.

가) 금융회사가 집행임원 비설치회사(참여형 이사회제도)인 경우에는 다음과 같
은 문제점이 있다.

(a) 금융회사 지배구조법은 이사회내 위원회의 하나로서 감사위원회를 원칙적
으로 반드시 두도록 하고 있다(동법 16조 1항 2호). 그런데 이러한 감사위원회는 집
행임원 설치회사에서 감독형 이사회내 위원회의 하나로서 그 기능을 발휘할 수 있
는 것이고[320] 또한 이것이 글로벌 스탠더드에 맞는 지배구조인데, 이러한 감사위원

---

320) 동지: 송(옥), 1122면(감사위원회의 도입은 이사회를 감독기관으로 하는 미국식 지배구조로의
전환을 의미한다고 한다).

회를 집행임원 비설치회사(참여형 이사회제도)인 금융기관에도 의무적으로 두도록 한 것은 그 자체가 모순되는 입법이라고 본다.[321]

(b) 집행임원 비설치회사가(즉, 참여형 이사회제도에서) 감사위원회를 두는 경우, 업무집행(의사결정)에 참여하였던 (사외)이사가 자기가 한 업무에 대하여 감사하는 것이 되어(즉, 자기감사의 결과가 되어) 감사의 효율성에서 종래의 감사(監事)보다 훨씬 더 떨어지게 된다. 따라서 집행임원 비설치회사인 금융기관에 대하여는 감사위원회를 두지 못하도록 하고, (상임)감사(監事)를 두도록 하는 입법을 하여야 할 것으로 본다.[322]

(c) 집행임원 비설치회사가(즉, 참여형 이사회제도에서) 감사위원회를 두는 경우, 감사를 받아야 하는 이사(사외이사를 포함)들이 구성원인 이사회에서 이사 중의 일부를 감사위원으로 선임하고 해임하도록 하면 감사기관의 독립성에 문제가 있게 되어, 금융기관 지배구조법은 (감사의 선임·해임과 같이) 감사위원의 선임·해임권을 주주총회에 부여하면서 일정 규모 이상의 주식을 가진 주주에 대하여 의결권을 제한하고 있다(동법 19조 6항, 7항).

a) 그런데 금융기관 지배구조법은 주주총회에서 '감사위원이 되는 이사'의 선임과 해임에 일정규모 이상의 주식을 가진 주주에 대하여 의결권을 제한하면서(동법 19조 6항, 7항), 다시 감사위원이 되는 사외이사 1명 이상에 대하여는 다른 이사와 분리하여 선임하도록 하고 있다(동법 19조 5항). 따라서 동법 제19조 제6항 및 제7항을 동법 제19조 제5항과 관련하여 볼 때, 다음과 같은 세 가지의 해석이 가능하여 문제가 있다고 본다.

① 첫째는, 금융회사 지배구조법 제19조 제6항 및 제7항은 동법 제19조 제5항을 전제로 하고 있지 않고 또한 '감사위원이 되는 이사'에는 사외이사가 포함되므로(동법 2조 3호 참조), 동법 제19조 제6항 및 제7항의 '감사위원이 되는 이사'를 문언상으로만 보면 모든 '감사위원이 되는 이사'를 주주총회에서 선임(해임)하는 경우로 해석될 수 있다. 이와 같이 해석되면 동법 제19조 제5항은 아무런 의미가 없는 규정이 될 것으로 본다. 왜냐하면 주주총회에서 감사위원이 되는 이사의 선임에 대하여 다른 이사와 분리하여 선임하도록 하는 것은(즉, 일괄선출방법이 아니라 분리선출방

321) 동지: 정찬형, 전게논문(상사법연구 제34권 제2호), 34면.
322) 동지: 금융법강의 제2판, 111면; 정찬형, 상게논문(상사법연구 제34권 제2호), 29면, 34면; 동, "금융기관 지배구조의 개선방안," 「금융법연구」(한국금융법학회), 제12권 제1호(2015. 4), 81면.

법에 의하도록 하는 것은) 감사 선임의 경우와 같이 일정규모 이상의 주식을 가진 주주에 대하여 의결권을 제한하는 실효(實效)를 거두고자 하는 것인데, 이는 동법 제19조 제6항 및 제7항에 의하여 이미 이러한 실효를 거두고 있기 때문이다.

② 둘째는, 금융회사 지배구조법 제19조 제6항 및 제7항의 '감사위원이 되는 이사'는 제5항을 전제로 하여, 다른 이사와 분리하여 선임되는 사외이사 1명 이상을 의미하는 것으로 해석될 수 있다. 이러한 의미라면 동법 제19조 제6항 및 제7항의 '감사위원이 되는 이사' 앞에 '제5항의'를 추가하여야 할 것으로 본다. 이 경우에는 일괄선출방법에 의하여 선임된 이사 중에서 감사위원의 선임(해임)에 관한 주주총회의 결의에 관하여는, 금융회사 지배구조법상 주주의 의결권에 관한 제한규정이 없게 된다. 이 경우 대규모 상장 금융회사의 경우에는 상법 제542조의 12가 적용되어 주주의 의결권이 제한받는 것으로 해석할 수도 있으나, 그 이외의 상장 금융회사나 비상장 금융회사도 있을 것이므로 금융회사 지배구조법은 이에 대하여 명문규정을 두어야 할 것으로 본다.

③ 셋째는, 금융회사 지배구조법 제19조 제6항 및 제7항의 '감사위원이 되는 이사'의 의미는 동법 제19조 제5항에 의하여 분리선출되는 사외이사와 일괄선출에 의하여 이미 선출된 이사 중에서 감사위원을 선임(해임)하는 경우를 의미하는 의도라면(입법자의 의도는 이에 해당하는 것으로 추측됨), 동법 제19조 제6항 및 제7항의 '감사위원이 되는 이사' 대신에 '감사위원이 되는 이사 또는 선임된 이사 중에서 감사위원'으로 규정하여야 할 것이다. 현재의 문언으로 이 두 가지를 모두 포함하는 것으로 해석하는 것은 문언상 무리라고 본다.

b) 금융회사 지배구조법 제19조 제6항 및 제7항에서 (감사위원인 이사를 주주총회에서 분리선출하는 경우) 감사위원이 되는 '이사'의 선임과 해임에 주주의 의결권을 제한하는 것을 감사의 선임과 해임에 주주의 의결권을 제한하는 것과 동일하게 볼 수 있을 것인지 여부의 문제가 있고(동일하게 볼 수 없다면 이사의 선임에 주주의 의결권을 제한할 수 있는지 여부의 문제가 있으며),[323] 감사위원회도 이사회내 위원회의 하나인데(금융회사 지배구조법 16조 1항 참조) (분리선출되는 경우) '감사위원이 되는 이사'는 처음(선임시)부터 감사위원회 소속으로 한정되어 감사(監事)와 같은 기능을 수행하도록 하면 이러한 이사는 처음부터 이사회의 업무집행에 관한 의사결정(상 393조 1항)에는 참여할 수 없다는 의미인지의 문제가 있다. 만일 참여할 수 없다고

---

323) 동지: 금융법강의 제2판, 112면.

보면 참여형 이사회제도 및 이사회내 위원회제도(상 393조의 2)와 상충(모순)되는 문제가 있다.

　　나) 금융회사가 집행임원 설치회사(감독형 이사회제도)이면 다음과 같은 문제점이 있다.

　　(a) 이는 금융회사 지배구조법이 금융회사에 대하여 원칙적으로 이사회를 감독형 이사회로 규정한 점(동법 12조 1항, 2항 본문)과 조화하고 또한 집행임원 설치회사에서는 이러한 감독형 이사회와는 독립된 업무집행기관인 집행임원을 별도로 두고 있으므로(상 408조의 2 이하) 감독형 이사회내 위원회의 하나인 감사위원회는 집행임원에 대하여 그 독립성을 갖고 효율적인 감사(監査)를 할 수 있다.324) 또한 이러한 지배구조는 글로벌 스탠더드에 맞는 모범적인 지배구조가 된다.325)

　　금융회사 지배구조법은 감사위원회에서 감사위원의 3분의 2 이상은 사외이사이어야 함(즉, 감사위원의 3분의 1 미만은 사내이사일 수 있음)을 규정하고 있는데(동법 19조 2항), 자기감사의 모순을 피하고 감사(監査)의 독립성과 효율성을 위하여는 감사위원회에 사내이사를 참여시키지 않는 것이(즉, 감사위원회는 모두 사외이사로 구성하는 것이) 타당하다고 본다.326) 또한 금융회사 지배구조법은 감사위원 중 1명 이상은 대통령령으로 정하는 회계 또는 재무 전문가이어야 함을 규정하고 있는데(동법 19조 1항 2문), 이는 (거의 모든) 금융회사가 의무적으로 회계전문가인 외부감사인에 의한 회계감사를 받아야 하는 점(외감 4조 1항, 외감시 5조)과 중복되고 또한 이는 감사(監事)의 자격에 제한을 두지 않는 점과 불균형하므로 감사위원의 자격에 이러한 제한을 두는 것은 적절하지 않다고 본다.327) 또한 집행임원 설치회사에서의 감독형 이사회내 위원회의 하나인 감사위원회는 감독형 이사회의 하부기관으로 당연히 감독형 이사회의 지시 내지 감독을 받아야 하므로, 감사위원회가 결의한 사항에 대하여 감독형 이사회가 다시 결의할 수 있도록 하여야 한다고 본다(상 393조의 2 4항 2문 후단). 따라서 집행임원 설치회사인 금융기관에 대하여는 상법 제415조의 2 제6항(감사위원회에 대하여 상 393조의 2 4항 후단을 적용하지 않도록 한 규정)의 적용(금융회사 지배구조법 4조 2항)을 배제하고 원래대로 상법 제393조의 2 제4항이 전부 적용되도록 하여야 할 것으로 본다.

---

324) 동지: 정찬형, 전게논문(상사법연구 제34권 제2호), 35면.
325) 동지: 정찬형, 상게논문(상사법연구 제34권 제2호), 35면.
326) 동지: 정찬형, 상게논문(상사법연구 제34권 제2호), 35면; 동, 전게논문(금융법연구 제12권 제1호), 81면.
327) 동지: 정찬형, 상게논문(상사법연구 제34권 제2호), 35면.

(b) 집행임원 설치회사인 금융기관은 업무집행기관(집행임원)과는 별도로 분리된 감독형 이사회를 두고 있으므로, 감독형 이사회내 위원회의 하나로서 감사위원회를 두는 경우에는 감사위원은 다른 위원회의 위원과 같이 이사회에 의하여 선임·해임되어야 한다고 본다[328](금융회사 지배구조법 16조 1항, 상 393조의 2 2항 3호). 집행임원 설치회사인 금융기관의 (감독형)이사회에 감사위원의 선임·해임권을 부여하는 것은 (감독형)이사회의 업무집행기관(집행임원)에 대한 감독권과 직결되는 것으로서 (감독형)이사회의 감독의 실효를 거두기 위해서도 필요하고 또한 이는 (감독형)이사회의 취지에도 맞는다고 본다.

이와 같이 집행임원 설치회사인 금융기관에 대하여 감사위원의 선임·해임권을 이사회에 부여하면, 금융기관 지배구조법 제19조 제5항 내지 제7항은 집행임원 설치회사인 금융기관에 대하여는 그 적용을 배제하여야 할 것이다.

2) 금융회사 지배구조법상 금융회사의 감사위원회의 구성에 관한 규정(동법 19조 1항~3항)은 대규모 상장회사의 그것과 유사하거나 같다(상 542조의 11 2항~4항). 따라서 금융회사가 대규모 상장회사인 경우에는 금융회사 지배구조법상 이러한 규정은 의미가 없다고 본다.

3) 상법의 상장회사에 대한 특례규정은 감사위원 후보의 추천에 대하여 규정하고 있지 않은데, 금융회사 지배구조법은 감사위원 후보는 임원후보추천위원회가 위원 총수의 3분의 2 이상의 찬성으로 추천하도록 하고 있다(동법 19조 4항). 이는 금융회사 지배구조법의 특칙으로 의미가 있다고 본다.

4) 금융회사 지배구조법에서는 상임감사위원이냐 사외이사인 감사위원이냐를 묻지 않고, 모든 감사위원인 이사의 선임에서 상법 제409조 제2항에 따른 의결권 제한을 하면서(단순 3% rule)(동법 19조 6항), 또한 감사위원이 되는 이사의 선임과 해임에 최대주주에 대한 의결권 제한을 인정하고 있다(합산 3% rule)(동법 19조 7항). 상법의 상장회사에 대한 특례규정에서는 (대규모 상장회사의) 사외이사인 감사위원을 선임 및 해임할 경우에는 단순 3% rule을 적용하고, (대규모 상장회사의) 상임감사위원을 선임 및 해임하는 경우에는 최대주주에 대하여만 합산 3% rule을 적용하고 최대주주 이외의 주주에 대하여는 단순 3% rule을 적용하는 것으로 규정하고 있어(상 542조의 12 4항), 이는 금융회사 지배구조법의 규정과 구별되고 있다. 즉, 금융회사 지배구조법에 의하면(동법 19조 6항~7항) 모든 감사위원인 이사의 선임에서 단순

---

328) 동지: 금융법강의 제2판, 112면; 정찬형, 상게논문(상사법연구 제34권 제2호), 36면.

3% rule을 적용하고 최대주주에 대하여만 감사위원이 되는 이사의 선임과 해임에 합산 3% rule을 적용하는데, 상법의 상장회사에 대한 특례규정에서는 (대규모 상장회사의) 모든 감사위원의 선임과 해임시에 단순 3% rule을 적용하고 최대주주의 경우에는 상임감사위원(사외이사가 아닌 감사위원)의 선임과 해임시에 합산 3% rule을 적용한다(상 542조의 12 4항). 이러한 점에서 금융회사 지배구조법은 상법에 대한 특칙으로서의 의미가 있다고 볼 수 있다. 그런데 앞에서 본 바와 같이 감사위원이 되는 '이사'의 선임과 해임에 주주의 의결권을 이와 같이 제한할 수 있는 것인지는 매우 의문이다.

5) 자산규모 등을 고려하여 대통령령으로 정하는 금융회사(원칙적으로 최근 사업연도 말 현재 자산총액이 1천억원 이상인 금융회사)가 금융회사 지배구조법에 따른 감사위원회를 두지 않으면 1명 이상의 상근감사를 두도록 한 점은(동법 19조 8항, 동법 시행령 16조 3항), 상법상 상장회사에 대한 특례규정(상 542조의 10)과 같다. 다만 금융회사 지배구조법은 이러한 상근감사의 선임에 대하여는 감사위원이 되는 이사의 선임의 경우와 같이 주주의 의결권을 제한하고 있으나(동법 19조 9항), 상근감사의 해임에 대하여는 주주의 의결권 제한에 관한 규정을 두지 않는 점은, 상장회사에 대한 특례규정(상 542조의 12 7항)과 구별된다. 이 경우 금융회사가 상장회사인 경우에는 상법 제542조의 12 제7항에 의하여 상근감사의 해임의 경우에도 최대주주 이외의 주주는 단순 3% rule에 의하여 최대주주는 합산 3% rule에 의하여 의결권이 제한된다고 해석할 수 있는데(금융회사 지배구조법 4조 2항 참조), 입법론상으로는 명확히 규정하여야 할 것으로 본다.

6) 금융회사 지배구조법상 금융회사의 상근감사 및 상임감사위원의 결격사유(동법 19조 10항)는, 상장회사의 그것과 많은 점에서 유사한데(상 542조의 10 2항, 542조의 11 3항), 부분적으로 차이점은 있다. 이 점에서 금융회사 지배구조법은 특칙으로서 의미가 있다고 볼 수 있는데, 입법론상은 상법과 관련하여 규정하는 것이 입법기술상 바람직하다고 본다.

7) 금융회사 지배구조법이 금융회사의 감사위원회 또는 감사가 금융회사의 비용으로 전문가의 조력을 구할 수 있도록 규정하고 있는 점은(동법 20조 1항), 상법의 그것과 같다(상 412조 3항, 415조의 2 5항). 따라서 금융회사 지배구조법의 이러한 규정은 특칙으로서 의미가 없다고 본다.

다만 금융회사 지배구조법이 금융회사는 감사위원회 또는 감사의 업무를 지원하는 담당부서를 설치하여야 하는 점, 금융회사는 감사위원회 또는 감사의 업무내

용을 적은 보고서를 정기적으로 금융위원회가 정하는 바에 따라 금융위원회에 제출
하도록 한 점, 감사위원회(또는 감사)에 대한 금융회사의 정보제공의무를 사외이사와
같이 명문으로 규정한 점(동법 20조 2항~4항)은 금융회사에 대한 특칙규정으로서 의
미가 있다고 본다. 그러나 이러한 내용을 법률에서 규정하여야 할 사항인지 또한
모든 금융회사에 대하여 일률적으로 적용하도록 할 사항인지는 의문이다.

2. 금융회사 지배구조의 개선방안[329]

(1) 감독형 이사회를 가진 금융기관

㈎ 집행임원의 설치 의무화

1) 금융회사 지배구조법은 금융회사는 원칙적으로 사외이사를 3인 이상 및 이
사 총수의 과반수 두도록 하고 있는데(동법 12조 1항 및 2항 본문)(이러한 의무가 없는
금융기관이 임의로 사외이사를 이사 총수의 과반수 두는 경우를 포함함), 이는 이사회를 사
외이사 중심으로 구성하여 업무집행기관에 대한 감독업무를 충실히 하도록 한 것이
므로, 이 경우에는 이사회와 분리된 업무집행기관(집행임원)을 의무적으로 두도록
하여야 할 것이다. 현행 상법상 집행임원제도는 선택적으로 규정하고 있으나(상 408
조의 2 1항), 이러한 금융기관은 상법상 집행임원제도를 의무적으로 채택하도록 금
융회사 지배구조법에서 규정하여야 할 것으로 본다.[330]

2) 현재 상법상 집행임원제도를 도입한 금융기관은 없고, 금융기관은 상법상
집행임원제도가 입법되기 이전과 같이 사실상 집행임원(비등기이사)의 형태로 운영
되고 있다. 따라서 이러한 사실상 집행임원(금융회사 지배구조법상 주요업무집행책임자
는 제외)의 선임·해임권 등을 일반적으로 대표이사(은행장 또는 회장)가 가짐으로써
이사회는 이러한 사실상 집행임원을 감독하지 못하여, 이사회의 감독기능은 (사외이
사를 과반수로 하여 이사회를 구성하도록 규정하고 있음에도 불구하고) 현저히 떨어지고 있
다. 또한 사실상 집행임원(비등기임원)은 이사회의 실질적 감독을 받지 않고 자기를
선임한 대표이사 등에게만 종속되어 대표이사의 권한이 불필요하게 증대되고 대표

---

329) 이에 관하여는 정찬형, 전게논문(금융법연구 제10권 제1호), 37~46면; 동, 전게논문(금융법
연구 제12권 제1호), 82~90면 참조.

330) 동지(대규모 상장회사에 대하여) : 정찬형, 전게논문(고려법학 제50호), 384면; 동, 전게논문
(상사법연구, 제28권 제3호), 39~40면; 동, 전게논문(선진상사법률연구 통권 제49호), 14~15면;
동, 전게 국회공청회자료, 22~23면; 정쾌영, "집행임원제도에 관한 상법개정안의 문제점 검토,"
「기업법연구」(한국기업법학회), 제21권 제4호(2007. 12), 110~111면, 116면; 전우현, 전게논문
(상사법연구 제23권 제3호), 284면; 원동욱, 전게 박사학위논문, 86~87면, 167~169면, 181면;
서규영, 전게 박사학위논문, 101~102면, 182면.

이사와 이사회가 충돌하는 등 많은 문제점을 야기하고 있다. 다시 말하면 대표이사를 주주총회에서 선임하면(상 389조 1항 단서) 대표이사는 사실상 이사회의 감독을 받지 않고 또한 사실상 집행임원(비등기임원)을 대표이사가 선임하면 사실상 업무집행라인은 전부 이사회의 감독을 받지 않아 이사회의 업무집행기관에 대한 감독기능은 완전히 유명무실하게 된다.

　3) 위와 같이 상법상 집행임원제도를 채택하지 않은 이사회는 그 형식에 있어서는 사외이사가 이사 총수의 과반수로 구성되어 감독형 이사회로 되어 있으나, 법률상 이러한 이사회와 분리되면서 이사회에 의하여 선임되는 업무집행기관(집행임원)을 갖지 못하고 있으므로, 이사회는 종래와 같이 참여형 이사회로서 활동하고 있다. 따라서 참여형 이사회를 가진 금융회사에서는 위에서 본 바와 같이 업무집행기관에 대한 감독기능은 유명무실하면서, 동시에 업무집행에 관한 의사결정에 다수의 사외이사가 참여하게 되어 업무집행의 비효율성을 가져오고 있다. 원래 업무감독기능을 담당하는 감독형 이사회에 참여시켜 감독의 효율성을 도모하고자 하는 사외이사를 참여형 이사회에 참여시키는 것은 사외이사에게도 과중한 업무와 책임을 부담시켜 사외이사의 효율성을 저하시키고 있다.

　4) 위의 금융회사가 상법상 집행임원제도를 채택하도록 하면, 사외이사는 (이사회와 분리된) 업무집행기관(집행임원)을 감독하는 이사회와 이사회내 위원회의 하나로서 업무집행기관(집행임원)을 감사하는 감사위원회 등에만 참여하여 업무집행기관(집행임원)에 대한 감독 및 감사업무에만 참여하고 업무집행에 관한 (개별적인) 의사결정에는 참여하지 않으므로, 사외이사의 활성화에 크게 기여할 뿐만 아니라 이사회의 업무집행기관(집행임원)에 대한 감독기능을 실질적으로 향상시킬 수 있다. 즉, 대표집행임원 및 집행임원은 전부 이사회에 의하여 선임·해임되므로(상 408조의 2 3항 1호) 이사회는 업무집행기관(집행임원)을 실질적으로 감독할 수 있게 되고, 대표집행임원은 집행임원을 선임·해임하지 못하므로 현재의 대표이사와 같은 권한이 축소되어 이사회와 대표집행임원이 충돌할 여지는 거의 없다.

　또한 업무집행은 해당 업무에 정통한 전문가가 담당하므로 업무집행의 효율성을 증대시킬 수 있고, 사외이사는 이사회를 통하여 업무집행기관(집행임원)의 선임·해임 및 보수결정 등에 참여하여 업무감독을 하고 또한 이사회내 위원회의 하나인 감사위원회 등의 위원으로 업무집행기관(집행임원)에 대한 감사 등의 업무만을 하므로 사외이사의 활성화에도 기여하게 된다.

(내) 감사위원회 위원의 선임방법 개선

1) 감독형 이사회(집행임원 설치회사)를 둔 금융회사에 한하여 감사위원회를 두도록 하면, 이사회는 (주주총회에 갈음하여) 업무집행기관(집행임원)에 대한 감독업무를 수행하고, 이러한 이사회내 위원회의 하나인 감사위원회는 업무집행기관(집행임원)에 대하여 감사업무를 수행하며 이에 관하여 이사회의 감독을 받는 것은 당연하다(상 393조의 2 4항 참조). 따라서 이러한 감독형 이사회에서는 감사위원을 (사내이사이든 사외이사이든) 이사회가 선임·해임하는 것이 타당하다고 본다(상 393조의 2 2항 3호).

금융회사 지배구조법상 금융회사는 원칙적으로 사외이사가 3인 이상 및 이사총수의 과반수인 감독형 이사회로 구성되므로(동법 12조 1항 및 2항 본문) 이사회와는 구별되는 업무집행기관(집행임원)을 별도로 두도록 하면(즉, 상법상 집행임원 설치회사를 채택하도록 하면) 감사위원의 선임·해임권을 이사회에 주어야 할 것이다(상 393조의 2 2항 3호). 이 경우 감사(監事)와는 달리 주주의 의결권 제한이 문제되지 않는다.

2) 그런데 금융회사 지배구조법은 앞에서 본 바와 같이 감사위원이 되는 이사의 선임에 상법상 감사(監事)의 선임에서와 같이 주주의 의결권을 제한하는 단순 3% rule을 규정하면서(동법 19조 6항 2문), 또한 감사위원이 되는 이사를 선임하거나 해임하는 경우 다시 최대주주의 의결권을 제한하는 합산 3% rule을 규정하고 있다(동법 19조 7항).

상법상 대규모 상장회사의 경우에 감사위원의 선임 또는 해임에 단순 3% rule을 적용하고, 최대주주인 경우에는 상임감사위원(사외이사가 아닌 감사위원)의 선임 또는 해임에 합산 3% rule을 적용한다(상 542조의 12 4항). 또한 대규모 상장회사의 경우는 원칙적으로 주주총회에서 이사를 선임한 후 선임된 이사 중에서 (주주총회에서) 감사위원을 선임하도록 하고 있는데(일괄선출방식)(상 542조의 12 2항 본문), 예외적으로 감사위원 중 1명은 주주총회의 결의로 다른 이사들과 분리하여 감사위원이 되는 이사로 선임하여야 한다(분리선출방식)(상 542조의 12 2항 단서).

이와 같은 감사위원의 선임방식은 집행임원 비설치회사(참여형 이사회)를 전제로 한 것이라고 볼 수 있다. 즉, 참여형 이사회제도를 취하면서 감사위원회를 두도록 하면, 감사(監事)와의 균형상 또한 피감사기관(이사회)이 감사기관을 선임하는 모순을 피하기 위하여, 감사위원회 위원을 주주총회에서 선임하도록 하지 않을 수 없다(금융회사 지배구조법 19조 6항 1문, 상 542조의 12 1항 참조). 이 경우 감사위원을 어떻게 주주총회에서 선임하도록 할 것인가에 대하여, 주주총회에서 이사를 선임한

후 선임된 이사 중에서 다시 감사위원을 주주총회에서(이때 3% rule이 적용됨) 선임
하는 방법(일괄선출방식)(상 542조의 12 2항 본문)과, 감사위원이 되는 이사를 정하여
다른 이사와 분리하여 주주총회에서(이때 3% rule이 적용됨) 선출하는 방식(분리선출방
식)이 있다(상 542조의 12 2항 단서). 일괄선출방식의 경우에는 감사위원으로 선임될
수 있는 자의 인재풀이 주주총회에서 선임된 이사로서 매우 제한되어 있는 단점은
있으나 감사위원의 선임에 있어서 주주의 의결권 제한에는 문제가 없고, 분리선출
방식의 경우에는 감사위원으로 선임될 수 있는 자의 인재풀에 제한이 없는 장점은
있으나 감사위원인 '이사'의 선임(또는 해임)에 주주의 의결권을 제한하는 점은 문제
가 있게 된다. 금융회사 지배구조법에서는 (사외이사인) 감사위원을 선출하기 위하여
는 넓은 인재풀에서 구하여야 하는 점, 감사위원회의 구성에 감사의 경우와 같이
소수주주의 의사를 반영하도록 할 필요가 있는 점 등을 고려하여, 참여형 이사회제
도에서는 분리선출방식이 부득이하다고 보아, 감사위원이 되는 사외이사 1명 이상
에 대하여는 분리선출방식을 채택한 것으로 보인다(동법 19조 5항). 그러나 이 경우
감사위원이 되는 '이사'의 선임에 주주의 의결권을 제한하는 것은 문제가 있는 점,
또한 감사위원을 주주총회에서 선임(또는 해임)하도록 하면서 주주의 의결권을 제한
하는 것은 글로벌 스탠더드에도 맞지 않는 점 등을 고려하여, 위에서 본 바와 같이
금융기관은 상법상 집행임원 설치회사(감독형 이사회)를 의무적으로 채택하도록 하면
서 감사위원은 다른 위원회의 위원과 같이 (감독형)이사회에 의하여 선임(또는 해임)
되도록 하여야 할 것이다.

　참여형 이사회제도를 취한 금융회사가 감사위원을 주주총회에서 (분리선출방식
에 의하든 또는 일괄선출방식에 의하든) 선임하는 경우, 주주의 의결권을 어떻게 제한할
지가 문제된다. 이에 대하여는 앞에서 본 바와 같이, (i) 금융회사 지배구조법은
감사위원이 되는 이사(사내이사이든 사외이사이든 불문함)의 선임에 단순 3% rule(상
409조 2항)을 적용하고(동법 19조 6항 2문), 최대주주의 경우에는 감사위원이 되는 이
사(사내이사이든 사외이사이든 불문함)의 선임·해임에 합산 3% rule을 적용하고 있는
데(동법 19조 7항), (ii) 상법은 대규모 상장회사의 경우 감사위원의 선임 또는 해임
에 단순 3% rule을 적용하고(상 542조의 12 4항), 대규모 상장회사의 최대주주에 대
하여는 상임감사위원(사외이사가 아닌 감사위원)의 선임 또는 해임에만 합산 3% rule
을 적용하고 있다(상 542조의 12 4항).

　그런데 감사위원이 되는 '이사'의 선임(또는 해임)에 주주의 의결권을 제한하는
것도 문제이고, 일괄선출방식에 의하여 선임된 이사 중에서 감사위원을 선임할 때에

3% rule을 적용하는 것은 (감사의 선임에서와 같은) 소수주주의 이익을 보호하지 못한다. 따라서 참여형 이사회를 둔 금융회사는 (상근)감사(監事)를 두도록 하고, 감독형 이사회를 둔 금융회사에 한하여 감사위원회를 두도록 하면서 이러한 감사위원은 이사회에서 선임·해임하도록 함으로써 이러한 문제점을 해결하여야 할 것으로 본다.

(다) 임원후보추천위원회의 후보추천대상 제한 폐지

1) 금융회사 지배구조법은 임원후보추천위원회가 추천할 수 있는 임원후보를 사외이사·대표이사·대표집행임원 및 감사위원으로 한정하고 있는데(동법 17조 1항), 이와 같이 한정할 필요가 있는지는 극히 의문이다. 따라서 임원후보추천위원회는 외국의 입법에 있는 지명위원회와 같이 모든 임원(금융회사 지배구조법 2조 2호 참조)의 후보를 추천할 수 있도록 하여야 할 것으로 본다.

2) 이사회와 임원후보추천위원회의 구성원이 중복되는 금융회사도 있을 것이므로 모든 금융회사에 대하여 일률적으로 임원후보추천위원회를 두도록 하는 것은 문제가 있다고 본다. (금융회사에 따라 사외이사의 수가 다르겠으나) 예컨대, 사외이사가 2~3명 있는 금융회사는 임원후보추천위원회와 이사회의 구성원이 거의 겹치므로 이사회와 중복하여 다시 임원후보추천위원회를 두도록 할 필요는 없다고 본다.

임원후보추천위원에서 본인을 임원 후보로 추천하는 경우, 앞에서 본 바와 같이 그러한 자는 임원후보추천위원회에서 의결권만을 제한할 것이 아니라(금융회사 지배구조법 17조 5항), 당연히 그를 추천하는 임원후보추천위원회의 위원에서 배제하여야 할 것으로 본다.

금융회사 지배구조법은 임원후보추천위원회 위원의 과반수는 사외이사이어야 하고(동법 16조 3항) 또한 그 위원회의 대표는 사외이사이어야 한다고 규정하고 있는데(동법 16조 4항), 이러한 제한규정을 두지 말고 금융회사의 자율에 맡겨야 한다고 본다.[331] 금융회사에 가장 적합한 후보를 (외부의 추천기관 등을 통하여) 찾도록 하는 것을, 사외이사에 맡기는 것보다 금융회사 또는 금융회사의 사내이사에 맡기는 것이 현재 우리의 실정에 더 부합하기 때문이다.

지배주주가 없는 금융회사의 경우 사외이사를 자꾸 각종 추천위원회에 참여시키니까 사외이사가 그의 본래의 역할(업무집행기관에 대한 감독 등)에 충실하기보다는 권력화하여 그의 권한을 남용하는 폐단이 우리 현실에서는 더 크다. 사외이사는 업무집행기관(집행임원)에 대한 감독업무(이사회 구성원으로서)와 감사업무(감사위원회 구

---

331) 동지: 연구보고서, 112면.

성원으로서) 등에만 충실하도록 하여야지, 불필요하게 (사외이사가 모든 업무를 공평하고 합리적으로 해결한다는 환상 속에서) 사외이사에게 그 외의 추가적인 (경영에 관한) 업무를 부과하여 사외이사를 둘러싼 문제가 자꾸 발생하는 것이다.

(라) 사외이사의 활성화 방안

1) 사외이사가 업무집행기관(집행임원)에 대한 감독업무와 감사업무에서 그 기능을 충분히 발휘할 수 있도록 하기 위하여는 독립성과 전문성이 담보되어야 하는데, 임원후보추천위원회는 외부의 인력풀이 풍부한 전문기관으로부터 사외이사 후보를 추천받아 사외이사 후보를 주주총회에 추천하면 훨씬 더 사외이사의 독립성과 전문성이 담보될 수 있을 것으로 본다.[332]

2) 사외이사의 회사에 대한 정보부족의 문제는 입법에 의하여 해결할 것이 아니라, 근본적인 지배구조의 개선에 의하여 해결할 수 있다. 즉, 참여형 이사회제도(집행임원 비설치회사)에서는 회사가 항상 정보유출을 염려하므로 사외이사에게 충분한 정보를 제공할 수 없고 또한 사외이사도 회사의 구체적인 업무내용을 파악하는데 한계가 있으나, 감독형 이사회제도(집행임원 설치회사)에서는 사외이사가 구체적인 업무집행에는 관여하지 않고 업무감독 및 업무감사 등에만 관여하므로 사외이사는 회사의 업무집행에 관한 상세한 정보를 알 필요도 없다. 따라서 사외이사의 회사에 대한 정보결여의 문제는 우리 금융회사 지배구조법이 사외이사제도를 규정하면서 참여형 이사회제도를 채택함으로 인하여 발생하는 문제이지, 감독형 이사회에서는 이것이 큰 문제가 될 수 없다.[333] 따라서 금융회사가 감독형 이사회제도를 채택하면 사외이사의 금융회사에 대한 정보부족의 문제는 훨씬 줄어들 것으로 본다.

3) 금융회사 지배구조법은 금융회사 사외이사의 적극적 자격요건을 추상적으로 규정하고 있는데(동법 6조 3항, 동법 시행령 8조 4항), 각 금융회사의 해당 업종별로 사외이사의 적극적 자격요건을 동법 시행령에서 상세히 규정할 필요가 있다고 본다.[334] 이는 사외이사의 전문성을 활용한 감독 및 감사 기능의 활성화에도 크게 기여할 것으로 본다.

4) 금융회사의 사외이사에 대하여 (수당이나 보수와 함께 또는 이에 갈음하여) 주주 및 회사의 이익을 증대시킴에 따른 인센티브(예컨대, 주식매수선택권 등)를 준다면, 사외이사에게 회사의 업무에 적극적으로 참여하는 동기를 부여함과 동시에 사외이

---

332) 이에 관한 상세는 연구보고서, 121면, 124~125면.

333) 동지: 연구보고서, 121~122면.

334) 동지: 연구보고서, 126면.

사의 전문성과 효율성을 크게 제고할 수 있을 것으로 본다.[335]

5) 특히 지배주주가 없는 금융회사에서 사외이사의 권력화를 방지하기 위하여, 앞에서 본 바와 같이 사외이사에게 업무집행기관에 대한 감독 및 감사 등의 업무 이외의 업무를 추가로 부여하지 않음과 동시에, 사외이사의 임기(3년) 후 중임을 제한하여야 할 것으로 본다.

(2) **참여형 이사회를 가진 금융회사**

(가) **사외이사 의무화 배제**   금융회사 지배구조법에 의하면 금융회사는 원칙적으로 이사회에 이사 총수의 과반수의 사외이사를 두어야 하는데(동법 12조 2항 본문), 예외적으로 대통령령으로 정하는 금융회사(주권상장법인, 최근 사업연도 말 현재 자산총액이 3천만원 이상 7천만원 미만인 상호저축은행 등)는 이사 총수의 4분의 1 이상의 사외이사를 두어야 한다(동법 12조 2항 단서, 동법 시행령 12조). 그런데 이 경우 대통령령으로 정하는 금융회사는 거의 대부분이 참여형 이사회제도를 가진 회사(즉, 집행임원 비설치회사)일텐데, 이러한 금융회사에 이와 같이 의무적으로 사외이사를 이사 총수의 4분의 1 이상 두도록 하는 것이 무슨 효과가 있을 것인지 의문이다. 즉, 이러한 금융회사에 대하여 의무적으로 이사 총수의 4분의 1 이상을 사외이사로 선임하도록 하는 것은 이사회가 사외이사 중심이 되어 업무집행기관에 대한 감독을 하는 것에도 충실하지 못하고 또한 업무집행에 관한 의사를 결정하는 이사회에 (일반적으로) 회사의 업무에 대하여 잘 알지도 못하는 (외부의) 사외이사가 존재하게 되어 이사회의 업무효율성도 크게 저하시키므로, 이러한 금융회사에 대하여는 이와 같이 사외이사를 의무적으로 두도록 하는 것이 사실상 그 의미가 거의 없는 점에서, 이러한 규정을 폐지하여야 할 것으로 본다.[336]

(나) **감사위원회 배제**   참여형 이사회를 가진(집행임원 비설치회사인) 금융회사는 (그 규모나 상장 여부에 불문하고) 종래의 상법의 규정에 따라 3인 이상의 (사내)이사로 구성된 (참여형) 이사회와 대표이사가 업무를 집행하고(상 393조, 389조), 주주총회에서 주주의 의결권이 제한되어(단순 3% rule) 선임된 감사(監事)에 의하여 업무

---

335) 연구보고서, 126~127면; 동, "사외이사제도의 개선방안,"「고려법학」(고려대 법학연구원), 제40호(2003), 64면.

336) 동지(상장회사에 대하여): 정찬형, "2009년 개정상법 중 상장회사에 대한 특례규정에 관한 의견,"「상사법연구」(한국상사법학회), 제28권 제1호(2009. 5), 291면; 동, 전게논문(선진상사법률연구, 통권 제49호), 16면; 동, 전게논문(상사법연구, 제28권 제3호), 50면; 동, 전게 국회공청회자료, 13면; 원동욱, "금융지배구조법의 주요 내용 및 향후과제(금융회사지배구조에 대한 내용을 중심으로),"「금융법연구」(한국금융법학회), 제9권 제1호(2012), 80면.

집행에 대한 감사를 받도록 하여야 할 것이다(상 409조). 즉, 참여형 이사회를 가진 금융기관에 대하여는 감사(監事)에 갈음하여 감사위원회를 둘 수 없도록 하여야 할 것이다. 왜냐하면 참여형 이사회를 둔 금융회사에 대하여 (이사인 감사위원으로 구성된) 감사위원회를 두도록 하면 자기감사의 모순이 발생하여 감사(監査)의 효율성이 감사(監事)의 경우보다 더 떨어지고 또한 그 독립성에서도 감사(監事)보다 못한 결과가 되기 때문이다. 감사위원회는 위에서 본 바와 같이 감독형 이사회(집행임원 설치회사)를 전제로 하는 제도이다.

참여형 이사회를 가진 금융회사에서 업무집행기관에 대한 감독기관은 형식상은 이사회이나(상 393조 2항) 이러한 이사회에 의한 감독은 자기감독이 되어 실효를 거둘 수 없으므로, 주주(총회)에 의한 실질적인 감독이 필요할 것이다. 그런데 대주주가 경영권을 행사하는 금융회사에서는 이러한 감독도 기대할 수 없으므로, 이 경우에는 금융감독기관에 의한 대주주 등의 감독이 매우 중요하다고 본다.

3. 소   결

금융회사의 투명경영과 효율성을 담보하는 지배구조는 우리 금융소비자의 보호 및 금융회사의 선진화를 위하여 절대적으로 필요하다. 금융회사의 투명경영을 위하여는 업무집행기관에 대한 실효성 있는 감독 및 감사가 이루어져야 하고, 효율성 있는 경영을 위하여는 충분한 업무능력이 있는 업무집행기관이 독립성을 갖고 금융회사만을 위하여 최선을(즉, 선관의무와 충실의무를) 다할 수 있도록 하여야 할 것이다.

위에서 본 바와 같이 2015년 7월 31일에 제정되어 2016년 8월 1일부터 시행되는 금융회사 지배구조법이 이를 담보하고 있는지는 매우 회의적이다. 즉, 업종과 규모가 다른 모든 금융회사에 대하여 동일한 지배구조를 갖도록 강요하는 것이 적절한 것인지가 먼저 의문이다.

또한 금융회사 지배구조법이 금융회사의 건전한(투명한) 경영을 입법목적으로 하고 금융회사에 대하여 원칙적으로 사외이사 중심의 이사회(감독형 이사회)를 구성하도록 하면서, 이러한 이사회와 독립된 업무집행기관(집행임원)에 대하여는 전혀 규정하지 않고 다시 참여형 이사회에 따른 업무집행과 업무집행의 감독을 하도록 하는 것은, 지배구조 입법의 모순일 뿐만 아니라 자기감독과 자기감사를 하도록 하여 업무집행기관에 대한 감독과 감사를 유명무실하게 하도록 하는 점에서 도저히 이해할 수 없다.

따라서 금융회사 지배구조법을 유지하는 경우 금융회사의 경영효율성과 투명
경영을 담보하는 지배구조에 대하여 동법을 근본적으로 재검토할 필요가 있는데,
이 경우에는 반드시 주식회사(금융회사)의 기본법인 상법(회사법)과 관련하여 함께
검토할 필요가 있다고 본다. 즉, 금융회사는 원칙적으로 상법상 집행임원 설치회사
(감독형 이사회제도)를 채택하도록 하여 전문적인 집행임원에 의한 경영효율성과 (사
외이사 중심의) 감독형 이사회의 집행임원에 대한 실효성 있는 감독으로(이와 함께 사
외이사 중심의 감사위원회에 의한 집행임원에 대한 실효성 있는 감사로) 인한 투명경영을
담보하도록 하여야 할 것이다. 소규모 금융회사 또는 비상장 금융회사는 종래와 같
이 참여형 이사회(집행임원 비설치회사)와 대표이사에 의하여 업무를 집행할 것이므
로, 이러한 회사에 대하여는 상장회사라 하더라도 사외이사를 의무적으로 두도록
한 규정을 과감하게 폐지하고, 또한 감사기관으로는 (감사위원회를 두지 못하도록 하
고) 종래와 같이 감사(監事)를 두도록 하는 것이 감사기관의 독립성을 유지하고 자
기감사의 모순을 피할 수 있을 것으로 본다.

IV. 결   어

1. 집행임원 설치회사의 제한

(1) 종래의 상법상 업무집행기관인 이사회에서 업무집행권, 즉 이사회의 업무
집행에 관한 의사결정권과 이를 집행하는 대표이사의 권한을 분리하여 새로운 업무
집행기관인 집행임원에게 맡기고(상 408조의 4 참조), 이사회는 업무집행기관(집행임
원)에 대한 감독업무를 주로 하도록 하여(상 408조의 2 3항 2호 참조), 업무집행과 업
무감독의 효율성을 도모하고자 하는 새로운 지배구조체계(집행임원 설치회사)는 특히
대규모 상장회사에 필요한 것이다. 주주들이 업무집행기관을 직접 감독할 수 있는
중·소규모의 주식회사(상장 여부 불문)의 경우에는 복잡하고 비용이 많이 드는 집행
임원제도(및 사외이사제도)가 사실상 필요하지 않다.

집행임원 설치회사에서 (감독형) 이사회는 집행임원에 대한 감독업무를 주로
하므로 이러한 감독의 효율을 위하여 이사회는 사외이사 중심으로 구성되어야 하
고, 또한 감사의 효율을 위하여 이러한 (감독형) 이사회내에 감사위원회를 두도록(또
는 둘 수 있도록) 하여야 한다. 따라서 상법상 사외이사 및 감사위원회에 관한 규정
은 반드시 집행임원 설치회사와 연결되어야 한다. 이러한 점에서 상법상 의무적으

로 이사회에 사외이사를 이사총수의 과반수 두도록 하고(상 542조의 8 1항 단서) 또한 감사위원회를 의무적으로 두도록 한(상 542조의 11 1항) 대규모 상장회사는 이와 균형을 맞추어 집행임원을 의무적으로 두도록 하여야 한다. 그 이외의 상장회사에 대하여 의무적으로 사외이사를 두도록 한 규정(상 542조의 8 1항 본문)은 불필요하게 회사에 대하여 부담만 주므로 폐지되어야 한다고 본다.

위의 내용으로 상법 개정안을 제시하면 다음과 같다.

상법 제542조의 8 제1항에서는 본문을 삭제하고 단서를 본문으로 한다(대규모 상장회사 이외의 상장회사에 대하여는 의무적 사외이사를 폐지함).

상법 제408조의 제1항 제1문을 "제542조의 8 제1항의 회사는 집행임원을 두어야 하고, 그 이외의 회사는 제542조의 8 제1항의 사외이사를 둔 경우에 집행임원을 둘 수 있다"로 개정한다(따라서 현행 상법이 여기에서 "회사"라고만 규정한 것에는 문제가 많다고 본다)(대규모 상장회사는 의무적 사외이사와 같이 의무적 집행임원을 두도록 하고, 그 이외의 회사는 이사회에 사외이사를 과반수 둔 경우에 집행임원을 둘 수 있도록 함).

상법 제415조의 2 제1항 제1문의 "회사"를 "집행임원 설치회사"로 수정하고 (집행임원 설치회사만 감사위원회를 둘 수 있도록 함), 상법 제542조의 11 제1항은 현행과 같음(대규모 상장회사는 감사위원회를 의무적으로 두어야 함).

(2) 만일 경제계의 강력한 반발로 현재와 같이 집행임원제도를 선택적으로 할 수밖에 없다면, 현재와 같이 (대규모 상장회사의 경우) 이사총수의 과반수의 사외이사 (상 542조의 8 1항 단서) 및 감사위원회(상 542조의 11 1항)는 의무적으로 하면서 집행임원(상 408조의 2 1항 1문)만을 선택적으로 하는 것은 사외이사·감사위원회 및 집행임원의 3자가 상호 연결되지 못하여 앞에서 본 바와 같이 많은 문제점을 야기하므로(세계에 유래가 없는 이상한 지배구조가 되므로), 일본의 지명위원회등 설치회사 (이전의 위원회설치회사)의 경우와 같이(日會 400조~422조) 집행임원·사외이사 및 감사위원회를 한 세트로 묶어 선택적으로 해야 할 것이다. 다시 말하면 회사는 종래의 상법상 지배구조 체계[업무집행기관으로서의 참여형 이사회제도 + 감사(監事)제도]와 2011년 개정상법상 새로운 지배구조 체계(집행임원 + 사외이사 중심의 감독형 이사회 + 사외이사 중심의 감사위원회) 중 하나를 선택하도록 하여야 할 것이다. 위에서 본 바와 같이 집행임원제도는 성질상 필연적으로 감독형 이사회와 연결되어 있고 또한 감독형 이사회는 감독의 실효를 위하여 필연적으로 사외이사 및 감사위원회와 연결되어 있으므로, 집행임원·사외이사 및 감사위원회는 한 세트로 연결되어 있다고 볼 수 있다. 따라서 이 3자는 이를 함께 묶어 의무적으로 하든가 또는 선택적으로

하든가 할 성질이지, 개별적으로 의무적으로 하거나 선택적으로 할 성질이 아니다. 이러한 점에서 우리 종래의 상법이 집행임원을 전제로 하지 않고 (대규모 상장회사의 경우) 사외이사 및 감사위원회를 개별적으로 의무적으로 두도록 규정한 점에서 근본적인 문제가 발생한 것이다. 따라서 이 경우 회사가 상법상 새로운 지배구조 체계를 (현재의 집행임원과 같이) 선택할 수 있도록 하고자 하면, 먼저 현행 상법상 (대규모 상장회사의 경우) 의무적으로 이사총수의 과반수를 사외이사로 두도록 한 규정(상 542조의 8 1항 단서) 및 감사위원회를 의무적으로 두도록 한 규정(상 542조의 11 1항)부터 폐지하여야 할 것이다.

2. 감사위원회 위원의 선임(해임)기관

(1) 현행 상법상 감사위원회 위원의 선임(해임)기관은 이원화되어 있다. 대규모 상장회사의 경우는 주주총회이고(상 542조의 12 1항), 그 이외의 주식회사의 경우는 이사회이다(상 393조의 2 2항 3호).

감사(監事)의 선임은 주주총회에서 하면서(상 409조 1항), 소수주주의 이익을 보호하기 위하여 의결권을 제한하고 있다(단순 3% rule)(상 409조 2항). 감사위원회 위원을 이사회에서 선임하는 경우에는 소수주주의 이익을 보호하기 위한 단순 3% rule이 적용될 여지가 없다. 그런데 감사위원회 위원을 주주총회에서 선임(해임)하는 경우에는 소수주주의 이익을 보호하기 위한 3% rule을 적용하는 규정을 두고 있다(상 542조의 12 4항). 그런데 주주총회는 원칙적으로 이사를 선임한 후 선임된 이사 중에서 감사위원회 위원을 선임하는데(일괄선출방식)(상 542조의 12 2항 본문) 이와 같이 제한된 이사 중에서 감사위원회 위원을 선임할 때에 3% rule을 적용한다(상 542조의 12 4항). 그러나 이는 감사(監事)의 선임에서 소수주주의 의견을 반영하고자 하는 입법취지를 전혀 반영하지 못한다. 따라서 2020년 개정상법은 주주총회에서 감사위원회 위원의 선임시 소수주주의 의견을 반영하기 위하여 예외적으로 감사위원회 위원 중 1명(정관에서 2명 이상으로 정할 수 있음)에 대하여 (다른 이사들과 분리하여 감사위원회 위원이 되는 이사로 선임하는) 분리선출방식을 도입하여 3% rule을 적용하는 것으로 하였다(상 542조의 12 2항 단서 및 4항). 그런데 이는 이사를 (주주총회에서 이사 선임시부터) 이사회내 위원회의 하나인 감사위원회 위원으로 고정시키는 점도 문제이고, 특히 이사(비록 감사위원회 위원이 되는 이사라고 하더라도)의 선임에 주주의 의결권을 제한하는 것은 자본다수결의 원칙에 반하는 것으로 감사(監事)의 선임에 주주의 의결권을 제한하는 것과는 완전히 다른 문제점이 발생한다.

(2) 위와 같이 감사위원회 위원을 주주총회에서 선임하는 경우, 일괄선출방식에 의하여 3% rule을 적용하면 감사(監事)의 선임에서와 같은 소수주주의 이익을 보호하고자 하는 의미가 없게 되고, 분리선출방식에 의하여 3% rule을 적용하면 이사를 감사위원회 위원으로 고정시키는 문제와 이사의 선임에 주주의 의결권을 제한하여 자본다수결의 원칙에 반하는 문제가 발생한다. 또한 감사위원회 위원의 선임권을 이사회에서 주주총회로 옮긴 것은 (참여형 이사회에서 감사위원회를 두는 것을 전제로) 참여형 이사회(집행임원 비설치회사)에서 감사를 받는 이사로 구성된 이사회에서 감사위원회 위원을 선임하는 것은 문제가 있으며 또한 감사(監事)의 선임과 균형을 맞추기 위한 것인데, 감사를 받는 업무집행기관(집행임원)과 분리된 감독형 이사회(집행임원 설치회사)를 전제로 하면 감사위원회 위원의 선임(해임)권을 원래대로 이사회에 부여하는 것이(상 393조의 2 2항 3호) 타당하다고 본다.

따라서 집행임원 설치회사의 경우 이와 같이 감사위원회 위원의 선임(해임)권을 원래대로 이사회에 부여하여 일원화하면 감사위원회 위원의 선임(해임)에 관한 상법 제542조의 12 제1항~제4항은 폐지되어야 할 것이다. 이와 같이 하면 집행임원 설치회사의 경우 대규모 상장회사나 그 이외의 회사나 모두 감사위원회 위원의 선임(해임)권이 이사회로 통일되어 매우 간단하게 된다. 이 경우 감사(監事)의 선임에서 적용되는 3% rule이 적용되지 못하여 소수주주의 보호에 소홀하게 되는 면이 있게 될 수 있는 의문이 있다. 그런데 주식회사의 지배구조 체계가 종래의 상법과 같이 참여형 이사회(집행임원 비설치회사) + 감사(監事)인 경우에 3% rule이 적용되는 것이고, 지배구조 체계가 다른 감독형 이사회(집행임원 설치회사) + 집행임원인 경우에는 (이사회의 감독권을 강화한다는 의미에서) 성질상 적용될 수 없는 것이다.

3. 금융회사 지배구조법

금융회사 지배구조법을 유지하는 경우 금융회사의 경영효율성과 투명경영을 담보하는 지배구조에 대하여 동법을 근본적으로 재검토할 필요가 있는데, 이 경우에는 반드시 주식회사(금융회사)의 기본법인 상법(회사법)과 관련하여 함께 검토할 필요가 있다고 본다. 즉, 금융회사는 원칙적으로 상법상 집행임원 설치회사(감독형 이사회제도)를 채택하도록 하여 전문적인 집행임원에 의한 경영효율성과 (사외이사 중심의) 감독형 이사회에 의한 집행임원에 대한 실효성 있는 감독으로(이와 함께 사외이사 중심의 감사위원회에 의한 집행임원에 대한 실효성 있는 감사로) 인한 투명경영을 담보하도록 하여야 할 것이다. 소규모 금융회사 또는 비상장 금융회사는 종래와 같이 참여형 이사회(집행임원 비설치회사)와 대표이사에 의하여 업무를 집행할 것이므로, 이러한 회사에 대하여는 상장회사라 하더라도 사외이사를 의무적으로 두도록 한 규정을 과감하게 폐지하고, 또한 감사기관으로는 (감사위원회를 두지 못하도록 하고) 종래와 같이 감사(監事)를 두도록 하는 것이 감사기관의 독립성을 유지하고 자기감사의 모순을 피할 수 있을 것으로 본다.

4. 글로벌 스탠더드에 맞는 지배구조(모범적인 지배구조)

(1) 모범적인 지배구조는 무엇일까? 회사에 따라서 다를 수 있고 또한 상황에 따라서 다를 수 있다. 따라서 모든 회사에 공통적인 모범적인 지배구조는 있을 수 없다고 생각할 수도 있다. 그런데 회사 경영의 효율성과 투명성을 고려할 때, 견제받는 지배구조와 견제받지 않는 지배구조(황제경영)를 생각할 수 있다. 오늘날의 추세는 (특히 대규모 상장회사의 경우) 투자자를 보호하기 위하여 회사의 지배구조에서도 국가의 구조와 유사하게 견제와 균형을 전제로 한 지배구조가 글로벌 스탠더드에 맞는 지배구조 내지 모범적인 지배구조인 것 같다.

(2) 우리나라 주식회사의 지배구조가 모범적인 지배구조가 되기 위하여는 업무집행기관(경영기관)이 (형식적이 아니라) 실질적으로 견제받는(감독 및 감사를 받는) 지배구조가 되어야 할 것이다. 이러한 목적을 위하여는 현재와 같은 업무집행기관과 업무감독기관을 동일기관인 (참여형) 이사회로 하고(상 393조 1항 및 2항) 심지어 감사기관까지 (참여형) 이사회내 위원회의 하나인(상 393조의 2) 감사위원회로 하도록 하거나(상 542조의 11 1항) 또는 할 수 있도록 하여(상 415조의 2 1항) 이러한 (참여형) 이사회에 부속시키는 것은 업무집행기관이 실질적으로 견제받는 지배구조에 역행하는 지배구조이다. 이러한 지배구조에서 이사회에 사외이사를 참여시킨다고 하여 실질적으로 견제받는 지배구조가 되기는 구조상 어렵고, 이사회의 업무집행기관의 효율성만 약화시키고 있다. 또한 이러한 지배구조에서 감사(監事)에 갈음하여 이사회내에 감사위원회를 둘 수 있도록 하거나 두도록 하고 감사위원회를 사외이사 중심으로 구성한다고 하더라도 구조상 업무집행기관(이사회)과 결합되어 감사기관의 독립성이 종래의 감사(監事)보다 못하고 또한 자기감사가 되어 감사의 효율성이 감사(監事)보다 더 떨어질 수 있다.

따라서 우리나라 주식회사 지배구조에서 업무집행기관이 실질적으로 견제받는 지배구조가 되기 위하여는 종래의 상법상 업무집행기관(이사회와 대표이사)에서 업무집행기능(업무집행에 관한 의사결정 및 집행)을 분리하여 새로운 기관(집행임원)에 맡기고 이사회를 감독형 이사회로 개편하는 것(집행임원 설치회사로 개편하는 것)이 전제된다.

(3) 우리나라 대규모 상장회사의 경우 위와 같이 지배구조를 감독형 이사회로 개편(집행임원 설치회사로 개편)하기 위한 상법 등의 개정은 위에서 본 바와 같이 매우 간단하다. 한 마디로 집행임원 – 사외이사 중심의 감독형 이사회 – 사외이사 중심의 감사위원회에 관한 규정을 상호 연결시키면 된다(이 3자는 상호 분리하여 규정할 성질이 아니다). 이를 위하여는 먼저 정부와 국회가 우리 상법상 주식회사의 지배구조에 관한 문제점을 깊이 인식하고, 향후 기업과 국가의 발전을 위하여 이러한 문제점을 바로잡아 우리 주식회사의 지배구조를 글로벌 스탠더드에 맞는 지배구조(모범적인 지배구조)로 만들어 후손에게 물려주겠다는 사명감을 갖고 앞장서야 할 것이다. 다음으로 우리나라의 경제단체 · 시민단체 · 언론기관 등을 위시한 모든 국민은 개별적인 이해관계나 이념 등을 초월하여 향후 우리 기업과 국가의 발전을 위하여 한 마음으로 협력하여야 할 것이다.

판례색인

사항색인

저자약력

서울대학교 법과대학(법학과) 졸업
서울대학교 대학원(법학석사)
법학박사(서울대학교)
미국 워싱턴대학교 Law School 및 듀크대학교 Law School에서 상법연구(Visiting Scholar)
독일 뮌스터대학교 법과대학에서 상법연구(Gastprofessor)
충북대학교 법학과 전임강사 및 국립경찰대학 법학과 조교수·부교수
사법시험위원·공인회계사시험위원, 대한상사중재원 중재인
법무부 법무자문위원회 위원
고려대학교 법과대학 및 법학전문대학원 교수(상법 및 금융법 담당)
현 고려대학교 법학전문대학원 명예교수

저   서
어음·수표선의취득연구(박영사)
사례연구 어음·수표법(법문사)
어음법·수표법(공저)(서울대출판부)
EC 회사법(박영사)
주석어음·수표법(Ⅰ)(Ⅱ)(Ⅲ)(공저)(한국사법행정학회)
주석 상법(제 5 판)(회사 Ⅲ)(회사 Ⅴ)(회사 Ⅵ)(공저)(한국사법행정학회)
회사법강의(제 4 판)(박영사)
어음·수표법강의(제 7 판)(박영사)
상법판례평석(홍문사)
상법개론(제18판)(법영사)
객관식 상법(제 5 판)(법영사)
판례상법(상)·(하)(제 2 판)(박영사)
상법강의(상)(제26판)(박영사)
상법강의(하)(제23판)(박영사)
상법사례연습(제 4 판)(박영사)
상법강의요론(제19판)(박영사)
영미어음·수표법(고려대출판부)
은행법강의(제 3 판)(공저)(박영사)
주석 금융법 Ⅰ(은행법)·Ⅱ(보험업법)·Ⅲ(자본시장법)(공저)(한국사법행정학회)
백산상사법논집Ⅰ·Ⅱ(박영사)
로스쿨 금융법(공저)(박영사)
금융법강의(제 2 판)(공저)(박영사)
로스쿨 회사법(제 2 판)(박영사)
로스쿨 어음·수표법(박영사)
로스쿨 상법총칙·상행위법(공저)(박영사)

주식회사의 집행임원제도

초판발행   2024년 2월 15일

지은이   정찬형
펴낸이   안종만·안상준

편 집   이승현
기획/마케팅   조성호
표지디자인   이수빈
제 작   고철민·조영환

펴낸곳   (주) **박영사**
               서울특별시 금천구 가산디지털2로 53, 210호(가산동, 한라시그마밸리)
               등록 1959. 3. 11. 제300-1959-1호(倫)

전 화   02)733-6771
f a x   02)736-4818
e-mail   pys@pybook.co.kr
homepage   www.pybook.co.kr
ISBN   979-11-303-4584-0 93360

* 파본은 구입하신 곳에서 교환해 드립니다. 본서의 무단복제행위를 금합니다.

정 가   26,000원